중국
당대문학
60년
(1949~2010)

中國當代文學六十年

孟繁華・程光煒・陳曉明

Copyright © 2015 by Peking University Press.
Korean Translation Copyright © 2020 by Munyewon Korea
Korean edition is published by arrangement with Peking University Press.
All rights reserved.
이 책의 한국어판 출판권은
베이징대학출판사北京大學出版社와의 독점 계약으로 문예원에 있습니다.
저작권법에 의해 한국 내에서 보호를 받는 저작물이므로 문예원과 협의 없이 무단전재와 무단복제를 금합니다.

중국
당대문학
60년

멍판화 · 청광웨이 · 천샤오밍 지음
신진호 옮김

中國
當代文學
六十年
(1949~2010)

문예원

서문

    1949년 전국 제1차 문대회로부터 계산해보면 중국 당대문학의 역사와 그것에 대한 연구는 족히 60년이 되었다. 중국 역사에서 이 60년은 사회적으로 가장 혼란하고 역사적 기회가 충만한 연대였다. 하지만 170년이라는 시야에 놓고 보면 사람들은 매우 격렬하고 풍부한 스토리로 인해 의아해하지는 않을 것이다. '당대문학'은 우리가 공동으로 기억하는 역사 시간 속에서 발생하였다. 당대문학사 연구에서 우리는 문학을 '순수문학'으로 간주하는 현상이 역사적으로 존재했었음을 무시할 수 없다. 또한 문학과 역사의 무수한 얽힘을 벗어날 수 없고, 연구자의 처신 밖에 놓을 수도 없다. 이 점을 분명히 알게 되면 중국 당대문학의 학문 분과가 어째서 지금까지도 고대문학이나 현대문학처럼 학술적 자족성, 규범성이 없고, 사람들에게 번번이 오해를 받고 폄하되는지 알게 된다. 보다 쉽게 알 수 있는 것은 만약 당대사관이 오늘날까지도 광대한 대지 위에서 사회적 공통 인식을 얻지 못했다고 한다면 그것은 이 사관과 긴밀하게 연관되어 있는 당대문학사의 사상적 기초와 학문적 기초가 끊임없이 흔들리게 될 것이다.

    당대문학사 학문 분과의 자율성이 줄곧 폄하된 또 다른 원인은 그것의 하한선을 시종 확정할 수 없다는 것 때문이다. 2000년 이후 지금까지 당대 작가들의 많은 신작이 양쯔강의 물줄기처럼 매년 쏟아져 나오고, 유명세를 타고 있는 노작가라도 붓을 내려놓으려 하지 않고, 자신의 사상적 실마리를 다소 정리하며, 아울러 역사에 대해 비교적 깊이 있는 조망을 하게 된다. 신작에 대한 관심은 여전히 가장 인기 있는 일이다. 이는 당대문학의 많은 종사자들로 하여금 적막한 연구를 포기하고 보다 풍부하고 다채로운 당대문학 비평 속으로 들어가도록 만든다. 당대문학 비평은 감개무량해 하면서 문학사 연구에 신선한 시각과 정보를 제공하는 동시에 그 곳에서 문학비평, 문학이론, 문학사연구의 한계를 지워버린다. 유명 작가의 신작은 당대문학 과거 역사의 문학 가치를 씻어내고 고쳐 쓰며 전복시킬 수 있다. '초월'은 여전히 당대문학 비평의 가장 감동적인 단어이다. 바로 그것은 당대문학 관념의 단절을 만들어낸다. 이런 상황에서 당대문학의 기준과 연구 규범은 항상 흔들리고 이해가 어렵게 된다.

이 책은 적절한 자료에서 출발하여 구체적인 문제를 대상으로 당대문학사의 사관에 대해 토론을 벌일 것을 제창한다. 이에 근거하여 중국 당대문학사가 왜 이런 방식으로 전개되었고, 문학사조, 유파, 문학비평, 작가 창작의 역사요소에 영향을 미치는 것은 무엇인가를 관찰하고 이 요소를 종합하여 그것의 연구가 중국 학술환경 속에서 문제가 되는 지점을 점차 알 수 있게 될 것이다.

이 책은 당대문학사 연구의 역사화를 주장하고, 먼저 일정한 역사연구 범위를 정하는 것, 예를 들어 '17년 문학', '80년대문학' 등으로 정하는 것이 필요할 것이라고 생각한다. 그렇게 하는 것이 문제를 연구하는 데 있어서 층 나누기, 응집, 단계적 전개에 유리할 것이라고 보는 것이다. 구체적인 역사에 대한 연구는 거시적 논의에 비해 문제의 세밀한 관찰에 유리할 것이고, 연구자의 자신의 문제에 대한 반성을 강화하고, 이른바 역사화도 이렇게 진행될 수 있을 것이다.

이 책은 문학사 연구를 특색으로 한다. 저자들은 국내 일선 학자를 위주로 한다. 하지만 젊은 우수 학자가 우수 저작에 끼어드는 것을 배척하지 않고 해외 학자가 들어오는 것도 환영한다. 문학사 연구총서를 위해 연구자가 많은 생각을 거친 문학현상을 대상으로 하고 단순하게 조급하게 판단하지 않기를 바란다. 자신의 기존 성과를 충분히 존중해 주는 것을 강조하고 책의 풍격이 포용성을 갖출 것을 희망한다. 아울러 이 책의 내용은 자신의 관점과 다른 연구에 대해 포용적 자세를 취할 것을 주장한다.

이 책은 60년간의 당대 문학사 연구에 대한 여러 차례에 걸친 노력의 또 한 차례의 시작이다. 이것은 장기적이면서 인내심을 필요로 하는 일이다. 자신의 출판이 무언가를 바꾼다든가 하는 사치스러운 희망을 갖지 않는다. 하지만 당대문학사 연구의 전도가 엉망이 되지 않을 것이라는 사실은 믿는다.

차례

서문 4

1장 민족의 사상사
중국 당대문학 60년
멍판화 孟繁華

1. 이끄는 말 10
2. 홍색 년대: 사회주의 문학 실천 13
3. 격정의 세월: 신시기 문학의 변혁 54
4. 천 개의 고원: 신세기 문학의 환희 80

2장 신중국 수립부터 신세기의 개막까지
중국 당대문학 60년
청광웨이 程光煒

1. 이끄는 말 110
2. 신중국 수립부터 문화대혁명 종결까지 113
3. 개혁개방과 신세기의 개막 145

3장 원대한 포부의 격렬함
중국 당대문학 60년
천샤오밍 陳曉明

1. 이끄는 말 190
2. 시작과 제거: 신중국 문학의 험난한 길 194
3. 회복과 변혁: 신시기의 문학 226
4. 전환과 다원화: 신시기 이후 문학의 흐름 251

역자후기 287
찾아보기 288

1장
민족의 사상사
중국 당대문학 60년

멍판화孟繁華

---

1. 이끄는 말
2. 홍색 년대 : 사회주의 문학 실천
3. 격정의 세월 : 신시기 문학의 변혁
4. 천 개의 고원 : 신세기 문학의 환희

•
민족의 사상사
중국 당대문학 60년

1. 이끄는 말

　신중국 60년의 역사가 눈 깜짝할 사이에 지나갔다. 웃고 떠드는 사이 60년이다. 하지만 감개무량함이 역사 서술을 대체할 수는 없다. 우리가 60년 문학 역사를 되돌아보면 격변의 속도와 복잡한 실마리는 천갈래 만 갈래 뒤엉켜 있음을 느끼지 않을 수 없고, 게다가 갈등과 망설임의 느낌을 갖게 된다. 어떤 역사 시기라도 우리가 조금이라도 걸음을 멈추게 되면, 그것에 대한 서술은 매우 길어지게 된다. 따라서 60년의 문학 역사 발전은 '바람이 홍기를 말아올려 관문을 지나가는' 역사의 목적에 부합하는 면이 있게 된다. 아울러 '온갖 꽃들이 일순간에 지는' 굴곡과 우회도 있다. 사회역사의 발전과 문학 발전은 이렇게 한 데 엉켜 있는데, 이것이 바로 중국 당대문학 '불확정성'의 현대적 과정이다. 하지만 어떻든 이것은 참신한 문학 역사이다.
　당대 문학은 갑자기 일어난 역사가 아니다. 그것의 발생은 '역사화' 과정이 있다. 여기에는 20세기 중반 이래 중국 사회 실천과 문학 실천이 그것을 필요로 하는 환경과 규약 조건이 있고, 그것이 역사화되는 과정에서 필요한 자원의 준비를 마쳤으며, 동시에 역사 서사도 형식 속에 이데올로기에 호소하는 기능을 필요로 하였다. 따라서 당대문학은 상술한 조건에서 벗어날 수 없다. 1940년대를 전후하여 중국사회는 가장 격동의 시기였다. 또는 이 시대로부터 1949년까지 중국은 전쟁 상태에 처해 있었다. 항일구국과 중국 전체의 해방은 이 시기 각각의 사회 주제어였다. 전쟁은 중국의 사회생활을 변화시켰고, 동시에 중국 신문학 본래의 발전 방향을 변화시켰다. 따라서 국민당 통치구역이든 해방이구든, 진보문학이든 혁명문학이든 모두 중국 사회 역사발전에 대한 깊은 관심과 중국 현실에 대한 깊은 우려를 표현하였다. 중국 당대문학과 현실의 밀접한 관계는 깊은 역사 전통과 복잡한 사회적 원인을 가지고 있다. 이 사회실천과 문화실천의 언어 환경이 문학발전의 규약 조건으로서 당대 중국에 진입한 이후 계승과 발전을 이룬 것은 역사적 합리성을 갖는다. 또한 이러한 역사적 조건 하에서 건국 후 현대문학의 역사 서사에 주류 문학 이외의 문학현상과 작가 작품을 덮어 버렸다. 이는 또한 또 다른 측면에서 사회와 문화실천 조건이 문학사 서술에 대한 제약을 인증해 주기도 한다.

    중국 당대문학은 필요한 자원의 준비로서 현대 중국문학과 문화에서 벗어날 수 없다. 또는 현대문학이 갖춘 다양한 형태는 당대 중국에서 서로 다른 방식 또는 드러나거나 드러나지 않게 표현된다. 그 당시의 중국은 서로 다른 형태에 처해 있었다. 해방구도 있었고, 국통구도 있었으며 '피점령 지구'도 있었다. 서로 다른 지역의 문학은 서로 분명하게 다른 특징이 존재한다. 비록 해방구 문학이 건국 후에 대체할 수 없는 지위를 얻기는 했지만 루쉰, 궈모뤄, 마오뚠, 바진, 라오서, 차오위 등의 현대문학의 대가들이 거둔 문학 성과는 여전히 당대에 중요하고도 긍정적인 작용을 하고 있다. 특히 중요하고도 인정받는 그들의 작품들은 서로 다른 문학 교과서와 정선 텍스트에 실렸고, 문학교육 자체는 그들의 문학정신, 관념 내지 형식에 대한 전파와 학습과정에 대해 이루어졌다. 그들의 반제반봉건의 애국적이고 진보적이며 전투적인 문학정신, 그리고 문학의 여러 가지 형식에 대한 적극적이고 효과적인 탐색은 시종 당대 문학의 중요한 유산이자 자원이다.

    1940년대를 전후 하여, 중국 공산당은 샨간닝陝甘寧 변구邊區에 자신의 근거지를 공고히 하고 변구 정부를 세웠다. 중국의 미래와 희망을 상징하는 이 땅에서 새로운 이데올로기의 인도 하에 옌안延安의 진보적이고 혁명적인 문예가들은 참신한 문예실천을 벌여나갔다. 이 실천은 물론 마오쩌둥 문예사상의 지도하에 진행되었다. 이 시대부터 '신문화 추측'이 성숙한 마오쩌둥 사상의 일부분이 되었다. 옌안 시대의 문예 실천이 우리에게 '신문화 추측'의 지도하에 창작된 최초의 본보기를 제공했다고 말할 수 있다. 『백모녀白毛女』, 『왕귀王貴와 이향향李香香』, 『샤오얼헤이小二黑의 결혼』, 『장허수이漳河水』, 『태양은 쌍깐허桑乾河에 비추고』, 『폭풍취우暴風驟雨』 등은 중국 최초의 활발하고 밝고 건강한 농민 형상과 기층 혁명가의 형상을 그려냈다. 이 작품들의 '역사화' 서술 과정에서 이 작품들의 '고전화' 과정도 완성되었다. 이 시기에 자리 잡은 문학 창작방향은 줄곧 '문혁' 시기까지 이어졌다. 또한 이 역사과정을 통해서만이 문학예술은 끊임없이 정화되고 순수해지며 투명해지는 요구는 비로소 실현될 수 있었다. 이런 표준적으로 그려진 생활과 문학예술만이 사회주의적인 것으로 인정되었다. 공화국으로 들어선 이후 '전시' 문예주장은 평화시기로 옮겨질 수 있었고, 부분적인 지역의 경험이 전국으로 확대될 수 있었다. 사회주의 맹아시기의 문학은 마침내 사회주의 시대에 전체적으로 보급되었다. 이에 따라 당대문학의 발생은 40년대 초기의 옌안 혁명문예에서 시작된 것으로 보아야 한다. 당대문학의 기본적인 원류는 마찬가지로 옌안시기의 혁명문예이다.

학문 분과로서의 당대문학의 건립은 당대문학의 발생에 비해 몇 년 늦다. 이는 '역사'와 '서술'이 나란히 발전할 수 없는 기술적 어려움 뿐만 아니라, 중요한 것은 당대문학이 형식적인 서사에서 그 이데올로기를 실현해야 한다는 기능이다. 따라서 역사의 원래 모습을 드러낸다는 것은 불가능하다. '역사'는 '역사가'의 역사이다. 문학사가는 자신의 역사 저작에서 자신의 '역사'를 '세우는' 것이고, 때로는 생략하거나 강조하는 '사실'이 있고, 이미 그 역사관의 표현형식이다. 당대문학사는 그 대상과 범주가 다르고, 그 관념과 서술성도 그것이 담고 있는 '허구'적 성분 외에는 다른 역사 저작과 구분이 되지 않는다. 하지만 바로 이렇게 때문에 문학사는 서술 주체의 관조 방식이 다름에 따라 '말의 의미 심미의 역사' '문학 활동의 역사', '문학 자체 건립의 역사' '문학 생산 발생의 역사' '문학전파와 수용의 역사' '민족정신 발전의 역사' '문학 풍격사' 등으로 쓰이는 것이다. 이들 '역사'는 역사와 완전히 같지 않다. 그것은 단지 역사가 '역사 서사'의 서로 다른 형식이다. 여기에서는 중국 당대문학 60년을 '민족의 마음의 역사'라 부르는 것은 물론 문학사 서술의 한 가지 형식에 불과한 것이다.

2. 홍색 년대 : 사회주의 문학 실천

공화국에 들어선 이후 먼저 사회 정치환경에 혁명적 변화가 일어났다. 전체 민족은 거대한 행복과 즐거움에 도취되었다. 이 전체적인 심리 상태 속에서 문학실천 환경도 거대한 변화가 일어났다. 한 측면에서, 문학 규범은 문학이 통일된 문학 기능관의 지도하에 창작과 생산을 진행할 것을 요구하였다. 다른 측면에서는, 새로운 사회제도가 작가, 특히 해방구 출신의 작가와 청년작가들에 대해 커다란 감화력을 가졌다. 이로 인해 새로운 시대에 대한 찬양은 자연스럽게 문학창작의 주류를 형성하였다. 하지만 원래 있던 문학경험과 전통은 완전히 사라지지 않았다. 그것은 여전히 서로 다른 형식으로 새로운 시대에 이어졌다. 이렇게 하여 실험적 성격을 뚜렷하게 띠고 있는 사회주의 문학이 공화국에서 실천되기 시작했다.

1) 문화 지도권의 확립

중국공산당의 문화는 '신문화'이다. 이 문화를 제기하고 권위적으로 설명한 인물은 마오쩌둥이다. 마오쩌둥이 중국 정치무대의 중심으로 나오지 않았을 당시에 그는 수많은 걸출한 정치가와 마찬가지로 전파매체를 운영하였고, 전파매체를 이용하여 자신의 정치적 주장을 전달하고자 하였다. 5.4시기에 창간한 『상강평론湘江評論』은 비록 후난성 학생회 연합의 간행물이기는 했지만 산하를 집어삼킬 듯한 기상은 이미 마오쩌둥의 정치적 포부를 드러냈을 뿐만 아니라 그의 미래 사상의 초기 형태를 간략하게 세웠다. 창간 선언에서 그는 두 가지 문제를 제기하였다. 그 하나는 '먹는 문제가 가장 크다'였고, 다른 하나는 '민중 연합의 역량이 가장 강하다'였다. 민중을 연합하는 목적이 강한 권력을 타도하기 위해서라는 것이다. 이에 따라 민중의 반역을 호소하고, 피압박자들이 해방되는 것이 마오쩌둥이 세운 신문화의 출발점이었다. 신문화를 세우기 위해서는 먼저 구문화를 비판해야 하고, 신문화는 비록 명확하지 않은 것이지만 구문화는 뚜렷한 것이다. "이것들을 타도하지 않으면 어떠한 신문화도 건립할 수 없다." 이런 '파괴'라는 이데올로기의 지배하에 '신문화'의 예상과 들어맞지 않는 '구문화'는 모두 비판과 파괴의 대열에 올랐다. 하층의 민중에 대해 말하자면, '파괴'의 욕망은 조금의 인도만 받으면 빠르게 불타오를 수 있고, 백배의 원한으로 그것을 실현할 수 있다. 주목해야 할 것은, '신문화'에 대한 마오쩌둥의 설명은 민중으로 이해되는 것은 아니라는 것이다. 그는 다음과 같이 말했다. "이른바 중화민족의 신문화는 바로 신민주주의 문화이다." "이른바 신민주주의 문화는 한 마디로 프롤레타리아가 영도하는 인민 대중의 반제반봉건 문화이다." 이런 절단식 문화 변혁의 내용은 신민주주의, 사회주의적이기는 하지만 형식은 민족주의적이어야 한다. 문화가 없는 중국의 하층 민중들로 말하자면 그들이 이론적으로 신민주주의와 사회주의를 받아들이는 것은 분명히 힘들다. 이 때 신문화의 제기자는 수많은 민중들이 이것을 받아들일 수 있게 하기 위해 문화 전파의 과정에서 두 차례에 걸친 동시적 '이중번역'을 진행하였다. 먼저 추상적 이론을 형상적 문예로 '이중번역'하였고, 동시에 '5.4'시기 지식인의 개인주의적 '쁘띠 부르주아'의 언어와 감상, 낭만, 고통, 미망의 정조를 평범한 국민들이 즐겨듣고 보기 좋아하는 언어와 형식으로 '이중번역'하였다. 이에 따라 '신문화'는 '혁명적 민족문화'로 해석될 수 있다. 그것은 '민족적 형식과 신민주주의적 내용'을 갖춰야 하고, 그것은 '새롭고 활발하며 중국의 평범한 국민들이 즐겨 듣고 보기 좋아하는 중국 작풍과 중국 기백이 있는' 문화이다. 신문화의 내용이 확정된 후에 한 가지 중요한 문제는 형식의 문제이다. 델릭은 이 문제를 다음과 같이 분석하였다. 누가 민족의 본질적 내용을 확정할 것인가? 누가 민족문화의 언어를 제기할 것인가? 중국의 지식인에게 있어서 이 문제는 1930년대의 민족 위기 속에서 매우 절박한 것이었다. '오래 된' 엘리트문화와 1920년대의 서양주의에 대해 그들은 회의적인 태도를 가지고 있었다. 그들은 현대성을 가지고 중국의 역사경험 속에서 새로운 문화 원천을 찾고 있었다. 이런 문화는 중국적인 것이어야 했다. 왜냐 하면 그것은 중국의 경험에 뿌리를 내리고 있기 때문이었다. 하지만 동시에 당대적인 것이어야 했다. 왜냐 하면 이 경험은 불가피하게 현대적인 것이기 때문이었다. 많은 사람들이 '인민'의 문화는, 특히 시골 인민의 문화는 본토 현대문화의 창조를 위해서 가장 훌륭한 희망을 제공해 준다. 이 자원은 후에 '신문화'와 관련된 일련의 이론으로 발전한다. 이것은 '신문화' 건설에 효과적인 방법이라고 할 수 있다. 이 길로 달려나가는 과정에서 백모녀, 샤오얼헤이, 리여우차이李有才, 왕귀와 이향향, 황무지를 개척하는 형제자매 등, 이런 활발하고 건강한 중국 농민 형상은 최초의 문예 작품의 주인공이 되었다. 중요한 것은 광범위한 민중 동원에 있어서 그들이 상상하기 힘든 작용을 했다는 것이다. 그 시대에 공산당은 상대적으로 안정된 근거지가 있었다. 마오쩌둥은 시간을 내어 직접 계속적으로 중시해 왔던 전파매체 문제를 돌아볼 수 있었다. 1941년 5월 16일부터 중앙에서는 옌안의 『신중화보』『금일신문』을 합병하고, 『해방일보』를 출판하기로 결정했다. 마오쩌둥은 신문에 '해방일보' 제호를 일곱 부 써주었고, 직접 「발간사」를 써주기도 하였다. 이 밖에도 직접 신문사 사장에게 전화를 걸어 사설을 직접 쓰고, 직접 교열을 보기도 하였다. 훗날 어떤 이는 옌안의 『해방일보』가 6년간 출판되는 과정에서 마오쩌둥이 제일 많은 기사를 썼다고 회고하기도 하였다. 이런 디테일한 내용은 전파 매체와 문화권력 관계에 대한 마오쩌둥의 깊이 있는 이해를 충분하게 설명해 준다. 하지만 전쟁이 한창이던 시대에 낙후한 중국 민중에 대해 말하자면 신문을 읽을 능력이 되는 사람은 매우 제한적이었다. 따라서, 가두시, 앙가극秧歌劇, 낭송시, 흑판보, 전지통신 등의 원시적인 전파매체가 이룩한 공공의 공간이 더욱 효과적인 역할을 하였다.

　마오쩌둥의 신문화 관념은 훗날 어느 연구자가 지적했듯이, 대다수는 가난하며 교육을 받지 못했으며 착취와 압박에 시달린 보통 민중의 가치관과 바람에 대해 편파적인 애정을 품고 있는데, 이것은 분명 정치적인 까닭에서 비롯된 것이다. 그는 이런 사람들이 바로 중국의 잠재 혁명자라고 생각했다. 이는 분명히 정치적인 이유이다. 하지만 이 정치적인 목표를 이루는 내재적인 동력은 민중들로 말하자면 '편애' 속에 담겨 있는 도덕적인 힘이다.

현실을 처리하고 미래를 전망하는 마오쩌둥의 모든 표현에서 그는 조금도 주저하지 않고 민중 편에 서고 있다. 민중 운동에 대한 그의 열정적인 찬양, 농민의 사상 품격에 대한 상상적 구조와 인정은 모두 지식인을 부족해 보이게 만든다. 게다가 농민과의 대비 속에서 5.4시기에 지식인이 세운 '개인주의'는 이미 용인할 수 없는 내부 반대파가 되어 있었다. 그람시는 '유기적 지식인'을 매우 중시했다. 그는 '비천한 자'가 제기하는 문제에 대답을 내놓아야 하는 의무를 가지고 있었기 때문이다. 하지만 마오쩌둥의 입장에서 지식인은 그런 의무가 없다. 정확하게 말해서, 그들은 자격이 없다. 또는 마오쩌둥이 보기에 그들은 그런 임무를 짊어질 능력이 없다. 이 문제들에 대답할 수 있는 사람은 마오쩌둥 한 사람밖에 없다. 지식인은 설명하고 선전할 의무만 있다. 따라서 현대 중국의 혁명사에서 마오쩌둥만이 혁명의 스승이고, 그만이 진정한 이론가이다. 또한 이런 선고되지 않은 규약과 언어 환경 속에서 마오쩌둥은 '매력을 뛰어넘는' 지도자가 된 것이다. 우리가 또 주목해야 할 것은, 민중의 정신과 도덕이 마오쩌둥의 상상 속에서 확대되어 심지어는 완전한 것에 가까운 것으로 된 이후에 정신과 도덕에 대한 추종은 사실상 민중에 대한 상상과 추종으로 치환되었다는 사실이다. 중국 현당대 문학사의 고전 작품에서 그려진 모방할만한 '전형 인물'은 거의 모두 농민이거나 농민 출신의 군인이다. 그들은 순수하고, 투명하며, 낙관적이고, 이상주의와 영웅주의로 가득 차 있다. '신문화'가 기대하는 이런 인물은 마오쩌둥 자신의 작품에서 장쓰더張思德, 바이치우언白求恩, 위꽁愚公으로 나타난다. 마오쩌둥의 열정적인 찬양과 시적 성격의 표현에서 이 인물들은 도덕적 이상의 거역할 수 없는 거대한 매력을 드러낸다. 문학사 분야에서 '새로운 인민 문예'는 인민 군중이 듣기 좋아하고 즐겨 보는 형식으로 신문화 도덕적 이상의 형상 계보를 만들어냈다. 도덕적 이상을 표현하는 이 형상들은 민중들에게서 광범위한 인정을 받았다. 왜냐 하면 그들은 인민의 '해방사업'에 긴밀하게 연관되어 있기 때문이다. 이에 따라 1949년 10월 1일 중화인민공화국이 수립되기 전에 중국공산당은 민중 편에서 이미 문화 영도권을 얻게 되었다.

2) 해협 양안의 '문학 전선'

1949년 7월, 해방구와 국통구 출신의 문학예술 종사자들은 베이핑北平에서 제1차 중화전국 문학예술종사자 대표대회를 거행하였다. 753명의 대표가 이 대회에 참가하였다. 대회는 해방구와 국통구 문예 종사자의 '대집결'로 인식되었다. 마오쩌둥, 주더朱德, 저우언라이周恩來, 둥삐우董必武, 루딩이陸定一 등의 중국공산당 지도자들이 회의에 참가하여 연설을 하였다.

마오쩌둥, 주더, 저우언라이의 연설은 회의에 참여한 대표들의 뜨거운 환영을 받았다. 그들은 '오랜 시간 동안 뜨거운 박수와 환호를 받았다.' 대회의 주요 목적은 '이후 전국 문예사업의 방침과 임무를 공동으로 확정'하는 것이었다. 몇 가지 중요한 보고는 이 기본정신을 공동으로 구체화하였고, 아울러 마오쩌둥의 「옌안 문예좌담회에서의 연설」(이후 「연설」로 약칭한다)의 문예사상을 높게 평가하고 재확인하였다. 이들 보고는 「연설」의 정신과 옌안문예의 경험을 결합하여 이후 전국 문예사업의 방침과 임무를 밝혔다. 사상 노선과 정책 방침에서 문학예술의 발전목표를 확립하였고, 아울러 조직 형식면에서도 이 목표 실현에 기초를 놓았다. '문련'과 각 협회의 건립, 회원 제도, 간행물 심사제도, 당의 지도 제도 등은 상당히 완비되었고, 회의에 참여한 대표들의 동의를 받았다. 이 때부터 통일된 문학전선이 대륙에서 형성되고 문학실천에 옮겨지기 시작했다.

1949년 12월 7일, 전쟁에서 패한 국민당은 타이완으로 쫓겨나서 대륙과 타이완의 대치와 분열 상태가 형성되었다. 패주한 국민당 당국이 직면한 어지럽고 복잡한 국면은 쉽게 짐작할 수 있다. 국민당은 200만 군과 민간인을 이주시킴에 따라 섬의 인구는 급증하였고, 이는 섬의 경제에 막대한 압력으로 작용했다. 물질은 부족하고, 통화는 팽창했다. 또한 전쟁에서 패한 충격이 가시지 않았고, 안팎으로 어려움이 밀어닥쳤다. 대륙으로부터의 정치, 군사적 압력은 풀리지 않았고, 패배주의가 온 섬을 뒤덮었다. 이런 상황과 대륙에서의 새로운 정권 건립 이후의 환호작약은 선명한 대비를 이뤘다. 섬 안의 혼란스러운 국면과 침체된 정서에 직면하여 장제스는 일련의 '개조' 조치를 통해 위험한 국면을 만회하려고 하였다. 이러한 개조 조치의 목표가 추구하는 것은 타이완을 '공산당에 반대하고 나라를 회복하는' 기지를 건설하는 것이었다. 타이완 사회의 사상을 엄밀하게 통제하고, 사회 정서를 안정시키며 양안의 모순을 격화시키는 것을 취지로 하는 '문화개조 운동'이 그 가운데 중요한 조치 가운데 하나였다. 1950년 2월 27일 행정원은 관방의 명의로 「반공보민 총체강요」를 발표하였고, 7월 26일에 장제스가 직접 제정한 「반공 러시아 대항 구국 공약」을 발표하여 타이완 각계에 총체적인 반공 전략을 실시하였다. 한편으로, 민간에서도 같은 해에 이른바 '반공 러시아 대항 부녀연합회' '중국청년 반공 대항 러시아 연합회' 등의 조직을 결성하였다. 반공 정치가 타이완 사회에 저항과 질의 및 초월을 허용하지 않는 슈퍼 이데올로기가 되었다.

 이러한 정치 이데올로기는 문예 분야에 강렬하게 반영되었다. '공산당에 반대하고 나를 회복하는' 것을 주요 내용으로 하는 '전투 문예' 운동이 일어났다. 이른바 '전투 문예'와 문학예술은 무관하다. 그것은 특정한 역사조건 하에서의 국민당 당국의 정치 이데올로기의 일부분이고, 국민당 관방이 지시하고 조직하는 일종의 문화생산 형식이자 반공적인 문화 부대이다. 국민당 관방이 통제하는 문예 간행물은 앞다퉈 모습을 드러냈다. 1950년 3월에 창간된 청징푸程敬扶가 주편 겸 사장을 맡은 『반월문예半月文藝』, 1950년 12월에 창간된 쑨링孫陵 주편의 『횃불火炬』 반월간, 1951년 3월에 창간된 국민당 총정치부가 주관하고 주시닝朱西寧이 주편한

『신문예新文藝』, 그리고『녹주綠洲』『중국문예』『신광晨光』『문예월보文藝月報』『군중문예群衆文藝』 등이 연이어 출간되었다. 특히 1951년 5월에 '중화문예 장학금 위원회'가 창간하고 장다오판張道藩이 사장을 맡은『문예창작』이 가장 대표적이다. 이 잡지는 '전투 문예' 이념을 선전하면서 반공 문예작품과 이론 문장을 실었고, 중추적인 창작 대로를 형성하였다. 문예잡지 이외에도 신문의 부간副刊이 연이어 발간되었다. '반공문학'과 '전투문예'가 엄청나게 쏟아져 나왔고, 대륙과 대치 국면을 형성하면서 첨예한 문예전선을 이루었다. 이런 의미에서 타이완 당국이 문예가 정치를 위해 봉사하도록 하고 문예실천에 옮기도록 한 것은 대륙의 통일된 '문예전선' 형성에 비해 조금 더 이르다고 말할 수 있다.

'반공문학'과 '전투문예'의 발생, 성장을 추진해 가는 과정에서 타이완 당국은 모든 수단을 동원하였다. 심지어 감추는 것 없이 적나라한 정도에까지 도달했다. 전형적인 한 가지 방법은 '큰 돈으로 사들이는' 것이었다. 1950년 3월, 장다오판이 직접 주임을 맡은 '중화 문예 장학금 위원회'에서는 매년 '관방'에서 신대만폐 60만위엔의 경비를 내걸고 '공산당 반대, 러시아에 저항'하는 의미를 담은 각 종류의 작품을 모았다. 이 위원회에 존재했던 7년 동안 시, 악보, 소설, 희곡, 영화, 선전화, 문예이론 등의 10여 종의 예술 형식은 전후 17차례 포상하였고, 작품은 일만 건에 이르렀다. 그 가운데 수상 작가는 120명, 원고료를 받은 사람은 천 명 이상에 달했다. 이밖에도 '국방부 총정치부'의 '군중 문예상', 교육부의 '학술문예상', 반공구국단의 '청년문예상', 국민당 중앙당의 '중산학술 문화상' 등을 제정하였다. 이런 분위기 하에서의 '문예창작'은 작가에 대해 커다란 금전적 유혹이 되었고, 창작의 적극성을 불러일으켰다. 또 한편으로는 관방이 문예를 통해 대중들에게 의지를 격려한다는 환각을 만족시켰다. 1950년 권위 있는 중화문예장학금 위원회에서 처음 발표한 장학금의 주요 명단과 작품 중에서는 타이완 당국의 문예의 정치 이데올로기화가 어느 정도인지를 엿볼 수 있다. 그 가운데 반공, 러시아에 대항, 공격 반대 등 극단적인 정치화와 개념화의 공허한 구호는 이 작품들의 기본적인 수사 방식이었다. 이 구호들은 타이완 당국의 정치적 바람을 표현하는 이외에는 어떠한 예술성 또는 미학적 가치도 없었다.

'반공문학'과 '전투문예'의 극단적 정치화와 개념화는 필연적으로 공식화로 귀결되었다. 이 문예 노선이 확립된 지 오래 지나지 않아 국민당 문예정책의 권위자 장다오판은 풀이 죽어 인정하였다. "인정할 수밖에 없는 사실이 우리 앞에 벌어졌다. 반공 문예작품이 매년 늘어나고 있지만 반공 문예작품에 대한 수없이 많은 독자들의 흥미는 매년 감소하고 있다. 소수의 전문가 학자들이 이 작품들이 선전에 속한다고 여길 뿐만 아니라 많은 독자들도 그것을 선전물로 보고 있다. 반공문예의 효용은 점차 줄어들고 있다." 이 진실한 고백은 한 가지 측면에서 '전투문예'의 마지막 운명을 미리 보여주고 있다. 타이완 정치계 작가 왕란王藍의 말대로, 이것은 일종의 전투이지 문예가 아닌 창작이다. 1950년대 말에 반공문학과 전투문예는 이미 쇠락기에 접어들었고, 더 이상 이어지기 어려운 상황에 봉착했고, 내부로부터의 반발도 끊임없이 이어졌다. 1959년에 리징李經이라는 인물이 쓴 문장에서는 다음과 같은 절망적 언급이 이어졌다. "정치가 문학에 간여하게 되면 문학을 피폐하게 할 수 있다. 하지만 작가의 창조력을 향상시킬 수 없다. 문예정책이 만약 정치 원칙으로 문학 원칙을 대체하려 시도한다면 그 결과는 필연적으로 슬프게 된다." 이 식견은 타이완 문예노선의 본질적 문제를 진실하게 언급한 것이다.

하지만 타이완의 반공 문인과 작가들은 대부분 대륙 출신이다. 반공이 세워야 했던 문예 이데올로기로 인해 그들 과거의 문예에 대한 이해와 문예 관념은 완전히 바꿔놓는 것은 불가능한 일이었다. 반공문예의 발전은 대만 당국 이데올로기의 요구에 들어맞을 뿐만 아니라 장학금 제도 또한 상당히 중요한 작용을 하였다. 처음에 타이완에 온 문인 작가들은 물질적 결핍에 시달렸고, 당시 분위기에 편승하여 창작된 것 또한 양식을 마련하기 위해서였다고 이해할 수 있다. 따라서 타이완 문예의 정치 이데올로기적 통제는 상대적으로 말해서 비교적 느슨한 편이었다. 1950년대 중반, 현대주의 등 문예사조의 발전은 한 측면에서 정치 이데올로기에 대한 타이완 작가의 거리두기 및 문예 통제에 대한 타이완 당국의 여유를 실증해 주는 것이다.

3) 초기 사회주의 문학의 실천과 시행착오

신중국 수립 후에 문학창작의 규범은 사실상 이미 완성되었고, 외부 자원의 제한과 내부 제도의 건립 이외에 주류 작가 대오의 교체와 전통에 대한 계승은 신중국 초기 문학창작의 면모에 가장 직접적인 원인이 되었다. 작가협회의 책임자와 주요 간행물 책임자, 작가협회 및 간행물의 지도자는 동시에 문학창작의 권위를 갖는 정책 결정자였다. 그리고 문학 창작의 주체 역량은 주로 해방구와 그 밖의 혁명 근거지 출신 작가였고, 아울러 신중국이 길러낸 작가였다. 물론 형세의 발전에 따라 딩링丁玲, 아이칭艾靑, 천치샤陳企霞, 샤오쥔蕭軍, 차이치쟈오蔡其矯, 친자오양秦兆陽 등과 같은 해방구 출신 작가와 왕멍王蒙, 리우빈이엔劉賓雁, 공리우公劉, 샤오이엔샹邵燕祥, 리우샤오탕劉紹棠, 쫑푸宗璞, 까오샤오셩高曉聲, 루원푸陸文夫 등과 같은 신중국이 길러낸 작가들은 여러 차례의 정치와 문예운동 과정에서 차례로 문제를 제기하였다. 이로 인해 초기 사회주의 문학 실천은 뚜렷한 시행착오를 거치게 된다.

전통 계승은 뚜렷한 경험주의와 공리주의 색채를 띠게 마련이다. 저우양이 제1차 문대회에서 강조한 옌안의 경험은 가장 정확한 방향이자 가장 가치 있는 전통으로 인정받았다. 문학의 사회적 기능, 사상적 감정, 창작 입장은 여전히 반복적으로 강조되는 가장 중요한 것이고, 문학은 정치에 봉사하고, 현실 생활에 봉사하며 인민대중의 생활과 감정을 반영하고 노래하는 것이 문학의 가장 근본적이고 핵심적인 관념이라는 것이다. 이렇게 옌안의 전통은 신중국 초기의 문학에, 특히 시 창작에 보편적으로 계승되고 발양되었다. 이것이 바로 '찬양과 환희'였다.

당시는 명실상부한 '찬양'의 시대였다. 1953년에서 1955년까지, 그리고 1956년에 중국작가협회가 펴낸 제법 볼륨 있는 『시선詩選』에서 우리는 '찬양'을 제목으로 하는 작품만 상당한 분량을 차지한다는 사실을 알 수 있다. 롼장징阮章競의 「조국의 아침」, 톈지엔田間의 「조국송」, 거비저우戈壁舟의 「연하조양류延河照樣流」, 궈롱구이郭龍桂의 「마오 주석의 빛은 영원히 비추네」, 짱커지아臧克家의 「이 빛은 하늘에서 오는 것이 아니다」, 웨이촨통魏傳統의 「장정시초長征詩草」, 옌천嚴辰의 「붉은 기수」, 궈샤오촨郭小川의 「불로 뛰어드는 투쟁」 및 그 밖의 '노래'로 명명된 시, 예를 들어 「나는 즐거이 노래하네」, 「동가侗家는 원래 노래 부르기를 좋아해」, 「나는 안강鞍鋼을 노래하네」, 「대원의 노래를 찾아서」, 「운작雲雀의 노래」, 「묘가苗家 아가씨의 노래」, 「자수가刺繡歌」, 「대장장이의 노래」, 「목동의 노래」, 「조림造林 영웅의 노래」, 「말길의 노래」, 「뜨거운 파초의 노래」, 「노래를 듣다」, 「술의 노래」, 「아컨阿肯의 노래」 등등이 있다. 허징즈賀敬之의 「소리 높여 노래해」, 「십년의 찬양」, 「레이펑雷鋒의 노래」에 이르러 피크에 이른다.

많은 작품들이 어떤 소재를 다루든 작가의 호소는 결국 조국, 집단, 영예 등과 연결되어 있다. 그것은 서정과 서사 공동의 출발점이자 마지막 종착지였다. 원지에聞捷(1923~1971)가 1955년에 발표한 「투루반 사랑의 노래」는 일세를 풍미한 작품이다. 이 작품은 목가의 형식으로 찬양을 한 것으로, 당시 환경에서 독특한 풍격을 보여주고 있으며, 리지李季, 롼장징, 장즈민張志民 등의 시인 등과는 구별된다. 「오이 심는 아가씨」에서 오이 심는 아가씨의 애인 선택에 있어서 중요한 조건이 바로 그의 가슴에 훈장이 있느냐 여부였다. 사회 통일의 가치 기준이 이미 애정 관념 속에 녹아든 것이다. 푸치우傅仇의 「남색 가랑비」에서도 마찬가지로 떠나서 오랫동안 돌아오지 않는 청년을 그리고 있는데, 삼림이 그의 마음을 지배하여 그가 이미 쏙 빠졌음을 서술하고 있다. 아리의 애정은 삼림에게 보내고, 삼림은 행복을 아리에게 보내 준다. 보다 유명한 애정시는 장텐민張天民의 「사랑의 이야기」이다. 사실상 이 시는 애정과 아무런 관련이 없다. 작가가 서술한 것은 한 쌍의 젊은 부부가 적들의 감옥에서 서로 격려하다가 차례로 적들에게 살해되는 이야기이다. 그들의 애정 이야기는 '동지여, 견디시오!'이고, 그들의 맹세는 '불굴의 승리!'이다. 마지막에 작가는 비장하게 다음과 같이 쓰고 있다. "그들의 생사 이별이 있어야만 행복과 청춘은 비로소 이 긴 의자에 어깨를 나란히 하고 앉을 권리가 있다! 만일 건설할 때 우리가 얼음과 눈을 오를 필요가 있다면, 분리하는 그날 우리의 사상을 지나가게 하자!" 궈샤오촨의 「빛나라, 청춘의 불꽃이여」에서 청춘과 애정에 대한 시인의 이해는 직업 혁명가의 색채를 더욱 많이 띤다. "하지만 청춘은/아름다운 땋은 머리만은 아니다/돌은 황금으로 변해야 하고; 청춘의 소유자는/높은 산 중턱이나 시냇가에 있어서는 안되고/ 애정을 말하고, 흘러가는 구름을 봐서는 안된다. 청춘의 매력은/마땅히 말라버린 가지에서 신선한 과일이 나오게 해야 하고/사막에 숲이 만들어지게 해야 한다; 대담한 상상이/청춘의 본분이다!" 여기에서는 진정한 느낌을 말할 수 없고, 그것에 거대한 도덕적 호소력이 있다고 말할 수는 없다. 그것의 기세, 순결함과 진실한 바람은 모두 젊은이들의 마음 속에서 억제할 수 없는 충동을 일으키고, 그것은 분명히 시의 형식으로 그 시대 청춘의 이미지를 전달하고 있다 청춘은 시대를 위해 내려오고, 시대의 부름에 대답한다. 시대의 유행하는 말 속에서 존재의 의미를 얻는다. 뻥신의 인간적인 따스함, 따이왕슈戴望舒의 애절한 고독, 쉬즈모徐志摩의 부드러운 정취, 아이칭艾靑의 처량함에 비교해 보면 이 작품들은 집단적인 이성과 헌신정신으로 시대적인 특색을 드러내고 있다. 정신적인 차원에서 시는 동일한 방향으로 집결되고 있다.

이러한 문학관념의 지배하에 사리에 밝지 않은 문학 실천자들은 문제를 일으키기 시작했다. 샤오예무蕭也牧의「우리 부부 사이」는 혁명가가 도시로 온 이후의 생활과 사상변화를 최초로 반영한 소설이라고 할 수 있다. 이 소재는 현실적이기도 하고 동시에 현대적 의미가 풍부하기도 하다. 소설에서 서술된 기본적인 내용은 '우리 부부'가 도시로 들어간 이후의 모순과 화해 과정으로 요약할 수 있다. 주인공 리커李克 부부는 지식인과 농공 결합의 전형이다. 비록 두 사람의 문화적 배경과 신분이 다르기는 하지만 그들은 결혼한 이후 생활에서나 감정 면에서 모두 잘 어울리고 즐겁게 지낸다. 1년 뒤에 부부는 싸우기 시작한다. 하지만 부부의 대화를 통해서 우리는 그들의 모순이 부부 사이에서 일어난 것이 아니고, 두 가지 다른 관념 사이에서 전개된 것이라는 사실을 알게 된다. 사실상 이 모순은 현대생활에 대한 태도이다. 부부 사이의 모순과 화해의 과정은 신중국 초기 현대성 모순의 상상적 해결 방안이다. 사실상 이 현대와 전통의 모순은 신중국 초기의 이 소설에서 이미 제기된 것이다. 비록 소설은 상상의 방식으로 모순을 풀었지만 현실생활 속에서 이 모순은 계속 당대 중국을 괴롭히는 중요한 문제이다. 도시와 농촌, 전통과 현대, 동양과 서양 등의 이후에 토론의 대상이 되는 문제들은「우리 부부 사이」에서 은연중에 드러나고 있다.

해방구에서 양성되고 성장한 작가들과는 다르게, 1930, 40년대 이미 이름을 날린 작가와 시인들은 신중국 성립 이후에 창작면에서 공통적으로 어려움을 겪었다. 그들도 현실을 찬양하는 몇몇 작품들을 진지하게 써냈다. 아울러 자신의 인생관과 문예사상을 깊이 있게 점검하였다. 또한 자신이 추구하는 바를 밝히기 위해, 자신이 이전 작품들을 개작하는 일이 흔했다. 비교적 전형적으로는 펑즈馮至, 차오위曹禺, 아이칭艾靑을 들 수 있다.

신중국 수립 이후 허치팡何其芳은 주체할 수 없는 격동과 희열을 안고

시「우리의 위대한 명절」을 써냈다. 하지만 이후 몇 년간 시인은 침묵에 빠졌다. 젊고 명쾌한 그의 노래는 이어지지 않았고, 독자들이 기대 속에서 그가 발표한 것은 온갖 심사가 뒤얽히고 모순으로 점철된「대답回答」이었다. 작가가 밝힌 창작 시간으로 볼 때 창작 시작에서 전편을 완성하기까지는 2년 반의 시간이 걸렸다. 분명히 이것은 단숨에 이뤄낸 호탕한 작품이 아니었다. 시인이 한 두 차례 지체한 것은 마음속의 주저와 시적 정서의 지체를 반영하고 있다. 시인은 그 결심을 완성하는 과정에서 흔들렸을 가능성도 있다.「대답」은 결국 발표되었다. 하지만 그것은 더 이상 '노래'와 '춤'이 아니고, 침울함과 복잡함으로 가득차 있었다. 당시는 환희의 시대였다. 허치팡도 그것의 서막을 열었었다. 시대는 시에 사람들의 기쁨을 충분히 표현할 것을 요구하였고, 아울러 소리 높여 한 시대의 장막이 열림에 따라서 함께 갈 것을 요구하였다. 하지만「대답」은 소리를 높이지도 않았고, 낙관적이지도 않았다. 환희의 광장에서 그것은 마음이 무겁고 모순으로 점철된, 걱정이 가득한 국외자였다. 그의 몸은 광장에 있었지만 마음은 다른 곳에 있었다. 환희의 장면에서 대비되는 그 모습은 특히 주목을 끌었다. 이로 인해 그것은 '건강하지 못한 감정'으로 판정되었고, 사람들을 실망시킨 작품이 되고 말았다.

1950년대 초반에 '항미원조抗美援朝'를 소재로 하는 작품들이 출현하였다. 웨이와이魏巍의「누가 가장 사랑스러운 사람인가」, 양수어楊朔의「삼천리 강산」, 바진巴金의「생활은 영웅들 속에서」등이 그런 작품들이다. 이 작품들은 모두 좋은 평가를 받았다. 특히 웨이와이의「누가 가장 사랑스러운 사람인가」는 그 시대 동일한 소재 작품들 가운데 가장 대표적인 작품으로 인정받는다.

앞에서 서술한 작품과 다른 것은 루링路翎의 동일 소재 소설 창작이다. 1953년부터 1954년 사이에 노선은 한국전쟁을 소재로 하는 단편소설「첫눈」「전사의 마음」「영원히 충실한 당신의 동지」「웅덩이에서의 전투」 등을 발표했다. 이 작품들은 대부분 『인민문학』에 발표되어, 독자들에게 커다란 반응을 불러일으켰으며, 작은 '루링 열풍'을 일으켰다. 그 중에서 「웅덩이에서의 전투」가 영향을 가장 크게 미쳤다. 소설은 비록 한국전쟁을 정면으로 묘사했지만 소설에서 전쟁은 배경을 이룰 뿐이고, 주요 내용은 지원군 병사 왕잉훙王應洪과 조선의 아가씨 김성희金聖姬가 말도 못하고 이뤄지지도 못한 애정이다. 왕잉훙은 연애감정과 불안한 마음을 가지고 전쟁 중에 희생되고 만다. 이로써 작품은 비극적인 애정 스토리이다. 「웅덩이에서의 전투」는 그렇게 우수한 작품은 아니다. 조심스럽게 길게 써나갔는데, 젊은 남녀 주인공의 교류없는 애정관계는 완전히 서술에 의지하여 설명이 되고, 읽어보면 매우 답답하다. 루링 초기 작품의 격정과 날카로움과 비교가 된다. 이 소설의 창조력과 상상력은 뚜렷하게 퇴보하였다. 하지만 당시의 문학 환경에서 루링은 여전히 인물의 심리에 주의를 기울이고 있고, 인간의 정신과 감정 분야에 주목하고 있으며, 아울러 비극 형식으로 처리를 하고 있어, 새로운 예술적 출구를 찾는 루링의 노력과 함께 새로운 문학 모델과 문학 기능관의 괴리와 질문을 던지고 있음을 보여주고 있다. 「웅덩이에서의 전투」는 상상이 가능한 격렬한 비판을 당했다. 루링의 탐색과 그가 맞닥뜨린 비판은 사실상 개인의 사상감정과 심리적 체험의 풍부성과 복잡성이 신중국 초기에 이미 문학표현의 분야 밖으로 밀려났음을 알려주고 있다.

두펑청杜鵬程의 『보위 옌안』은 샤오예무, 허치팡, 루링의 문학 실천과는 달랐다. 소설은 1947년 3월에서 9월까지 옌안 보위를 전개한 스토리에서 소재를 취하고 있다. 후쭝난胡宗南이 지휘하는 국민당 군대가 옌안에 대한 공격을 감행했고, 군사력의 현격한 차이 속에서 마오쩌둥과 펑더화이는 먼저 옌안을 포기했다가 나중에 다시 되찾는다. 소설은 한 영웅이 칭화비엔青化砭, 판롱진蟠龍鎭, 위린榆林, 샤지아디엔沙家店 등의 전투에 연이어 참전하고, 중대장 저우따용周大勇의 영웅적인 사적을 중심으로 보위 옌안의 피비린내 나는 전투 과정을 묘사하였다. 해방전쟁의 구체적인 배경에서 리우덩劉鄧 대군이 따비에산大別山으로 진격하고, 천겅陳賡 대군이 황허를 건너는 것을 연계하여 옌안 전쟁의 중요한 전략적 지위를 나타냈고, 아울러 이를 전기로 삼아 아군의 전략 방어가 전략 공격으로 전환해 가는 역사적 과정을 예술적으로 묘사하고 있다. 작품에서 묘사된 전쟁 장면은 그 규모가 크고 전쟁 상황은 기복이 있으며 고위 장교의 중대한 결정으로부터 기층 중대의 전투 장면, 그리고 인민과 유격대의 전투에 이르기까지 진실하고 정면으로 묘사되고 있다. 일정한 범위에서 작품은 당시의 준엄한 형세와 땅과 피를 맞바꾸는 잔혹함과 격렬함을 반영하고 있다. 펑더화이에 대해 작품에서는 많이 그려지고 있지는 않지만 당대 문학에서 혁명가를 최초로 그려낸 것으로 평가된다.

초기 사회주의 문학 실천과 시행착오 과정에서 찬양과 혁명적 영웅주의가 결국 승리를 거두었다. 이 경험은 17년 문학의 전체 과정에 관통하고 있다.

4) 향토문학에서 농촌제재로

중국현대문학사에서 중국의 향촌을 묘사한 문학을 향토문학이라 부른다. 20세기 이후의 중국문학에서 중국의 향촌은 줄곧 가장 중요한 서술 대상이었다. 따라서 중국 향촌에 대한 문학적 서술은 백년간 중국의 주류 문학을 형성하였다. 이 주류 문학의 형성은 본질적으로 중국사회의 '중국 향토'와 관련이 있다. 20세 이후의 중국 작가들은 거의 대부분 향촌 출신이거나 향촌 생활 경험이 있다. 향촌에 대한 기억은 중국 작가들에게 있어서 가장 중요한 문화 기억이다. 다른 한편, 중국 혁명의 승리는 주로 농민의 힘에 의지했다. 새로운 정권의 획득 과정에서 만약 농민의 참여가 없었다는 것은 상상하기 힘든 일이다. 따라서 중국 향촌에 대한 문학적 서술은 중국 본토의 문화적 근거인 동시에 정치적 근거가 된다. 그것에는 합리성과 합법성이 있다고 말하는 사람도 있다. 하지만 이 주류문학이 중국사회 역사발전의 과정에서 두 차례 전환점이 나타난다. 처음은 향토문학이 농촌 제재로 옮겨가는 과정이고, 이 이동은 1940년 초에 나타난다. 또 한 차례는 농촌제재가 신향토문학으로 옮겨가는 것으로, 이 이동은 1980년 초에 나타난다.

현대 중국문학의 향촌에 대한 최초 서사는 분열되었다. 한편으로 빈곤한 농민이 우매하고 마비되고 심지어는 병이 들어 계몽이나 구원의 대상이 된다. 그들은 아큐, 화라오슈안華老栓, 샹린부인祥林嫂였다. 다른 한편으로 향촌의 평온한 전원은 시적인 정취가 있는 곳으로 그것은 「고향」 「변방의 도시」 「한 다정한 선원과 다정한 부인」 등이다. 향촌 서사의 전체적인 출현은 중국 공산당이 현대 민족국가의 수립을 목표로 한 것과 관련이 있다. 농민은 중국 인구의 절대 다수를 차지하고, 현대 민족국가 수립에 이 계급을 참여시키는 것은 훗날 역사가 증명한 반드시 거쳐야 할 길이었다. 이렇게 옌안 시대로부터, 특히 토지개혁 운동을 반영한 장편소설 『태양은 쌍깐허에 비추고』, 『폭풍취우暴風驟雨』 등이 발표되면서 중국 향촌 생활의 전체적 서사는 사회 역사발전과 긴밀하게 결합되었고, 완성도 높게 창조되었다. 중국 향촌의 문학 서사는 이 시대에 종결되었다. 그것을 이어서 일어난 것이 '농촌제재' 문학이었다. '서사시 성격'은 이 작품들의 기본적이면서도 마지막 추구였다. 『창업사創業史』「산향거변山鄉巨變」 『삼리만三里灣』 『염양천艷陽天』 『금광대도金光大道』 등은 모두 이 사상적 노선의 지도 아래 창작된 작품들이다.

리우칭柳青의 『창업사』는 50~60년대 문학창작의 최고 수준을 보여주는 작품 가운데 하나로 인정된다. 『창업사』를 창작하기 전에 리우칭은 장편소설 『종곡기種穀記』와 『동장철벽銅墻鐵壁』을 출판하였다. 1950년대에 일찍이 샨시陝西 창안현長安縣의 황푸촌皇甫村에서 오랫동안 살면서 농촌 합작화 과정을 잘 알고 있었다. 『창업사』는 바로 농촌 합작화 과정을 반영한 작품이다. 소설 제1부에서는 샨시陝西 웨이난渭南 지구 샤바오향下堡鄕의 '하모탄蛤蟆灘'을 전형적인 배경으로 하고, 량성바오梁生寶 호조조互助組의 공고함과 발전을 둘러싸고 합작화 운동의 두 가지 노선, 두 가지 사상의 격렬한 모순과 투쟁을 드러내 보여주었다. 당의 지도하에 호조조互助組는 농민의 교육과 단결을 성공적으로 이끌었다. 제2부에서는 주로 농촌합작사의 시범 운영 과정을 서술하였다. 소설은 량성바오, 량싼梁三 노인 및 궈전산郭振山, 궈스푸郭世富 등 인물 묘사를 통해 농촌에서 왜 사회주의 혁명이 일어났는가에 대한 문제에 답하고 있다. 작품이 발표된 이후 호평이 물밀 듯이 쏟아졌고, 출판 후 1년 동안 전국에서는 50여 편의 문장이 발표되었으며 관련 문제를 둘러싸고 장장 4년간 토론이 전개되었다.

하지만 소설 등장인물에 대한 평론계의 평가는 일치하지 않는다. 1960년 12월, 샤오취엔린邵荃麟은 『문예보文藝報』에서 다음과 같이 언급하였다. 『창업사』에서 량싼 노인은 량성바오에 비해 잘 쓰여졌다. 수천년 동안의 중국 농민의 정신적 부담을 잘 개괄하였다. 하지만 양싼 노인을 분석한 사람은 매우 적었다. 그 결과 이 작품은 충분히 깊이 있게 분석되지 않았다. 단지 두 가지 노선투쟁과 새로운 인물만 가지고 농촌을 묘사한 작품(예를 들어 『창업사』나 리준李准의 소설)을 분석하는 것은 충분하지 않다. 따렌의 농촌 제재 단편소설 창작 좌담회에서 그는 다시 다음과 같이 언급하였다. 량성바오는 가장 성공적인 인물은 아니다. 전형 인물로서 많은 작품에서 찾아볼 수 있다. 량싼 노인은 전형인물인가? 내가 보기에는 매우 전형적인 인물이다. 샤오취엔린의 관점은 한 구체적인 인물과 한 소설에 대한 평가에 그치는 것이 아니다. 사실상 유행하는 문학 관념과 비평 표준에 대해 의문을 던진 것이다.

이 자료들이 공개되기 전에 옌지아옌嚴家炎은 『창업사』에 대해 체계적인 분석과 평가를 했다. 그는 연속해서 네 편의 글을 발표하여, 작품의 주요 성과에 대해 다른 견해를 내놓았다. 그가 보기에 『창업사』의 주요 성과는 주로 량싼 노인 이 인물을 그려낸 것에 있다. 이 관점은 샤오취엔린과 일치한다. 더욱 많은 사람들은 량성바오가 중국 농민의 발전방향과 내적 요구를 대표한다고 인식하였고, 작품이 농촌의 계급투쟁과 노선투쟁을 반영하였다고 생각했다. 그런데 샤오취엔린과 옌지아옌은 중국 농민의 정신적 전통으로부터 작품이 변혁 시기 중국 농민의 갈등, 주저함, 방황, 그리고 자발적인 변혁 반대를 진실하게 표현하였다고 생각하였다. 량싼 노인의 예술적 풍부함과 중국 전통 농민의 정신적인 부분과의 연계는 이 소설이 거둔 가장 커다란 성과이다.

자오수리趙樹理를 대표로 하는 샨시山西 작가 그룹은 '유파' 성격을 띠는 작가 그룹이다. 이 그룹은 지역성이 매우 뚜렷하고 그들의 창작과 농촌 현실과의 관계, 민간 문예 전통과 수용 방식에 대한 중시 면에서 다른 농촌 제재 작가들과는 구분된다. 샨시山西 작가 그룹은 자오슈리 이외에 마펑馬烽, 시롱西戎, 슈웨이束爲, 쑨치엔孫謙, 후정胡正 등이 있다. 주요 작품으로는 마펑과 시롱이 합작한 장회체 소설 「여양영웅-전呂梁英雄傳」, 마펑의 영화 극본 「우리 마을의 젊은이」, 전기傳記문학 「유호란劉胡蘭」, 단편소설 「결혼」 「3년 일찍 알다」, 「나의 첫 번째 상사」 등이 있고, 시롱의 주요 작품으로는 단편소설집 『아가씨의 비밀』, 『풍산기豊産記』 등이 있다. 『풍산기』 가운데 「등심융燈心絨」, 「뇌대수賴大嫂」 「풍산기」 등의 영향이 비교적 크고, 특히 「뇌대수」는 '현실주의 심화'와 '중간인물' 토론 과정에서 반복해서 언급되고 인용되었으며 '뇌대수'는 이 시기에 유명한 '전형인물'이 되었다.

자오수리는 마오쩌둥 문예사상이 길러낸 대표 작가이다. 1943년 5월에 마오쩌둥의 「옌안 문예좌담회에서의 연설」 발표 1주년 무렵에 자오수리는 그의 출세작 『샤오얼헤이小二黑의 결혼』을 발표하였다. 1946년 8월 26일자 『해방일보』에 저우양의 「자오수리 창작을 논함」이 발표되어,

『샤오얼헤이의 결혼』부터 시작하여 자오수리가 「연설」의 정신을 실천한 모범으로 인정하였고, 방향과 기치이며 자오수리는 인민예술가로 불리어졌다. 그의 작품은 인민 예술의 고전으로 인식되었다. 물론 자오수리로부터 중국현대문학사상 처음으로 활발하고 건강하며 긍정적인 중국 농민 형상이 나타났고, 중국의 최하층 민중이 진정으로 서사의 대상이 되었던 것은 맞다. 하지만 신중국 수립 이후의 격변의 시기 이후로 자오수리에 대한 평가는 나뉘고 반복되기 시작했다. 이는 이 단계 자오수리의 창작과 관계가 있을 뿐만 아니라 급변 시기 문학관념의 변화와도 관련이 있다. 1955년에 『삼리만』이 출판되었는데, 이 작품은 농촌 합작화 운동을 제일 처음 반영한 장편소설이다. 소설이 발표된 이후에 기본적으로 긍정적인 평가를 받음과 동시에 비판도 받았다. 비판은 주로 두 가지 노선투쟁에 대해 작품이 철저하게 드러내지 못했다는 점, 또 농민의 혁명성에 대한 역량 평가 부족 등에 초점이 맞춰져 있었다. 자오수리에 대한 비판은 1950년대 후반에 이르러 다시 제기되었다. 이 비판이 제기된 것은 주로 단편소설 「단련단련鍛鍊鍛鍊」의 발표에서 비롯되었다. 자오수리 평가에 대한 변화와 반복은 사실상 문학관념의 변화였다. 이 관념은 주로 어떤 인물을 그려낼 것인가의 문제였다. 당대문학 비평사에서 항상 사용되는 '영웅인물', '긍정적 인물', '중간인물', '반면 인물' 등은 이미 '인물'을 등급과 유형화로 구별하고 구분 짓고 있었다.

5) '홍색 고전'의 확립

홍색 고전은 「연설」 정신의 지도하에 창작된 민족풍격, 민족 기개를 지니고 노동자 농민이 즐겨 듣고 보기 좋아하는 문학작품을 말한다. 이런 작품들은 혁명 역사를 주요 제재로 하고 중국공산당이 이끄는 인민민주혁명과 사회주의 건설 찬양을 주요 내용으로 한다. 그것의 끊임없는 창조와 광범위한 전파는 인민대중에게 익숙해지게 만들고, 그들의 독특한 문학감상과 수용 취미를 길러줄 뿐만 아니라 작가 창작의 중요한 목표를 지배하게 된다. 이 상황은 당대문학으로 하여금 풍부한 홍색 문학 창작경험을 쌓게 해준다. 1950년대 초기의 『보위 옌안』을 시작으로 혁명 역사의 서사와 건설은 이미 시작되었고, 혁명 전쟁 또는 혁명 역사경험이 있는 작가를 거치면서 홍색문학 창작에 적극적으로 투입되었다.

당대문학의 역사 서술에서 소설, 시, 산문, 희곡, 영화 등의 각 문학예술 가운데 홍색 문학은 주요 기술 대상이었다. 예를 들어 소설로는 리우칭의 『동장철벽』, 즈샤知俠의 「철도유격대」, 량빈梁斌의 「홍기보紅旗譜」, 우창吳强의 「붉은 해」, 쉬에커雪克의 「전투중인 청춘」, 리잉루李英儒의 「들불 봄바람의 고성古城 전투」, 리우류劉流의 「열화금강烈火金剛」, 펑즈의 「적후무공대敵後武工隊」, 펑더잉馮德英의 「고채화苦菜花」, 어우양산歐陽山의 『삼가항三家巷』, 뤄광빈羅廣斌 양이옌楊益言의 『붉은 바위』, 취보曲波의 「임해설원林海雪原」, 리우칭의 『창업사』 등이 있고, 시로는 궈샤오촨郭小川의 「장군 삼부곡」「빛나라, 청춘의 불꽃이여」, 허징즈賀敬之의 「옌안으로 돌아오다」「소리 높여 노래해」「10년 찬양」, 「서쪽으로 떠나는 열차의 창문」, 원지에聞捷의 「복수의 불꽃」, 롼장징阮章競의 「금색 바다소라」「백운악박白雲鄂博 교향곡」, 톈지엔田間의 「영웅찬가」「간차전趕車傳」, 왕즈위엔王志遠의 「호도파胡桃坡」, 리잉李瑛, 공리우公劉, 바이화白樺, 샤오옌샹邵燕祥, 량샹취엔梁上泉, 장용메이張永枚, 푸치우傅仇, 옌이雁翼, 옌전嚴陣, 장완슈張萬舒, 장티엔민張天民, 장밍취엔張明全 등의 새로운 시대와 생활을 노래한 짧은 시가 있다. 웨이웨이魏巍, 리우바이위劉白羽, 양쑤어楊朔, 친무秦牧, 바진巴金, 우보샤오吳伯簫, 궈펑郭風, 커란柯藍 등 작가의 산문과 홍색 문학에 근거하여 개편한 영화가 있다.

혁명 역사와 현실생활의 본질화에 대한 홍색문학의 서술과 새로운 생활에 대한 찬양과 인정은 홍색문학으로 하여금 사상적인 내용이 대체로 같은 제재 범위를 형성하도록 하였다. 하지만 예술형식 면에서 두 가지 다른 표현 형식이 있다. 그 하나는 사시화史詩化의 추구이고 다른 하나는 전기성傳奇性의 표현이다. 사시화 서사에서 혁명역사는 핍진한 방식으로 재현을 해내고, 전기성 풍격에서는 민족화된 현대 서사형식을 만들어냈다. 홍색 문학은 이데올로기가 요구하는 예술적 기능을 실현하였고, 아울러 이 두 가지 형식 속에서 당대문학의 새로운 전통을 만들어냈다.

량빈의 「홍기보」(제1부)는 1957년에 출판되었고, 이후 계속해서 제2부 「파화기播火記」(1963), 제3부 「봉화도烽火圖」(1983)가 출판되었다. 「홍기보」는 지중冀中 평원의 주朱, 이엔嚴 양 집안의 3대와 악패 지주 평라오란馬老蘭 부자의 투쟁을 통해, 특히 '할두세割頭稅 반대'투쟁, 바오딩保定 이사二師의 학생운동 등을 통해 대혁명 시기 중국 북방 농촌과 도시의 혁명 정세에 대하여 생동감 넘치게 예술적으로 묘사하였다. 제2부에서 주로 그려진 것은 1932년 발생한 까오리高蠡 폭동이다. 제3부에서 묘사된 것은 항일전쟁이 막 발발하였을 당시의 투쟁 상황이다. 소설은 주朱, 이엔嚴 양가 3대와 혁명 역사와의 연관과 서로 다른 시대적 특징을 지닌 농민 형상을 그려냈다. 소설에서는 중국혁명 발생의 역사적 원인을 설명하였고, 동시에 중국 혁명이 어떤 길을 걸어야 성공할 수 있을 것인가의 필연적인 법칙을 밝혔다. 언급할 만한 것은, 「홍기보」의 예술형식이 전통 소설에 대해 개조와 계승을 했다는 사실이다. 작가 자신의 기대는 민족적 기백이 있는 소설을 창작하는 것이었다. 그는 『수호전』『홍루몽』『삼국연의』및 루쉰과 자오수리 등의 작가, 작품에 대한 학습과 분석을 통해 지역, 풍속, 풍토인정 등에 대한 묘사에 있어서 민족 풍격과 민족 기백을 형성할 수 있었다. 오랜 기간에 걸친 준비의 기초 위에서 작가는 지중 평원의 민중 언어를 마스터하였다. 이는 「홍기보」의 인민성이 명시된 것 가운데 하나이다. 하지만 보다 중요한 것은 서로 다른 시대의 농민 영웅 인물의 성격에 대해 이해할 수 있었다는 점이다. 비록 여기에서는 3대 농민의 혁명의식이 비각성 단계에서 각성의 단계로 발전하는 것에 대한 묘사를 통해 농민이 공산당의 지도만 있으면 진정한 혁명의 길로 걸어갈 수 있다는 것을 반영하였지만 구체적인 표현에서, 특히 농촌생활에 대한 구체적인 묘사에서 그 속에 구체화된 민간 분위기, 강호의 색채, 전통소설의 협의성 등은 종종 소설의 주제와 작가의 이성 관념을 초월하곤 한다. 이런 의미에서 중국 북방 농촌생활의 풍부성을 드러내는 것이 그것의 사시성 추구에 비해 보다 긍정할만한 가치가 있는 문학적 의미가 있다고 말할 수 있다.

우창의 「붉은 해」도 사시성을 추구한 대작이다. 다른 것은 「붉은 해」의 시대가 이미 혁명 발생에 대한 합리적 설명을 이미 넘어 섰다는 것이다. 혁명은 이미 크게 성장했고, 기세등등한 정규 부대는 중국 전체를 해방하기 위하여 피 흘리며 전투를 벌이고 있고, 역사발전 방향의 대표로서 인민의 지지와 도움을 받고 있어 그 사시적 성격은 의심할 여지가 없다. 「붉은 해」는 진실한 역사 전쟁과 예술적 허구를 결합한 작품이다. 소설은 1946년 여름 장제스의 전면적인 내전 도발을 배경으로 하여 인민해방군이 벌인 시엔수이涟水, 라이우萊蕪, 멍량구孟良崮의 3대 전투를 중심으로 스토리가 전개되고 있다. 해방군의 고위 장교, 기층 간부, 보통 병사의 형상을 그려내는 동시에 국민당 70사 사단장 장링푸張靈甫의 형상을 생동감 넘치게 묘사하였다. 인물 성격의 이해에 있어서 소설은 인물의 계급성을 견지하는 동시에 만화화, 도식화의 습관적 모델을 뛰어넘었다. 인민 대중의 전쟁 지원에 대한 묘사에 있어서 한 가지 측면에서 중국 혁명이 승리를 거두게 되는 근거와 원천을 드러내 보여 주었다. 해방 전쟁을 묘사하는 소설 가운데 「붉은 해」는 광활한 장면과 종횡으로 잘 짜여진 인물, 복잡하고 세부적인 심리 묘사 등을 통해 전쟁소설의 창작에 새로운 경험을 제공해 주었다.

『붉은 바위』는 1961년 12월에 출판되었다. 2년이 되지 않는 시간 동안 작품은 400여만 권을 발행하였고, 20여 차례에 걸쳐 인쇄하였으며,

발행량은 1000만권을 넘어서서, 당대 소설의 발행 기록을 세웠고, 최대한 시대적 수요를 만족시켰다. 『붉은 바위』가 그려낸 영웅 앞에서 각 독자들은 추종의 느낌과 헌신의 느낌을 받을 수 있다. 소설이 출판된 뒤에 영화〈뜨거운 불속에서 영생하다〉와 가극〈장지에江姐〉와 그 밖의 다른 예술형식으로 개편되었다. 『붉은 바위』는 수많은 혁명가 형상을 만들어냈고, 그들의 지하 투쟁과 체포된 후의 표현은 공산당원의 의지와 믿음을 표현하였으며, 동시에 적군과 아군 두 진영의 대치 중에 작가의 인생관과 가치관을 관통하고 있다. 『붉은 바위』는 절대화와 극단화를 표현한 작품으로, 두 정치집단과 두 가지 정신적 의지의 비교과정에서 혁명가의 굳셈, 의지력과, 적의 교활함, 잔인함이 모두 극단적이고 절대적인 방식으로 표현되고 있다. 장지에, 쉬윈펑許雲峰의 격언 스타일의 감정 표현과 독백은 공산당원의 고상한 풍격과 절개, 굳건한 믿음이 무대화되고 연극화되는 동시에 본질화되고 있다. 따라서 『붉은 바위』는 그 시대에 교과서적인 의미가 있는 작품이다.

1940년, 마오쩌둥은 「신민주주의론」에서 문학예술을 포함한 문화의 민족성을 강조하였다. 이후 '민족성' '민족화' '민족형식'에 관한 토론은 사실상 모두 마오쩌둥의 민족문화 논술에 관한 구체적인 해석이자 구체적이고 기술적인 처리이다. 이른바 민족의 문화는 반드시 대중적 문화여야 한다. 이 시대부터 문학예술의 사상 노선에 관한 노선에서 어떤 변화가 있다 하더라도 민족성과 대중화를 견지한다는 점에서 처음부터 끝까지 변화가 없다. 신중국 시기의 문학은 엄격하게 말해서, 소수의 '사시' 작품 외에는 대부분 통속적인 대중문학이다. 특히 혁명 역사 제재 소설, 예를 들어「철도유격대」「적후무공대敵後武工隊」「열화금강烈火金剛」「임해설원林海雪原」같은 작품이 가지고 있는 문화 동일성은 전기 형식 가운데의 민족성 건설이다.

통속소설이 보편적으로 받아들여지는 중요한 이유는 그것의 형식화에 있다. 사실상 모든 통속적이고 대중적인 문화는 모두 형식화되어 있다. 대중에게 잘 알려진 형식화가 대중들에게 받아들여질 수 있고, 그들이 읽고 관람하고 듣는 과정에서 그들의 마음 속에서는 끊임없는 이행과 현실화의 과정을 기대하게 되고, 또한 그것을 획득하는 쾌감과 만족의 과정이기도 하다. 이 수용 심리는 새로운 통속문예로 하여금 새로운 내용을 주입하게 하는 동시에 여전히 옛 형식 내에서 전개된다. 민간 수용심리의 난공불락은 5.4신문화의 세례를 받은 작가들의 관념과 감정 및 받아들인 창작경향과 훈련으로 하여금 반드시 타협적인 방식으로 그들의 수용 대상에 적응하도록 만든다. 5.4시기에 철저하게 부정당한 구문화 일부분으로서의 통속소설 창작 패턴은 다시 점차로 빛을 찾았다. 이로 인해 문학의 현대적 형식은 끊임없는 조정과정에서 확립되었고, 철저한 반전통의 5.4 노선은 현대 중국문화사에서 철저하게 관철되지 못했다. 즈샤知俠, 취보曲波, 리우·류劉流 등 혁명 역사제재 작가들은 대부분 혁명전쟁을 직접 경험한 사람들로서, 그들이 받아들인 것은 혁명문화의 양성이었고, 이 경험 자체는 그들로 하여금 신분의 우월함을 가지게 하였으며, 동시에 그들이 받아들인 문화인 구형식은 시종 함께 따라다녔다. 물론 민족성을 세우는 최후의 목적은 단순히 민중을 위해 익숙하고 즐길 만한 형식을 제공하려는 것만은 아니다. 그것이 최종적으로 실현하려는 것은 문학 민족화의 요구이다. 「철도유격대」「적후무공대」「열화금강」등의 작품처럼 독자는 읽는 과정에서 신출귀몰하면서 지용을 겸비한 피비린내 나는 폭력의 통쾌한 복수를 체험하게 되고, 동시에 이 흥미진진한 자극 속에서 또 민족의 자존감, 민족을 지키기 위해 피어린 희생을 마다하지 않는 희생정신의 교육을 받게 된다. 이 측면에서 「열화금강」은 보다 두드러지는 것 같다.

    민족의 공동 이익과 외부로부터의 침략을 강조하는 것은 효과적인 사상 노선과 투쟁 전략이다. 「열화금강」이 출판된 시대는 민족의 독립을 지키는 전쟁이 이미 승리를 거둔 때였다. 하지만 사회주의 건설에 민중의 참여를 동원하는 임무는 막 시작되던 시기였다. 사회주의 건설은 현대화 요구인 듯 했고, 끊임없이 인민 생활의 질을 높이는 국가 행위였다. 하지만 강대한 현대 민족국가를 건설하는 것 자체는 민족의 독립과 존엄을 지키려는 호소가 포함되어 있다. 이런 시대에 문학작품을 통하여 민족성을 강조하는 것은 새로운 차원의 민중 동원을 진행하는 현실적인 수요이다. 따라서 민족성은 그 시대 사회주의 문화 지도권의 내용 가운데 하나가 되었다.

6) '청춘 창작'과 『청춘의 노래』

1956년에 '쌍백방침雙百方針'이 제기된 후에 창작에서 교조주의를 돌파하는 새로운 면모가 나타났다. 이는 당대 중국문학의 '해빙' 시기라고 할 수 있다. 주목할 만한 것은 먼저 금지 구역을 돌파한 것이 문학계에서 이미 자리를 확고하게 잡은 조예 깊은 작가가 아니라 1940~50년대 성장하고 있던 청년 작가였다는 사실이다. 이 작가들이 성장한 사회 환경, 받아들였던 사회적 믿음, 문학적 영향 등은 모두 이상주의와 관계가 있었다. 따라서 당대 중국 최초의 '청춘 창작'이었다. 그들 작품은 단편이 많았고, 주로 두 가지 측면에서 나타났다. 그 하나는 외부 세계 또는 사회생활이 반영된 것으로 '생활 간여' 창작으로 부를 수 있다. 다른 하나는 인생의 깊은 곳으로 걸어 들어가서 애정에 대한 젊은이들의 이해와 함께 이것으로써 개인의 감정과 가치를 지키는 것으로 '애정소설'이라 부를 수 있다. 전자는 리우빈이엔劉賓雁의 작품「교량 공사현장에서」,「본보 내부 소식」, 왕멍의「조직부에 새로 온 청년」, 껑롱샹耿龍祥의「명경대明鏡臺」, 리궈원李國文의「개선改選」, 리우샤오탕劉紹棠의「전야낙하田野落霞」, 껑지엔耿簡의「깃대 꼭대기에 엎드린 사람」, 리칭荔靑의「마돤馬端의 추락」, 바이웨이白危의「포위된 농장 주석」등이 있고, 후자는 쫑푸宗璞의「붉은 콩」, 덩여우메이鄧友梅의 「낭떠러지에서」, 루원푸陸文夫의 「소항심처小巷深處」 등이 있다.

1956년 『인민문학』 제4기에 보고문학 「교량공사 현장에서」가 발표되었다. 작가는 소련 작가 오웨이치킨의 '생활 관여' 관념의 영향을 받아 그가 중국을 방문했을 당시의 강연원고 「칼럼을 말하다」를 번역하였다. 『인민문학』 책임자 친자오양秦兆陽이 「교량공사 현장에서」를 대상으로 쓴 '편집자의 말'과 '편집자의 생각'에서 이 작품에 대해 높은 평가를 했는데, 그 관점도 오웨이치킨으로부터 온 것이었다. 오래지 않아 『인민문학』에서는 「본보 내부 소식」과 그 속편이 발표되었다. 이 작품들은 문학계에 큰 반향을 불러일으켰다. 작가는 인터뷰 방식으로 노간부, 교량부 대장 뤄리정羅立正과 청년 엔지니어 쩡강曾剛의 갈등과 충돌을 드러냈다. 작품에서 뤄리정은 보수적이고 딱딱하며 틀에 박혀 현실에 안주하는 인물이다. 일과 생활에 임하는 그의 태도는 영락 없는 '지도자의 의도를 지도하는' 것으로, 그것을 통해 개인의 지위와 이익을 지키는 것이었다. 뤄리정의 성격적 특징과 새로운 변화를 추구하는 쩡강의 사상적 요구는 필연적으로 갈등이 생길 수 밖에 없었다. '교량공사 현장에서' 일어나는 충돌과 갈등은 사실상 신중국 초기 사회에서 심각하게 존재하던 '교조화' 경향을 말하는 것이었다. 작품의 날카로움과 용기는 그 당시 잠재되어 있었지만 폭발적으로 성장하고 있었던 문학의 새로운 조류를 보여주었다.

왕멍의 단편소설 「조직부에 새로 온 청년」은 청년 분위기가 가득 한 작품이다. 주인공 린전林震은 제도와 정치생활의 '타자他者'로서, 젊은이의 단순함, 그리고 이상과 낭만의 감정을 가지고 '조직부'에 들어온다. 그가 존경하던 상급자와 동료들의 일과 인생에 대한 태도는 그가 받아들일 수 없는 방식으로 나타난다. 그의 영문을 모르겠다는 눈에, 리우스우劉世吾는 차갑고 소극적인 태도로 일관하고 처세철학은 되는대로 살아가는 것이고, 한창신韓常新은 속물에다 겉만 번드르르 하지만 중용이 되고, 왕칭취엔王淸泉은 전형적인 신관료주의자이지만 용인되며, '조직부'에서 일상 업무 처리 효율은 매우 낮은데다가 형식주의에 빠져 있다. 이 문제들로 인해 한 젊은이의 마음은 우려와 불안으로 가득 하지만 그는 이 모든 것을 변화시킬 힘이 없다. 젊은이의 낭만적 상상과 눈에 들어온 모든 것들은 뚜렷한 대조를 이룬다. 「조직부에 새로 온 청년」은 '생활 간여'의 대표 작품으로 인정된다.

'애정소설'의 대표적 작품은 쫑푸의 「붉은 콩」이다. 소설은 기억을 떠올리는 방식으로 여대생 장메이江玫와 물리학을 전공하는 남학생 치홍齊虹의 애정 스토리를 다루고 있다. 소설은 치밀하게 이어지는 방식으로 쓰였고, 언어는 지식인의 특징이 뚜렷하게 묻어 있다. 특히 장메이의 심리에 대한 묘사는 당시로서는 독특한 것이었다. 스토리는 애정과 혁명의 갈등을 언급하고 있는데, 이미 '당의 활동가'가 된 장메이가 자신의 감정을 되돌아볼 때에 그는 이성적으로 혁명의 길을 선택하였고, 개인의 감정을 포기하였다. 이것은 '혁명+연애'의 소설 패턴과는 다른 것이다. 「붉은 콩」이 표현한 것은 양자 간에 갈등이 생길 때에는 혁명 청년은 마땅히 올바른 정치적 길을 견지하고 개인의 감정을 버려야 한다는 것이다. 따라서 장메이는 검토와 반성의 모습으로 자신의 감정 역사를 되돌아본 것이다. 하지만 흥미로운 것은, 이 주관적인 바람이 소설 속에서 철저하게 실현되지 않았다는 것이다. 애정에 대해 시나 그림처럼 가슴을 저미게 하는 서술은, 심지어는 서술하는 사람 조차도 검토와 반성의 최초 동인을 잊게 만들었다. 당시에 몇몇 청년 대학생들은 이 소설을 읽고 나서 이허위엔으로 가서 두 주인공이 결혼을 약속했던 정확한 장소를 찾기도 했다. 이는 한 측면에서 「붉은 콩」의 애정 묘사가 감동적이고 성공적이었다는 것을 말해 주는 것이다.

청춘의 분위기를 뚜렷하게 띤 창작은 오래지 않아 격렬한 비판을 받는다. 그들은 '수정주의 사조와 창작 경향'으로 인식된다. 이후 오랜 기간 동안 '생활 간여'와 인성, 인정, 애정을 표현하는 창작은 '창작의 역류'로 인식되어 금지 구역이 된다. 하지만 20여년이 지나고 나서 이 작품들은 '다시 피는 예쁜 꽃'이 되어 다시 한 번 얼굴을 내민다.

 양모楊沫의 장편소설『청춘의 노래』는 당대문학사에서 최초로 학생운동과 지식인의 사상개조를 다룬 장편소설이다. 소설은 1958년 1월에 출판되었다. 그 후 비판하고 부정하는 개별 문장을 제외하고 대부분의 글은 인정하는 논조였다. 마오뚠은 직접 작품과 주인공을 인정하는 글을 썼다. 이후『청춘의 노래』는 당대문학사상 고전 작품이 되었고, 지식인의 사상 개조와 혁명으로 나아가는 본보기가 되었다. 작가는 린다오징林道靜의 결혼과 그녀의 정신적인 흐름을 긴밀하게 결합시켰다. 그녀의 정신 해방과 결혼 성공은 함께 진행되었고, 이는 여성과 정치는 뗄 수 없는 관계라는 것을 은연중에 보여 주었다. 지식인의 사상 개조를 린다오징은 완성하였다. 하지만 한 여성으로서의 독립 정신 공간은 잃어버렸다. 애정의 교체 또는 이동은 사실상 남성 또는 권력 담론이 그녀에 대해 내놓는 외침이었고, 그녀가 매번 하게 되는 신기한 체험은 감정상의 쏠림이라기 보다는 담론에 매료되는 것이라고 하는 편이 낫다. 이런 의미에서 린다오징의 성별 특징은 심각하게 간과되었고, 이로 인해 그녀의 의미는 보편성을 얻게 되었다.

 『청춘의 노래』가 서술한 것은 여전히 지식인의 담론이었고, 소자산계급 지식인이 어떻게 공산당의 지도를 받아 공산주의자로 성장해 나가는가에 대한 자신감 넘치는 고백이다.「침륜」「샤페이 여사의 일기」「부자의 자녀들」과 비교해 보면, 비록 후자도 지식인의 진실한 고백이기는 하지만 침중함, 고통, 주저함은 지식인의 의심, 동요, 비열함, 불결함을 실증해 주고 있다. 정신 해방과 신성 갈망으로 충만한 혁명가에 대해 말하자면 그것은 말하기는 부끄럽고 자각적으로 개조해야 하는 것이다. 바로 이런 의미에서 『청춘의 노래』는 당대문학사에서 고전적인 위치를 차지하고 있다.

7) 급진 시기의 '변두리' 문학

혁명 역사제재 소설이 점차 당대 문학 창작의 주류가 되었다. 단편소설 분야에서 쑨리孫犁, 쥔칭峻靑, 왕위엔지엔王愿堅의 창작이 비평계의 관심과 호평을 받았다. 쑨리 소설의 서정성은 1940년대의「하화정荷花淀」「노화탕蘆花蕩」등의 작품에서 이미 자리잡기 시작했다. 1950년대 이후 그는 계속해서「오소아吳召兒」「산지회억山地回憶」「소승小勝」「정월正月」, 중편소설「철목전전鐵木前傳」과 장편소설『풍운초기風雲初記』등을 발표하였다. 쑨리의 단편소설은 혁명과 전쟁을 직접 묘사하지 않고, 전쟁 중의 향촌을 배경으로 하여 추억하고 상상하는 방식으로 전원 목가 스타일의 생활 장면과 인간관계를 그려낸다. 특히 산문화 방식으로 향촌 여성에 대해 묘사한 것은 작가에게 순수함, 건전함, 활발함의 생명 형식에 대한 이상을 부여해 주었다. 쑨리의 풍격은 일가를 이루었다. 하지만 그의 창작은 다른 홍색 고전작품처럼 커다란 영향을 미치지는 못했다. 이에 따라 쑨리의 창작은 그 시대의 '소중小衆문학'으로 인식되었다.

왕위엔지엔王愿堅의 주요 작품에서 반영된 것은 1930년대 초기 '소베이트 지역'의 혁명과 홍군 장정의 역사이다. 하지만 이 역사는 작가가 직접 경험한 것은 아니다.「당비黨費」「성냥개비 일곱 개」「식량 이야기」「삼인행三人行」등은 특정한 역사를 배경으로 한 허구적인 '혁명 스토리'이다.

루즈쥐엔茹志鵑은 1950년대 초부터 작품을 발표하기 시작하여, 50~60년대 작품들은『높고 높은 백양나무』와『고요한 산부인과』에 집중적으로 수록되어 있다. 하지만 작가가 폭넓은 주목을 받은 것은 1958년『연하延河』3월호에 발표된 단편소설「백합화百合花」와 이 소설을 둘러싸고 전개된 토론 때문이었다. 「백합화」는 추억을 떠올리는 방식으로 혁명 시기 인간관계에 대한 상상을 써낸 것이다. 작품에서 소설은 배경에 불과하다. 집중적으로 묘사된 것은 전선 뒤편에서 있었던 짤막한 스토리이다. 한 농촌 출신의 어린 병사와 두 여성의 순결한 감정이다. 당시 문학 분위기에서 따스하고 감정적인 소설의 감정 태도는 당시로서는 매우 위험한 것이었다. 하지만 「백합화」는 의외로 놀랄 만큼 위험한 순간을 지나갔고, 많은 비평가들의 높은 평가를 받았다. 「백합화」를 둘러싼 토론은 급진문학이 발전하기 시작하던 시기에 수준이 가장 높은 토론으로 인정할 수 있다. 토론 참가자들은 어우양원빈歐陽文彬, 허우-진징侯金鏡, 시이엔細를, 지에민潔民, 마오뚠 등 대부분 유명 평론가였다.

시 분야에서 현대문학사상 오랫동안 이름을 날렸던 '중국 신시'파와 '칠월'파가 이미 사라졌다. 해방구 출신 시인 차이치자오蔡其矯 등도 주류문학과의 충돌로 인해 변두리로 밀려났다. 차이치자오의 시 창작은 1940년대 초반부터 시작되었다. 그는 20세 때 옌안으로 달려갔고, 적후방인 진차지晉察冀 변구에 깊이 들어가 혁명의 세월 동안 시 창작의 길을 걸었다. 우리가 읽는 시인의 최초 작품 「향토」, 「슬픈 장례喪葬」, 「육박肉搏」, 「안령대雁翎隊」, 「병거兵車가 폭우 속에 전진하다」, 「눈보라 치는 밤」 등은 시인이 전쟁 시기에 높게 불렀던 노래로서, 웅장한 선율이 들어가 있다. 1950년대부터 차이치자오의 시풍에 커다란 변화가 일어났다. 이 변화는 그의 사실기록성 풍격이 옅어지고 서정성이 강화된 것으로 두드러지게 나타났다. 그는 남국 시인의 아름답고 다정하면서도 낭만적이고 부드러운 특징을 표현해내기 시작했다. 그는 사실에 가깝게 시의 대상을 묘사하려는 노력을 하는 것이 아니라 시인의 주관적인 느낌과 상상을 강화하였다. 또한 그의 작품은 새로운 시대의 생활 모습을 반영하였다. 하지만 그는 직접 말하여 가볍게 드러내는 '유행색'을 피하고 당시에는 보기 드문 시의 부드러움을 실현하였다. 시인은 시대가 무엇을 요구하는지를 이해하고 있었다. 이것은 그로 하여금 머뭇거림과 갈등에 빠지게 하였다. 한편으로 그는 자신의 추구와 이미 형성된 시풍을 버릴 수 없었고, 또 한편으로 그는 자신이 써낸 것들이 노동자 농민 병사의 실제 생활과 떨어져 있는지를 검토해야만 했다. 이것이 그와 그의 시가 갖는 가장 큰 결점이었다. 차이치자오의 이 갈등은 그 시대의 보편적 갈등이었다. 그는 일찍이 '대약진 민가'를 모방하여 「양양가襄陽歌」「수리 건설 산가山歌 열 수」를 창작하여 자신이 탐색하고 오래도록 견지해 왔던 예술풍격을 버리고자 하였다. 서양풍을 버리고 토속적인 곡조를 시도한 것이다 이런 변화는 갈채를 받았다. 하지만 차이치자오는 이 시도를 빠르게 포기하였다. 1957년 말 차이치자오는 「무중한수霧中漢水」를 창작하였고, 1958년에 「의창宜昌」「천강호자川江號子」 등의 작품을 창작하였다. 하지만 정서상 더 격렬해진 듯 했다. 이 작품들은 시인 심령의 외로운 여행 노래이고, 다른 곳에서 슬픔을 뱉어낸 노래이다. 광풍이 몰아치던 시대에 차이치자오의 시는 강렬한 비극성을 은연중에 담고 있다. 당시 분위기에서 시인은 자신의 걱정과 영웅의 기운을 드러냈다. 비평가들은 차이치자오의 외로운 먼 여행을 무시하지 않았다. 그의 창작과 선택은 사상적으로나 예술적으로 심각한 문제가 있는 것으로 인식되었다. 그는 백 개의 회색 깃발이고, 현실을 무시했으며, 자산계급과 수정주의 문예관이 있다는 것이다. 1980년대 한 시기를 풍미했던 '회삽晦澁, 몽롱朦朧'의 개념도 일찍 1960년대 초 차이치자오를 비평할 당시에 제기된 것이었다.

8) 연극의 '현대화'

'전통'에서 '현대'로 전환되는 연극의 상징적 시작은 1944년에 시작되었다. 이 해에 옌안 평극원平劇院에서는 양샤오쉬엔楊紹萱, 치이엔밍齊燕銘이 집필한 신편 역사극 〈핍상양산逼上梁山〉이 공연되었다. 마오쩌둥은 공연을 보고 나서 극원에 격려와 지지를 보냈다. 연극에 대한 마오쩌둥의 이해는 그의 문예 기능관 및 역사관과 긴밀하게 연관되어 있다. 그는 연극을 포함한 문예는 전시 수요에 직접 봉사할 수 있기를 희망했고, 아울러 최대한도로 민중의 전체 동원을 실현할 수 있기를 바랐다. 다른 측면에서 마오쩌둥은 인민이 역사의 창조자이고, 역사를 창조하는 주체는 당연히 연극 무대의 주인공이 되어야 한다고 생각하였다. 〈핍상양산〉〈삼타축가장三打祝家莊〉〈쑹화강松花江에서〉〈백산흑수白山黑水〉 등의 신편 역사극 성공, 〈백모녀白毛女〉〈남화화藍花花〉〈리우후란劉胡蘭〉〈적엽하赤葉河〉 등 현대 혁명 연극의 생산 조직 경험은 마오쩌둥의 문예사상을 부분적으로 실현하였고, 마오쩌둥의 역사와 문예관을 형상적으로 표현하였다. 이 새로운 현상은 연극이 전통에서 현대로 전환하는 데 있어서 최초의 모범 형태를 제공해 주었다.

연극 분야에서 구희에 대한 개조는 줄곧 관심 사항이었다. 이 예술형식에 많은 관중이 있고, 특히 문화 수준이 높지 않은 일반 민중들이 많았기 때문이다. 이 형식을 통해 그들을 교육시키는 것은 좌련 이후에 많은 문예가들의 중시를 받았다. 해방 후에 중앙 인민정부는 저우양을 주임으로 하는 '희곡 개선발전 위원회'를 세웠다. 하지만 사실상 전통 연극에 대한 개조는 성공하지 못했다. 이런 상황에서 '전통의 죽음'을 외치는 것은 가장 간편한 방법이었다. '금지 연극'은 1950년대 늘상 출현했던 문예정책이다. 개별적 상황에서 구희를 새롭게 개편하는 모범 사례가 있었다. 예를 들어, 곤극崑劇 〈십오관十五貫〉의 개편이 있다. 하지만 이런 상황은 극히 보기 힘들다. 전통 극목에 대한 공연 금지, 그 의미는 예상 밖으로 사회문제와 갈등을 일으켰다. 이 문제와 갈등은 전통 희곡에 대한 태도의 차이만이 아니라 동시에 문예정책과 사회생활, 사회 안정 등의 문제를 일으켰다. 특히 공연 금지 극목에 대한 각지에서의 집행은 달리 이루어져 그 결과 전통 극목은 공연 시장에서 날이 갈수록 빈약해졌다.

전통 구희를 개조하는 동시에 신희의 규범 제작과 신희 작품 창작은 계속 전개되었다. 그 방향은 현대의 정규 극장을 향해 발전하였다. 1949년 중앙 연극대학이 설립되었고, 새로 설립된 베이징 인민예술극원에서는 라오서의 화극 〈용수구龍鬚溝〉가 공연되었다. 구세대 극작가 차오위曹禺, 톈한田漢, 샤이엔夏衍, 양한셩陽翰笙, 천바이천陳白塵, 위링于伶, 쑹즈디宋之的 등은 비록 신작을 발표하기는 했지만 이 시기의 성공작은 많지 않다. 설령 일정 수준의 작품이 있다 해도 신편 역사극이 많았다. 궈모뤄의 〈채문희蔡文姬〉, 톈한의 〈관한경關漢卿〉〈문성공주文成公主〉, 차오위의 〈담검편膽劍篇〉〈왕소군王昭君〉 같은 작품들이다. 그리고 혁명 역사경험과 새로 성장한 청년 극작가들이 이 시기 연극 창작의 주요 역량이 되었다. 중요한 작가 작품은 다음과 같다. 후커胡可의 『전투 속의 성장』, 천치통陳其通의 〈만수천산萬水千山〉, 진산金山의 〈붉은색 폭풍〉, 꾸바오장顧寶璋 쑤어윈핑所雲平의 〈동진서곡東進序曲〉, 바이런白刃의 〈성 아래 병사〉, 마지싱馬吉星의 〈뺘오자만豹子灣 전투〉, 위링于伶의 〈칠월유화七月流火〉, 왕슈위엔王樹元의 〈두견산杜鵑山〉, 뚜인덩杜印等의 〈새로운 사물 앞에서〉, 샤이엔夏衍의 〈고험考險〉, 추이더즈崔德志의 〈리우리엔잉劉連英〉, 안보安波의 〈노민諾敏강에 부는 봄바람〉, 후단페이胡丹沸의 〈따뜻한 봄날 꽃은 피고〉, 쑨위孫芋의 〈여성 대표〉 등. 동시에 '백화시대百花時代'에 논쟁과 토론을 야기한 작품들이 출현하였다. 하이모海黙의 〈동소횡취洞簫橫吹〉, 양뤼팡楊履方의 〈뻐꾹새는 또 울고〉, 허치우何求의 〈새 국장이 오기 전〉, 위에이에岳野의 『동고동락』, 자오쉰趙尋의 〈인약황혼후人約黃昏後〉, 루이엔저우魯彦周의 〈돌아오다〉, 쑤이핑蘇-萍의 〈형처럼 동생처럼〉 등이 있다.

이 작품들은 비록 제재 면에서 서로 다른 가치 '등급'이 있을 수는 있고, 서로 다른 시기의 중심 구호로 인해 각각 다른 평가와 인정을 받을 수는 있다. 하지만 진정으로 '고전'이라 불릴 수 있고, 시간의 검증을 받은 것은 라오서老舍가 1957년에 창작한 〈찻집茶館〉이다.

3막 화극 〈찻집〉은 베이징 위타이裕泰 찻집이 청나라 말, 민국 초년, 항전이 끝난 뒤 등의 세 시기의 시대변화를 중심으로 근 반 세기 동안의 중국 역사 변천을 표현하였다. 하지만 〈찻집〉은 보편적으로 추구하는 역사 본질화의 '웅대한 서사'와는 다르다. 이 작품이 역사에 대해 개괄해 낸 것은 찻집의 작은 인물을 통해 표현해 냈다. 무대로서의 찻집이라는 구체적인 장면에는 사회 역사와 세상 인심의 변화가 농축되어 있다. 사회의 축소판으로서 찻집에서는 각양각색의 인물 군상을 보여주고 있다. 베이징 보통 사람들의 생활과 시정 풍속에 대해 라오서는 잘 알고 있었고, 아울러 그의 유머스런 풍격과 슬픔에 대한 동정은 이 작품에 강렬한 인성에 대한 관심을 띠게 하였다. 작품의 이러한 품격이 〈찻집〉을 당대 화극 무대에서 사그라들지 않는 고전 작품이 되게끔 한 것이다.

1964년 3월 31일, 문화부는 베이징에서 1963년 이래 우수한 화극 창작과 연출에 상을 수여하는 대회를 개최하였다. 16편의 수상작 가운데 〈무지개 등 아래의 초병〉〈젊은 세대〉〈절대 잊지 말 것〉이 가장 대표작이다. 이 세 작품의 충돌과 주제는 비슷한 점이 많다. 각 작품에는 모두 성격이 대립되는 인물이 등장한다. 〈무지개 등 아래의 초병〉의 춘니春妮와 천시陳喜, 〈젊은 세대〉의 샤오지이에蕭繼業와 린위성林育生, 〈절대 잊지 말 것〉의 지어우량李友良과 딩샤오춘丁少純 등이 그들이다. 그들은 서로 다른 도덕 경향을 암시하고 있다. 그리고 그들에 대한 긍정과 부정의 태도에서 작가의 입장이 명확하게 표현된다. 각각의 작품은 모두 '물'과 '욕'에 대한 배척을 나타낸다. 〈무지개 등 아래의 초병〉은 진희의 변화를 통해 인물이 도시의 향기로운 바람 앞에서 인품이 퇴화될 가능성과 부패 변질될 위험을 반영하였다. 〈젊은 세대〉는 린위성의 대도시에 대한 미련을 통해 젊은이들이 향락을 탐하면서 힘들게 창업한 전통을 배신하는 경향을 표현하였다. 각 작품에는 모두 도덕적인 모범과 정신적인 스승이 있다. 그들은 공통적으로 시대의 정신적인 인품과 도덕적 목표를 구성하고 있다. 〈무지개 등 아래의 초병〉에서의 춘니, 루화路華, 루따청魯大成, 〈젊은 세대〉에서의 쑤지이에와 등장하지 않는 선열 모친, 〈절대 잊지 말아야 할 것〉에서의 지여우량, 딩하이콴丁海寬, 딩丁노인 등이 그들이다. 그 중에서 비교적 전형적인 것은 총션叢深의 〈절대 잊지 말아야 할 것〉이다.

극본이 처음 발표될 당시에는 상징적이면서 풍부하게 생활화된 제목 〈건강하기를 바래〉였다. 베이징에서의 공연을 마친 후에 〈절대 잊지 말아야 할 것〉으로 바뀌었다. 극본이 표현한 주제는 청년 세대에 대한 자산계급의 쟁탈로서, 주요 초점은 전기제품 공장 청년 노동자 딩샤오춘에 집중되어 있다. 생활에 대한 세부 묘사로부터 사상 문제를 통찰해내는 것이 이 작품의 가장 커다란 특색이다. 이 작품은 큰 기복을 보이는 극적 충돌이나 놀랄만한 줄거리가 없다. 야오무姚母이든 딩샤오춘이든 그들의 '문제'는 생활 속 세부묘사 또는 취미에서, 또는 '물物'에 대한 태도에서 구체화된다. 딩샤오춘은 '현대'의 자식으로서 그는 전통적인 문화 범주에서 초월하거나 도피하고자 하며, 개성적인 현대생활 방식과 공간을 새롭게 세우고자 한다. 그는 아버지의 뜻을 어겼다. 따라서 그와 딩하이콴의 충돌은 극본에서 부식됨과 부식됨을 반대하는 것의 충돌이다. 딩샤오춘 생활방식의 현대성은 처음에는 지극히 취약하다. 그는 강한 힘이 있는 딩하이콴, 딩노인 및 아버지의 계승자 지여우량 등에 맞선다. 보다 중요한 것은 딩샤오춘의 이탈 전통이 합법성이 없다는 것이다. 그는 다시 아버지에게로 돌아가려는 생각만 새롭게 가지게 되고, 이로부터 작가의 '사회주의는 마침내 자본주의에 승리한다'는 창작 기대를 실현한다. 이런 창작 사조는 사실상 이미 '문혁' 문예의 전조가 되었다.

9) 세계를 놀라게 한 거센 물결 : '문혁'시기의 문학

'문화대혁명' 시기의 문학은 갑작스럽게 찾아온 것이 아니다. 그것은

1950년대 급진문학이 일어난 후에 논리에 맞게 발전한 것이다. 다른 것은 '문혁' 문학이 최대한으로 극좌 문예노선을 확대했다는 것이고, 아울러 강제적으로 유일한 문예사조로 발전시켰다는 것이다.

1964년은 중국 문화예술이 변화된 중요한 해이다. 5월 5일부터 7월 31일까지 문화부는 베이징에서 전국 경극 공연대회를 개최하였다. 마오쩌둥은 여러 차례 출석하여 관람하였다. 〈지취위호산智取威虎山〉〈노탕화종蘆蕩火種〉〈기습 백호단白虎團〉〈홍수紅嫂〉〈홍색 낭자군〉〈홍등기紅燈記〉 등의 경극 현대희에서 마오쩌둥은 오랫동안 기대해 왔던 인민문예의 형태를 분명하게 보았다. 그리고 이 형태는 마오쩌둥이 가장 좋아한 예술형식인 연극에서 구체화되었다. 이 문예현상은 인민문예에 미래와 자신감을 가져다 주었고, 마오쩌둥의 문화적 상상이 실현될 수 있다는 것을 실증해 주었으며 과거의 문예노선을 정리하는 데에 참고 자료를 제공해 주었다. 사실상 옌안 이후로 문예사상 또는 문예창작은 모두 마오쩌둥의 인민문예 노선을 실행하기 위해 노력해 왔다. 다른 점은 마오쩌둥이 인정한 문예 형태가 17년 동안 생산되지 않았다는 것이다. 실패로 결정이 난 이 탐색과정은 문학예술의 다양한 발전에 어떠한 기여도 없었고, 동시에 이 시대에 그것은 인민문예와 서로 대립하는 문예흑선으로 여겨져서 청산당했다. 이 시기에 정치문화는 모든 문화를 대체하였고, 혁명 모범극을 대표로 하는 참신한 문예형태는 문혁 시기에 유일한 합법성을 갖는 문예형태였다. 여덟 편의 혁명 모범극은 다음과 같다. 〈홍등기〉〈지취위호산〉〈사가빈沙家濱〉〈바다항구〉〈기습 백호단〉 발레극 〈홍색 낭자군〉〈백모녀〉교향악 〈사가빈〉 등이다.

모범극은 마오쩌둥의 지지와 긍정을 받았다. 마오쩌둥의 지지하에 장칭江靑은 혁명문예의 기수가 되었다. 하지만 그녀는 이론적으로 체계적인 표현을 할 능력이 없었다. 1968년 5월 23일은 마오쩌둥의 「연설」 발표 26주년 기념일이었다. 또한 모범극 탄생 1주년이 되는 날이었다. 당시 상하이 문화계 통일혁신 준비위원회 주임 위후이용于會泳이 『문회보文匯報』에 기념비적인 문장을 구술하여 훗날 요문원이 고치는 '삼돌출三突出' 창작 원칙을 제기하였다.

> 모든 인물 가운데 정면 인물, 정면 인물 가운데 두드러진 영웅 인물, 영웅 인물 가운데 두드러진 중심 인물

이 창작 원칙은 영화, 소설, 시 등의 형식에서 아직 이상적인 기대에 도달하지 못했다. 공개 발표된 소설, 하오란浩然의 『염양천艶陽天』 『금광대도金光大道』 이외에 집체창작된 『훙난작전사虹南作戰史』, 난샤오南哨의 「우전양牛田洋」, 정즈鄭直의 「격전무명천激戰無名川」, 저우량스周良思의 「비설영춘飛雪迎春」, 치엔서前涉의 「동백 영웅」, 비팡쥔方 종타오鍾濤의 「천중랑千重浪」, 양페이진楊佩瑾의 「칼」 등은 이미 심각한 격식화, 개념화 경향을 보이고 있다. 그리고 공개출판된 시도 외부세계에 대한 단순한 묘사와 이데올로기에 대한 설명으로 인해 예술성을 잃었다. 강권적이고 독재적이며, 폐쇄적인 문예노선은 결국 전면 붕괴로 이어졌다. 하지만 '삼돌출'의 미학 원칙은 또 다른 표의 부호로 문예에 대한 이데올로기의 요구를 만족시켰다. 그것은 전례 없던 정화 방식으로 당대 생활의 복잡성을 표현하는 이질적인 문예를 철저하게 숙청하였다. 생활은 더 이상 창작의 원천이 아니었다. 특히 일상생활은 더 이상 문예표현의 대상이 아니었고, 사람들의 감정생활은 삼돌출에 의해 완전히 걸러졌다. 전례 없는 이상화 격정이 문예의 각 분야에 흘러 넘쳤다.

문혁 시기의 문화 독재는 문학세계의 분열을 가져왔다. 급진적인 통치는 또한 그 이질적 역량을 길러냈다. 한 가지 특수한 현상은 공개 발표된 문학작품 이외에 또 다른 숨겨진 문학세계가 아직 존재하고 있다는 점이었다. 그것은 지하에서 전해지는 방식으로 민간, 특히 청년 집단 속

에서 수용되고 읽혀졌다. 이 문학작품들은 문혁이 끝난 뒤에 문학의 변혁에 민간적인 기초가 되었다. 문혁 시기의 비밀 문학은 주로 두 부분으로 구성된다. 그 하나는 바이양디엔白洋淀 시 그룹으로 대표되는 시 창작과 다른 하나는 필사본 형식으로 전해진 소설 창작이다.

스즈食指(궈루성郭路生)는 '지하 시' 영향이 가장 큰 시인 가운데 한 사람이다. 그는 1948년에 베이징의 한 간부 가정에서 태어나서 지식 청년이 되었다. 주요 작품으로는 「해양 삼부곡」「물고기 삼부곡」「네 시 팔분의 베이징」「미래를 믿는다」「운명」「담배」「술」「분노」 등이 있다. 문혁이 끝난 후에 시집 『미래를 믿는다』『스즈, 헤이다춘黑大春 현대 서정시 합집』『시탐색금고詩探索金庫・스즈권卷』이 출판되었다. 스즈의 시는 예술 형식면에서의 탐식에서 두드러지지는 않는다. 그의 주요 성과는 시를 통해 심리적으로 체험한 것에 대한 표현과 묘사로서, 환희의 시대의 맹목, 심취, 공허함과 호방한 창작과의 강렬한 대비이다. 그것은 그의 회의, 곤혹스러움, 어찌할 도리가 없는 두려움과 현실을 초월하는 기도이다.

바이양디엔 시 그룹은 문혁 기간 지하 시 운동에서 가장 큰 영향을 미친 창작집단이다. 이 그룹의 주축 시인은 1969년 이후 베이징 농촌 생산대의 일원으로 허베이성 안신현安新縣 바이양디엔 지역으로 갔던 지식 청년이다. 그들은 위에종岳重, 리스정栗士徵, 장스웨이姜世偉 등이다. 그들의 시는 지식 청년과 또 다른 지하 창작 집단에게 큰 영향을 미쳤다. 바이양디엔 시인들의 명성을 듣고 찾아온 인물로는 스즈, 베이다오北島, 장허江河, 정이鄭義, 깐티에성甘鐵生, 천카이거陳凱歌 등이 있다. 이 시인들 대부분은 지식청년과 간부 가정 출신으로 홍위병 운동이 사그라든 이후에 문혁의 사상노선과 이데올로기에 대해 회의와 실망을 하였고, 다른 한편으로는 지도 기관과 고급 연구 분야에 비판용으로 사용될 수 있는 황피서黃皮書와 회피서灰皮書를 읽는 기회를 가졌다. 그 중에는 미국 소설「길 위에서」, 소련 소설 「별이 있는 기차표」, 에렌버그의 회고록 「인간, 세월, 생활」과 극본 「분노의 회고」, 딜라스의 「신계급」, 트로츠키의 「스탈린 평전」과 「코알라 일기」 등이 있다. 그들은 이 작품들이 영향을 깊게 받았고, 반성과 사고 능력을 얻음과 동시에 그로부터 창작방법을 배웠다.

필사본 소설은 문혁 기간 가장 널리 전해지고 독자도 가장 많았던 비밀 문학 형식이다. 그 가운데 대표작으로는 장양張揚의 「두번째 악수」, 삐루시에畢汝協의 「구급랑九級浪」, 자오전카이趙振開의 「파동波動」, 진판新凡의 「공개된 연애편지」, 리핑禮平의 「저녁놀이 사라질 때」 등이 있다.

장양의 『두번째 악수』는 끊임없는 스케치와 첨가로 이루어진 장편소설이다. 소설이 처음 쓰인 것은 1963년이고, 초고의 제목은 『낭화浪花』였다. 1만여 자에 불과했다가 2, 3고 『샹산香山의 잎은 막 붉어지고』는 약 10만자, 4,5고는 『돌아오다歸來』로 바뀌어 이미 20만자에 달했다. 필사 과정에서 누군가가 소설 줄거리에 근거하여 그 제목을 『두번째 악수』로 바꿨다. 소설은 주로 쑤관란蘇冠蘭, 딩지에치옹丁潔瓊 등 구세대 과학자의 심정과 애정을 그려냈고, 과학자의 애국 열정, 지식인에 대한 저우언라이의 사랑 및 지식인과 쌓은 정을 드높였다. 소설의 주된 실마리는 쑤관란과 딩지에치옹의 순수한 사랑과 고상한 인격 정신이다. 하지만 문혁이라는 특수한 역사 환경, 그리고 소설이 선전했던 문학과는 상반되는 이데올로기로 인해 작품은 '내용이 매우 반동적인' 소설이 되고 말았다.

진판新凡(진관타오金觀濤, 리우칭펑劉青峯)의 『공개된 연애편지』는 1972년 3월에 출판되었고, 1979년 9월에 탈고되었다. 소설은 완성된 이야기 실마리와 구체적인 정면이 그려져 있지 않다. 작품은 전전眞眞, 라오지우老九, 라오가老嘎, 라오시에먼老邪門 등 청년 네 명의 반 년 간에 걸친 43통의 편지를 통해 문혁 시기 청년 지식인의 정신적인 길과 운명을 반영하였고, 이상과 사업, 애정과 조국의 운명에 대한 그들의 사고를 펼쳐냈다. 작가는 '환상의 길'에서 유랑하는 형식을 선택하여, 청춘의 상상 속에 다른 곳에서 생활하는 낭만적인 정조를 세웠다. 그들은 예술과 애정에 대해 얘기를 나누고 고민과 미망의 곤혹스러움을 서로 내뱉는다. 이상화된 방식으로 청년 주인공 형상을 그려냈다. '환상의 길'에서 유랑하는 것은 이 세대 영혼이 정처없이 떠다니고 돌아갈 곳을 찾지 못하는 것을 상징하고 있다.

비교해보면, 『파동』은 보다 복잡하고 냉엄한 소설이다. 예술적 기법에서 작가가 취한 것은 평행 시각이다. 인물이 등장하고 나서 줄거리는 전개된다. 사변적 소설로서 『파동』의 줄거리와 고사성은 마찬가지로 모호하다. 인물관계를 통해 우리는 주인공 양쉰楊訊과 샤오링肖凌의 애정 비극 실마리를 힘들게 찾아낼 수 있다. 『공개된 연애편지』와 다른 점은 이 소설의 결말 부분에 빛이 나타난다는 것이다. 전전은 그녀의 대담함과 열정으로 애정과 직업을 얻고, 라오가도 자신의 노랫소리 가운데 길고 긴 여행길에 오르고, 새롭게 마음속 노래를 시작한다. 『파동』은 이런 낙관적 모습이 없다. 그 주인공은 더 이상 뭔가를 믿지 못하는 듯 하고, 그들의 회의와 정신적 상처의 아픔은 더욱 더 깊어지고 오래 지날수록 심해진다.

리핑의 『저녁놀이 사라질 때』는 낭만적 기질과 서정성이 있는 소설이다. 1976년에 창작되었고, 이후 4년간 원고를 네 차례 바꿨으며, 마지막으로 1980년에 탈고하였다. 내용은 다음과 같다. 문혁 기간 리화이핑李淮平이 홍위병 지도자로 홍위병을 이끌고 국민당 봉기 간부 추쉬엔우楚軒吾의 집을 수색한다. 난샨南珊은 추쉬엔우의 외손녀이다. 문혁 후반기에 리화이핑은 해군 장교가 되었고, 난샨은 청년 지식인이 되었다가 통역관이 된다. 10여년이 지나고 세상은 크게 변하고, 리화이핑은 여전히 예전과 같은데, 어린 시절 몽롱한 애정은 단지 그가 그리워하는 풍경에 불과했다. 난샨은 온갖 세상 풍파를 다 겪으면서 솔직하게 말하며 깔깔거리며 웃는 일이 없어졌다. 작품에는 논리적으로 말하는 부분이 많이 있지만 작가의 예술적 감수성과 소설을 이해하는 능력은 소설을 개념화와 이성화에 빠지지 않도록 해준다. 특히 난샨 성격의 변화는 사람들에게 냉엄함과 경험에서 우러나는 성숙한 느낌을 준다. 하지만 '옛날 홍위병'으로서의 리화이핑의 참회는 별다른 신경을 쓰지 않아 천박함으로 흐르고 말았다.

급진문학의 전면적 붕괴를 상징하는 것은 1976년에 톈안먼 광장에서 일어난 '4.5' 운동이었다. 4.5운동은 물론 정치 운동이다. 그 운동이 일어난 장소가 톈안먼 광장이이고, 그것이 일어난 원인이 청명절 저우언라이에 대한 제사였는데, 그 시간과 장소, 그리고 원인이 모두 정치와 연관되어 있다. 하지만 그것의 의미 표현형식으로서 문학은 그것이 드높이는 주체성과 자유 민주를 요구하는 정신은 급진문학에 대한 강력한, 민간으로부터의 반발이기도 하다. 4.5운동은 문혁 시기 지하문학의 잠복된 흐름을 끌어 모았고, 그것의 회의, 반항, 비판 정신을 띠고 베이징 이른 봄의 거리로 나아갔다.

3. 격정의 세월 : 신시기 문학의 변혁

1) 1978년과 신시기 문학

20세기 후반 4분의 1의 역사 서사에서 1978년은 사람들이 반복하여 언급하는 연도로서, 중국 공산당 11기 3중전회가 개최된, 또 하나의 시대를 여는 표지로서 위대한 상징적 의미가 있고, 더불어 민족 심령의 깊은 곳에 깊이 뿌리내렸다. 그것은 새로운 생활의 새로운 출발점으로서, 문학의 새로운 담론의 출발점이기도 하다. 이로써 그것을 언급하는 것은 공통의 해방을 체험하고 공통의 부활절을 향유하는 것을 의미한다. 그것은 이 민족에게 공통의 감정과 환상, 공통의 정신적 갈망과 내심의 요구를 전달해 주는 듯하다. 그것은 사람들의 격정이 용솟음치는 새로운 시작이며, 과거의 마음의 아픔과 상처는 그것으로 인해 깨끗하게 위로받고 회복된다. 이로 인해 1978년은 또 하나의 '끝맺음 또는 시작'의 연도이기도 하다. 이 시대의 의사 표현 형식으로서의 문학은 가장 효과적이고 정확하게 이 시기 민족의 정신 형태와 주류 이데올로기의 의도를 표현하였다. 그것은 전통적인 영웅 정서와 계몽 담론으로 민중을 동원하고 낡은 이데올로기와의 결별과 미래 창조, 피안으로 달려 나가려는 의지에 참여하였다. 이러한 측면에서 문학의 작용과 의미는 20세기 이후 각각의 중요한 역사적 기로에서와 마찬가지로 대체되거나 가치절하될 수 없다. 따라서 '끝맺음 또는 시작'은 1978년도 문학으로 말하자면 보다 의미가 심장할 수 있다.

  20세기 중국의 독특한 역사 환경은 중화 대지에 침울함과 고난을 가득 차게 하였다. 그것에 수반된 문학은 기쁨과 포용이 적었고, 근심소리와 전율이 더 많았다. 그리고 좌절 뒤의 '한적함' 또는 우렁찬 예찬은 변형된 왜곡으로 많이 여겨졌고, 문학의 비판 역량은 항상 탄압을 받아 그 역할을 다 하지 못했다. 문학의 표현은 가슴 속으로부터 우러나올 수 없었고, 그것의 전략적 고려 또는 자기를 보호하려는 본능적 의식이 점차 보편적인 것이 되었다. 심지어 일종의 배양과 침식의 힘이 후대에게 받아들여져 문학가들이 자각적으로 추구하는 데까지 이르렀다. 1978년도 문학은 이와 달랐다. 어떤 의미에서 사회 비판경향은 이 시대 문학의 주류이다. 당대 중국문학으로 말하자면, 무거운 서술과 분노에 찬 호소가 서사의 주류가 된 것은 이번이 처음이다. 이로 인해 1978년도 문학은 새롭게 문학 이미지를 바꾸는 비장한 노력이기도 하다. 사회는 이제까지 이 시대처럼 문학에 대한 남다른 생각을 가졌던 적이 없었다. 작가는 이 시대의 민족 영웅이 되었고, 그들이 가지게 된 예우와 존중은 거의 전무후무한 것이었다. 이 또한 작가의 내심이 기대하는 비장감과 사명감을 크게 만족시켰다. 동시에 이후 문학의 상실을 위해 복선을 묻어놓았다.

지적할 것은 그 시대 문학의 영향력이 완전히 문학 자체에서 온 것이 아니라는 사실이다. 또는 문학에 대한 사회의 기대 또한 정밀하게 깊이 있게 강구하는 것이 아니라 보편적인 심리상태는 문학을 배설의 통로, 대변의 도구로 삼아 사람들이 일찍이 밝히지 않았던 억울함, 원한, 말하기 어려운 이름모를 억압을 표현할 수 있고, 문학의 거친 형태는 따지지 않는 것이다. 따라서 1978년도 문학은 여전히 정치 문화의 일부분이라고 말할 수 있다. 사람들이 해방의 기대와 환희를 문학에 쏟아내는 것은 이해할 수 있는 부분이다. 현대화 약속이 막 시작되고 물질세계의 풍부함이 아직 상상 속에 머무를 때 청빈하고 평범한 생활에 익숙해진 사람들은 실리 추구에 아직 깨달음이 없지만 오랫동안 이데올로기화된 생활은 온 민족이 정치에 관심을 갖는 풍조를 길러냈다. 이 점은 대혁명 시대의 프랑스 민족과 매우 흡사하다. 사람들은 풍족하지 못한 물질생활을 참아낼 수 있지만 정치 참여 박탈을 견뎌내지 못한다. 물질세계의 변화는 시간과 토대가 필요하다. 그런데 문학의 변화는 관념의 변화 즉, 부분적으로 실현될 수 있다. 오랫동안 억압받아온 지식계에 기회가 찾아오면 신속하게 불이 붙고, 문학은 전에 없던 모습으로 사회의 신뢰를 얻게 된다. 그것의 정치성 전제는 첫 번째가 된다. 그렇지만 1978년도 문학에 대한 긍정 입장은 여전히 우리가 포기할 수 없는 것이다. 그것의 여러 가지 폐단은 우리가 분석하고 언급할 것이다. 아울러 그 배후에 숨어 있는 문화적 원인을 논증해 낼 것이다. 하지만 그것은 필경 바뀔 수 없는 새로운 시대를 열었고, 그 후 문학의 발전과 성과는 1978년도의 노력에 기대어 있다. 심지어 그것은 문학성 희생을 대가로 하여 중요한 문화유산으로서 귀중하게 여겨지고 있고, 독특한 환경은 자유 문학이 자유가 결여된 환경에서는 뜻밖에 발생하고 발전할 수 없다는 것임을 우리가 고려할 이유를 갖게 한다.

이 시대 문학 생산의 주체는 주로 두 세대 작가였다. 한 세대는 1950년대에 성장한 중년 작가이고, 다른 한 세대는 문혁 기간에 성장한 지식 청년 작가이다. 그들의 독서와 관념은 매우 큰 차이가 있다. 하지만 가장 가까운 두 세대 사람들은 모두 신중국 이상주의로부터 길러졌으며, 공통적으로 문화대혁명을 경험하였다. 동시에 모두 유배라는 공통의 경험을 가지고 있다. 차이는, 50년대 사람들은 지식이든 관념이든 기본적으로 수업 과정을 마쳤다는 것이다. 그들은 국가 규범화의 정신 통일 라인의 산물이다. 따라서 관념이 이 세대 사람들에게서 나오는 것은 상대적으로 어렵고, 그들의 작품에서는 아무리 급진적인 모습으로 나타나도 그들이 예전에 받았던 문화적 신념을 없애버릴 수는 없다. 믿음에 대한 충성, 50년대 이상주의에 대한 수호, 미래에 대한 믿음으로 가득 찬 낭만주의적 기대 등은 자아 감상 내지 자기 사랑의 방식으로 표현된다. 지식 청년 세대는 문화 '수유 중단'이 전제가 된다. 그들은 온전한 국가 규범화 교육을 받지 못했다. 그들의 관념 형성은 문화대혁명의 열광과 맹목적 충동에서 온 것이 있고, 다른 하나는 문혁 후 지식 청년 생애의 환멸과 곤혹스러움에서 온 것이 있다. 거대한 차이가 이 세대 사람들로 하여금 정신적 유랑 상태에 빠지게 한다. 50년대와 비교해서 그들은 회의, 분노가 더욱 많고, 정신의 뿌리를 찾는 것이 그들 세대의 주요한 사상 활동이다. 1978년도 문학 생산의 주체로서 이 두 세대 사람들의 독서와 문화배경은 대체로 1978년도 문학의 품격을 결정한다. 이때는 격정이 용솟음치는 시대로서, 청춘 분위기와 낭만적인 상상이 가득한 시대이다. 이 시대는 전통과 현대의 이중 의미를 가지고 있고, 시대의 방향에 영향을 크게 미치며 인도해 나간다. 과장 없이 말하자면 1978년도는 지금까지 중화 민족의 새로운 정신적 고향이자 문화 자원이다. 이 시대가 길러 낸 새로운 정신은 같은 세기의 꿈과 긴밀하게 관련되어 있고, 백년간의 우수한 인력의 역사적 도전에 대한 대답을 이어받았으며, 동시에 새로운 문화적 혈맥을 주입하여 그 시대의 엘리트문화를 탄생시켰다. 변혁은 이 시대 문학의 주요 심리상태이자 주제가 되었다.

2) 인도주의의 담론 실천

1977년 11월, 『인민문학』에 리우신우劉心武의 단편소설 「반주임班主任」이 발표되었다. 이 작품은 새로운 담론의 시대를 열었다. 작품의 내용이나 서사방식은 모두 뚜렷한 계몽 의미를 담고 있다. '반주임'은 시대병을 앓고 있는 아이들을 마주 하고 있다. 그의 신분은 그로 하여금 자연스럽게 계몽의 역할을 맡도록 하고 있다. 그의 다급한 외침과 자아 정립은 시대 전환기에 지식인의 자아인정이라는 사회적 역할을 새로이 확정하였다. 문학과 지식인 계층에 대해 말하자면, 그 의미는 훨씬 더 넓어야 한다. 그것은 날은 밝아오지만 아직은 상황은 분명치 않은 시대로서, 그것이 담고 있는 새로운 역사 정보는 사람들로 하여금 거칠고 이념화된 서사 형식을 간과하게 만든다. 그것의 중요성은 그것의 문학사적 의미에 있다.

「반주임」의 의미와 비슷한 것은 루신화盧新華의 「상흔傷痕」이다. 이 습작 스토리는 상당히 간략하다. 작품은 주인공 왕샤오화王曉華의 시각으로 젊은 주인공의 불행한 운명을 서술하고 있다. 문혁 기간에 그녀는 모든 급진 청년들과 마찬가지로 홍위병 방식으로 자신의 어머니에게 절교를 선언했고, 반동으로 잘못 지목받은 어머니는 그 후로부터 8년간 친딸과 만나지 못한다. 4인방이 분쇄된 이후 어머니는 명예회복 되었고, 어머니의 친필 편지와 직장의 공문서는 왕샤오화의 의혹을 풀어주었다. 하지만 희비가 교차하며 그녀가 상하이에 있는 어머니에게 달려갈 무렵 어머니는 그녀가 돌아올 때까지 버티지 못하고 세상을 떠나고 만다.

이것이 바로 역사에 말하는 '상흔문학'의 조류이다. 이 조류는 다시 문학에서의 일상생활을 합법적 지위를 다시금 회복시켜 주었다. 「상흔」으로부터 슈잔舒展의 「재혼」, 콩지에셩孔捷生의 「인연」「작은 강가에서」,

관겅인關庚寅의 「마음에 들지 않는 자형」, 천커시옹陳可雄 마밍馬鳴의 「두견제귀杜鵑啼歸」, 위메이雨煤의 「아, 사람…」 및 이어져 나온 중편소설, 주린竹林의 「생활의 길」 천궈카이陳國凱의 「댓가」, 펑지차이馮冀才의 「아!」, 그리고 장편소설 다이허우잉戴厚英의 『사람아, 사람!』, 이에신葉辛의 『차타세월磋駝歲月』 등은 모두 인정과 인성의 여러 측면에서 반복적으로 서사를 진행하였다. 보통 사람들의 심금을 가장 크게 울린 작품은 이 시대에 크게 광채를 내뿜었다. 보통 세상 남녀의 슬픈 헤어짐과 기쁜 만남은 그 독자들로 하여금 눈물을 떨구게 하였고, 모든 사람들은 그 스토리를 이해하였으며, 이 시대에 문학은 진정으로 대중을 차지하였다.

그 사이에 사람들이 전혀 주목하지 않은 문학작품이 있었는데, 그것은 바로 마오쩌둥이 1923년에 쓴 「하신랑賀新郎·별우別友」였다. 이 작품은 부인 양카이후이楊開慧에서 보낸 사詞로, 반 세기가 지난 후에야 발표되었는데, '상흔'에 푹 빠져 있던 사람들에게 그렇게 큰 관심을 받지 못했다. 하지만 이 작품은 여전히 주류 이데올로기의 금기 타파, 사상해방 실현의 의도를 표현하고 있다. 마오쩌둥이 이미 발표한 시와 사 가운데 대부분은 중국혁명의 중대한 역사적 고비에서의 시인의 소회와 의지를 표현한 것들이다. 거기에는 왕자의 기백도 있고, 정권을 탈취한 후 춤추고 노래하는 태평성세 그림도 있으며, 붓 끝에서 그려진 초연과 깃발은 거의 형상적인 중국 혁명사이다. 하지만 이 작품은 다르다. 영웅적 기개와 깊은 정이 함께 있고, 전투의 갈망과 복잡한 심경이 함께 있으며, 천하를 자신의 임무로 여기는 과감한 결단이 있고, 또 아내와 헤어져 외롭게 지내는 슬픔도 있다. 「접련화蝶戀花·리슈이李淑一에게 답함」 이외에 우리는 마오쩌둥의 유사한 시나 사를 접하기 힘들다. 이 사는 1978년 9월 9일 『인민일보』에 발표되었다. 예민한 사람들은 모두 그 배후에 숨겨진 시대 정보를 읽어냈다. 오래지 않아 강력한 인도주의 조류가 마침내 다가왔음은 사실로 드러났다.

3) 현대주의와 동방화

1980년대에 한 가지 구호가 문단에 오랫동안 존재했는데, 그것은 바로 '중국문학을 세계로'였다. 이 자신만만한 구호는 민족 약세의 문학 심리상태를 알맞게 표현하였다. 세계문학구도가 아니고서야 세계문학 강국으로부터 인정받는다는 요구가 있게 된다. 사실상 이 요구는 70년대 말, 또는 문혁 시기에 이미 시작되었다. '현대파 문학'을 어떻게 평가할 것인가는 별개의 일이다. 하지만 서방으로부터 배우고 서방을 따라잡는다는 심리상태는 말하지 않는 심리적 비밀이다.

1979년에 슈팅舒婷의 「상수리나무에 부침」, 「조국이여, 내 사랑하는 조국」, 베이다오의 「대답」 등의 시가 발표되었는데, 이는 현대주의 문학이 중국에 존재한다는 것을 보여주었다. 그들의 작품은 전통적인 환호작약하는 찬양가나 평화로운 생활을 찬미하는 시와는 달랐다. 또한 굳건한 신념, 울분으로 가득 찬 비판적 현실주의의 의미가 있는 작품과도 달랐다. 그들의 회의, 냉엄함, 우울함, 독립된 품격은 사람들을 놀라게 하는 동시에 말하기 힘든 침묵을 유지하고 있으며, 그것들은 '현대파'라 불리어졌다.

베이다오 「대답」의 감정 방식과 세계관은 현대주의 시인의 특징을 전형적으로 보여주었다. "비루함은 비루한 자의 통행증/고상함은 고상한 자의 묘지명/ 보라, 도금된 하늘에/ 죽은 자의 굽어진 그림자가 가득 매달려 있는 것을" 이런 분노와 회의, 반역과 도전의 정신적 특징은 이에 원푸葉文福, 쉬징야徐敬亞, 뤄겅이에駱耕野, 리파모李發模, 시옹자오정熊召政, 원우빈文武斌의 현실비판에 비해 보다 진동력이 있다. 후자는 여전히 전통적인 사고의 틀 속에서 있고, 그들은 여전히 이상을 미래에 설정하고 있으며, 여전히 비판이 현실을 바꿀 것이라고 믿고, 여전히 바꾸지 못하는 목표와 방위를 가지고 있다. 따라서 그들은 중국 전통 문인과 지식인들보다 더욱 많은 정신적 연계를 가지고 있다. 그리고 「대답」은 이런 낙관을 부정하고 있다. 이 작품은 도전자의 반역하는 모습으로 세계에 대한 대답은 "나는 믿지 못한다"밖에 없다.

슈팅의 「상수리나무에 부침」은 애정시라기 보다는 여성의 독립의식 선언이라고 할 수 있다. 이런 표현과 관념은 푸치우傅仇의 「남색 가랑비」도 아니고, 원지에聞捷의 「오이 심는 아가씨」도 아니며, 심지어 린즈林子의 「그에게」도 아니다. 그 전제는 그녀가 우선 독립된 사람으로서 서로 인사를 나누는 중에 평생 서로 의지한다는 것이다. 이것이 바로 세상을 놀라게 한 '몽롱시'이다. 이 시 현상에 대한 논증은 여러 해 지속되었다. 1979년 10월, 『싱싱星星』 복간호에 발표된 공리우公劉의 글 「새로운 과제」는 최초의 공개적 담론으로 '몽롱시'를 평가한 문장이라고 할 수 있다. 이 작품은 원래 공리우公劉가 우연히 읽게 된 베이징 시청구西城區 문화관에서 출판된 『포공영蒲公英』에 나오는 짤막한 시였다. 공리우는 비록 이것이 "위험한 좁은 길로 걸어가는 것"이고, "개인주의적 신음" 등의 부정적 경향을 보인다고 말했다. 하지만 그는 "어떻든지간에 우리는 반드시 그들을 이해하기 위해 노력해야 하고 갈수록 좋게 이해해야 한다"고 말했다. 왜냐 하면 "이것은 새로운 과제"이기 때문이라는 것이다. 이후 발표된 시에미엔謝冕의 「새로운 굴기 앞에서」, 쑨샤오전孫紹振의 「새로운 미학 원칙의 굴기」, 쉬징야의 「굴기하는 시 그룹」 등의 글이 이 새로운 사조를 굳세게 지지하였다.

이 작품들이 비록 전통과의 단절을 표현하고, 전통적인 창작 패턴 종결을 선언했지만 작품들은 여전히 동방화의 특징을 가지고 있었다. 1979년의 중국 현대주의는 미국식의 특이한 사물에 대한 취미가 없었고, 심지어 프랑스 식의 황당함과 블랙 유머도 매우 적었다. 작품들이 표현해 낸 것은 동방식이었다. 즉 이데올로기 억압에 대한 반발과 항쟁, 동시에 전통적인 우환과 국가 민족의식을 가지고 있었다. 슈팅 이후의 작품에는 농후한 고전적 낭만주의 정조도 있었다. 따라서 중국 현대주의의 탄생은 중국의 사회 역사적 환경에서 떠나지도 않았고, 또 그럴 수도 없었다. 문혁이라는 역사 환경은 중국 현대주의 경향문학 탄생의 현실적 기초였고, 기상천외한 비정상적 사건은 이 세대 청년들이 회의와 반항의식을 불러일으켰다. 그들의 정신적 봄날은 바로 현실이라는 추운 겨울에 배태되었다. 또 다른 측면에서 비주류 문화 수용은 그들로 하여금 상응한 표현 형식을 찾게 하였다. 셀린저의 『보리밭의 파수꾼』, 베케트의 『의자』, 샤르트르의 『혐오와 기타』 등 현대주의 문학 고전은 이미 몇몇 청년들 사이에서 유행하였고, 이 문화 전파는 그들의 사고 형식을 바꾸었으며, 최면제처럼 신속하게 그들의 현실 수용을 조종하였고, 동방화된 현대주의 문학은 바로 이런 현실과 문화 환경에서 발생하였다. 이 조류가 표면에 나타난 표지가 1978년 베이다오, 망커芒克가 창간한 잡지 『오늘今天』이다.

현대주의 문학 조류로는 '신사조新思潮'가 있고, 동시에 발생한 '현대주의' 소설도 있다. 쫑푸宗璞의 「나는 누구인가」가 서술하고 있는 것은 생물학자 웨이미韋彌와 남편 원치文起가 싸움을 벌이는 내용이다. 어느 날 밤에 자아를 잃어버리고 심연 속으로 빠져든다. 그리고 그들은 자유로운 기러기 떼 속에서 자신이 사람이라는 것을 알게 되었을 때 인간의 존엄을 지키기 위해 호수에 몸을 던져 자살하고 만다. 작품에서는 인성의 억압과 해를 입는 것에 대한 작가의 분노 어린 호소가 전달되고 있다. 그리고 『루루魯魯』에서 쓰인 것이 비록 강아지의 이야기이지만 "동물의 슬픈 울음에 담겨 있는 것은 인성의 외침"이다. 『와거蝸居』가 묘사하고 있는 것은 10년 재난 중에 인간이 어떻게 짓눌려 변형 되었는가이다. 다이허우잉의 『사람아, 사람!』은 몇몇 주인공이 바뀌 가며 독백하는 형식으로 인물의 내심 세계를 깊이 파헤쳐서 인간의 감정 세계에 대한 작가의 깊은 관심을 표현하였다. 장신신張辛欣과 그 이후의 리우쑤어라劉索拉, 쉬싱徐星, 리우시홍劉西鴻 등의 작품은 기본적으로 인간과 인간의 이해 또는 교류의 어려움을 쓰고 있다. 인간의 정신적 곤경이 중국 현대주의의 기본적 주제이다.

4) '돌아온 자'의 문학

1978년, 아이칭이 시단으로 돌아온 것은 상징적 사건이었다. 이 때 그는 이미 68세 노인이었다. '돌아온' 이후의 아이칭은 창작에서 절제가 가해지지 않은 호소의 감정을 드러내지 않았다. 그는 시사와 관련된 시 몇 작품, 「물결 끝에서」 「청명 시절 비는 내리고」를 제외하고는 더 많이, 그리고 더 영향을 미친 작품은 인생과 역사에 대한 시인의 이성적 사고가 담긴 것들이었다. 이 시들은 가까운 역사에 대해 직관적인 평가를 하지 않았고, 재난적 성격의 경험에 대해서 천박한 배설을 하지도 않았다. 그는 상당히 전형적인 이미지를 선택하여, 우언 스타일의 창작으로 한 시대의 파란만장한 변화와 학대를 당한 후의 인성의 모습을 상징하고 투시하였다. 이에 따라 아이칭의 시에는 인도주의 정서가 충만하고, 대시인으로서의 회포, 시야와 기백과 도량을 드러냈다. 그의 「물고기 화석」 「분경盆景」, 「담장」 「고대 로마의 결투장」 등은 시 평론가들과 문학사가들의 반복적인 언급 대상이 되었다.

그 시대를 지나온 시인은 예술 전통의 영향을 받아 대부분은 걸맞는 창작방식을 선택하였다. 뤼위엔綠原, 니우한牛漢, 쩡주어曾卓, 정민鄭敏, 차이치자오蔡其矯, 신디辛笛 등은 비록 역사적으로는 다른 유파에 속하기는 했지만 그들의 문화적 배경과 시 전통에 대한 이해는 새로운 시대에 그들로 하여금 비슷한 점을 많이 표현하도록 만들었다. 이 밖에도 쩡주어의 「낭떠러지의 나무」, 펑이엔자오彭燕郊의 「집家」, 차이치자오의 「위화동玉華洞」 등이 있다. 이 부류의 작품들은 당대 중국 시의 순수 예술 전통을 이루었고, 지금까지도 큰 영향을 미치고 있다.

앞에서 서술한 시풍과는 달리 50년대 성장한 공리우公劉, 바이화白樺,

샤오이엔샹邵燕祥, 자오카이趙愷, 리우샤허流沙河 등의 시인 그룹이 있다. 이 시인들은 신중국 이상주의 교육을 받아, 혁명 전통문학과 러시아 문학이 그들의 가장 기본적인 문학 자양분이다. 문학의 기능에 대한 이해로 말미암아 그들이 돌아온 초반기의 창작에는 청춘 시대의 낙인이 뚜렷하게 찍혀 있다. 이에 따라 50년대에 성장한 시인들이 돌아왔을 때 자신의 청춘과 단절된 역사를 다시 잇는 것 같았다. 그들은 역사에 대한 반성과 검토를 소극적 지침으로 삼았고, 그들은 역사 비판과는 인연이 없도록 만들었다. 그들의 남긴 작품은 이 시대 사람들의 특징을 연구하는 살아있는 자료가 되었다. 그것의 사회학적 의미는 문학의 의미를 훨씬 넘어섰다. 물론 이 시인들 가운데 많은 사람들은 훗날 돌아왔을 당시 최초의 입장과 멀어져 갔다.

하지만 이후에 다른 모습을 보인 시인들도 있었다. 그들은 50년대의 천진난만한 환상을 버렸고, 어린 시절 길러진 치장 의식을 버리고, 단번에 무겁고 깊이 있는 모습을 보였다. 그들은 현실을 직면했을 뿐만 아니라 역사에 대해 강렬한 의문을 품었다. 공리우의 시는 자신이 다시 나온 이후의 변화를 상당히 집중적으로 표현하였다. 50년대 그가 출판했던 여러 종류의 시집, 예를 들어 『시몬의 아침』 『상하이의 밤노래』 등은 여러 해가 지난 후 여전히 평론가들이 흥미진진하게 고전으로 여기고 있다. 그 시집들은 구성, 언어가 치밀하게 다듬어져 있고, 사람을 감동시키는 정취가 있다. 하지만 30년 가운데 절반의 시간을 추방당했고, 감동적이고 정이 담뿍 담긴 시는 더 이상 예전의 모습을 보여주지 못한다. 의문으로 가득한 질문을 던지는 식의 시구가 상당히 보편적이다.

창야오昌耀는 그의 동시대 시인들의 공통적인 운명을 갖고 있었지만 그는 '먼 곳'에 있었다. 그는 고난을 호소하는 것을 좋아하지 않는 듯 했고, 현실에 개입하고자 하는 강렬한 욕망도 잃어버렸다. 다시 나온 후에 그는 생명과 자연에 대한 예찬을 주제로 하는 시를 많이 썼다. 그는 시선을 고원 깊은 곳, 그리고 영원함이 있는 곳에 두었다. 그는 더 이상 열심이지도 않았고, 더 이상 온갖 원한에 얽매이지도 않았다. 그의 「저어라, 저어라, 아버지들이여」 「어르뒤峨日朵 눈쌓인 봉우리 옆」 등은 남다르게 커다란 기상을 쓰고 있다.

'돌아온' 소설가들이 자전 형식으로 써낸 작품 중에는 루이엔저우魯彦周의 「톈윈산天云山 전기傳奇」 장시엔량張賢亮의 「목마인牧馬人」, 왕멍王蒙의 「포례布禮」, 총웨이시從維熙의 「담벼락 밑의 홍위란紅玉蘭」 「눈 내린 황허는 고요하고」 등이 있는데, 이 작품들은 많은 논쟁을 불러일으켰다.

「포례」에 나오는 쫑이청鍾亦成은 젊은 공산당원이다. 당의 사업에 대해 열정과 충성심이 넘친다. 1957년, 그는 영문도 모르게 우파 분자로 몰려 당에서 쫓겨나 개조를 목적으로 농촌으로 보내진다. 20여년의 시간 동안 그는 정신적, 육체적 고통을 받았다. 이후 10년간 그는 다시 '재비판'을 받았다. 그럼에도 불구하고 "이 20년 동안 그가 보고 경험한 것이 아무리 가슴을 아프게 하고 두렵게 했어도, 수많은 우상들의 머리에서 아우라가 벗겨졌어도, 엄청난 가치가 있는 것들이 조롱당하고 짓밟혔어도, 천진난만하고 아름다운 꿈들이 비누거품처럼 깨져 버렸어도, 개인이 의심받고 억울함을 당하고 모욕을 당했음에도 불구하고" 공산주의와 당에 대한 그의 뜨거운 사랑은 여전히 변하지 않았고, 여전히 '충忠'과 '성誠'이었다. 「포례」 뿐만 아니라 「나비」에서의 장쓰위엔張思遠, 「잡색雜色」의 차오치엔리曹千里, 「상견시난相見時難」의 웡스한翁式含 등, 그들의 원형과 쫑이청은 모두 일맥상통한다. 따라서 비평가 리즈윈李子雲은 '소포少布정신'으로 왕멍의 작품을 요약할 때에 왕몽은 '눈시울이 뜨거워질' 정도로 감동을 받았다.

물론 '쫑이청 현상'은 왕몽에서만 국한되지 않는다. 총웨이시가 그려낸 꺼링葛翎, 루홍魯泓, 판한루范漢儒, 루이엔저우가 그려낸 뤄췬羅群, 펑칭란馮晴嵐과 장시엔량이 그려낸 쉬링쥔許靈均, 장용린章永璘 등의 인물 형상은 공통적으로 이 시대의 독특한 문학 이미지를 구성하였다. 그들은 모두 재난을 겪었지만 '전기'적인 영웅들이다.

총웨이시의 또 다른 문제작 「눈 내린 황허는 고요하고」에서 그린 것은 노동개조 과정에 있는 두 우파 분자의 애정 비극이다. 원인은 매우 단순하다. 판한루의 '애국주의'가 타오잉잉陶瑩瑩의 '나라를 배신하고 도망치는' 것을 용인할 수 없는 것이다. 까오얼타이高爾泰 선생은 조국을 극좌노선과 뒤섞어 말하는 잘못된 관념을 비판하였다. 사실상 그것은 극좌노선을 변호하고 치장하는 것이라고 생각한 것이다.

1978년 말, 지식 청년 세대는 대거 돌아왔다. 이 세대 사람들로 말하자면, 이것은 의심할 바 없이 경천동지할 만한 큰 사건이다. '도시로 돌아온' 지식 청년들은 먼저 자신이 겪었던 일을 하소연하였다. 하지만 자신의 청춘 역사를 부정하고 싶어 하지 않았다. 이렇게 그들은 상상의 방식으로 서로 다른 '비장한 청춘 역사'를 구축하였다. 비장한 청춘 역사에서 그들은 자아 확정의 근거를 갖게 되었다. 대표 작가는 장청즈張承志와 량샤오성梁曉聲이다.

장청즈는 상당히 '특수'한 현상으로, 10여년의 문혁 후 문학에서 그는 문학의 최전선에서 사람들이 관심을 갖는 초점이 되었고, 동시에 문학의 조류 밖에 있었다. 길들여지지 않은 그의 높은 자존감은 그로 하여금 유행 조류에 휩쓸리지 않게 하였다. 따라서 '지식청년 소설' 범주에서 그를 언급하는 것은 상당히 억지스럽게 보이기도 한다. 「기수는 왜 어머니를 노래했나」로부터 「녹야綠夜」 「대판大坂」 「노교老橋」 「흑준마黑駿馬」 「북방의 강」에 이르기까지, 또 이후의 「금목장金牧場」 「황니소옥黃泥小屋」 「심령사心靈史」 「신시적시편神示的詩篇」에까지 그 정신적 방향성은 변화가 있지만 이상주의는 시종 그가 고수하는 기질이었다. 평론계는 그의 「북방의 강」 「흑준마」 등을 언급하는 데 열중하였다. 학계에서는 그의 「심령사」에 매료되었다. 하지만 그의 출세작 「기수는 왜 어머니를 노래했나」는 선언의 성격을 띠는 작품이자 그가 가장 노력을 기울인 작품이라고 할 수 있다.

량샤오성의 출세작은 단편소설 「여기는 신기한 땅」과 중편소설 「오늘밤의 눈폭풍」이다. 이 두 편의 소설은 '지식청년 문학' 가운데 그의 두드러진 위치를 확정해 주었다. 전자는 노래와 울음이 뒤섞인 비범한 기세의 청춘이 황무지를 개간하는 그림이다. 전기적 색채가 풍부한 스토리에는 지식청년 생활에 대한 작가의 깊은 그리움이 담겨 있다. 후자에서는 '지식청년'이 도시로 돌아온 특수한 환경에서 분노와 반항의 정서 속에서 일촉즉발의 위험한 순간 지식청년과 구세대 공산당원이 상산하향 운동 역사상 전대미문의 쾌거를 이루는 상황을 묘사하고 있다. 이 작품은 당시 평론계에서 좋은 평가를 받았고, 작가 장즈롱蔣子龍, 왕멍이 작품에 대해 높이 평가하였다.

지식 청년이 도시로 돌아온 후에 도시는 재차 지식청년들의 꿈을 깨뜨렸다. 10여년이 지난 뒤에 도시에는 이미 그들의 자리가 없었다. 심지어 가정에도 그들이 편히 쉴 곳이 없었다. 그들은 도시와 가정의 짐이 되었다. 도시는 이미 낯설어졌고, 그들 상상 속의 도시는 이미 그들의 것이 아니었다. 그들의 숙명처럼 또 다시 도시의 '잉여인간'이 되었다. 이렇게 되자 콩지에성孔捷生은 다시 '남방의 기슭'을 밟게 되고, 왕안이王安憶는 열차에 올라 홀연히 떠나간다. 스티에성史鐵生은 아득히 먼 청평만淸平灣에서 옛일을 거론하며 꿈속 마을로 들어간다. 장캉캉張抗抗도 감상에 젖어 귀향할 수밖에 없게 된다……지식청년은 현실의 벽 앞에서 다시 새로운 위기를 맞게 되고, 그들의 청춘 이력과 제한된 문화자원은 그들로 하여금 출로를 없게 만들었고, 그들은 다시 상상의 방식으로 향촌으로 돌아가고, 허구적인 유토피아로 돌아갈 수밖에 없게 된다.

「아득한 칭핑만」에서 스티에성이 그려낸 샨베이陝北 산골 생활은 더 이상 무겁게 가라앉지 않았다. 비록 여전히 가난하지만 일상은 따스하면서도 시적 정취가 가득하게 그려졌다. 민간의 행복감과 소소한 바람, 그리고 낯선 이들의 따스한 정은 모두 서술하는 이로 하여금 갈망하게 하고, 청평만에 대해 길다란 탄성을 지르게 하며, 도시의 인상에 대해 무한한 감개무량함을 말하게 한다. 스티에성의 독특한 생명 체험과 마음의 역정은 그로 하여금 시화된 감정으로 다시금 지식 청년의 정신적 고난을 써내게 한다. 시와 그림과도 같은 몽환적인 생각은 도시로 돌아갔지만 준비가 부족했던 마음 속 두려움을 풀어주었고, 동시에 사람들의 심미 독서가 급진 사상의 연속된 충격을 바꿔놓을 수 있게 하였다. 이런 옛날 회고식의 정조는 지식 청년 세대의 정신적 상황을 실증해 주고 있다.

5) 조류 밖의 상황

장지에張潔의「사랑, 잊을 수 없는 것」의 발표는 커다란 파문을 일으켰다. 이 작품은 이상주의적 애정 찬가이자 만가이다. 이상적 애정에 대한 무언의 설명이자 갈망이기도 하다. 만약 한 마디로 소설을 요약하자면, 딸이 엄마의 일생에 걸친 사랑의 불행을 서술한 것이다. 여주인공 종위鍾雨는 결혼생활을 했었다. 하지만 그것은 자신도 아직 "추구하고 필요한 것이 무엇이었는지" 모르는 결혼이었다. 그것이 애정은 아니었다. 딸이 어렸을 때에 그녀는 "상당히 멋진, 도련님 스타일"의 인물과 헤어졌다. 후에 그녀는 나이든 간부를 만났는데, 지하 사업을 하는 사람이었다. 그들은 보자마자 맘에 들었고, 풀 수 없는 인연을 맺는다. 그는 20여 년간 그녀의 감정을 지배하였다. 하지만 일정 범위를 넘어서지는 못했다. 나이 든 간부는 이미 행복한 가정이 있었기 때문이었다. 그리고 이 가정의 조합은 신성한 순교 색채로 가득 찼다. 그것은 비록 애정은 아니었지만 책임이었고, 계급적인 의리였으며 죽은 자에 대한 그리움이었다. 여주인공은 이에 대해 직접 평가하지는 않는다. 하지만 잠재의식 속에서 그녀는 지키기를 바라고 심지어 나이든 간부의 숭고한 정신과 선택에 감동하기까지 한다. 여주인공은 애정을 찾았지만 가질 수는 없었다. 이는 이 여류 작가의 일생에 걸친 사랑의 불행이었다. 장지에도 이 소설로 인해 '담담한 애수'라는 독특한 풍격을 갖게 되었다. 이 작품은 이 시기 논쟁을 가장 크게 불러일으킨 작품 가운데 하나이다.

사회 비판문학의 좌절당한 것은 동방의 낭만적 정조를 지닌 작품에 자연스럽게 생겨나는 논리적 출발점은 아니다. 중국으로 말하자면, 현대성 추구는 비록 근대 이후 끊이지 않고 이어졌지만 그것은 상층 지식인의 문화적 표현에 국한되었고, 많은 국민들 사이에서는 고풍 전통이 살아 있었다. 그 형태는 오래 지나도 바뀌지 않는 모습으로 면면히 이어졌다. 많은 작가들은 앞다투어 그 곳에서 벗어나서 현대문화를 표방하는 대도시로 왔다. 하지만 향토 중국이 그들에게 남긴 감정 기억은 멀리 떠나지 않았다. 특히 도시의 죄악을 체험하고 목격한 이후로 도시의 경험은 향촌을 발견하였고, 향토에 대한 감정을 밝게 비춰 주었다.

1980년대 초기에 왕쩡치汪曾祺가 다시 소설가의 모습으로 세상에 나타났을 때 그의 활발하고 청신한 기풍은 갑작스럽게 이뤄진 것이 아니었다. 다른 점은, 현실과의 관계가 습관적으로 긴장된 심리상태가 되고 나서야 이런 풍격이 표현할 수 없게 되어 잠깐의 침묵을 유지하게 된 것이다. 1981년과 1982년 사이에 왕쩡치는 「황유낙병黃油烙餠」「이병異秉」「수계受戒」「세한삼우歲寒三友」「백조의 죽음」「대뇨기사大淖記事」「칠리차방七里茶坊」「닭털」「고리잡기故里雜記」「이사」「만반화晚飯花」「피봉지훤방자皮鳳之楦房子」 등의 소설을 연속 써냈다. 이 이야기들은 그 서사 태도와 함께 하늘 밖에서 온 손님 같았다. 그는 사람들의 '지금 당장'의 문제에 대해 끊임없이 트집을 잡는 것에 가담하지 않고, 혼자서 자신의 지나간 일상생활을 흥미진진하게 혼자 읊조렸다.

「수계」는 원래 불교 관련 이야기를 쓴 것이었다. 하지만 소설 속의 불교는 이미 세속화되어, 밍즈明子라고 불리는 스님이 마음대로 여자 아이 샤오잉즈小英子와 교류를 하고 다른 스님도 결혼을 하여 아이를 낳고, 도박을 하고 욕을 하며 노래를 부르고 설을 쉴 때에도 돼지고기를 먹는다. 다른 것은 그저 불공을 드리면서 사람들이 듣게 극락왕생을 읊는 것밖에는 없다. 불교의 계율은 온 데 간 데 없고, 설사 아귀에게 시주할 때에도 스님들은 놀이처럼 하고, 젊은 스님들은 심지어 으스대면서 부녀자들을 꼬여 쾌락에 빠져들기까지 한다. 이로 인해 스님과 세속 사람들은 아무 차이가 없게 되고 스님은 직업처럼 되어 버린다. 소설의 취지는 분명히 불교의 불사에 대한 작가의 탐구에 있지 않다. 중요한 것은 그는 일상생활의 쾌락의 정조를 전하고, 생활에 대한 보통 사람들의 낙관적 태도를 전했다는 것이다. 하지만 「수계」는 당시에 걸맞는 중시를 받지 못했다. 왕쩡치 소설의 명성이 크게 높아진 것은 「대뇨기사」 때문이었다. 이 작품은 소설 형식 면에서 독특한 모습을 보인다. 또 1981년에 전국 단편소설상을 수상하였다. 유명세로 인해 문학 이데올로기 면에서 서정 소설에 대해 인정하고 추천받았다는 사실이 실증되었다.

양지앙楊絳의 『간교육기干校六記』는 1981년 출판된 이후에 빠른 시간 내에 연구자들의 주목을 끌었다. 이 산문에서 기술된 생활과 사건은 광대한 시대적 배경이 있었다. 작품의 창작배경은 그 시대가 흘러간 지 얼마 지나지 않았고, 주류문학이 불꽃처럼 그것에 대해 비판할 무렵이었다. 하지만 양지앙은 물처럼 평온하게 간부학교의 일상생활을 기술하였다. 그녀는 격분이나 통한의 감정 기복이 없었다. '평범하지 않은 세월'로 인식되는 시대에 지식인의 매우 평범한 생활과 심리상태를 기술하였다. 『간교육기』는 상당히 개인화된 텍스트로서, 그것이 표현한 것은 지식인으로서 양지앙이 과거를 떠올리는 과정에서 구체화된 취미와 회포이다. 민수주의가 동쪽으로 옮겨져 온 이후에 비록 동방화 과정을 거쳤지만 민중 숭배는 여전히 주류 이데올로기의 일부분이다. 지식청년의 하향, 간부들의 하방은 비록 전략적인 고려이기는 하지만 담론 측면에서는 민중이 지식인보다 우월하다. 이런 등급 관계를 세우는 것은 지식인으로 하여금 개조를 받아들임에 있어서 합리화된 해석을 할 수 있도록 해준다. 하지만 인간은 개조하기 어렵다. 이는 개조를 하는 사람이나 개조를 당하는 사람 모두 실증이 되고 있다.

1980년, 두 편의 농촌 제재 단편소설이 사람들의 주목을 끌었다. 한 편은 허스꽝何士光의 「시골에서鄕場上」이고, 다른 한 편은 「천환성 도시에 가다陳奐生上城」이다. 두 작품은 모두 눈부시게 씌어졌다. 「시골에서」는 민간에서 우언성 인물과 장면을 찾아내어 새로운 시대에 보통 사람들이 해방이 되어 허리를 꼿꼿이 펴고 생존 보장, 존엄한 인격의 길로 걸어가는 것을 보여주어 사상해방 운동이 보통 사람들이 해방을 가져왔다는 것을 나타내 주었다. 이로 인해 「시골에서」는 주류 이데올로기의 담론을 생동감 넘치게 밝혀 주었다. 새로운 시대의 나무랄 데 없는 찬양가로서, 이 작품에는 지식인의 생각이 분명하게 담겨 있다.

「천환성 도시에 가다」는 사인방이 타도된 이후에 발생한 일을 쓰고 있다. 주인공 천환성의 생존 처지와 풍요파는 대체로 비슷하다. 그는 이미 생존의 곤경에서 벗어났고, "배는 부르고 몸에는 새 옷을 걸친" 상태이다. 그는 매우 기분이 좋았다. "벼 수확도 좋고, 보리도 다 심었으며 남은 곡식은 팔았고, 사료와 땔나무는 다 준비되었다." 오랫동안 가난하게 살아온 그 어떤 농민이 이보다 더 편안할 수 있단 말인가? 하지만 이 모든 것은 천환성의 열등한 근성을 본질적으로 바꿔 놓지는 못했다. 「천환성 도시에 가다」가 유행하는 많은 농촌 제재 소설과 가장 크게 다른 점은 그가 농민의 본질을 해석하기 위해서 또는 농민들에게 각종 금관을 씌어주기 위해서 농민을 도달할 수 없는 경지에까지 이르게 하기 위해서가 아니라는 점에 있다. 따라서 천환성에 대한 비판은 스스로를 포함한 국민성에 대한 작가의 재검토이자 비판이기도 하다. 그것은 작품을 정치 비판의 급진적 입장으로부터 문화비판의 입장으로 옮겨서 일상생활 속에서 국민성의 완고한 지속을 드러낸 것이다. 이 점에서 까오샤오성은 루쉰의 유산을 계승하였다.

꾸화古華의 「덩굴이 가득 덮인 나무집爬滿靑藤的木屋」의 환경 배치는 매우 독특하다. 이야기는 세상과 격절된 깊은 산속 숲속에서 전개된다. 그 곳은 원시적인 추장의 나라와도 같아서 현실과 멀리 떨어져 있고, 신비함과 아득함을 보여준다. 인물도 상당히 단순하다. 왕무통王木通, 판칭칭盤靑靑, 리싱푸李幸福 세 사람 뿐인데, 그들은 각각 폭력, 아름다움, 문명 등의 세 가지 서로 다른 표면적인 의미와 내용이 주어져 있다. 이로 인해 세상과 단절되어 있는 모습의 환경은 단순히 휘황찬란한 하늘 밖 세상이 아니고, 그 시성과 풍정은 여전히 현실의 인성 충돌을 감출 수 없다. 이렇게 '덩굴이 가득 덮인 나무집'은 더 이상 고립된 존재가 아니다. 그 곳에서 발생한 모든 충돌은 상당히 온전하게 산 밖의 모든 세계를 표현하고 있다.

일상생활이 문학에서 표현의 주요 내용이 되는 것은 문학과 '지금 당장'의 긴장관계를 변화시켰다. 또한 문학의 문화적 내용을 심화시켰고, 그것의 사고공간을 넓혀 놓았다. 따라서 급진적인 사상 조류는 일상생활에서 점차 평화로 나아갔고, 그것의 전투성 전통은 점차 약해졌으며, 생활의 부드러운 바람이 사방에 가득 차게 되었다고 할 수 있다.

6) 선봉문학과 그 종결

'선봉문학'은 1980년대 중후반기에 가장 충격력이 있었던 문학조류로서, 마침내 기세등등한 중국문학 혁명의 움직임을 완성하였다. 선봉문학이 사회문학 구조 가운데 합법적 지위를 확고히 하고 고난의 역정을 거치면서 사회적으로 널리 수용된 이후 조류로서의 선봉문학은 퇴조하기 시작했다. 이미 흘러간 역사 또는 일찍이 우리에게 격정과 충동을 안겨준 문학유산으로서 선봉문학은 문학 역사에서 소실되지 않았다. 문학운동으로서 선봉문학은 선포하지는 않았지만 유형무형으로 무한한 도전을 하였다. 선봉 작가와 그 해석자들은 그 시대의 문학 영웅이 되어 가까운 역사에 씌어졌고, 그들이 창작한 대표 작품과 관련 이론은 후대 사람들에 의해 끊임없이 '고고학'과 유사한 연구로 이어지고 있다. 문학 이데올로기로서 선봉문학은 이미 광범위하게 인정받고 있다.

과거 연구에서 '선봉소설' '현대파 소설', '신조新潮 소설' 등의 개념은 서로 치환될 수 있다. 하지만 사실상 서로 연계되는 이 개념이 구체적으로 가리키는 대상은 그것들이 대체로 같은 시기에 발생했다 하더라도 완전히 같지는 않다.

'선봉소설'이 '현대파 소설'과 다른 점은 선봉소설이 형식의 탐색에 보다 치중하고, 소설이 서사 예술이라는 점을 보다 강조한다는 데에 있다. 형식적 이데올로기는 선봉 작가의 보편적 인정을 받는다. 선봉소설의 출발점은 마위엔馬原으로부터 시작되는 것으로 본다. 서사의 문제는 작가와 비평가들이 주목하는 초점이 되었다. 랍 캐리어와 로랑 파트, 폴 허스 등의 창작과 이론은 선봉 작가와 비평가들의 각별한 관심 대상이었다. 서사 이론은 선봉 소설을 해독하는 데 있어서 가장 효과적인 방법이다. '영점 서사' '서사의 틀' '의미 있는 형식'과 서양 서사학에 대한 학습과 해석이 일시에 크게 유행하였다. 마위엔馬原, 위화余華, 쑤퉁蘇童, 거페이格非, 쑨깐루孫甘露, 베이춘北村 등의 장르상의 실험과 스토리를 처리하는 방식은 비평계의 가장 뜨거운 화제가 되었다. 선봉소설이 문학으로 하여금 자신에게로 돌아가게 했다고 말할 수 있다. 정치문학이 강조하는 정치와 문학의 지배와 피지배의 관계이든 현대파 소설의 절제 없는 자아팽창 또는 분노의 반항이든 모두 선봉소설에서 종결되었다. 하지만 사실상 선봉소설이 실현한 것은 단순히 형식 혁명만은 아니었다. 선봉문학의 출현은 두 가지 현실적인 담론 환경과 관련이 있다. 1980년대 중반 정치문화는 퇴조하기 시작했다. 문학작품에서 독자는 정치경향 또는 현실의 어려움에 대한 대답을 찾는 기대가 이미 약화되었고, 작가도 더 이상 대변인이나 인민 이익의 수호자 신분으로 창작에 임하지 않았다. 그들이 호소한 것은 또 다른 표현에서 구체화되었다. 1980년대에 서양을 따라잡는 것은 여전히 민족 공통의 바람이었다. 문학에서 세계로 나가자는 구호는 존엄에 대한 요구로 비춰졌을 뿐만 아니라 동시에 일종의 비장감마저 부여되었다. 그것은 20세기 중화민족의 고통스런 기억과 연결되어 있었다. 따라서 자연스럽게 강력한 문학 이데올로기가 되었다. 이는 일종의 약세 문화의 심리상태이다. 하지만 그것의 문제는 고양된 민족의 격정에 의해 합리화되었다. 이런 문학 이데올로기의 명시 속에서 선봉문학은 시작부터 현대파 소설 창작과 같은 심리상태로 빠져들었다. 그들은 먼저 세계적 의미가 있는 고전 작가와 본보기를 찾았다. 그리고 나서 그것을 동방화 하였다. 다른 시기에 선봉문학으로 인정받는 거의 모든 문학 영웅들이 있었다. 마르케스, 로포 커리어, 폴허스, 칼레이노 등은 사람들에게 공통적으로 숭배와 사랑을 받은 문학 우상이었다. 약세 문화는 주변 문화이고, 억압 상태에 처한 문화이다. 우리의 이 문화 환경은 우리 문화 자존심에 커다란 상처를 주었고, 동시에 우리의 반항과 따라잡겠다는 감정적 수요를 매우 크게 불러 일으켰다. 해방이 우리들에게 익숙하고 또 인정하는 진리 의지이다. 우리가 가장 용인할 수 없는 것이 정치적이든 문화적이든 압박이다. 따라서 선봉소설의 배후에는 전통문학 제도의 해체가 보일 뿐만 아니라 동시에 또 다른 측면에서 강세 문화에 대한 굴종을 표현하고 있다. 자존과 자강 같아 보이는 문화 요구는 무의식중에 약세 문화 열등감의 증거가 되기도 한다.

 선봉문학의 쇠락은 이미 역사적 사실이 되었다. 그 쇠락은 선봉문학의 분화와도 관련이 있고, 글로벌 문화의 처지와도 유관되며 동시에 다원 문화 시대의 새로운 조류 전위 문화의 기복과도 관련이 있다. 선봉문학은 이름을 크게 날린 작가를 배출하기도 했지만 그들의 최초 영향은 아직 기호가 비슷한 문학권으로 제한되었다. 그들이 널리 인정받고 받아들여진 것은 영화화 작업에서 비롯되었다. 「붉은 수수」 「인생」이나 「처첩성군妻妾成群」을 막론하고, 만약 이런 통속화 작업이 없었다면 세상에 널리 알려지는 것은 불가능했을 것이다. 선봉문학은 이런 통속화 과정을 거친 후에 스토리를 처리하는 선봉 작가들의 방식은 기본적으로 본래의 입장에서 벗어났다. 성숙한 작가로서 위화는 후에 서양 대가들을 더 이상 입에 올리지 않았다. 그는 소설의 인물을 강조했는데, 그의 이 입장은 이전과는 매우 다른 것이다. 『허삼관 매혈기』는 호평을 받은 작품이다. 작품에 대한 긍정적인 평가는 위화 이전의 어떤 작품에 대한 것보다도 좋다. 우리는 위화가 민간으로부터의 역사 기억을 일상생활의 경험 속에서 살려낸 점을 긍정하고, 보통 사람들의 생존과 심리적 고난에 대한 서사가 바로 진실한 역사에 대한 복원과 상상이라는 점을 인정한다. 선봉소설이 1990년대에 '선봉'의 성질을 바꾸었고, 이것이 바로 선봉문학이 종결된 내재적인 원인이다.

선봉문학이 종결된 외부적 원인은 글로벌화된 심미 취미의 유행과 함께 다발성으로 유행 전위적 충격을 만들어내는 각종 문화 보균자이다. 글로벌화는 이 시대의 특징 가운데 하나이다. 경제 분야에서 그것은 지배적 관념일 뿐만 아니라 이미 실천이 이루어지고 있다. 전위적 유행은 상대적으로 자유로운 성장 환경이 있기 때문에, 특히 젊은 층에서 유행하기 쉬운 문화 트렌드는 끊임없는 상업화 물결 속에서 만들어진다. 문화 트렌드는 심미행위가 아니라 조류를 쫓아가는 심리 현상이다. 트렌드는 심미 체험이 아니고, 즐겁게 참여하는 쾌감 체험이다. 예를 들어 인터넷문학의 대두로 이 문학형식에 각 개인이 참여할 수 있는 가능성이 크고, 전에 없던 서사 자유가 있기는 하지만 이 분야에도 마찬가지로 새로운 독재가 있고, 문화 보균자의 자의적인 행위와 의도적으로 배치하는 함정과 굴레가 있다. 하지만 그것은 트렌드이기 때문에 이 분야를 다루는 것은 건강한 보균자의 의심을 받을 뿐만 아니라 그와는 반대로 참여자는 그 속에 몸담고 있다는 빛나는 신분을 얻을 수 있다. 이것이 바로 문화 트렌드의 매력이자 힘이다.

선봉문학이 종결된 원인은 물론 더 많이 결론지을 수도 있다. 하지만 앞에서 서술한 두 가지 외부적인 요인은 간과할 수 없는 것들이다. 소비문화가 성행하는 시대에 문학이 탐색하는 운명 또한 마찬가지일 것이다. 또 다른 측면에서 선봉문학은 휘황찬란한 빛을 발할 무렵에 갑자기 멈췄다. 찬란한 아름다움을 발산한 이후에 고요함 속으로 돌아갔다. 선봉문학 입장에서는 이것이 아마도 가장 좋은 결말일 것이다.

7) 문학의 분화

서방 현대주의는 중국 작가들에게 예술적 시야를 넓혀 주었지만 그들에게 진실한 자아감각을 주지는 못했다. 더욱이 중국인의 영혼문제를 해결해 주지는 못했다. 말하자면, 예술적 사유의 자유는 존재의 의미와 같지 않다는 것이다. 어떤 사람이 인정하는 것처럼, 본토 문화를 떠나면 인간은 정신적 구원을 얻을 수 없다. 따라서 자아 찾기와 민족문화 정신을 찾는 것은 한치의 오차 없이 연결되어 있다. 여기에는 현대주의에 대한 강한 실망 정서와 초월하고자 하는 욕망이 있고, 또 출구를 찾는 말로 드러나는 기쁨이 있다. 현대주의의 급진 정서와 비교해 보면 문화 뿌리찾기파는 확실히 훨씬 평온해졌다. 하지만 뿌리찾기 문학의 권위적인 대변자를 포함하여 그들이 현대주의와 정신적으로 연계되어 있고, 5.4 이후의 급진적인 현대성 몽상과 연계되어 있다는 것을 의식하지 못하는 듯하다. 이에 따라 정신적인 면에서 뿌리찾기 문학은 여전히 세기몽의 연속이고, 그것의 관심 포인트는 웅대한 서사 목표와 국가 담론의 범주를 벗어나지 못한다.

뿌리찾기 작가의 몇몇 주요 구성원은 창작면에서 다른 길을 개척했을 뿐만 아니라 이론상으로서 직접 싸움터로 나가고 대체적으로 비슷한 그들의 뿌리찾기 주장을 설명하였다. 뿌리찾기 문학의 고전적 작품으로는 한샤오공韓少功의 「아빠, 아빠, 아빠」 아청阿成의 「기왕棋王」, 정완룽鄭萬隆의 「라오방즈 술집」, 왕안이의 「샤오빠오좡小鮑莊」, 모옌莫言의 「붉은 수수」, 정이鄭義의 「먼 마을」 「오래된 우물」 등이 있다. 이 작품들은 모두 강한 고사성이 있고, 이 고사들은 완전히 '동방의 우언'이라 부를 만 하다. 닭머리 마을의 두 마디만 할 줄 아는 삥자이丙崽, 달관하면서도 평온한 왕이성王一生, 협객 정신이 있는 천싼자오陳三脚, 샤오빠오좡에게 칭송되는 라오자撈渣, 민간신화 우리 할아버지, 할머니 또는 개만도 못한 양완니우楊萬牛, '오래된 우물'에서 나가지 못하는 왕취엔즈旺泉子 등의 인물들과 그들이 조합해내는 이야기는 모두 우언들이다. 이 이야기들은 오래된 전설 같아서 신비하고 몽롱하며 알 듯 모를 듯 하지만 이야기가 전달하려는 의미를 독자들은 모두 깨달을 수 있고, 이야기의 배경과 주인공들의 생존 환경은 우리와 무관한 것 같다. 하지만 그것이 다루는 것은 마치 우리들의 생활이나 현실 환경과 비슷하다.

「아빠, 아빠, 아빠」는 쉽게 「아큐정전」을 떠올리게 한다. 웨이좡未莊에 갑자기 각종 새로운 소식이 들려오고 격동의 시대가 멀지 않은 곳까지 임박하였다. 하지만 이 모든 것은 아큐와는 무관하다. 닭머리 마을은 시간적으로 공간적으로 명확하지는 않지만 그 곳에는 소란스러움 속에 존재하고 세상사 변천이 병사와 아무런 관련이 없을 뿐이다. 근 100년이 흘렀다. 아큐를 가지고 즐거움을 삼던 사람들은 흩어지지 않았다. 단지 아큐가 병사로 바뀌었을 뿐이다. 아큐는 이십 년 뒤 또 하나의 사내 가운데 죽어가는 비장함 속에서 병사는 제물이 되고 만다.

정이의 「먼 마을」에 나오는 양완니우와 예예는 모두 인간 이하의 생활을 하지만 양완니우는 최후에 그의 삐엔타오邊套를 끌어당기고 예예도 마침내 쓰쿠이四奎와 이혼하지 않았다. 거꾸로 각종 동물을 키우면서 신나게 산과 물을 돌아다니며 애정을 찾는다. 개보다도 못한 사람의 자유는 놀랄만한 현실인 것이다. 무엇이 왕완니우와 예예의 결합을 막았던 것일까? 누가 차오잉巧英과 마찬가지로 왕취엔즈가 자유를 찾으러 가는 것을 저지했는가? 없다. 그들 스스로가 수천년간의 폐쇄문화가 만들어놓은 규약을 벗어나지 못했던 것이다. - - -인간은 문화를 창조하였고, 문화의 쓴 과실을 삼키기도 하였다.

정완룽의 소설「도관陶罐」과「구두금狗頭金」두 편은 금 캐는 사람 이야기이다. 자오라오즈趙撈子는 재미있게 살면서 뇌는 반짝반짝하고 두 눈에는 불꽃이 튀며 신선의 기운이 살아 있는 인물이다. 그는 자신의 생각에 자신에게 금이 가득 들어차 있지만 강에서 금을 채취할 때에 자오라오즈는 죽을 힘을 다해 그의 '금도자기'를 빼앗는다. 붉은 천으로 싼 도자기는 산비탈에서 깨져버리고, 그 깨지는 소리는 도자기를 박살냈을 뿐만 아니라 자오라오즈 생존의 생각마저 깨뜨려 버렸다. 그것은 본래 빈 도자기였다.「구두금」의 '의미'와「도관」은 비슷한 점이 있다. 억세고 사나운 왕지에스王結實도 자기의 '생각'이 있다. "까오高씨 집 그 어린 과부가 나를 기다리고 있다!" 이런 생각과 함께 왕지에스는 절망적인 상황에서도 생명력이 충만하다. 그는 또 혼자서 금을 캐러 간다. 하지만 결국 그는 개 머리 모양의 금이 아닌 돌 한 덩어리를 가지고 돌아왔다. 왕지에스의 희망은 완전히 깨져버리고 말았다.

또 지적할만한 것은, '뿌리찾기'를 촉발시킨 원인이 앞에서 서술한 것 이외에도 라틴 아메리카의 '폭발 문학'의 '세계를 향하여'가 중국 작가들의 상상을 자극하였다. 게다가 라틴 아메리카 문학의 환상적 리얼리즘의 '불후의 것이 신기한 것이 되는' 기묘한 생각이 중국 작가들에게 기적을 만들어내는 충동을 주입시켰다.

1987년부터 팡팡方方의「풍경」, 츠리池莉의「번뇌 인생」의 발표를 시작으로 평민의 형상 및 생활 장면의 표현이 주변부로부터 점차 조류가 되었고, 비평계는 그것을 '신사실' 소설이라 이름 붙였다. 이른바 '신사실'은 고전적 사실주의와 비교해서 한 말임이 틀림없다. 고전적 사실주의에서 강조하는 것은 전형화 원칙이다. 또한 디테일한 진실 이외에도 전형 환경 속의 전형 인물을 묘사해야 한다고 강조한다. '신사실'은 고전적 사실주의 생각을 철저하게 버리고, 살아있는 원시상태와 자질구레한 생활 장면을 모두 텍스트에 넣는다. 인물이나 소설은 가장 원시적인 출발점으로 돌아가고, 소설과 생활은 상상성의 관계를 해제함으로써 소설을 표현으로부터 직접적인 드러냄으로 방향전환 시킨다.

츠리의 「번뇌 인생」은 신사실 소설의 대표작으로 인정된다. 작품은 매우 평이한 수법으로 평범한 노동자의 일상생활을 서술한다. 인자허우印家厚는 한밤중에 깨어 일어난 뒤 잠시도 안정을 찾지 못한다. 열악한 생존환경과 쥐꼬리만한 수입, 지지고 볶는 교통조건, 말하려니 그만 두는 사제의 연분과 쉴새 없는 각종 일들은 인자허우로 하여금 대처할 수 없게끔 만들고 초조한 심리상태는 그를 초라하게 만들며 동시에 가정에 온갖 갈등으로 이어진다.

'신사실' 소설의 선구가 된 「풍경」은 한 쌍의 부부와 7남 2녀의 생존 모습이 사람들을 놀라게 하고, 아울러 작가가 이 평민의 생존 운명을 풍경으로 묘사하는 창작 태도 역시 사람들을 놀라게 한다. 여기에는 작가가 직접 개입하는 큰 슬픔이나 기쁨이 없다. 작가 주체에게 맡겨지는 인문 이상도 없다. 그저 평이하고 냉정하게 아무런 표정도 없이 영점 서사로 일상적이고 비루한 평민들의 일상생활을 써내려 가고 있다. 광광은 또 「흑동黑洞」을 썼는데, 언급하는 이가 많지 않은 이 소설은 '도시 전기 제1호'라고도 불린다. 비록 작품 이름을 '전기'라고 했지만 전편에 걸쳐 쓴 내용은 루지엔차오陸建橋의 자질구레하기 이를 데 없는 일상생활 장면이다. 작가는 여전히 풍경을 감상하듯이 편안하게 아무런 근심이나 염려 없이 침울하기만 하다.

리우전원劉震雲의 「탑포塔鋪」는 단번에 유명해진 이후에 다시 「신병연新兵連」 「단위」 「관장官場」 「관인官人」 「고향천하황화故鄕天下黃花」 등을 발표하였고, 이어서 발표한 「온땅에 닭털」은 신사실 소설이 최고의 경지에 이르렀다는 것을 보여준다. 하지만 우리는 짧디 짧은 4년간 리우전원은 그렇게 높지 않은 경지와 심리상태에서 끊임없이 미끄러졌다. 1987년의 리우전원의 모호함은 사람들에게 이상주의자라는 느낌을 주었고, 사립학교의 생존 상황은 말을 하지 않아도 알기는 하지만 그 곳의 낭만적인 정서는 여전하고, 그 곳에는 전통 사대부의 여운이 다소 남아 있으며, 어려운 생활 속에서 그는 뜻밖에도 생활의 시적 의미를 발견할 수 있고, 아울러 시적인 언어로 자신의 아픈 기억을 진술하고 있다. 하지만 4년이 지난 뒤에 리우전원의 시적 의미는 깡그리 사라졌다. 「온 땅의 닭털」에 나오는 소림은 보잘 것이 없어, 체호프가 그려낸 인물보다도 훨씬 더 가련하다.

'신사실'은 영웅주의 입장을 버리고, 시대와 계약 없이 묵시적 계약관계를 이뤘다. 그 중성주의 입장은 그것이 취하고 있는 영점 서사의 주요 근거이다. 따라서 '신사실'은 청년 세대 작가의 모습이 아래로 향하는 의식으로 볼 수 있다.

4. 천 개의 고원 : 신세기 문학의 환희

신세기 문학은 시간 개념이다. 지금의 문학형태에 대해 이름을 붙이거나 묘사하는 방식이기도 하다. 1993년부터 중국 당대문학은 또 한 차례 거대한 전환을 이뤘다. 이 전환은 1980년대 서로 다른 문학사조의 끊임없는 교체와는 크게 다르다. 1980년대 문학의 변화는 단일한 엄숙문학 창작의 범주 안에 한정되었고, 가치, 의미, 형식 등 정신적 공간에서의 사고 문제로 국한되었다. 하지만 1993년 이후에 문학생산 또는 실천 환경은 커다란 변화가 일어났다. 그 가운데 가장 큰 변화는 상업적 이익을 목적으로 하는 시장문화의 굴기였다. 시장 문화는 시장경제의 필연적인 산물이다. 이 문화현상이 1980년대에 출현한 것은 주류 이데올로기와 지식인의에게 이중의 타격을 주었다. 그것은 보균 문화라고 인식되었다. 하지만 1990년대 이후 이 문화를 수용하는 것은 이미 평범한 민중에서 그치지 않고 지식계에 애정, 무협 작품을 좋아하는 사람들이 늘어났다. 1990년대에 베이징대학에는 진용金庸 소설 전문 과목이 개설되어 사람들에게 환영받았다. 황금 시간대에 오락성 영상물이 거의 모든 방송국에서 송출되었고, 소프트 소설이 출판사에서 경제이익을 창출하는 주요 수단이 되었다.

하지만 시장문화는 구조를 해체하는 힘, 침투하는 힘, 삼켜버리는 힘이 있다. 그것은 입장이 없는 문화이다. 그것은 시장법칙이 지배하는 이익의 원칙만 있을 뿐이다. 그것은 일상생활을 친근하게 느끼게 하고 어떤 취미를 가진 사람이라도 문화시장에서 자기가 필요한 제품을 찾아낼 수 있게 한다. 시장문화에는 없는 것이 없고, 형태가 없는 가운데 일체화된 문화 통치를 해체하고, 정치 이데올로기에 대한 사람들의 관심과 열정을 분산시킨다. 일체화된 문화 패권을 무의식중에 분해해 버리는 것이다. 하지만 시장문화 자체는 환각문화의 일부분이다. 그것이 가지고 있는 온정과 자극은 모두 상상의 방식으로 사람들에게 제공된다. 그것과 사람들이 생존하는 현실은 직접적인 관계가 없다. 세속의 생활을 저항할 수 없게 물들여 버린다. 시장문화는 시장경제의 산물로서 시장을 점유하고 사업 이윤을 획득하는 것이 그것의 가장 크고 최종적인 목적이다. 이익을 도모하기 위해 모든 문화 자원은 이 문화형태에 의해 시장으로 바쳐지고, 새로운 발굴과 포장을 거친 후에 문화소비품으로 변한다. 시장문화의 출현은 문학 창작자의 심리상태와 문학생산의 틀을 크게 바꿔 놓았다. 바로 이런 원인으로 말미암아 우리는 1993년 이후의 문학을 신세기문학이라 부른다. 그리고 시장문화의 굴기는 신세기문학으로 하여금 필연적으로 미친 듯이 기뻐하게 하는 특징이 있다.

1) 세기 교차의 문학 풍경

세기 교차 문학 전환의 표징은 문학의 다원화가 심화됐다는 것이다. 현대주의와 선봉문학의 급진적 도전은 이미 종결되었고, 항쟁의 욕망, 자아 의식, 심도 패턴, 궁극적 가치에 대한 관심과 제창은 눈 깜짝할 사이에 역사의 유산이 되고 말았다. 이어서 나온 것이 대중문화의 대량 생산이었다. 대중 전파매체의 오락성 작품들이 사방으로 퍼졌고, 오늘날 중국 도시문화의 핵심적 조류가 되었다. 또 다른 측면에서 본래 주변부에 있던 엘리트 문학은 또 다른 방식으로 일어났고, 생각지도 않았던 반응이 일어났다. 대표적인 작품으로는 리우헝劉恒의 「창하백일몽蒼河白日夢」, 자핑야오賈平凹의 「폐도廢都」, 꾸청顧城의 「영아英兒」와 천종스陳忠實의 『백록원白鹿原』이 있다.

「창하백일몽」은 흥미와 동방의 기이한 이야기 스타일이 가득한 우언식 장편소설이다. 100세 노인이 역사의 증인으로 우리에게 위대한 신화 환멸의 슬픈 이야기를 말해 주고 있다. 그것은 가족 붕괴의 비밀스러운 과거사만이 아니고 한 지식인의 영혼과 육체의 환멸 역사이다. 동시에 그것은 불을 훔치는 자와 세상을 구원하는 자가 막다른 처지에 몰려 모험적으로 행동하다가 철저하게 절망하는 운명사이다. 사람들이 흥미를 느끼는 이유는, 말해주는 100세 노인이 이 이야기를 말할 때에 참여자가 아닌 외부자라는 사실이다. 그는 단지 증인의 신분이다. 이야기를 하는 사람이 더욱 흥미를 느끼는 것은 주인공 차오꽝한曹光漢이 창간한 성냥회사가 아니다. 그가 더욱 흥미를 느끼는 것은 차오꽝한을 따라 고향으로 돌아온 후에 발생하는 가족사와 남녀간의 애정이다. 중심 사건은 항상 주변부에 처해 있어 냉대를 받는다. 이 서술 태도는 중요하다. 노예, 하층인물 또는 계몽대상으로서 계몽자에 대해 동일시하기 어렵고 심지어 흥미도 적다. 그가 더욱 관심이 있는 것은 자기와 아무런 상관없는 다른 사람의 비밀 연애이다. 계몽 대상으로서 그는 계몽으로 인해 피할 수 없는 실패의 운명에 깔리게 된다. 따라서 계몽자의 비극적 결말에 집중하게 된다. 그리고 진정한 서술자로서의 작가는 텍스트에서 이야기의 경청자가 된다. 분명히 그도 외부인이다. 두 외부자가, 한 사람은 말하고 한 사람은 듣는다. 누구도 역사의 참여자는 아니다. 그들에게 있어서 역사는 아무런 관련이 없거나 아무런 의미가 없다. 「창하백일몽」은 1992년에 쓰어졌다. 세기가 교차할 무렵에 계몽은 매우 황당하고 우스운 일로 변했다. 계몽주의가 실현될 수 없는 조건에서 젊은 세대는 인정사정 없이 그것을 조롱한다. 이는 아마도 계몽 최대의 비극이자 실패이다.

「폐도」에 나오는 쫭즈디에莊之蝶는 유명인사로서, 시징西京에서 모르는 사람이 없는 유명 작가이다. 훗날의 생활에서 문화인이 희망하는 모든 것을 그는 거의 모두 가지게 된다. 하지만 인생의 실패감과 환멸감은 여전히 마귀처럼 그에게 달라붙어 있다. 그는 여전히 정신 파산의 액운을 벗어나지 못했다. 쫭즈디에의 이야기는 작가가 말한다. 작가의 환멸감은 쫭즈디에를 통해 나타난다. 전통 관념에서 "만 가지 일은 모두 하품이고, 오직 독서가 높다"는 것이 있다. 지식인은 일찍이 민중에 의해 문화 영웅으로 받들어졌고, 그들은 앙모와 추종의 대상이 되었다. 글을 알고 이치에 밝으며 아울러 엘리트 문화의 성인과 우상이 되었다. 따라서 그들은 온백성의 우두머리로 존중되었고, 국가와 사회를 다스리는 계층으로 들어가는 자격을 유일하게 갖추고 있었다. 하지만 지난 세기가 끝나 가면서 지식인의 주변화는 날이 갈수록 심해지고 있고, 문화 영웅의 과거의 찬란함은 빠르게 정치 스타, 연예 스타, 스포츠 스타, 기업 스타 등에 의해 대체되고 있다. 쓸모라고는 전혀 없는 서생들은 매우 빠르게 버려질 운명에 맞닥뜨렸고, 우월한 정신적 지위는 철저하게 전복되었다. 사회는 돈에 따라 움직이며, 지식인은 생존의 지탱점을 찾을 수가 없다. 그들의 모든 불행과 실패 정서는 모두 이것으로부터 나온다. 쟝즈디에와 그의 친구들이 걱정하는 자연 역시 종말이 다가온다는 정신적 몰락증이다. 자아를 구하기 위해 쟝즈디에와 친구들은 숙명론으로 나아갈 수밖에 없다. 술수와 기서 속에서 정신적인 안식처를 찾을 수 밖에 없다. 황당함은 황당함으로 대답하고 서사자로서의 작가도 숙명의 방식으로 그가 그리는 모든 인물들을 정돈시킨다. 따라서 「폐도」는 한결같이 감상적이면서 유장한 탄식으로 이어지는 것이다. 이는 확실히 사람의 마음을 놀라게 하는 작품이다. 한 세대 지식인의 절망과 환멸의 만가이다. 「폐도」는 본질적으로 심리 현실주의 소설이다. 그것의 첨예성과 심각성은 그 시대에 도달하기 어려운 정도에 이르렀다. 훗날의 비판은 대부분 도덕적인 입장에서 출발하였는데, 사실상 보다 깊이있게 이 작품을 이해하기에는 역부족이다. 바로 그런 까닭에 신세기 이후에 「폐도」에 대한 재평가 목소리가 날이 갈수록 높아지는 것이다.

　　천종스의 『백록원』은 칭찬과 비판이 뒤섞여 있다. 하지만 주류 비평가들로부터 굳건한 지지와 호평을 받고 있고, 1998년에 제4회 마오뚠 문학상을 수상하였다. 『백록원』은 '웅대하고 기이한 서사시'로 인정받는다. 작품에는 확실히 대혁명, 일제침략, 3년 내전, 국공합작과 분열 등의 역사 정극의 내용이 많이 있다. 백, 록 양가의 손자 세대 사람들도 시대적 격동으로 인해 서로 다른 인생의 길을 선택한다. 정극에 대한 『백록원』의 서사는 새로운 탐색이다. 이 실마리에서 작가는 의도적으로 백록원에서의 백, 록 양가의 암중 결투의 구조를 깨뜨린다. 그리고 두 집안과 국공 양당을 연결지어 인물의 성격을 복잡하게 만든다. 이 구조를 통해 역사에 대한 작품의 묘사가 우연적 요소를 가지게끔 한다. 비사로서 소설은 대부분 백록원에서 사람들에게 잘 알려져 있지 않은 비밀을 쓰고 있다. 이 비밀스러운 과거는 자극성이 강하고 역사 속에 깊이 묻혀 있는데, 일단 발굴이 되면 백록원은 둥둥 떠다니며 분명하게 언급되지 않는 마르케스가 그려낸 마콘도처럼 되고 만다. 정극과 비사는 이렇게 생동감 넘치게 우리 앞에 보여진다.

왕샤오보王小波는 1990년대의 기적이다. 그의 「황금시대」는 재미있고 쉽게 읽힌다. 게다가 텍스트가 제공하는 모든 것은 우리들이 비평과 설명에 거대한 공간과 가능성을 제공해 준다. 왕이 세대의 성 억압은 하나의 상징이다. 따라서 왕샤오보는 한 가지 금기에 대한 '위반'을 통해, 훔쳐보기 심리를 들춰냄으로써 한 시대의 정치와 문화 메커니즘의 비밀을 폭로하였다. 각각의 시대는 모두 자신의 바람에 따라 세워진 어휘 형태가 있다. 그것은 여러 종류의 메커니즘을 통해 상호 간섭하는 치밀한 망을 형성한다. 그리고 간섭하는 사물에 대해 명확하고 간략하게, 조정하거나 강화하거나 그것에 합법성을 부여한다. 그리고 간섭하지 않은 사물에 대해 선고하지 않는 상황에서 금기를 형성하고 배척이나 압제를 실시한다. 어휘 체계에서 그것은 질서 속으로 들어갈 수 없다. 따라서 합법성을 가지지 못한다. 문혁의 반인성에 대한 「황금시대」의 폭로는 상당히 깊이가 있다.

앞에서 서술한 작품의 내부 기치는 이처럼 다르다. 하지만 예술적으로는 모두 어느 정도의 성과를 거뒀다. 동시에 그 속에 담긴 여러 가지 요소는 한 가지 측면에서 신세기문학의 환희라는 특징을 열었다. 바로 이런 원인으로 인해 1993년부터 『상하이 문학』에 처음 발표된 왕샤오밍王曉明 등의 대화 「광야의 폐허」가 일으킨 인문정신에 관한 토론은 여러 해 동안 이어졌다. 이 토론은 지식인 내부에서 공통적으로 인식하고 있는 파열을 표현하였고, 지식인 문화 이데올로기의 심각한 불일치를 표현하였다. 동시에 논쟁을 벌인 각자의 생활 목표 수정에 대한 서로 다른 태도를 담고 있었다.

2) 여성문학의 굴기

여성문학은 1990년대 가장 충격력이 큰 문학 담론 가운데 하나이다. 먼저 이론계에서는 용감하게 '역사의 표면 위로 떠올랐고', 이어서 전례 없는 여성문학 담론의 실천이 이루어졌다. 낯선 인간 체험과 비밀스러운 여성 감정이 홍수처럼 사방에서 쏟아져 나왔다. 각종의 공감과 해설도 침체되었던 비평계를 살려냈다. 중국 페미니즘 문학 비평의 평가와 해설자들은 이 담론에 대해 많은 희망을 가졌다. 그녀들은 유럽과 미국에서 1960년대 말기에 일어났던 이론을 빌어 여성 억압의 역사로 점철된 중국문화와 문학에 새로운 바람이 불어올 수 있기를 기대하였다. 아울러 다시금 여성 형상을 만들어냈다. 이 평가자들과 해설자들은 대부분 체계적인 학교 교육을 받았고, 서방문화의 영향을 깊게 받은 젊은 여성들이었다. 그녀들의 전공 지식과 여성으로서의 예민함은 이 이론/실천이 당대 중국문학의 의미와 가치를 의식하게 되었다. 『역사의 표면에 떠올라』(멍위에孟悅, 다이진화戴錦華 저), 『당대 여성주의문학비평』(장징위엔張京媛 주편), 『여권주의 문학이론』(마리 이글튼 편) 등은 문학계에서 일시에 전해졌다. 이들 이론 서적이 중국에 소개됨과 거의 동시에 여성문학 실천도 커다란 기세로 전개되었다. 가장 급진적인 문학담론 실천으로서 그녀들의 표현방식, 세계를 느끼는 독특한 시각, 그리고 거리낌 없는 자신만의 방식을 고집하는 극단적인 모습은 사람들에게 일종의 세상을 놀라게 하는 느낌을 주었다.

린바이林白의 소설 「한 사람의 전쟁」에서 묘사된 것은 한 여성의 성장 이야기로서, 작가는 여성의 심리 경험과 그 구조와 변화를 많이 강조하였다. 하지만 작품은 전통적인 성장소설과는 다르다. 뒤미多米라고 이름 붙여진 여자 아이는 린다오징林道靜이 아니다. 여성으로서 그녀들은 비록 성장과정에서 정신적인 위기를 만나지만 린다오징 위기의 근원은 공동체와 공동 담론의 상실에 있다. 이 공동의 대상을 찾아낸다는 것은 위기 경보의 해제를 의미하고, 돌아갈 곳을 찾아낸다는 것은 개선凱旋을 의미한다. 그런데 뒤미는 다르다. 일체화된 그 질서는 시작부터 거대한 억압성을 구성한다. 멀고도 아름답지 않은 어린 시절은 뒤미에게 상처의 기억으로 남아 있다. 그것은 심지어 성장한 이후 뒤미를 지배하는 감정이 되어 그녀는 영원히 상처의 기억을 가지고 지난 날을 회상하게 되고 감정의 상처와 끊임없는 실패 경험은 뒤미를 정신이상자가 되게 한다. 뒤미는 린바이 소설의 주요 원형이 된 듯 하다. 뒤미와 관계가 있는 다른 인물들도 한두 번 뒤미로 인해 변하게 된다. 린바이를 곤경에 빠뜨리는 또 다른 문제가 더 중요할 수도 있는데, 그것은 바로 린바이 스타일의 동방 색채를 띤 '자매의 나라'이다. 「한 사람의 전쟁」「병 속의 물」「치명적 비상」 등의 작품은 모두 아는 사람이 드문 분야에 대한 린바이의 탐색이자 추측이다. 여성과 관련된 이 이야기들은 우리에게 익숙하지 않거나 경험이 없는 것들이다. 따라서 그것이 갑자기 우리 앞에 펼쳐졌을 때 매우 놀랄 수도 있다.

천란陳染의 창작은 더 독특하다. 그녀의 창작은 뚜렷한 여성의식을 드러냈을 뿐만 아니라 남성 교류에 대한 능등적 고별을 드러냈다. 보다 중요한 것은 그녀가 성별 분노를 초월하였다는 것이다. 그녀에게는 골수에 사무친 불평 또는 열정적인 호소가 없다. 그 대신 자신의 정신적인 황무지를 홀로 걷고, 의존하지 않는 호소 속에서 여성의 독립적인 신분을 확립한다. 한편으로는 이 신분의 획득 또는 확립은 그녀에게 개선凱旋의 느낌을 가져다주지 못한다. '여성해방'의 기대에 대해 그녀는 여전히 걱정과 근심이 많다. 그녀는 낯설면서도 충격력이 있는 문학 경지를 창조하였고, 깊은 실망 정서가 그녀의 모든 소설에 가득 차 있다. 정처 없이 떠도는 마음의 여행 속에서 그녀는 홀로 거대한 고독과 부족함을 감당한다. 그녀는 피안, 방향을 잃은 듯 하다. 하지만 그녀는 또 꿋꿋하게 자신만의 정신적 정원을 찾아 나선다. 「조그만 마을의 전설」「탑파塔巴노인」「종이조각」「잠 못드는 옥수수새」 등은 모두 기이하고 종잡을 수 없는 인물과 신경 써서 만들어낸 결말이 있다. 하지만 '평범한 속세를 초월하는' 호소는 그녀의 소설로 하여금 본질적으로 선배들을 이어받는 모습을 보이게 한다. 독특한 점은 스토리와 인물 차원에 있을 뿐 그 내재적인 연계는 여전히 옛 모습을 보인다. 그녀의 출세작「과거와의 건배」가 진일보하여 젊은 여성작가로서의 언어 수양과 비범한 재능을 보여주고 있기는 하지만 사람들을 놀라게 할 만한 것은 없다. 하지만 그녀의「또 다른 귀에 들리는 소리」는 여성의 독립 신분을 선포하는 작품으로서, 눈부신 방식으로 여성의 우려와 정신적 억압을 표현한 작품이고, 여성 의식 깊은 곳에 자리한 커다란 고통을 전한 작품이다.

이엔거링嚴歌苓의「집주인 여자」는 순수한 여성 시각 작품이다. 작가는 전지적 서술 방식으로 중국에서 미국으로 온 남자 주인공의 심리부터 행위에 이르는 비열함과 불결함을 쓰고 있다. 작품은 3인칭 서사 방식과 전지적 시점으로 나성의 세계로 들어간다. 그녀의 시각에서 남성의 불결함, 열등감, 어디든지 파고드는 열악함은 보복식 쾌감의 서사로 이루어지고, 서사자는 능동적으로 남주인공을 쫓아내기까지 한다. 또한 보다 통쾌한 방식으로 주인공을 집주인 여자, 즉 여성의 세계에서 쫓아낸다. 여기에서 우리는 이엔거링이 사용하는 것이 '남성 서사 전략'임을 쉽게 알아챌 수 있다. 그녀는 전도된 방식으로 남성들에게 말하고 있고, 마찬가지로 장난스런 책략으로 재미있는 보복을 실현한다. 남성 중심의 서사 태도에서 여성은 기본적으로 '성'의 기호이지 독립된 '성별'이 아니다.「집주인 여자」에서 여류 작가는 마찬가지로 남성의 책략으로 남성들에 대처한다. 이 점은 재능 넘치는 이 여류 작가로 하여금 무의식중에 '남성 책략'의 통제로 떨어지게 한다. 그것은 양성 대립의 서사를 바꾸지 않는다. 다른 점은 남자가 여성의 참조물이 되고 역전된 성 차별이라는 사실이다.

재미있는 것은 21세기에 접어들어 린바이, 천란, 쉬쿤徐坤, 하이난海男

등의 뚜렷한 여성의식을 가진 작가들이 모두 이 입장과 이별을 고했다는 것이다. 여성문학의 '한계'가 문학 관념의 한계를 실증한 것이다.

3) 정치문화와 '관료사회 소설'

1990년 이후로 관료사회 소설이 크게 발전한 것은 두 가지 측면의 원인이 있는 듯 하다. 그 하나는 권력의 소외로 인해 빚어진 관료의 부패로서, 그것은 사실 우리 생활 속에 존재한다. 문학은 이에 대해 반드시 반영해야 한다. 다른 하나는 상업문화의 발전으로서, 상업문화는 모든 것을 소비할 수 있다. 관료사회의 부패가 문학의 형식으로 문화시장에 나타났을 때 사실상 그것은 일종의 보여줄 만한 모습으로 소비되기도 한다. 이 두 가지 원인은 서로 다른 두 가지 '관료사회 소설'로 귀결되었다. 그 한 가지는 문화비판을 목표로 하는 것으로, 그것은 권력의 부패를 드러내는 동시에 한 걸음 더 나아가 이런 현상을 자생케 한 문화토양을 드러낸다. 다른 한 가지는 정극 또는 익살극의 형식으로 상업 패권주의라는 쾌속열차에 탑승하여 관료사회의 부패를 펼쳐보여 감상하면서 '정치 정확'의 모습으로 출현하는 동시에 시장 가치의 목표를 실현하는 것이다. 그것들은 인쇄 매체에서 텍스트를 완성한 이후에 다시 다른 형식으로 개편하여 대중 매체에 유통시키고 그것의 시장 가치를 한 걸음 더 나아가 실증한다.

'관료사회 소설'은 권력이 지배하고 있는 정치문화의 한 가지 표현형식이다. 정치문화는 사회문화 전체는 아니다. 하지만 그 일부분으로서 정치에 대한 사회 집단의 감정과 태도의 간략한 표현으로 간주할 수 있다. 정치문화가 민족 집단의 정치 심리상태와 주관적인 방향을 제약한다면 권력을 가진 자는 민족 집단의 일부분으로서 반드시 정치문화의 제약을 받아야 한다. 다라서 만약 관료사회의 부패를 단지 상업주의나 시장 이데올로기 패권을 세우는 것으로 귀결짓는 것은 불충분하다. 사실상 그 배후의 가장 지배적인 요소는 권력의지와 권력 숭배이다. 관리가 되어 세상을 좋게 하는 것은 지식인의 가치 목표일 뿐만 아니라 인생의 최고 목표이기도 하다. 세상을 좋게 하려면 권력을 가지고 있어야 한다. 권력 의지와 세상을 좋게 하는 것은 함께 따라다니는 것이다. 그보다 많은 세상을 좋게 할 수 없는 사람과 관리가 되지 못하는 사람들로 말하자면, 권력을 숭배하거나 권력을 두려워하는 것은 입에 올리지 못하는 문화 심리이다. 이런 정치문화는 동전의 앞뒷면으로, 그들간의 관계는 갈수록 긴장되며 나타나는 문제는 갈수록 심각해진다.

1999년에 작가 리페이푸李佩甫는 장편소설 『양羊의 문』을 발표하였다. 이 작품은 문학 역량이 가득 한 작품으로, 중원문화를 포함한 전통 중국문화를 새롭게 세운 후에 현재 중국사회와 세상 인심에 대해 깊은 관심과 투시를 한 작품이다. 이 작품은 향토 중국 정치문화의 살아있는 그림이다. 후자보呼家堡의 독특한 생활형식과 일체화 성격의 질서는 현재 중국사회 정치 생활의 '나는 땅(飛地, 한 성에 속하면서 행정상으로는 다른 성에 속하는 땅)'이 되게 한다. 그것은 이미 전통 농업사회에서 현대문명으로의 전환을 실현하였고, 농민들로 하여금 똑같이 잘 사는 생활을 하게 했으며, 또 지배와 인도의 성격을 갖는 세속적인 도시문명과는 엄격하게 구별된다. 그것은 '깨끗한 땅'이고, 아직 현대문명에 오염되지 않은 무릉도원이다. 착취와 불평등 소멸이라는 물질 형식으로 말하자면 그 곳은 이미 해방된 정치를 완성하였다. 하지만 권력과 자원 분배의 차이로 말하자면, 또 참여기회와 민주상황으로 말하자면 전통과 습속의 경직화된 생활로부터 벗어나지 못했다. 그것은 현대적이면서 또 전통적이다. 그것의 질서정연함은 문명적이다. 그런데 그 곳에 두뇌만 있다는 것은 그것이 또한 전근대적이라는 것을 나타낸다. 후자보는 바로 이렇게 복잡하고 특이한 알 수 없는 것이다. 그것은 전통과 사회생활이 현대성과 맞닥뜨린 후 만들진 중국 특색을 지닌 사회생활 장면이다. 하지만 그것의 비우언성은 현재 중국사회 생활에 대한 작가의 어떤 이해와 관찰을 표현해주는 것이다.

청년 작가 왕위에원王躍文의 「국화國畵」는 한 때 크게 인기를 끌었다. 관료사회 생활을 잘 알고 있었던 그는 서로 다른 계층에 있는 관리들의 심리에 대해 정확하게 파악하고 있었고, 미묘한 부분에서 인물을 표현하고 제재의 특징을 드러내는 부분에서 작가로서의 문학적 재능과 상상력을 잘 드러냈다. 왕위에원 또한 이 분야에서 대표적 인물로 손꼽힌다. 관료사회 소설은 왕위에원에서 시작된 것은 아니다. 이백원李伯元의 『관장현형기官場現形記』가 출판된 후에 관료사회를 소재로, 또 제목으로 하는 책들이 19종 출판되었다. 만청소설의 견책 풍조가 성행했음을 알 수 있다. 하지만 만청소설은 관료의 탐욕, 우둔함, 잔혹함, 위선에 대해 과격한 언사로 맹공을 퍼부으면서 작가의 마음 속 한을 풀었고, 또 독자들이 진기한 것을 구경함으로써 얻는 만족감을 선사하는 독서 효과를 얻도록 해주었다. 왕위에원의 소설은 이와 다르게 세속의 욕망이 날로 늘어가고 지나치면 지나쳤지 모자람이 없는 관료사회의 현실생활 속에서, 또 권력투쟁과 욕망 분출이 날로 추악한 모습을 보이는 가운데, 비굴하게 풀이 죽어 주저하는 가운데 불안한 마음으로 조심스러워 하게 만드는 관료들의 모습 속에서 작가는 냉소적으로 방관하거나 신나는 관객으로서가 아니라, 또 시장에 아첨하는 무료한 글쟁이가 아니다. 왕위에원의 관료사회 소설 창작에는 관료 사회 권력투쟁에 대한 인정사정 없는 폭로와 비판도 있고, 인성 소외에 대한 깊은 슬픔과 동정도 있다. 또한 깊은 근심의 정조도 있고, 슬프고 처량한 논조도 많이 있다. 「국화國畵」 이후에 그는 속편 「메이츠梅次의 이야기」를 출판하였다.

옌전閻眞의 장편소설 『창랑滄浪의 물』은 여러 각도에서 해독할 수 있는 '관료사회 소설'이다. 예를 들어 지식인과 문화전통의 관계, 특권계층의 사회생활과 정신생활 및 심리구조에 대한 지배 영향, 상품사회에서 인간의 욕망과 가치의 관계, 타자의 영향 또는 평민의 심리 공황 등이 그것이다. 하지만 내가 보기에 이 소설에서 가장 중요하게 언급할 만한 것은 시장경제 하에서 세상 인심의 투시와 관심, 외부적인 압력에 놓여 있는 인간의 잠재적 욕망이 조종된 이후의 악의적 분출, 대화 과정에서의 강요에 의한 인정, 이로부터 반영되는 현재 사회에서 인정되고 있는 정치와 존엄의 위기 등이다. 소설에서 제기된 문제는 츠따웨이池大爲의 심리 역정과 생존 관념의 변화에 국한되지 않는다. 사실상 그 첨예함과 엄준함은 이미 우리들에게 감지되었지만 체험할 수 없는, 사회에 보편적으로 존재하는 '인정된 정치'에 개괄되어 있다.

'관료사회 소설'은 서로 다른 차원에서 관료사회의 문제를 드러내고 있다. 이는 현실과 문학현상일 뿐만 아니라 동시에 중요한 문화현상이기도 하다.

4) 중국 농촌의 다중의 역사

토지개혁 운동을 다룬 장편소설 『태양은 쌍깐허桑乾河에 비추고』 『폭풍취우』 등이 발표된 이후 중국 농촌생활 서사와 사회역사는 긴밀하게 결합되었고, 온전한 모습으로 만들어졌다. 이후 중국 농촌에 관한 당대 문학의 서사는 거의 이 패턴에 따라 진행되었다. 하지만 매우 빠르게 문제에 부딪쳤다. 리우칭의 『창업사』는 속편을 써나갈 수 없었고, 저우커친周克芹의 「허무와 그의 딸들」은 '생활 진실'의 방식으로 이것에 대해 의문을 제기하였다. 천종스의 『백록원』이 농촌생활의 '초안정 구조'를 드러내고 사회변혁과의 관계를 처리한 것은 그로 하여금 전체성에서 멀어지게 했고, 그 작품에 소원한 느낌을 가지게 하였다. 쑨후이펀孫惠芬의 「상당서上塘書」에서 상당의 역사는 이미 '촌지村志'로 발전되었고, 그 객관적인 기록 또는 걸러진 역사를 세우는 것은 또 다른 측면에서 역사를 마주하는 작가의 곤경을 표현하였다. 장웨이張煒의 「추행 또는 낭만」에서 역사는 한 여인의 몸에만 존재한다. 린바이의 「부녀한요록婦女閑聊錄」에서 왕자촌王榨村의 역사는 거의 진공 상태다. 이런 변화는 먼저 역사발전과 합목적성 가상의 이탈이다. 또는 설정된 역사발전 노선이 문제가 나타난 후에 실재 중국 농촌은 역사발전의 노선도를 따라 발전하지 않는다는 것이다. 왜냐 하면 이 노선에서는 중국 농촌이 필요로 하는 것을 찾을 수 없기 때문이다. 이런 변화가 문학작품에 반영되면서 통합조정이 어려운 역사가 나타났다. 정체성의 와해 또는 파괴는 21세기 농촌을 그려낸 중국 장편소설의 가장 중요한 특징 가운데 하나이다. 농촌 서사 정체성의 파괴는 모옌莫言, 아라이阿來, 자핑야오賈平凹의 창작에서 가장 두드러진다.

모옌은 1980년 이래 중국에서 가장 중요한 작가 가운데 한 명이다. 그의 중편소설「붉은 수수」「투명한 홍당무」는 이미 문학 고전이 되어 문학사에 실렸다. 오래 지속된 그의 창작력은 사람들을 감탄하게 만든다. 2006년에 발표한 『생사피로』는 중요한 장편소설로서, 지혜와 유머가 가득한 작품이다. 그의 서술은 여전히 호방하고 자유롭다. 해학적인 방식으로 향토 중국의 반세기 역사를 그려냈다. 그의 블랙 유머는 복제할 수 없다. 하지만 웃는 가운데 뼈를 파고드는 슬픔과 처량함이 있다. 작품은 토지개혁 이후부터 개혁개방에 이르기까지의 반세기에 걸친 중국 농촌의 역사를 그려냈다. 혁명과 폭력, 역사와 상상이 작가에 의해 기복의 변화가 빠르고 크게 그려졌다. 작품에서 이용된 불교 윤회의 관념은 환상적 리얼리즘의 필법과 뒤섞이면서 독특한 형식으로 근 반세기에 걸친 중국 농촌의 기쁨과 슬픔, 그리고 변화를 드러내 보여주었다. '변화'는 소설의 기본 주제이자 역사를 구성하는 은유이다. 한 지주가 여러 종류의 동물로 환생하는데 이 때문에 이 작품을 중국의「변형기」라고 볼 수도 있다. 변형 속에서 우리는 역사의 황당함과 비극성을 엿볼 수 있다.

「떨어지는 먼지塵埃落定」로 아라이阿來는 하루 아침에 유명해졌다.「떨어지는 먼지」를 읽고 나서「빈 산」을 읽으면 이것이 아주 이상한 소설이라고 느끼게 된다. 작품에는 이야기할만한 스토리가 거의 없다. 이어

붙인 생활의 조각들이 작품 전체를 구성한다. 구성면에서도 연결되지 않는 두 편장으로 이루어진다. 『바람에 흩날리며』가 「빈 산」의 제1권이다. 제1권에서는 사생아 꺼라格拉와 엄마가 서로 의지하며 살아가는 아무런 의미도 없는 일상생활이 그려지고 있다. 그들은 굴욕을 당하면서도 존엄도 없다. 심지어 억울하게 죽으면서도 깨달음이 없다. 만약 제1권만 읽는다면 우리는 이 작품이 지리멸렬한 작품이라고 생각하게 될 것이다. 하지만 제2권 『하늘불天火』을 다 읽고 나면 꺼지지 않는 큰 불이 자신을 비추고 동시에 제1권에 등장한 꺼라의 억울한 영혼을 비춘다. 꺼라의 비극은 일상생활 속에서 잉태되었고, 꺼라와 그 엄마의 존엄은 어른이나 아이를 막론하고 보통 사람들에 의해 박탈당했다. 그들은 제멋대로 근근이 살아가는 이 모자를 속이고 능멸하였다. 원시적 우매함은 마을 사방으로 퍼졌고, 이렇게 인성에 대한 질문은 제1권을 관통하는 주제가 되었다.

자핑야오의 「진강秦腔」에는 온전한 스토리와 줄거리가 없다. 칭펑가清風街에는 무료하기 짝이 없는 생활의 조각들과 매일 반복되는 하루하루만 남아 있다. 더 이상 비통함이나 즐거움도 없다. 모든 것은 평범한 것으로 변해 버렸다. '진강'은 여기에서 상징과 은유이다. 그것은 전통 중국 농촌의 상징으로서 과거 중국 농촌의 역사와 존재를 실증하고 있다. 작품에서 이 옛날 민간예술은 점차 사라져 가고, 단편적으로 현대소설 속에 등장함으로써 잔존하기 힘들다는 것을 증명하고 있다. 「진강」의 슬픔은 갈수록 멀어져 가는 전통문화에 대한 조문이고, 전통문화에 관련된 곡에 대한 만가이며 '현대'에 대한 질문이자 의혹이다.

장웨이는 대지를 써내는 당대의 명수이다. 과거의 작품에서 농촌 유토피아는 어쩔 수 없이 그의 정신적 안식처였다. 한편으로 그는 20세기 중국문학의 민수주의 전통을 이어갔고, 또 한편으로 현대성에 대한 어떤 깨달음과 과장에 대한 저항으로 이해하였다. 「추행 또는 낭만」은 아름답고 풍요로운 여인 리우미라劉蜜蠟를 주인공으로 하여 여러 가지 고난을 겪고 세상 끝까지 떠돌아다닌 후에 결국 젊은 시절의 애인과 예기치 않게 만나는 내용이다. 하지만 이것은 대단원의 이야기가 아니다. 고난에서 도망치는 리우미라의 끝없는 경험 속에서, 그녀가 몸으로 줄거리를 이어나가는 과정에서 우리는 '역사는 한 여성의 몸'이라는 것을 알게 된다. 리우미라는 자신의 몸으로 '숨겨진 역사'를 까발린다. 소설에 등장하는 인물은 모두 농민이다. 하지만 리우미라와의 관계에서, 특히 리우미라와의 육체관계에서 본질적인 차이를 드러낸다. 따라서 작품은 계급과 신분의 구분 방식을 뛰어넘어, 여성의 몸에 대한 농촌문화의 욕망이 차이에서 인성의 선과 악을 구분하고 있다.

옌리엔커閻連科의 장편소설 『셔우훠受活』는 망상의 방식으로 현재를 배경으로 하여 농촌의 또 다른 야만적인 정신사를 그려냈다. 『셔우훠』의 스토리는 매우 황당하다. 전설 같기도 하고, 우화 같기도 하다. 하지만 우리에게 익숙하고 직접 겪었던 일이기도 하다. 스토리는 셔우훠 마을에서 전개되는데, 이 곳은 장애인들이 사는 외딴 마을이다. 여성 해방군 마오즈포茅枝婆는 전쟁터에서 부상을 당하고 이 곳으로 오게 되었는데, 그녀의 지시하에 마을 사람들은 농촌혁명의 거의 모든 과정을 겪게 된다. 하지만 '멀쩡한 사람'의 착취를 받아 셔우훠 마을은 여전히 가난한 생활을 면치 못한다. 마오즈포의 마지막 바람은 퇴사 요구였다. 작품의 또 다른 실마리는 자신과 정치 위인을 한 데 연결시키는 류잉차오柳鷹雀 부현장이 마을 사람들을 이끌고 빈곤을 탈출하는 스토리이다. 소련이 해체되었다는 소식이 그로 하여금 재산을 많이 모을 수 있다는 상상을 하게 한다. 러시아에서 레닌의 시신을 사서 고향에 레닌 기념관을 세우고, 입장권 수입으로 치부한다는 것이었다. 계획을 실행에 옮기기 위해서 류 부현장은 장애인 예술단을 꾸려 순회공연에 나선다……. 이것은 비록 황당하기 짝이 없는 이야기이지만 『엘리어트』에 대한 토인비의 평가를 떠올리게 하였다. 옌리엔커는 문학가이지만 그는 문학적 방식으로 황당한 역사의 한 측면을 진실하게 반영, 표현하였다.

'현대'로 나아가는 과정에서 '신비로움의 제거' 이후 농촌문화가 가지고 있는 역사의 다중성은 다시금 드러났다. 만약 1950년대에 요란한 기계음이 농촌의 고요함을 깨뜨리고, 농촌문화가 현대 문명에 대해 부러워하고 동경하며 기대를 가지면서 농촌문화와 현대의 충돌이 아직 완전히 드러나지 않았다고 한다면 21세기에 들어와서 현대가 알게 모르게 침입하고 유혹하면서 농촌문화는 상상도 못했던 위기와 어려움에 처하게 되었다. 하지만 농촌문화가 흔들리는 시대에 자연으로 돌아가자는 풍조가 현대의 새로운 이데올로기가 되었다. 그렇다면 현대를 추종하는 과정에서 농촌문화의 영원한 낙후는 벗어나기 힘든 숙명이란 말인가? 이는 분명히 우리들이 아직 명료하게 밝혀내지 못한 문화적 곤혹이다.

5) 다시 살아난 '전통'

전통문화는 당대 중국문화와 문학연구의 커다란 '응어리'이다. 서로 다른 역사 단계에서 전통의 '계승' 또는 '선양'은 거의 변하지 않는, 영원히 정확한 정치 구호이다. 따라서 당대 중국문화와 문학에 대해서 말하자면, 그것은 '으뜸 담론'의 성격을 갖는다. 하지만 전통을 어떻게 계승할 것인가, 또는 무엇이 우리들의 문화이며 문학 전통인가 하는 것은 줄곧 우리들을 곤혹스럽게 하면서 해결되지 않은 문제이기도 했다. 21세기 소설 창작에서 문화전통의 '부흥'은 사람들의 주목을 받는 현상이었다. 아울러 21세기 소설 창작에 구현된 민간문화와 문인 취미, 농촌의 풍속과 윤리로 구체화되었다.

티에닝鐵凝의 「번화笨花」는 농촌의 역사를 그린 소설이다. 작품에서는 청말 민초로부터 1940년대 중반 항일전쟁이 끝날 때까지의 번화 마을의 역사적 변천을 그려냈다. 하지만 주목할 만한 것은, 나라와 민족의 역사 변천은 가상의 배경 같은데, 번화 마을의 역사는 구체적이고 생동감 넘친다. 그래서 「변화」는 '대서사'와 '소서사'가 서로 융합된 소설이라 할 수 있다. 하지만 작품이 정말 사람들에게 깊은 인상을 주는 것은 번화 마을의 일상생활로서, 샹중허向中和의 세 차례 결혼과 번화 마을 '움집'의 이야기이다. 이런 의미에서 「변화」는 '총체성'에 반하는 창작이라 할 수 있다.

꽌런산關仁山의 장편소설 『백지문白紙門』의 핵심어는 우리에게 익숙하지 않은 것으로, 붉은 해조류, 문의 신, 능자화棱子花, 큰 무쇠솥, 윤년요閏年謠 등이다. 사실상 『백지문』의 '인자引子'인 『매의 등에 내린 눈』에서 이 핵심어들은 49개 나타난다. 그리고 이 핵심어들은 『백지문』 49개 장절의 제목이기도 하다. 민간문화 또는 민간풍속에 대한 작품에서의 묘사는 잠언이나 주문과도 같다. 현실을 바꿀 수는 없지만 현실을 예언하는 것이다. 우리는 그것을 미신이고 비이성적이라고 할 수도 있다. 하지만 그것은 쉬에리엔만雪蓮灣의 민간신앙이다. 『백지문』은 민간문화로 되돌아가 신비한 사물에 대한 경외와 꺼림을 다시금 표현하였다.

현대 지식인 계층이 형성되기 전에 중국에서 글 깨나 쓰는 사람들은 문인으로 불렸다. 문인은 현재의 문화인이다. 막료, 향신 등은 비록 문화가 있었고, 어떤 문인의 습성을 가지고 있을 수도 있었지만 그들의 신분은 그들의 생활방식과 감정 방식을 제약하였다. 그들은 문인으로 불릴 수 없었던 것이다. 전통 중국에서 문인은 주변부 집단이기도 했고, 가장 자유로운 집단이기도 했다. 5.4신문화운동 이후 이 전통은 주류문화와 현대 혁명에 용납되지 않았다. 따라서 소설 속의 전통 문인 분위기는 상당히 긴 시간 동안 중단되었다. 1990년대 이후 속속 발표된 자핑야오의 「폐도」, 왕커다王可達의 「이른바 작가」 등은 우리들에게 소설의 문인 분위기를 느낄 수 있는 기회를 주었다. 좡즈디에莊之蝶와 하오란浩然은 비록 현대 문인이기는 하지만 그들의 취향과 생활방식은 뚜렷한 전통 문인의 분위기가 남아 있다. 그들은 비록 작가이고, 사회적 신분도 있지만 그들의 일거수일투족은 사회 다른 계층의 어떤 '맛'과는 다르다. 그들은 아내가 있지만 주변에 여인들이 많다. 생활은 여유가 있지만 여전히 재물을 좋아한다. 그들은 시와 그림을 논하고 재주가 많지만 퇴폐적이고 술을 좋아하며 하고 싶은대로 하며, 희노애락이 말속에 넘친다.

청년 작가 리스쟝李師江의 「소요유」는 현대 문인의 그려낸 소설이다. 작품에는 리스쟝의 일관된 언어 풍격이 이어진다. 청산유수로 주변사람들을 의식하지 않고, 뜻밖에도 도리 속에 유머와 지혜가 넘쳐 흐른다. 하지만 표면적인 '소요'는 인생의 깊은 슬픔을 감추고 있다. 작품은 '유랑인 소설'이 아니지만 확실하지 않은 인생은 또 진정한 정신적 유랑을 보여준다. 일정한 주거 없이 떠돌아다니는 배후에서 말하고 있는 것은 바로 돌아갈 곳 없는 느낌이다. 소설에 등장하는 인물은 고대 만사를 태평하게 해주는 관료 계층도 아니고 천하를 자신의 임무로 여기는 현대 지식인도 아니다. 그들은 세상을 구하지도 않고, 구망 계몽을 하지도 않는다. 그들은 단지 사회 속의 주변 집단으로서, 평범한 백성들 사이에서 살아가고, 자신의 취미와 교류 집단이 있다. 그들은 낙담하지만 비천하지는 않다. 소신대로 행동하지만 절개도 있어, 명청 교체기의 문인들 모습이 많이 있다.

자핑야오의 장편 『까오싱高興』은 작가가 처음으로 사람 이름을 붙인 소설이다. 유행하는 논법에 따르면 『까오싱』은 '하층 창작'에 속하는 작품이다. 리우까오싱劉高興이 소설의 주인공이다. 비범하고 고상하면서도 도시에 사는 농민으로 보이는 이 사람은 보통 농민이 갖지 못한 지혜를 가지고 있다. 하지만 까오싱은 도시로 고물을 주우러 오는 주변인이다. 그는 지혜와 유머도 있고, 도시에서의 신분의 문제도 해결하기 어렵다. 재미있는 것은, 자핑야오가 리우까오싱을 묘사할 때에 의도덕으로 전통 소설의 '재자가인' 서사 패턴을 사용했다는 점이다. 리우까오싱과 기생 멍이춘孟夷純은 모두 가장 하층에서 생활한다. 자핑야오는 상상의 방식으로 그들에게 감정을 생기게 하고 그들의 감정에 낭만적인 특징을 부여한다. 그들이 알게 되고 같이 살고 리우까오싱이 멍이춘을 해방시키기 위해 행하는 모든 일은 진실이기도 하고 환상이기도 하다. 하지만 감동적이다. 리우까오싱과 멍이춘 사이의 스토리는 작품에서 가장 읽을만한 부분이라고까지 말할 수 있다. 자펑야오는 분명히 중국 고대 백화소설과 희곡의 서사 패턴을 계승하고 있다. 작품은 거의 전편에서 소묘식 문자를 사용하고 있고, 담백한 가운데 공들여 쓴 노력이 보인다.

판샤오칭范小靑의 「맨발의 의사 완취엔허萬泉和」에서 다뤄진 스토리는 문혁으로부터 개혁개방에 이르는 수십 년이다. 완취엔허는 문혁과 개방개방이라는 서로 다른 두 시기에 살았다. 중국 정치에 있어서 이 두 시기는 말 그대로 두 시대였다. 하지만 시대의 커다란 변화 격동, 사건 등은 모두 뒤로 물러나 배경이 되고 있다. 우리는 다만 농촌 행정단위의 건설, 완취엔허의 신분, 비판투쟁 현장, 그리고 유행하는 정치 용어에서 작품 배경이 문혁이라는 것을 알게 될 뿐이다. 하지만 스토리로 들어가게 되면 우리는 허우야오촌後窯村의 일상생활에 근본적인 변화가 없다는 사실을 알게 된다. 전통적인 풍속은 여전히 이어져서 마을 사람들의 생활방식을 지배하고 있는 것이다. 살아 숨쉬는 마을 사람 중에서 문혁 기간이라는 이유로 성격이나 모습이 변한 사람은 아무도 없다. 우리는 놀기만 좋아하고 일하기를 싫어하는 신부 완리메이萬里梅, 경망스럽기 짝이 없는 리우리柳立, 단순하고 발랄하면서도 꾀가 많은 리우얼위에柳二月, 마음속에 원한이 있지만 풀지 못하는 치우따펀즈裘大粉子 등 농촌 여성들로부터 전근대 중국 농촌에서 반복적으로 벌어지는 일상생활을 모습을 보게 된다. 개혁개방 시기로 접어들면서 이 인물들의 성격과 성정도 그로 인해 변하지는 않는다.

「내가 리우위에진劉躍進이라 부르다」부터 시작해서 리우전윈劉震雲은 이미 작품 서술의 새로운 길을 찾은 듯 하다. 그 길은 서방이 아니었다.

물론 완전히 전통적인 것도 아니었다. 그것은 본토적인 것과 현대적인 것이었다. 전통소설에서 그는 서사의 '껍데기'를 찾아냈고, 시정 백성들, 노점상들로부터, 평범한 사람들의 일생생활로부터 작품 서사의 또 다른 원천을 찾아냈다. 「일구정일만구—口頂—萬句」에서 우리에게 말하는 것은 전쟁이나 재해 등 돌발적인 사건에서 거역할 수 없는 요소 이외에 보통 사람들의 생활은 평범하기 이를 데 없다. 그런 생활 속에서 소설의 요소를 찾아내는 것이 리우전원의 능력이다. 하지만 리우전원의 작품은 전통적인 명청 백화소설이 아니다. 그의 소설의 핵심 부분은 현대인 마음 속 비밀을 드러내는 것이다. 그 비밀은 고독, 숨겨진 아픔, 불안, 초조, 밖으로 내놓을 수 없는 비밀이고, 사람과 사람의 대화는 어떤 비밀을 의미하며, 말하는 것이 소설이 핵심 내용이다. 우리는 매우 일상적인 행동을 하고, 경험하고 끊임없이 지속하는데, 이것들은 리우전원에 의해 근 백 년간 풀기 어려운 수수께끼로 설명된다. '말하는 것'에 대해 이처럼 굳세게 추구한 것은 소설 역사에서 없었다.

21세기 중국문학의 경험에 대한 토론이 많이 전개되고 있다. 주목할 만한 것은 도시문화의 발전이 갈수록 빨라지고, 도시 인구가 급속하게 늘어나는 오늘날 우리는 오히려 도시문화 경험을 하지 못하고 있다. 유행이나 새로운 조류의 도시생활은 가장 얄팍한 차원에서 환희의 감정을 전달할 뿐이다. 진정한 중국문화 또는 문학 경험은 여전히 전통 중국의 문화 기억 속에 숨겨져 있다. 문화 전통, 이 총체적인 유령은 우리가 좋아하는지 여부에 관계없이 이렇게 끊임없이 재건되는 과정에서 다시 살아나서 우리를 지배하고 있다.

6) 중편소설

'신세기문학'에서 중편소설은 이 시대를 대표하는 장르이다. 1980년대 이후로 중편소설은 대형 문학 간행물의 활약으로 크게 발전했고, 중편소설 창작에 풍부한 경험을 제공하였다. 중편소설에 담아낼 수 있는 양과 전달하는 사회와 문학 정보는 그것을 많이 읽게 만들었다. 대형 문학 정기 간행물의 강력한 지지는 중편소설의 창작과 전파에 많은 영향을 미쳤다. 장르 자체의 장점과 상대적 안정성, 작가와 독자의 상대적 안정성은 모두 중편소설에 좋은 기회가 되었다. 이는 또한 중편소설이 유행과 풍조를 따르지 않는 문화의 모습으로 마지막 문학성을 지켜나는 것이 가능하게끔 하였다. 이런 의미에서 중편소설은 마치 당대문학의 '활화석'과도 같다.

비페이위畢飛宇는 신세기 가장 영향력 있는 중편소설 작가 가운데 한 사람이다. 그가 발표한 「푸른 옷」 「옥수수」 「위시우玉秀」 「위앙玉秧」 「집안일」 등의 중편소설은 논쟁의 여지 없이 현재 중국에서 이 장르에서 가장 우수한 작가로 만들어 주었다. 「옥수수」는 그의 대표작이다. 백년의 중편소설 역사에서 고전이라고 부를만한 작품이다. 「옥수수」의 성과는 각각의 다른 차원에서의 평가와 인식이 있을 수 있다. 하지만 내부적인 구성과 서사예술, 시간과 공간과 민간의 관계 처리에 있어서 중편소설 예술에 대한 작가의 독특한 이해와 재능을 충분히 보여주고 있다.

천잉쏭陳應松은 여러 해 동안 은거하다가 선농神農 자샨구架山區로 돌아왔다. 그의 '선농자 시리즈' 소설은 큰 반향을 불러일으켰다. 「소나무 까마귀는 왜 우나」 「망량산望糧山」 「표범의 마지막 춤」 「마스령馬斯嶺 살인사건」 「태평한 개」 등은 절대적이고 극단적인 방식으로 처절한 고난을 그려냈다.

쉬이과須-瓜의 중편소설 창작은 신세기에 거둔 괄목상대할만한 성과이다. 인성의 복잡성에 대한 그녀의 이해는 그녀의 소설을 모호하게 만들었다. 그것은 일종의 카니발 축제화된 소설이다. 「고구마 같은 바다」 「세 번째 나무는 평화」 「한 낯선 도시를 기억하며」 「연녹색 달」 등은 일관된 독특한 추구를 쓰고 있다. 특히 서사 시각의 방법은 중편소설의 예술적 돌파 가능성이 있다.

우쉬엔吳玄의「서쪽 땅」「발랑發廊」「허구의 시대」「문 밖의 소년」「누구의 몸」 등은 이 시대 농촌과 도시의 각종 체험과 느낌을 그리고 있다. 그의 전혀 개의치 않는 서사와 '참을 수 없는 존재의 가벼움'의 절망과도 같은 슬픔은 문학에 대한 그의 빼어난 느낌과 이해 방식을 보여주고 있다.

거수이핑葛水平은 신세기에 갑자기 나타난 새로운 인물이다. 그녀는 하층민의 생활을 잘 알고 있고, 보통 사람들의 생존 또는 심적 고통에 대해 동병상련의 감정을 가지고 있다. 그녀의「함산喊山」「채찍 휘두르기」「땅의 기운」 등은 '본래 생태'의 방식으로 느리게 흐르는 물리적 시간 속에서 타이항산 구역의 '천민'들 생활의 잔혹함과 어려움을 충분히 보여주고 있다. 단순하면서도 원시적인 인간관계 속에서 사회 최하층과 가장 주변부에 있는 집단의 생존 상태와 정신 상태를 드러냈다.

루민魯民은 1970년대 작가이다. 그녀의「전도된 시간」「죽은 자의 은혜」「사무사思毋邪」「풍월전風月剪」「지취紙醉」 등은 '동파東坝'를 배경으로 한 소설이다. 동파는 허구적인 땅으로 작가 마음 속의 '원향原鄕'이다. 그곳은 아득하면서도 현실적이고, 환상적이면서도 리얼하다. 루민의 생각 속에서 그것은 상상할 수도 있고, 경험한 적도 있는 정신적 고향이다.

마샤오리馬曉麗의「구름 끝雲端」은 신세기 가장 토론할만한 중편소설 가운데 하나이다. 이 작품은 두 가지 면에서 중요하다. 하나는 당대 중국 전쟁소설의 새로운 발견이라는 점과 다른 하나는 여성의 심리 대결에 대한 뛰어난 묘사라는 점이다. 이 주변 지대에서 마샤오리는 서사의 가치가 있는 또 다른 전쟁 스토리를 찾아냈고, 마찬가지로 사람들을 크게 감동시켰다.

웨이웨이魏微의 소설은 따스하고 절제가 있어, 한 마디 한 마디 색깔을 드러내지 않는다. 자연스럽게 이뤄지는 서술에서 펼쳐지는 것은 마치 오래 묵은 술과도 같아서 맛이 좋고 떠벌리지 않으며 사람들을 기쁘게 해준다. 웨이웨이의 소설을 읽으면 마치 린하이인林海音의 「성 남쪽의 옛이야기」를 읽는 것 같다. 옛 일을 그리워하며 약간의 슬픔도 있다. 하지만 거기에는 부드러우면서도 고귀한 문화 분위기가 흐른다. 보기에는 평범해 보이지만 눈 덮인 높은 산과도 같다. 그녀의 「가도家道」는 「구름 끝」과 그 솜씨가 똑같다.

한샤오공韓少功의 「정부에 보고함」은 신세기 문단이든 그 개인에게 있어서든 중요한 작품이다. 여러 해 동안 한샤오공은 전통 소설 형식에 대해 절망을 느낀 듯 하다. 그는 줄곧 막다른 골목에서 살 길을 찾을 가능성을 찾아 왔다. 「정부에 보고함」은 대체로 그가 '정면'에서 소설에 도전한 많지 않은 창작일 것이다. 이해의 난이도가 매우 높은 이 소설에서 분수, 불기운, 리듬의 장악에 있어서 한샤오공은 다시 한 번 자신의 예리한 소설 재능을 실증하였다.

츠즈지엔迟子建의 「세상의 모든 밤」「기무起舞」 등은 우리에게 작가의 지속적인 창조력과 상상력을 보게 하였다. 그녀의 처절하게 아름다운 서사는 거의 적수가 없다.

이 밖에도 리우칭방劉慶邦과 베이베이北北, 천시워陳希我, 이에미葉彌, 팡팡方方, 쉬쿤徐坤, 양샤오헝楊少衡, 루부呂不, 천자샤오陳家校, 리티에李鐵, 댜오더우刁斗, 샤오강曉港, 쑨춘핑孫春平, 위샤오웨이于曉威, 쉬저천徐則臣, 종징징鍾晶晶, 징용밍荊永鳴, 왕쏭王松, 텅샤오란騰肖瀾, 장윈蔣韻 등이 있는데, 인성의 다양성과 복잡성을 표현하는 면에서 독특하고 신선한 경험을 제공하였다. 예술적 '의미'에 치중하는 동시에 사회생활과 정신세계, 심령세계에 대한 관심은 여전히 이 작품들의 기본적 특징이다. 각 작가의 경험은 다르고, 제재나 서술대상도 다르지만 인정할 수 있는 것은 이 작가들이 모두 생활의 이미지를 통해 이미지 뒤에 담겨 있는 인성이나 세상 인심을 드러냈다는 것이다. 겉으로 드러난 이미지는 감지할 수 있고, 볼 수 있는 존재이다. 동시에 그것은 정신적 사건이자 현상이기도 하다. 이런 동기와 노력은 인성의 표현에 있어서 중편소설이 천태만상일 뿐만 아니라 그 예술적 힘을 유지하거나 강화할 수 있도록 해주고 있다.

7) 인터넷문학과 바링허우(80後), 지우링허우(90後) 문학

1999년 피즈차이痞子蔡의「첫번째 친밀한 접촉」이 발표되면서 인터넷문학이 이제까지 10여년이 지났다. 인터넷문학의 맹렬한 발전은 사람들의 예상을 크게 뛰어넘었다. 좋아하는지의 여부에 관계없이 인터넷문학은 이미 이 시대의 상징 가운데 하나가 되었다. 인터넷문학은 안니바오베이安妮寶貝, 리쉰환李尋歡, 차이즈헝蔡智恒, 닝차이선寧財神, 어지러운 마음心有些亂, 싱위썬邢育森, 위바이메이俞白眉, 한한韓寒, 궈징밍郭敬明, 장위에란張悅然, 뿌페이옌步非煙 등과 같은 자신의 문학 영웅을 만들어 냈다. 게다가 강호의 언어와 같은 문학 언어를 만들어 냈다. 만약 이 언어를 이해하지 못하면 네티즌의 미움을 받을 뿐만 아니라 인터넷문학의 세계에 들어가지 못할 수도 있다.

전파 도구의 변화가 있을 때마다 상대적인 민주화되는 과정이라고 말할 수 있다. 만약 '인쇄 자본주의' 시대가 대면할 필요 없이 교류할 수 있는 상황을 만들었다고 한다면 인터넷 시대는 분명히 시공간의 한계를 모호하게 만들었고, 전파를 손바닥 뒤집듯 쉽게 만들었다. 보다 중요한 것은 인터넷이 심사제도와 생산, 전파과정의 경제적 제약에서 벗어난 이후에 창작은 더욱 많은 사람들이 할 수 있게 되었다. 이런 의미에서 기술혁명은 분명히 해방과 자유를 가져다 주었다. 하지만 기술혁명이 정말 문학혁명을 가져왔는가 여부에 대해서는 적어도 현재로서는 의문으로 남는다. 주목할 만한 것은, 인터넷문학의 열광은 이 시대의 낮은 가격의 '오락' 요구에 적응한 것이라는 사실이다. 인터넷문학의 고전 작품「첫번째 친밀한 접촉」,「대화서유大話西游」「오공전悟空傳」같은 작품들은 소비주의 이데올로기 지배하의 대중문학과 서로 호응하여 서로 다른 형식으로 문학의 기능을 바꾸고 있다.

80 허우 작가는 이미 무시할 수 없는 문학 현상이 되었다. 한한의 『삼중문』이 출판되자마자 그 해 베스트셀러가 되었고, 이후 출판된 『일좌성지—座城池』 『장안의 난』 『독』 등은 청년들에게 인기를 끌었다. 고등학교를 졸업한 뒤에 한한은 푸단대학 입학을 거절하고 카레이서가 되었다. 필명이 '쓰웨이四維'인 궈징밍은 『환상의 도시』 『꿈속에서 꽃은 얼마나 떨어졌나』 『왼손에 뒤집힌 그림자, 오른손에 시간』, 『섬』 등의 시리즈 작품을 연이어 발표하였다. 팬들은 그를 친밀하게 '샤오쓰'라고 불렀다. 2004년에 한한과 궈징밍은 포브스가 발표한 '중국 유명인'에 올랐다. 미국의 타임지 표지에 실렸던 춘슈春樹는 자신의 대표 장편소설 『베이징 인형』 판권이 이미 미국, 영국, 스페인, 네덜란드, 이탈리아, 일본, 독일, 홍콩 대만 등 20여개 나라에서 팔렸다. 또 '소년 선총원'이라 불리는 리샤李傻傻, 제3회 화어華語 문학 매체 대상과 2004년 가장 잠재력 있는 신인상을 받은 장위에란張悅然 등이 있다. 1999년 이후 여러 출판사에서 80 허우 작가의 작품을 많이 출판하였고, 게다가 중국 문학의 도서 시장을 빠른 속도로 차지하고 있으며 현당대 작가 작품과 양분하고 있다. 80 허우 작가가 엄청나게 빠른 속도로 발전하는 상황에서 문제는 불거져 나왔다. 그들의 작품은 '성문화 소비품' '문학 패스트푸드'로 인식되었고, 사람들은 80 허우 작가들이 전통적인 의미에서의 문학과 함께 논할 수 없다고 생각하게 되었다.

정보 기술의 급속한 발전 환경 속에서 사람들의 독서 방식에 변화가 일어났다. 인터넷문학의 새로운 유형에 그에 맞춰서 생겨났다. 공상과학 소설, 타임슬립 소설, 선협仙俠 소설, 유령소설, 동인同人 소설 등이 그것이다. 한한과 궈징밍 등 80허우 작가들은 이미 '고전화'되었을 때에 새로운 인터넷 작가들이 계속 나타났다. 내가 먹는 토마토, 춤, 탕자싼샤오唐家三少, 쉬에훙血紅이 2009년 인터넷문학의 '사두마차'로 추대되었다. 그들이 창작한「별자리 변화」「악마 법칙」「더우루어斗羅 대륙」「승룡도升龍圖」 등의 작품은 인터넷문학의 각 코너를 장악하였다.

80허우의 문학에 대한 판단하기 힘든 논의 속에서 우즈롱吳子龍의『누구의 청춘이 나보다 미쳤나』가 출판됨으로써 문단에 90허우의 등장을 알렸다. 90허우에 대해 전체적으로 말해 보자면, 처음 시도가 80허우처럼 그럴 듯하거나 사람들에게 자극을 주지는 않았다. 또 한한, 장위에란, 궈징밍처럼 유명한 우상 인물도 없었다. 하지만 점차 흐름을 만들어 나가다가 이 세대 청춘문학의 눈길을 끄는 포인트를 형성하였다는 사실은 다툼의 여지가 없는 사실이다. 이 세대 사람들은 역사에 대한 기억이 없고, 웅대한 서사와는 관계없이 개인의 경험과 기억이 그들의 주요 서사 대상이다. 우리가「퇴색, 퇴색」에서 보게 되는 것은 산만한 생활의 편린들이고, 이국 경험, 청춘 시절 청춘에 대한 감상어린 기억이다. 쑤샤오츠蘇小次의「티벳의 바구니」는 신념에 맹세와 높고 먼 것에 대한 상상으로, 탈속적이면서도 유아독존적인 것이다 주거朱戈의「구르는 날들」에서의 공허함과 바쁨, 할 일 없음과 적막함을 달가와 하지 않음, 우루공吳如功의「티엔핀지에恬品街」는 이 거리에 대한 꿈같이 과장된 상상과 서사이며, 이는 진실이면서도 환상적인 상황에서 허와 실의 한계를 허물고 있다. 런치러任其樂의「나의 실패와 위대함」은 당대 소년이 흔히 보는 생활 장면으로서, 연애편지를 쓰고 싸움박질을 하는 것에 대해 기뻐하는 등, 소품화와 익살스러운 장난 속에서 생활에 대한 해체는 왕수어王朔의 기풍이 있다.

막 재능을 보이기 시작한 90허우는 고전을 읽을 때 한한과「최소설最小說」을 더 많이 읽는다. 따라서 그들은 80허우의 흔적이 많이 보인다. 하지만 보다 개인의 경험을 존중하고, 어떤 경우에는 너무 갑작스러워서 대비하지 못하기도 한다. 그들의 사랑과 광적인 자유로운 심령은 그들의 무한한 문학적 미래를 가져올 것이다. 하지만 그들의 한 가지 개성 또는 동질화된 개성은 두렵기도 하다. 중복이나 뇌동 그리고 기법의 단순화는 모두가 경쟁적으로 표현하는 그들이 이해하는 자아나 개성과 관련이 있다.

8) 문학과 공공 사무

신세기로 접어든 이후 중국 현실생활과 공공 사무에 대한 문학의 개입은 이미 가장 중요한 특징 가운데 하나가 되었다. 하층 생활에 대한 관심, 보통 사람들에서 사회적 약자의 생활에 대한 서사가 신세기 문학의 새로운 인민성이 되었다. 이런 작품들에서 우리는 현재 중국 생활의 또 다른 면을 보게 된다. 역사와 지역, 현실 등의 원인으로 중국 사회 발전의 불균형성은 중국 특수성의 일부분이 되었다. 아래로 기울어지는 이런 불균형성은 물론 하층과 광범위한 미발달 지역이다. 이런 현실을 마주 하며 우리는 문학성을 강조할 때, 작가는 결코 과거의 것이 되지 않은 역사와 현실에 대해 그들의 입장과 감정을 표현할 의무가 있다. 이런 의미에서 말하자면, 작가는 그들의 문학에 대한 독특한 이해를 표현하는 기초 위에서 현대문학사상 '사회문제 소설'과 문학의 인민성 전통을 이어받았다.

차오정루曹徵路는 오랜 기간 노동자 계급의 생존상황에 대해 관심을 가졌다. 그의 「그 곳」은 한 때 큰 인기를 얻었다. 소설의 주제는 국영기업 개혁의 위대한 성과를 찬양하는 것이 아니다. 국유 자산의 유실, 곤궁한 노동자 생활, 공장을 지켜내고 사회주의 기업을 사랑하는 노동자들의 뜨거운 사랑과 우려가 작품의 주요 내용이다. 「무지개」는 감동적인 소설로서, 우리는 생활에서 심령에 이르기까지 완전히 부서져버린 여인 니홍메이倪紅梅의 생활과 과정을 보게 된다. 딸과 시어머니를 위해, 최소한의 생존을 위해 그녀는 가장 저급한 일을 하지 않을 수 없다. 하지만 가족과 친구들에 대한 그녀의 진실함과 소박함은 사람의 마음을 울린다.

장편소설 『문창망問蒼茫』은 비록 조금 타협하는 입장이지만 이 작품은 개혁개방 이후 또 다른 역사를 반영하고 있고, 그 과정에서 아직 표현되지 않은 복잡성을 반영하고 있다.

후쉬에원胡學文의 「명안고현命案高懸」은 한 농촌 아가씨의 의문사를 쓰고 있다. 마을에서는 아무런 반응도 없고, 심지어 사망자의 남편도 권력의 공포와 금전의 유혹으로 입을 굳게 다물고 있다. 이 때 떠돌이 같은 '잉여 인간'이 나타난다. 그의 이름은 우샹吳響이다. 아가씨의 죽음과 그와는 약간의 관계가 있기는 하지만 사망의 진짜 원인은 계속 오리무중이었다. 각종 거짓과 유언비어가 진상을 은폐하였다. 우샹은 자신의 방식으로 조사를 해나간다. 마을의 한 작은 인물이자 민간 영웅이 이 사건을 해결하려 하고 그 결과는 상상할 수 있는 것이다. 이 밖에 새롭고 '일꾼'으로 지칭되는 집단의 문학도 이 시대에 발전하기 시작했고, 정샤오치옹鄭小瓊이 바로 이 그룹을 대표하는 작가이다.

하층 생활에 대한 관심은 문학과 사회의 공공 사무가 새롭게 관계를 정립하도록 하였다. 작가의 관심은 점차 거대한 문학 조류를 형성하였다. 이 문학 조류는 오늘날 중국의 또 다른 생활을 써냈다. 그들은 빈곤한 노동자와 농민이기도 했고, 때로는 도시와 농촌의 경계에서 살아가는 일확천금을 꿈꾸는 사람이기도 했다. 작품은 각기 다른 측면에서 향토 중국 또는 전근대가 남긴 순박함과 진실한 정, 고단함, 따스함을 전달하기도 했고, 현대생활의 유혹 속에서 농민문화의 열근성을 본능적으로 폭로하기도 하였다. 작가는 현대성에 대한 하층 계급의 갈망과 현대생활에 대한 여러 가지 심리를 표현하기도 했고, 한편으로는 현대생활이 그들에게 가져다 준 예상치 못했던 복잡한 결과를 표현하기도 했다. 하층 생활에 대해 작가들이 관심을 가지게 되면서 문학 서사로 들어오게 되었고, 이 땅에서 살아가는 중국 작가들의 경험을 전달하게 되었고, 이 경험은 한 측면에서 그들의 가치관과 문학관을 표현해 주었다.

2장
신중국 수립부터 신세기의 개막까지
중국 당대문학 60년

청광웨이 程光煒

1. 이끄는 말
2. 신중국 수립부터 문화대혁명 종결까지
3. 개혁개방과 신세기의 개막

•
신중국 수립부터 신세기의 개막까지
중국 당대문학 60년

1. 이끄는 말

　인생은 꿈과도 같다. 필자가 어느 덧 50살이 넘었다. '당대'에 살면서 '당대'를 말하려니 정말 바보가 꿈을 말하는 황당한 느낌이다. 게다가 당대문학 60년을 5만자 분량의 '소사小史' 속에 펼치는 것은 정말 쉬운 일이 아니다. 그리고 당대문학과 당대 역사의 복잡한 얽힘은, 당대 역사의 많은 문제들이 아직 정리되지 않은 상황에서 말하는 사람으로 하여금 두 배의 곤란함을 느끼게 한다. 필자는 정치사의 프레임으로 당대문학을 서술하는 전통적인 방법을 사용하고자 한다. '두 개의 30년'이라는 시간으로 나누어 역사의 맥락을 짚어보고자 한다. 생각의 만분의 일이라도 완성할 수 있을지 여부는 독자의 평가에 맡긴다.
　'당대문학'의 역사 운명은 1940년대 '옌안 정풍'에서 기획되고 형태가 만들어졌다. 1950~60년대 세계적인 냉전 상황으로 말미암아 당대문학은 자기 봉쇄와 자아 순환의 문학전통을 더욱 강화하였고, 혁명전쟁과 눈앞에서 뜨겁게 불타오르는 투쟁생활을 찬미하는 것이 그 기본 임무였다.

당대문학의 '이전 30년'은 바로 이 기초 위에서 나타났다. 중국과 미국의 수교, 문화대혁명의 종결이라는 두 가지 중대한 사건은 중국인의 역사 방향을 바꿔 놓았다. 문혁을 비판하고 세계로 나아가자는 것이 개혁개방 국가정책이 두 바퀴가 되었고, 이것이 당대문학 '이후 30년'의 사상적 논리가 되었다. 1980년부터 지금까지의 '문학 다원화'는 중국 작가와 독자들에게 깊은 영향을 주었다. 하지만 당대문학과 과거 역사의 다층면적인 내재적 연계는 앞에서 서술한 사실들로 인해 덮이거나 간과되어서는 안 될 것이다.

1949년 7월 베이징에서 개최된 제1차 전국 문대회는 이후 30년 당대문학의 운명을 조감해볼 수 있도록 하였다. 저우양이 쓴 「새로운 인민의 문예」 보고는 마오쩌둥 「연설」에 대한 가장 권위적인 해석으로서, 그것의 기본 정신은 민간 문예로 엘리트 문예를 대체함으로써 당대문학을 통치한다는 것이었다. 비록 아주 작은 소극적인 저항이 계속 이어졌지만 문학창작, 평론, 잡지와 조직의 치밀한 규범과 통제는 기본적으로 변하지 않았다. 저우양이 지적한 대로, "마오 주석의 「옌안 문예좌담회에서의 연설」은 신중국 문예의 방향을 결정하였다. 해방구 문예 공작자들은 자각적이고 굳건하게 이 방향을 실천하였고, 아울러 자신의 모든 경험으로 이 방향이 완전히 정확하다는 것을 증명하였으며, 이 외에는 다른 방향이 없다는 것을 깊이 믿게 되었다." 정확하게 말해서, 당대문학 운명을 근본적으로 결정한 것은 '전쟁 사유'와 '통치의 필요'였다. 몇십 년간 지속된 혁명전쟁은 전쟁이데올로기를 사회주의 국가 건설의 주요 사유이자 운영 방식이 되게 하였고, 이것이 문학의 주제, 제재, 창작방법들로 하여금 전쟁 사유를 향해 집중되게 하였으며, 문학운동이 당대문학 이전 30년에서 가장 중요한 존재 형태가 되도록 하였다. 그리고 사회주의 국가 건설의 통치적 고려에서 여론은 일률적으로 가장 우선적인 선택이 되었고, 문학은 이 국가 청사진의 일부분에 불과했다. 그것들은 긴밀하게 배합되어 당대문학의 사상적 기초를 구성하였다. 사실 서방국가의 전면적인 봉쇄가 없었다고 하더라도 이런 역사적 환경은 소련과 동유럽 사회주의 국가의 문학이 당대문학의 '자원'이 되도록 만들었다. 이런 역사와 문화적 상황은 서방 자본주의 국가의 문학을 태생적으로 배척하도록 만들었다. 이런 의미에서 소련과 동유럽 문학이 50~60년대 중국 당대문학에 끼친 영향은 당대문학의 또 다른 중요한 구성 요소이다.

앞에서 말했듯이, 당대문학 '이후 30년'(역사에서는 신시기 문학이라 부름) 역사는 개혁개방이라는 국가정책의 중대한 조정에 달려 있었다. 1979년 10월 30일, 덩샤오핑이 제4차 전국 문대회에서 행한 유명한 「축사」는 신시기 문예에 새로운 정의를 내려주었다. 당시의 문화적 환경에 근거하여 보고자는 문예와 정치의 관계에 대해 담담한 처리를 하면서 지적하였다. "문예작업에 대한 당의 영도는 명령을 내리는 것도 아니고, 문학예술이 임시적, 구체적, 직접적으로 정치 임무에 종속되라고 요구하는 것이 아니다. 문학예술의 특징과 발전법칙에 근거하여 문예공작자가 조건을 얻어 문학예술 사업을 끊임없이 발전시키는 것을 돕고, 문학예술의 수준을 높이고, 우리나라의 위대한 인민과 위대한 시대에 부끄럽지 않은 우수한 문학예술 작품과 공연예술을 창작해내는 것을 돕도록 하는 것이다." 당시 '이후 삼십년 문학'에 대한 기획은 80년대 현대화와 17년 문학정신의 결합을 강조하는 것으로서, 사상해방을 통해 80년대 의미상의 17년 문학을 활성화하고 재조립하는 것이다. 하지만 이 기획은 후에 외국 번역 붐, 문화열, 사회 격동, 시장경제의 격렬한 충격으로 인해 물거품이 되고 말았다. 1985년은 당대문학 '이후 30년'의 또 한 차례의 '형태 전환'이었다. 문학은 선봉화로부터 점차 세속화로 발전해 나갔다. 1990년 이후 문학 '분화'의 추세는 갈수록 뚜렷해졌다. '인문정신 토론', '「폐도」 비판' 등은 문학 시장에 대한 공고한 문학 엘리트의 농단도 없었고, 반대로 '시장화'가 신세기 문학의 가장 괄목할 만한 특징 가운데 하나가 되었다. 하지만 깔끔하게 정리하기 힘든 이 모든 역사 실마리 가운데 가장 중요한 두 가지는 반드시 의식해야 한다. 그 하나는 '탈정치화'가 최종적으로 80~90년대 문학과 '17년 문학'의 역사적 단절을 만들어냈고, '순수문학'이 모든 문학현상을 평가하는 중요한 척도가 되었다는 점이다. 다른 하나는 '세계로 나가자'는 사회이데올로기가 수많은 외국문학의 번역, 모방과 개조를 통해 당대문학을 세계문학의 일부분으로 개조시켰다는 점이다. 이에 따라 1980년대 이후의 '이후 30년' 당대문학은 '세계' 의미에서의 중국 당대문학이라 부를 수 있을 것이다.

2. 신중국 수립부터 문화대혁명 종결까지

1) 문학과 역사의 개략적 서술

1949년 중화인민공화국 수립과 미국과의 대립, 그리고 소련과의 결맹이 국가의 최대 이데올로기가 되었다. 훗날 소련과의 관계 파탄으로 인해 국가는 고립 상태에 처하게 되었다. 신중국의 존재를 공고히 하기 위해서는 사회 각 방면의 통제를 강화해야 했다. 방식은 사상적으로 여론을 일률적으로 강화하고, 경제적으로는 산업 시스템을 발전시키고 농업을 발전시키는 것이었다. 국가의 주체는 정권과 노동자 농민의 협력이었고, 지식인 계층은 주변부로 밀려났다. 하지만 지식인은 문학의 주요 생산자로서, 문학에서의 그들의 생산 작용은 충분히 알 수 있는 내용이었다. 이렇게 문학은 2000여년에 걸친 중국문학사에서 매우 이상한 현상이 나타났다. 매번 벌어지는 '문학운동' 이후에는 사상 정돈과 '정치운동'이 수반되었고, 문학은 사회생활의 기준 가운데 하나가 되었다. '문인'의 생활은 전에 없이 보장되었다. 그들은 각급 문련文聯과 작가협회에 배치되었다. 하지만 동시에 그들의 사상과 생활, 창작은 고도로 조직되었다. 이런 의미에서 '문학사'는 필연적으로 '당대사'를 반영한다. '당대사'는 또 매우 '문학화'된 방식으로 존재하게 된다. 이 '간담을 서늘하게 하는 것'이 1949년부터 1976년 사이의 중국인의 문학 생활과 정치생활 가운데 가장 두드러지고 가장 본질적인 심리 내용이 되었다. '『무훈전武訓傳』 비판'이 건국 후 첫 번째 문학운동이다. 무훈은 만청 시기 '흥학興學'을 구걸하는 인물이다. 어렸을 때 그는 몇몇 가난한 자들이 글자를 몰라 속임수에 넘어가고, 핍박을 당하는 것을 보고 가난한 아이들을 위해 교육기관을 세우고자 하는 바람을 가지게 되었다. 하지만 돈 한 푼 없고 일자무식인 농민이 그 자신의 노력으로 이런 바람을 실현하는 것은 불가능한 일이었다. 20살 때부터 그는 '흥학 구걸'의 기치를 내걸고 놀이를 하고, 머리를 조아리며 더러운 물을 마시고, 얻어맞는 등 비루한 방식으로 재물을 구걸하여 자금을 마련하였다. 하지만 이런 방식으로 재물을 모으는 것은 너무 느렸고, 사회의 신뢰를 받기가 어려웠다. 그래서 30살 때부터는 지주들의 도움을 받아 빚놀이를 하는 고리대금업자가 되었다. 이를 통해 얻은 소득으로 땅을 사들여 세를 놓았다. 말년이 되어 그는 이미 엄청난 지주가 되었고, 그가 일으킨 '의숙'은 가난한 아이들에게 배움의 기회를 제공하게 되었다. 1928년에 타오싱즈陶行知는 자신이 펴낸 평민 천자문 교과서에서 무훈의 사적을 소개하면서 무훈을 '훌륭한 사람'이라고 하였다. 1941년, 그는 인재 육성 학교를 세우는 과정에서 경비조달에 어려움을 겪게 되었는데, 그러자 그는 '신무훈' 운동을 일으켰다. 1944년, 타오싱즈는 『무훈선생 화전畵傳』을 영화 감독 쑨위孫瑜에게 보냈고, 쑨위는 깊이 감동을 받아 이 소재로 영화를 제작하기로 결정하였다. 1949년 1월, 상하이 쿤룬崑崙회사에서 촬영권을 사들였다. 이듬해 쑨위 감독, 자오단趙丹 주연의 영화 〈무훈전〉이 전국에서 상영되었고, 크게 성공을 거두었다. 영화는 저우언라이와 주더朱德 등 지도자들에게 보여졌고, 긍정적 평가를 받았다. 하지만 마오쩌둥은 이 영화를 보고 나서 기뼈하지 않았다. 마오쩌둥은 공작팀과 더불어 장칭江靑을 무훈의 고향 산둥성 탕이현堂邑縣에 보내 조사를 하도록 하였다. 조사팀은 많은 사람들을 찾아다닌 후에 수만 자에 이르는 『무훈 역사 조사기』를 써냈다. 1951년 5월 20일, 마오쩌둥의 교정을 거친 『인민일보』의 사설 「영화 〈무훈전〉 토론을 중시해야 함」에서 이 영화의 '실질'을 지적하였다. "〈무훈전〉이 제기한 문제는 근본적 성격을 띠고 있다. 무훈 같은 사람은 만청 말기 중국 인민이 외국 침략자와 국내의 반동적인 봉건통치자를 반대하는 위대한 투쟁을 벌이는 시대에 근본적으로 봉건 경제 기초와 그 상부구조의 털 한 올도 제거하지 못하고, 반동적인 봉건 통치자에 대해 있는 힘을 다해 아첨하는 것을 능사로 하였다. 이런 추악한 행위를 우리가 찬양해야 한단 말인가? 인민 대중을 향해 이런 추악한 행위를 찬양하게 하고, 심지어 '인민을 위해 봉사'한다는 혁명 기치를 내걸고 찬양하게 하며, 혁명적 농민투쟁의 실패를 뒤집어서 찬양하게 하는 것을 우리가 용인할 수 있단 말인가? 이런 찬양을 인정하거나 용인하는 것은 농민 혁명 투쟁을 모욕하고, 중국 역사를 모욕하며 중국 민족을 모욕하는 반동 선전을 정당한 선전으로 인정하고 용인하는 것이다." 영화 〈무훈전〉이 비판을 받았던 것은 구문화/신문화의 권위적인 인지 패턴을 범했기 때문이었다. 이후 이런 '조사연구'를 시발점으로 하여 '조사결과'를 정치 수요에 집중시키게 되었고, 비판을 받은 사람의 '죄명'을 주관적으로 나열하는 글쓰기와 운동방식이 각종 '문학운동'에 관철되었다. '『홍루몽』 비판'(1954), '후스胡適 문예사상비판'(1954), '후펑胡風 문예사상 비판'(1955), '딩천丁陳 반당집단 비판'(1955~1957), '중간인물 묘사론 비판'(1964), '『해서파관』 비판'(1965), '『기요紀要』 발표'(1966) 등이 그것들이다. 이런 문학운동 형식은 1980년대를 전후하여 여전히 일정 기간 지속되었다. '고련苦戀 비판'(1981), '정신오염 청산'(1983) 등이 그 예이다. 하지만 사회의 무게중심은 이미 계급투쟁에서 경제건설로 옮겨지고 있었다. 비교적 부드럽고 더 이상 과거의 준엄한 방법을 택하지 않았고, 반복과 흐지부지 끝나는 상태가 지속적으로 나타났다. 1985년 이후 이런 지나치게 이데올로기화된 '문학운동'은 시국의 변화에 따라 점차 사라졌다.

'문학운동' 이외에 신형 문학조직과 출판제도가 이 시기 문학의 면모를 그려냈다. 1949년 이후 중국 문련, 중국작가협회 등의 문학조직이 연이어 세워졌고, 궈모뤄, 마오뚠, 저우양 등이 지도를 맡았다. 『인민문학』 『문예보』 『시간詩刊』 『민족문학』 등의 기관 간행물이 연이어 선보였다. 각성의 문련과 작가협회가 잇달아 세워졌다. 이와 함께 1920,30년대 상무인서관, 중화서국 등의 개인 운영 출판사가 모두 '공사합영公私合營'이 되거나 운영이 정지되었고, 마지막에는 국가 출판사로 바뀌었다. 이들 조직에는 엄격한 당 조직의 영도가 있었고, 그 아래 많은 관리기구를 두었으며, 각 문인들이 그 회원, 이사가 되어 사상 발전의 표지가 되었다. 그리고 잘못을 저지른 문인은 각종 문제를 이유로 쫓겨날 수 있었다. 작가와 문학비평가가 작품을 발표할 권리는 문학조직의 신분을 얻을 수 있는지 여부와 밀접한 관계가 있었다. 후펑을 예로 들어보자. 그는 1955년부터 반당집단의 우두머리로 심판을 받은 후에 20여 년간 어떤 문장도 발표할 수 없었다. (1979년 누명을 벗을 때까지) 문학조직들은 각종 노동자 농민 병사 작가를 길러낼 책임을 지고 있었다. 리화이李淮, 하오란浩然, 후완춘胡萬春, 탕커신唐克新, 리쉬에아오李學鰲, 황성샤오黃聲笑 등은 모두 이렇게 쏟아져 나온 인물들이다. 이에 따라 합법적인 문학 절차에 들어가기만 하면 작가, 문예가들의 작품은 각종 출판사의 출판계획에 들어갈 수 있었다. 『붉은 바위』 『청춘의 노래』 등의 장편소설은 모두 복잡한 출판과정을 거쳤다.

문학작품의 주제, 제재, 창작방법도 중대한 문제가 되었다. 그것들은 작가와 문예가들의 진실한 감정과 입장을 반영한다고 인식되었다. 1958년, 샤오취엔린邵荃麟은 한 문장에서 다음과 같이 지적하였다. "사회주의 현실주의 문학은 작가에게 정확한 입장에 서서, 혁명 발전에서 예술적으로 생활을 진실하게 묘사할 것을 요구한다. 그것은 현실을 치장하는 것에 반대하고, 현실을 왜곡하는 것도 반대한다. 작가는 인민의 생활에 대해 가장 진실한 관심과 사회주의 사업에 대한 굳건한 믿음을 가져야 한다. 이는 정확한 세계관을 가져야 하며, 생활에 대한 고도의 열정도 필요하다." 작가의 입장과 감정을 문학의 근본 문제로 보았고, 그것을 혁명전통과 현실생활과 밀접하게 연계시켰기 때문에 주제와 제재도 그에 따라 농촌제재, 산업제재, 군사제재 등으로 분류하여 이름을 붙였다. 이를 통해 작가가 이런 문학생산 절차와 규칙에 따라 작품을 창작하도록 강제하였다. 1959년과 1961년에 『청춘의 노래』 『금사주金沙洲』와 영화 〈다지達吉와 그의 아버지〉 등을 둘러싸고 연이어 인물의 진실성과 작품의 시대정신에 관한 토론이 전개되었다. 작가 창작의 주제, 제재에 대한 이런 '예민함'은 문혁 시기의 모범극에서 최고조에 달한다. 1980년대 초, 이런 현상은 어떤 '문학 사건'이 되었고, 사회 여론의 폭넓은 관심을 불러 일으켰다. 작가 바이화白樺의 「고련苦戀」 비판은 구체적인 사례였다. 극본 「고련」은 1979년 9월 출판된 『10월』 제 3기에 발표되었다. 관련 영화는 1980년 말에 펑닝彭寧이 메가폰을 잡아 완성되었다(후에 〈태양과 사람〉으로 제목을 바꿈). 이 작품은 많은 논쟁을 불러일으켰는데, 한 신문에는 다음과 같이 분명하게 지적하였다. "정치 경향 면에서 엄중한 잘못이 있는 이런 작품이 비판을 안 받을 있는가?" 하지만 50~60년대와는 다르게 80년대 초에는 개혁개방이 이미 새로운 국가정책으로 선포되었고, 문예를 관리하는 방식과 수단이 모두 '일치단결하여 앞을 보자'는 방향으로 변화되었고, 주제와 제재론은 날로 개방되어 가는 문학 구조 속에서 점차 폐기되었다.

2) 최전방에 진입한 '해방구 작가'

(1) 자오수리趙樹理 소설 공산당과 그 군대가 전국 범위에서 정권을 잡음에 따라 중국의 사회제도와 문화 구성은 모두 중대한 변화가 일어났다. 문학으로 말하자면, 도시 지식인 또는 '국민당 통치 지역의 작가'가 오랫동안 좌지우지했던 문단은 해방구에서 온 작가들에게 그 통제권이 넘어갔다. 1949년 이후 해방구 작가들은 당대문학의 주류 작가가 되었다. 자오수리는 가장 혜택을 많이 받은 작가이다.

자오수리(1906~1970)는 샨시山西 친수이현沁水縣 사람이다. 그는 어려서부터 부친이 조직한 향촌극단의 영향을 받았다. 사범학교를 졸업한 후에 일이 제대로 풀리지 않아 자살을 시도하기도 했다. 1940년대 혁명에 참가한 후에 소설 『샤오얼헤이의 결혼』「이유재 판화」「이가장의 변천」이 「연설」에서 요구한 기준에 부합하고 농민의 유머스러운 느낌이 충만하다는 이유로 호평을 받았다. 저우양은 '자오수리 방향'이라는 평가를 하기도 했다. 해방 후에 후차오무胡喬木는 그를 중난하이로 불러 그에게 마르크스 엥겔스, 레닌, 스탈린, 마오쩌둥과 외국의 명저들을 열거하면서 그가 신중국의 고리키가 될 것을 희망하였다. 농민의 말이 자오수리 소설의 기본적인 입각점이었기 때문에 중국 공산당이 이끄는 농민혁명은 죽이 잘 맞았다. 하지만 해방 후에 그에게 '해방 농민'을 급격하게 '사회주의 신인新人'으로 끌어올릴 것을 요구하였고, 이는 그의 근본 지점과 소박한 창작 풍격에 충돌이 빚어지게 만들었다. 1950년대 이후 그는 「등기登記」「단련단련」「덮을 수 없는 손」「장라이싱張來興」「비를 구하며」『삼리만三里灣』 등을 썼고, 고사鼓詞와 상당방자上黨梆子 등 통속작품을 썼다. 자오수리의 소설은 여전히 칭찬을 받았다. 마오뚠은 그의 해방 후 창작이 "명랑함에서 침울함을 함축하는 것으로 바뀌었고, 이미지가 뚜렷한 별명도 매우 적어졌다"고 생각하였다. '침울함'은 예술풍격을 가리키는 것이 아니고 해방 후 자오수리의 현실적인 심경 변화를 말하는 것이다. 그는 합작화와 대약진 운동이 농민에게 손해를 끼치는 것이 자신의 창작 초심과는 거꾸로 간다는 것을 알게 되면서 고민에 빠지고 말았다. 이런 심정으로 그는 그려내는 새로운 인물의 작품 속 비중은 날이 갈수록 줄어들었고, 중간인물 형상이 점차 두드러지면서 동정은 빠르게 후자 쪽으로 기울어졌다.

자오수리는 갈수록 자신이 그려낸 주인공의 공산주의 이상에 점점 더 관심을 가지지 않고, 농촌에서 성실하게 살아가는 사람과 소박한 농민들에게 갈수록 마음을 기울이는 듯 했다. 1955년 1월, 최초로 농업 합작화를 그린 장편소설 『삼리만』이 『인민문학』에 연재되었다. 작가의 과거 '문제소설'과 마찬가지로 『삼리만』의 모든 인물들은 문제를 둘러싸고 설정되었다. 이 역시 시의에 맞는 소설이었고, 주류문학의 뚜렷한 경향을 띠고 있었기 때문에 1956년 2월에 개최된 중국작가협회 제2차 이사회 확대회의에서 저우양은 보고를 통해 이 작품을 동류 제재 소설 가운데 가장 우수한 소설이라고 추켜세웠다. 하지만 이 소설에 주인공이 없다는 사실을 세심한 독자들은 주의를 기울일 줄 알아야 한다. 이는 전형환경 중의 전형인물이라는 이론과 들어맞지 않는 듯 하다. 설사 농민 사회주의의 길을 이끄는 간부 왕진성王金生 조차도 '마음의 광명이 정의를 수호한다'는 호인 형상으로 그려낼 뿐이었다. 이런 '경계'의 하강은 「덮을 수 없는 손」에서 더 뚜렷하게 표현된다. 소설에는 작가 과거의 생동감 넘치고 명쾌한 스토리 라인이 없다. 묘사하고 있는 것은 고희를 넘긴 농민 천빙정陳秉正이 장갑을 잃어버리고 다시 찾는 두 삽화에 불과하다. 76세 된 천빙정의 농사일은 현지에서 첫 손가락에 꼽힌다. 그는 대대의 교련조장을 하면서 농사일을 못 하는 여성과 학생을 전문적으로 가르친다. 하지만 작가는 노인의 두 손을 열심히 묘사한다. 그 손은 "써레처럼 어떤 바늘로도 뚫을 수가 없었다." 이어서 이 두 손과 관련이 있는 장갑을 언급하기 시작한다. 1959년 겨울, 그의 자손들이 이 두 손을 보호하기 위해서 특별히 털장갑을 사가지고 온다. 하지만 노인은 비록 나이가 많지만 일을 쉬지 않았고, 장갑은 두 번 모습을 보였을 뿐이다. 한 번은 물자 교류회를 보러 가느라 장갑을 썼는데, 생산대에서 삼지창을 사느라 장갑을 품속에 넣었다가 한 짝을 잃어버렸다. 사람들은 이런 묘사가 자오수리의 창작 원칙을 위배했다는 것에 주목하였다. 핵심을 찌르는 것도 없고, 어떤 문제 해결도 없다는 것이었다. 자각적으로 정치를 위해 복무한 이 작가는 소박하고 충실한 노인에 대해 커다란 열정을 쏟아 부었다. 당시의 들뜬 분위기를 생각해보면 자오수리의 취지는 비교적 분명하다. 시대 주류 속에 처했던 작가가 부지런히 비주류 스토리를 써낸 것이다. 새로운 시대와 농민의 이익 사이에서 머뭇거리는 이런 모습은 1962년 따리엔大連회의 이후 그가 내리막길을 걷는 주요한 원인이 되었다.

(2) 리우칭柳靑의 『창업사創業史』 만약 자오수리에게서 해방구문학과 당대문학의 궤도 접속이 그렇게 잘 이뤄지지 못했다고 한다면 이 궤도접속에서 리우칭은 부지런하게 실천한 작가일 것이다.

리우칭(1916~1978)은 샨시陝西 우바오吳堡 사람이다. 그는 1938년에 옌안으로 왔는데, 그의 소설 『종곡기』는 크게 알려지지는 않았다. 당대문학이 농민의 운명에 관심을 갖지 않은 것에 대해 불만을 가지고 고향으로 돌아가 정착한 자오수리와는 달리 리우칭은 생활 속으로 깊이 들어가자는 정치적 구호에 전적으로 호응하여 샨시 창안현長安縣으로 자원하여 들어갔다. 그 곳에서 그는 1950~60년대 문학에서 최고 지위를 차지하게 된다. 리우칭은 스스로 최고가 되기를 기대하였고, 매우 인내심이 있었다. 그의 장편소설 『창업사』 4부로 계획되어 있었다. 하지만 제1부가 1961년에 출판된 이후 큰 인기를 끌고 나서 나머지 부분은 모두 요절하고 말았다(제2부 상권과 하권 4장은 문혁이 끝나고 나서야 완성되었다). 이런 내용들을 생각해 보면 우리는 이 야심만만한 대작가에 대해 애석한 감정을 가지게 된다. 리우칭의 이 장편소설은 서사시의 시각으로 농업 합작화의 역사적 청사진을 요약하고 있다. '정책 그림 풀이'는 비록 자신의 진정한 예술적 생명력에 해를 입었지만 작가의 예술적 공력과 사상적 심도는 매우 귀하다고 말하지 않을 수 없다.

소설의 뼈대의 한 축은 '함께 잘 살자'는 길을 굳건하게 걸어나가는 량성바오梁生寶, 까오쩡푸高增福 등의 가난한 소작농이고, 다른 한 축은 토지개혁 때 타격을 받고 권토중래를 시도하는 부농 야오스지에姚士杰, 궈스푸郭世富, 궈전산郭振山 등이다. 둘 사이에서 떠돌아 다니는 것이 량성바오의 부친 량싼梁三 노인이다. 작품은 합작화 과정에서의 농촌사회의 복잡한 관계와 농민 각각의 미묘한 심리를 매우 훌륭하게 묘사하였다. 시대배경상 이 실마리들은 참신하고 거시적이며 폭넓은 모습을 보여주는 것이다. 마오뚠 이후 중국 작가 중에서 리우칭처럼 이렇게 장편소설의 구성을 잘 요리하고, 풍부한 차원감으로 복잡한 사회관계를 잘 드러낸 사람은 매우 드물다. 주인공 량성바오는 농업 합작화가 고조되는 가운데 쏟아져 나온 '선진 인물'로서 그려졌다. 그는 해방 후 농촌 제재 소설 가운데 가장 '주류화'된 소설 주인공이다. 하지만 주류문학의 대표인물은 당시에 평론가들의 글에 의해 찢겨졌다. 야오원위엔姚文元은 그의 몸에서 "중국 농민의 역사 도로를 보았다"고 하였다. 1962년에 샤오취엔린은 량성바오를 긍정했지만 작가가 량싼 노인을 푸대접하였고, "두 노선투쟁과 새로운 인물만을 가지고 농촌을 분석하고 묘사"하는 방법에 대해 불만을 표시하였다. 베이징대학의 옌자이엔은 『창업사』의 주요 성과가 량싼 노인을 그려낸 것이라고 하면서도 량성바오가 충분히 진실하게 그려지지 못했다고 생각했고, 이런 날카로운 비평은 리우칭을 격노하게 하였다. 이는 해방구 작가가 사회주의 문화 진지를 점령하는 과정이 사람들이 상상했던 것처럼 그렇게 순조롭게 되지 않았다는 것을 말해준다. 사회주의 현실주의가 주류 개념으로서 확립되기 전후에 5.4문학, 외국문학, 인문정신 등의 일찌감치 축적되어 온 요소들은 모두 혼란을 몰고 왔다.

(3) 궈샤오촨郭小川, 허징즈賀敬之, 허치팡何其芳 등의 작가 자오수리, 리우칭 이외에 해방구 출신으로서 주류작가가 된 사람들이 여럿 있다. 대표성을 지닌 인물로는 궈샤오촨, 허징즈, 그리고 허치팡 등이 있다.

어떤 의미에서 궈샤오촨과 허징즈는 '17년 시'의 기초를 놓은 인물이다. 두 사람이 없었다면 '17년 시'는 없었을 것이다. 궈샤오촨(1919~1976)은 옌안에 있을 당시에 아이칭에게 배웠지만 시로 이름이 나지는 않았다. 하지만 그가 혁명시대의 생애와 건국 후 현실을 접목시킨 것은 자오수리와 리우칭에 비해 자연스럽다. 이는 그로 하여금 「어려움을 향해 진군」「뜨거운 투쟁으로 투입」「사탕수수-푸른 휘장」 등의 공화국 청년 세대를 격려하는 정치 서정시를 쓸 수 있도록 하였다. 혁명투쟁 회고를 제재로 하고, 새로운 사회를 노래하는 것을 주제로 하여 매우 흥분된 정서를 기조로 하는 이런 시가 '17년 시'의 기초를 놓았다. "내가 갈망하는 문학은 투쟁의 문학이다", "언제가 되었건 내가 붓을 놀리면 그것은 바로 이런 신념이 나의 심혈을 울린 것이다."(「별을 바라보며」) 사람됨이 진지했기 때문에 궈샤오촨은 점차 새로운 사회의 어떤 것들과 전쟁 시대를 살아가는 사람들이 단순 고상함은 들어맞지 않는다는 것을 알게 되었다. 그래서 그가 『인민문학』 1959년 제11기에 발표한 장시 「별을 바라보며」에서는 이런 불안함이 흘러나오고, 정치적으로 곤두박질 치게 된다. 하지만 시인의 집요한 정서는 서사시 「흰 눈의 찬가」, 「깊은 계곡」, 「매서운 사랑」, 「장군의 사랑」 등에서 질기게 이어지고 있다. 작가는 혁명/인생, 전쟁/도덕이라는 두 가지 모순을 초조하게 만들었다. 그가 그려낸 청년 혁명가의 신념과 자책의 모순은 '17년 문학'에서 주의를 끌고 드물게 보인다. 궈샤오촨의 시는 매우 훌륭하다. 용어는 감동적이고, 서사시가 서정시보다 훨씬 더 뛰어나다.

허징즈(1924~)도 정치 서정시인이다. 하지만 모습에서 그는 궈샤오촨에 비해 더 과장되어 있다. 그의 「소리 높여 노래해」가 그 예이다. 하지만 그의 단시 「옌안으로 돌아오다」, 「서쪽으로 가는 열차의 창문」은 장점이 많이 있다. 이 작품들은 고전시와 혁명 감정의 합리적 요소를 버무렸고, 분방한 정서를 그 안에 나란히 놓았다. 하지만 현실생활을 살펴보는 능력이 부족해서 「꾸이린산桂林山의 물의 노래」, 「삼문협가三門峽歌」의 넘치는 정은 사람들을 불쾌하게 만든다.

허치팡(1912~1977)은 1930년대 노시인으로, '한원漢園 삼시인三詩人'가운데 한 사람이다. 그의 이력은 가장 특이한데, 이른 나이에 베이징대학에서 공부하였고, 항일전쟁이 발발한 이후에 비엔즈린卞之琳 등과 함께 각 전투 지역을 돌아다니다가 혼자서 옌안에 남아 혁명에 참가하였다. 「연설」 발표 후에 충칭으로 가서 후펑 등 좌익 문인들을 설득하려고 했으나 거절당하고, 후펑을 공격하는 진영에 가담하였다. 해방 후에 그는 '저우양파'의 핵심 구성원으로서, 중국과학원 철학사회학부 문학연구소 소장을 맡았다. 1950년대 후기에는 『홍루몽』과 고대 문학을 열심히 연구하였고, 문학연구소의 능력 있는 학자들에게 비교적 관용적이었다. 그는 「우리들의 가장 위대한 명절」과 같은 공허한 내용의 시를 쓴 적이 있지만 곧 깨달았다. 이것이 바로 「대답」이 탄생하게 된 복잡한 원인이다. "어디선가 불어오는 이상한 바람/내 범선 아래로 불어와 흔들리게 하네./내 마음은 이렇게 흔들거리니/달콤함도 느껴지고, 두려움도 느껴지네"(「대답」) 허치팡과 자오수리, 리우칭 등은 다른 점이 있다. 그들은 비록 모두 해방구 출신이지만 허치팡은 5.4신문화의 중심 베이징대학에서 사상과 문학교육을 받았다. 비록 그는 혁명에 참가하였고, 후펑을 비판하는 것과 같은 혁명가의 격렬함도 있었지만 '옛 문인'의 바탕이 여전히 남아 있었고, 해방 후의 창작과 연구에 시시때때로 드러나기도 했다. 이렇게 좌우로 흔들리는 모습은 저우양 세대의 도시에서 해방구로 온 작가들에게서 서로 다른 정도로 존재하고 있다. 이것이 자오수리나 리우칭 등과 그들이 근본적으로 구분되는 점이다. 누군가는 이것이 해방구작가의 정신세계에서 '사회와 개인, 이상과 현실, 이성과 감정의 충돌'이 완전히 제거되지 않아서 만들어진 것이라고 생각하였다.

해방구에서 신중국으로 진입한 소설가와 시인들로는 딩링丁玲, 저우리뽀周立波, 리지李季, 롼장징阮章競, 이엔천嚴辰 등이 있다. 이 밖에도 17년 산문의 세 검객인 양수어楊朔, 리우바이위劉白羽, 친무秦牧 등을 거론할 만하다. 널리 전파된 그들의 산문 작품은 17년 문학을 구성하는 데 커다란 역할을 하였다.

3) 쇠락 또는 전환한 국통구 작가

해방 후 오랜 기간 동안 세상사는 무상하여, 작가들의 운명은 교체와 변화가 일어났다. 국통구 작가라는 신분의 역사적 낙인은 각 개인의 마음 속 깊이 찍혔다. 이 사실은 아마 부인하기 어려울 것이다. 이 집단의 존재로 당대문학 역사의 복잡성과 다원성을 엿볼 수 있다. 이른바 당대문학의 주류화는 전자의 모종의 타협, 협상과 도움에 기대어 존재하는 것이었다. 루쉰, 궈모뤄, 마오둔, 바진, 라오서, 차오위 등이 가장 전형적이고, 그 다음으로 예성타오葉聖陶, 삥신冰心, 선총원沈從文, 장헌수이張恨水, 왕통자오王通照, 샤이엔夏衍, 티엔한田漢, 후펑胡風, 리지에우李健吾, 페이밍廢名, 펑즈馮至, 리지에런李劼人, 짱커지아臧克家, 샤오깐蕭乾, 스투어師陀, 삐엔즈린卞之琳, 리꽝티엔李廣田, 스저춘施蟄存, 치엔종슈錢鍾書, 슈우舒蕪, 무딴穆旦, 왕쩡치汪曾祺, 왕시이엔王西彦 등이 있다. 이 작가들 가운데 어떤 사람은 통일전선 때문에 주류 작가의 범위에 들어갔고, 어떤 이는 제1차 문대회 이후 당대문화로 들어가서 당대사에 갇혀 버렸다. 이런 쇠락과 전환은 각 작가에게서 각각 다르게 나타났고, 이른바 총체화는 존재하지 않아서 여전히 발굴할 수 있는 공간이 많이 있다.[1]

(1) 궈모뤄郭沫若, 마오뚠茅盾의 삶과 창작 궈모뤄(1892~1978)는 5.4, 항일전쟁, 해방 등 세 문학시기에 걸쳐 가장 경력이 오랜 된 작가 가운데 한 사람이다. 동시에 수많은 논쟁을 거친 유명 작가이다. 해방 전에 그는 개성 넘치고 잘 변하는 사람됨과 글 쓰는 방식, 선구적인 시집 『여신』 등으로 현대문학사에 일가를 이루었다. 해방 후 그는 고위직에 올랐다. 하지만 창작 수준은 급격하게 떨어졌다. 〈채문희〉 등의 화극이 그나마 일정 수준을 유지한 것 이외에는 시대에 영합하는 「백화제방」 같은 시들은 읽는 사람들이 읽는 것을 중단하도록 만들었다. 그의 화극에서 '채문희'라는 캐릭터가 작가 내심의 고민과 방황을 우회적으로 드러낸 것인지 여부에 대해 사람들은 극 속에서 그 흔적을 찾고 있다. 말에 믿을만한 구석이 있는 천밍위엔陳明遠, 딩동丁東의 회고, 일기, 분석 문장에서도 우리들에게 궈모뤄의 수수께끼를 풀어주지는 못한다.[2] 궈모뤄는 각종 운동 과정에서 풍랑을 만났지만 결국 쓰러지지 않았다. 그 원인은 매우 복잡하다. 아마도 지식계에서 차지하는 그의 상징적 지위 때문일 것이고, 문학창작에서도 그가 의도적으로 화를 피한 것도 원인 가운데 하나일 것이다.

마오뚠(1896~1981)은 1920~40년대 평론가이자 번역가이자 작가의 역할을 동시에 수행한 중요 인물이다. 해방 후에 그는 줄곧 창작에 임했고, 1974년에 장편소설 『단풍이 이월의 꽃보다 붉다』 속편을 끝내고 싶어 했

---

[1] 최근 몇 년간 천타오셔우(陳徒手)의 『사람에게 있는 병을 하늘은 알까』, 런민문학출판사, 2000; 청꽝웨이(程光煒)의 『문화의 궤적』, 꽝밍(光明)일보출판사, 2004; 리지에페이(李潔非)의 『전형 문단』, 후베이런민출판사, 2008 등의 저작에서 이 과제에 대해 초보적인 탐색을 한 바 있다. 이 연구시각과 얻어낸 성과는 '당대문학'의 역사적 내용을 풍부하게 하는 데 어느 정도의 도움을 주었다.
[2] 천밍위엔(陳明遠), 〈호숫가에서 산보하며 궈모뤄를 말하다〉, 〈황허〉 1998년 제5기. 〈천밍위엔에게〉, 황춘하오(黃淳浩) 편, 〈궈모뤄 서신집〉(하), 중국사회과학출판사, 1992년. 딩둥(丁東), 〈궈모뤄를 돌아보다〉, 작가출판사, 1998년. 그 가운데 천밍위엔과 궈모뤄의 '서신 교환'의 진실성은 관련 인사의 심각한 의문을 야기하였다.

다. 하지만 번잡한 행정 사무, 사회 겸직은 그를 성가시게 했고, 이 때문에 중국작가협회에서 그에게 보낸 '창작계획'으로 인해 크게 화를 내기도 하였다. 마오뚠은 시대에 영합하는 문학 평론을 많이 써서 『고취집鼓吹集』 『고취속집鼓吹續集』 『야독우기夜讀偶記』 『독서찰기讀書札記』 『마오뚠 평론문집』 『세계문학명저 잡담』 등 저작을 출판하였는데, 그 가운데 『야독우기』가 가장 유명하다. 이 책에서는 마르크스 엥겔스, 레닌, 스탈린, 마오쩌둥과 사회주의 현실주의 당대문학에 대한 의미를 재해석하고자 했는데, 그 안에 문학의 기능에 대한 작가의 진실한 견해가 담겨 있다.

귀모뤄와 마오뚠 문학창작의 걸림돌은 새로운 시대의 문학 규범과 이미 정형화된 그들의 심미의식, 그리고 창작 패턴으로서 함께 양립하기 어려웠다.

(2) 바진巴金, 라오서老舍, 차오위曹禺의 삶과 창작 귀모뤄와 마오뚠이 민국시기에 사회에서의 많은 일과 함께 정치배경이 복잡했던 상황 속에 있었던 것과는 달리 바진, 라오서, 차오위 세 사람은 비교적 순수한 실력형 작가에 속한다. 그들이 해방 전에 쓴 소설, 희곡은 널리 알려져 있다. 바진(1904~2005)이 1950년대에 쓴 산문, 기행문의 수량은 엄청나게 많다. 그는 새로운 사회에 대한 열정을 품고 문학적 가치가 비교적 낮은 작품을 많이 써냈다. 단편소설 「단원團圓」은 그래도 읽을 만하다(후에 영화 『영웅아녀英雄兒女』로 만들어짐). 혁명가와 노동자 두 가정이 한국전쟁에서 우연히 만나게 되는 이야기로, 기쁨과 슬픔의 만남과 헤어짐이라는 전통 문학 패턴이 사람들의 심금을 울린다. 서정에 뛰어난 작가는 자신의 찬란한 문학 시절로 돌아간 듯하다. 바진은 1958년에 잠시 타격을 입었지만 대부분의 시간은 신임을 받았다. 그는 구식 대가정에서 신구 관념의 갈등으로 인해 힘들어하는 청년남녀를 쓰는 데 장점을 보였다. 이런 인물들은 새로운 시대에는 이미 존재하지 않는다. 이로 인해 작가는 자신이 쓰기에 적

합한 주제와 제재를 찾아내지 못하면서 재주를 낭비하고 말았다.

라오서老舍(1899~1966)는 빈한한 가정 출신으로, 새로운 사회에 대해 태생적인 동질감과 자아 우월감을 가지고 있었다. 그는 맹렬한 기세로 창작에 임하여 〈용수구〉〈찻집〉 등 10여편의 화극을 발표하고 무대에 올렸다. 이 작품들은 신구 사회를 대비하는 서사 방식으로 새로운 시대가 베이징 인민들의 생활에 가져다 준 새로운 변화를 노래하였다. 하지만 작품에서의 구사회 인물들에 대한 생동감 넘치는 묘사와 새로운 사회에 대한 억지 묘사는 사람들에게 불안한 느낌을 안겨 주었다. 구사회를 묘사하는 예술적 성과가 새로운 사회를 묘사하는 것보다 훨씬 더 낳은 이런 이상한 현상은 훗날 1960년대 초에 아직 완정되지도 않은 장편소설 『정홍기하正紅旗下』에서도 나타난다. 청말민초에 살았던 베이징 만주족 계층의 각각의 인물들이 작가가 가장 익숙하고 표현 면에서 가장 능수능란한 예술형상이라는 사실을 독자들은 알게 된다. 비록 인민예술가로서의 라오서가 새로운 사회에서 물 만난 고기와도 같았지만 그의 성격 기질은 아직 전통사회 문화 분위기에 머물러 있었던 것이다. 1966년에 라오서는 투쟁을 당하는 수모를 당하던 끝에 자살하였고, 이는 새로운 시대에 대해서 그가 진정으로 이해하지 못했던 것과 관계가 있다.

차오위曹禺(1910~1996)는 어린 나이에 유명세를 탔는데, 23세 때에 20세기 중국화극사에서 가장 뛰어난 작품 「뇌우雷雨」를 써냈다. 해방 후에 그의 창작 수준은 이어가기 어려웠다. 구사회와 분명하게 구분을 짓고, 새로운 시대의 조류를 따라잡기 위해서 그는 극본 「뇌우」를 다섯 차례 수정하였다. 그 결과 루따하이魯大海 부분이 대폭 늘어났고, 작품은 무게감을 잃었다. 두 명의 남주인공 저우포위엔周朴園과 저우핑周萍은 제 모습을 잃어버렸다.[3] 하지만 차오위는 여전히 두 부의 신작을 발표하였

---

[3] 청꽝웨이, 『문화의 궤적』, 꽝밍일보출판사, 2004, 263~273쪽 참고.

다. 저우언라이와 천이의 열정적인 독촉을 받아 1954년에 그는 3막 6장의 화극 〈맑게 개인 날〉, 1960년에 5막 화극 〈담검편膽劍篇〉을 발표하였다. 〈맑게 개인 날〉은 지식인의 사상 개조를 쓴 작품이다. 소재를 준비하기 위해서 그는 베이징 시에허 병원을 오르내리며 의사들을 인터뷰하고 관찰하였다. 그 결과 링스샹凌士湘이라는 형상을 만들어냈다. 이 극본들의 구성과 언어는 차오위의 일관된 치밀함, 깊이, 우화적 풍격을 가지고 있다. 하지만 내용은 「뇌우」,「일출」등의 감동에는 미치지 못한다. 줄곧 그의 작품에 관심을 가지고 팬을 자처했던 저우언라이도 직접 불만을 표출하였다. "새로운 미신이 우리들의 사상을 속박하였다." 차오위는 "〈담검편〉을 쓰는 것도 고민스러웠다. 입당을 했으니 더 대담해져야 했지만 그는 반대로 담이 작아졌다."[4] 4인방이 타도된 이후에 차오위는 사람들에게 고충을 토로하곤 했는데, 당시 자산계급 지식인의 모자를 쓰고 눌려서 숨도 쉴 수가 없었는데, 어떻게 하고 싶은 말을 하면서 사회주의를 위해 창작할 수 있었겠는가라고 하였다.[5]

(3) 선총원沈從文의 운명 해방 전 궈모뤄와 좌익문학세력이 나쁜 일을 저지르는 바람에 선총원(1902~1988)의 해방 초 지위는 천길 낭떠러지였고, 거의 자살할 정도였다.[6] 「변방의 도시」, 「샹시산기湘西散記」 등의 작품을 쓴 걸출한 소설가는 베이징대학에서 고궁 박물원으로 물러나서 적막한 고대 복식연구를 하면서 여생을 보낼 생각이었다. 새로운 사회에서 선총원은 오랜 친구 딩링 조차도 그를 만나고 싶어 하지 않았고, 결국 다른 사람을 끌어당겨 베이징 중산공원에 가서 그와 냉담하게 만났다.

---
[4] 『저우언라이 문예론』, 런민문학출판사, 1979, 106~107쪽 참고.
[5] 청광웨이, 앞의 책, 258쪽 참고.
[6] 천타오서우, 『사람에게 있는 병을 하늘은 알까』, 런민문학출판사, 2000, 15쪽.

하지만 시간이 오래 흐르면서 약간 너그러워졌다. 1958년 선총원은 십삼 릉 저수지에 다섯 차례 갔다가 돌아와서 보도 스타일의 산문「목재 공장의 몇 청년」을 썼고, 또 토지개혁과 유관한 소설「주인 허런루이何人瑞와 그의 아들」등을 썼다. 린진란林斤瀾은 다음과 같이 회고하고 있다. "1961년은 소양춘小陽春이었다. 한번은 신차오新僑호텔에서 회의가 열렸는데, 저우양이 소그룹 모임에 왔다. 천샹허陳翔鶴가 말했다. '선총원이 계속 창작할 수 있나요?' 저우양이 듣더니 약간 기분 나빠 하더니 정색을 하고 험악한 표정을 지었다. 그는 잠시 생각하더니 말했다. '그럼요, 그에게 창작 휴가를 10년 줄 수 있을는지.' 천샹허가 신이 나서 말했다. '좋아요! 좋아!'" 샤팅沙汀도 증명했다. 안배를 거쳐 선총원은 1961년 6월 25일에 청두로 출발하여, 1936년에 희생된 처남 장딩허張鼎和를 소재로 이미 오랫동안 구상해온 장편소설을 쓸 계획이었다. 비록 4개월이 지나도록 한 글자도 쓰지 못했지만 말이다. 이는 17년의 문화 환경이 사람들이 말하는 것처럼 언제나 긴장된 상태는 아니었고, 비교적 느슨한 때였다는 사실을 말해주는 것이다. 예를 들어, 중앙 통전부 부장 리웨이한李維漢이 파티에 선총원 등을 초청한 적이 있었다. 1960년대 초, 작가도 중국작가협회 작가들을 따라 칭다오와 루산廬山 등지에서 즐거운 시간을 보낸 적이 있었다.[7]

(4) 짱커지아臧克家의 성공적인 전환 짱커지아(1905~2004)는 1930년대 시인으로,「늙은 말」「난민」등의 명작이 있다. 해방 초기에 나이 든 많은 작가들이 갈피를 잡지 못하고 있을 당시에 짱커지아는 1957년 『시간詩刊』 창간의 기회를 이용하여 교묘하게 개인 전환을 완성하였다. 그는 투고 약속을 이용하여 마오쩌둥, 동비우董必武, 천이陳毅 등 구체시에 푹 빠진

---

[7] 천타오서우, 앞의 책, 28~31쪽.

지도자들을 알게 되었고, 마오쩌둥의 유명한 「시 18수」를 『시간』에 발표하였다. 신임을 얻었기 때문에 그는 구시대 출신의 나이 든 작가들과는 완전히 달랐다. 「1956년의 시가 전선에서」에 짱커지아는 서문을 써서 노시인들의 창작이 낙오하는 현상을 비판하였다.[8] 그가 펴낸 『시간』은 정치적 임무를 해냄에 있어서 중국작가협회의 다른 잡지들에 비해서 훨씬 더 적극적이었다. 1957년 『시간』 제2기에 발표한 시 「마오 주석 쪽에서 손님이 되다」에서 다음과 같이 썼다. "한 통의 편지가 맹렬한 바람을 불어와/모두의 마음은 기쁜 소식을 알리는 커다란 종과도 같이/ 이 편지, 그것은 천 근의 무게일세/ 그것을 건드리려면, 손을 아주 가볍게, 아주 가볍게 놓아야 한다네." 이는 마오쩌둥의 답장을 받은 후의 감격과 숭배의 심정을 쓰고 있는 것이다. 비슷한 일은 그 당시에 흔했다. 하지만 특별한 사건으로서 사람들에게 여전히 깊은 인상으로 남아 있다.

4) '홍색 고전'의 건립

당대문학의 주류문학은 자오수리, 리우칭, 궈샤오촨, 허징즈 등의 해방구 작가의 노력에 의해서만 세워진 상황에서는 어려움은 여전히 산적하였다. 거기에는 또 다른 사람들의 참여가 필요했다. 문학사에서의 이런 공백은 량빈梁斌, 우창吳强, 양모楊沫, 뤄광빈羅廣斌, 양이옌楊益言, 즈시아知俠 등 적도 없고 이름도 없는 작가들의 등장에 기회를 제공해 주었다. 이 작가들은 대부분 잔혹한 혁명전쟁의 시련을 겪은 경험이 있는 이들로서, 많은 사람들은 특수한 기억을 소설로 써내고자 했다. 그리고 이 당시 소련의 전쟁 제재 소설이 국내에 널리 유행하였는데, 관련 분야에서는 청소년의 사상교육에 살아있는 교재가 부족하여 힘든 상황이었다. 양쪽의 이해관계가 맞아떨어져 앞에서 서술한 요소들은 홍색 고전 소설이

---

[8] 짱커지아, 「1956년의 시가 전선에서」, 『시간』 1957년 제3기.

많이 창작되는 데 도움을 주었다. 각 출판사들은 자원을 동원하여 알맞은 제재를 찾았고, 작가를 조직하고 계발하여 창작하게 하는 등 경쟁은 날이 갈수록 격렬해졌다. 당시 당대문화의 교육기능, 문화시장에 대한 가르침과 인도 및 평가가 날로 명확해졌고, 새로운 주제와 제재 및 창작방법에 대한 홍색 고전소설의 창의적 테스트는 합법적인 무대를 세우게 되었다. 이런 상황에서 혁명전쟁의 정의로움과 농민과 지식인이 혁명으로 나아가는 것을 노래하는 성장 서사 등은 당시 소설이 가장 취하기 좋아하는 문학 서술 패턴이 되었다.

(1) 량빈과 「홍기보紅旗譜」 마오쩌둥이 1920년대에 쓴 두 편의 중요한 논문 「중국사회 각 계급의 분석」, 「후난 농민운동 고찰 보고」는 중국 혁명에 대한 논리가 상당히 날카롭고 알기 쉽게 분석하였다. 따라서 중국 혁명의 합법성을 증명하려면 먼저 농민혁명의 합법성을 먼저 분석해야 한다. 이로 인해 이런 종류 제재 소설이 1950~60년대에 크게 유행하였다. 「홍기보」는 그 중에서 뛰어난 대표작이다.

량빈(1914~1996)은 허베이 리현蠡縣 사람이다 1920년대 고등학교 재학 시절에 혁명운동에 참가하였다. 항일전쟁 이후 지중冀中 일대에서 선전과 지방 정권 일을 했다. 1930년대에 그는 「밤의 교류」 등 중편소설과 극본 일이십 부를 쓴 적이 있다. 하지만 별 반향은 없었다. 그 지역에서 전해지던 협의 고사, 복수 이야기 등을 어떻게 전쟁 시기 혁명가의 장렬한 스토리와 문학적인 방식으로 연결할 것인가가 작가로서의 그의 고민거리였다. 작가의 기억 속에 어지럽게 굴러다니던 민간 고사, 혁명가의 이력 등의 소설 소재가 마침내 1950년대의 특수한 문화 환경 속에서 발표되고, 승화되고, 집중되어 홍색 고전 작가가 이루어졌다. 량빈의 말이다. "장편 창작을 시작했을 때에 나는 마오 주석의 「옌안 문예좌담회에서의 연설」을 충분히 읽었다. 그리고 중국 고전문학 몇 권을 자세히 연구하였고, 소련 고전소설을 다시 읽었다."그는 일찍이 마오 주석의 지시에 따라 고향 일대 농민들의 호탕하고 거침 없는 성격을 표현하고자 했다. 「홍기보」의 주라오공朱老鞏, 주라오종朱老忠, 장타오江濤, 그리고 윈타오運濤 3대 사람들의 복수 고사는 세 역사 단계를 구성하는 것 같다. 이 고사는 원시적인 맹동으로부터 농민과 중국혁명의 새로운 관계를 자각적으로 정리하였다. 이것이 바로 작가가 시도했던 소설의 '홍선紅線'이었다. "중국 농민은 공산당의 지도만 받으면 더 잘 단결할 수 있고, 계급적 적들을 물리칠 수 있으며 자신을 해방시킬 수 있다."하지만 라오서가 맞닥뜨렸던 '창작의 난제'가 다시 량빈의 소설 속에 나타났다. 고사 제재의 당대성이 비록 문학창작이 주류적 위치를 얻을 수 있게 했지만 충분하지 않은 당대성 제1막 '역사 이전의 역사'는 언제나 방해를 받았고, 전체 국면은 어지러워졌다. 「홍기보」에 대해 말하자면, 소설 시작 부분에서 주라오공이 버드나무숲을 크게 소란스럽게 하는 묘사는 매우 생동감 넘친다. 그것은 중요한 부분으로서 소설의 클라이맥스와 중심 부분을 완전히 압도하였다. "주라오공이 대나무숲을 크게 소란스럽게 한 것은 민간의 맛이 풍부해서 사람들에게 칭찬을 받은 설자楔子였다."이런 본말이 전도된 문학현상이 다른 작가들에게서도 많이 나타났다.

량빈은 농촌생활의 경험이 풍부하고 창작 공력이 탄탄한 작가이다. 누군가의 평가처럼 "「홍기보」는 당시 중국 농촌의 상황에 대한 표현에 있어서, 향토 중국의 생활 습속에 대한 묘사에 있어서 상당히 독특한 특징을 보여준다."하지만 소설의 사상 개념화, 생활 처리의 단순화라는 결점도 비교적 분명하게 드러난다. 무슨 이유인지는 모르지만 50~60년대 많은 작가들의 출세작 가운데 태반이 그들 문학창작 생애의 고별작이 되었다. 량빈도 마찬가지였다.

(2) 뤄광빈, 양이옌楊益言과 『홍암紅岩』 1961년 말에 혁명 회고록 『뜨거운

불 속에서 영원히 살다』에 근거하여 써낸 장편소설 『홍암』이 중국청년출판사에서 출판되었다. 뤄광빈은 충칭 백공관白公館의 생존자였다. 그는 적들이 체포된 혁명가들을 학살하기로 예정되어 있던 전날 탈출하였다. 1950년대 충칭 공청단 시 위원회에서 그와 함께 일했던 양이옌은 숨진 혁명자들의 자료를 여러 차례 찾아내어, 혁명 전통에 관련된 보고를 했고, 아울러 이 자료들에 근거하여 혁명 회고록을 써냈다. 공청단 중앙에서 이 사실을 알고 그들을 베이징으로 초청하여 작가와 편집자들에게 장편소설 『홍암』을 써내도록 지도하였다. 그들은 전업작가가 아니었기 때문에 이 소설을 써내는 과정은 힘들고도 시간도 많이 걸렸고, 게다가 여러 차례 반복되었다. 하지만 출판사도 놀랄 만큼 소설이 서점에 나오자마자 2년이라는 시간 동안 400만부가 추가로 인쇄되었다.

그들이 혁명전통을 강술한 사람들이라는 점을 감안하여 마지막 조직을 할 때에는 창작과 생산과정에 적극적으로 개입하여, 소설에 집단창작의 의도와 분위기가 물씬 풍기도록 하였다. 장지에江姐, 쉬윈펑許雲峰, 청강成崗 등 혁명가들은 성격이나 의지력 모두 흠잡을 데 없었고, 특무 쉬펑페이徐鵬飛 등은 비록 그들에 대한 감금 권리를 갖고 있었지만 아무런 조치도 취하지 못했다. 혁명가들이 결국에는 모두 장렬하게 희생되었지만 혁명 승리의 우화적 표지인 '홍색'은 소설의 결미를 사람의 마음을 격동시키게 해주었다. 『홍암』은 예술적으로 성숙한 장편소설이라 말하기는 어렵다. 그 의미도 주로는 사상 교과서 정도일 것이다. 사실 작가나 작품의 조직적 생산자나 모두 그것을 소설로 보지는 않는다. 따라서 공산당이 이끈 혁명이 최종적으로 승리를 거두고, 국민당 정부와 군대는 필연적으로 멸망한다는 결말은 문학 애호가 이외의 사람들도 쉽게 이해하고 의문을 제기할 사람은 없다. 이 작품은 가극, 영화 등으로 순조롭게 개편되었고, 많은 사람들의 사랑을 받았다. 재미있는 것은 소설 속에서 부르주아 가정 출신인 혁명가 리우쓰양劉思揚이 쁘띠 부르주아 연약성의 유명한 이론을 의식적으로 실천했다는 사실이다. 그들이 아무리 용감하고, 아무리 용감하게 희생되었어도 노동자 출신의 남녀인 쉬운핑과 장지에의 들러리 역할은 벗어날 수는 없었다.

(3) 양모楊沫와 『청춘의 노래』 양모(1914~1995) 아들의 회고에 따르면 『청춘의 노래』가 세상에 발표된 것은 완전히 의외의 사건이었다. 시운이 좋지 않은 이 자전체 혁명소설은 1958년 출판된 후에 엄청난 인기를 구가하는 베스트셀러가 되었다. 주인공 린다오징林道靜의 성장이 소설의 핵심으로, 위용저余永澤, 루자촨盧嘉川, 장화江華 등 남성 서생과 혁명가가 그녀의 주변을 단단하게 둘러싸고 애정과 이상의 두 가지 목표 아래 그녀는 쁘띠 부르주아에서 굳센 혁명가로 변신한다. 그럼에도 불구하고 작품 초반부의 묘사처럼 원저의 쁘띠 부르주아 정서는 여전히 농후하다. 이는 양모가 당시 아직 아마추어 작가여서 시대의 큰 흐름을 어떻게 맞이해야 할지를 모르는 데에서 연유한 것이다.

어느 정도 『청춘의 노래』의 '홍색 고전성'은 『문예보』『중국청년』『인민일보』에 실린 수많은 비평글에 의해 정리되었고, 작가 본인이 이런 의견들에 근거하여 여러 차례 교정을 거쳐 형성되었다. 예를 들어 그녀는 제3장과 제7장에서 린다오징과 베이징대 학생운동, 허베이 농민운동 등과의 연계를 의식적으로 강화하였다. 하지만 의미 있는 것은, 약해지지 않은 린다오징과 세 남성의 로맨틱 스타일의 애정은 여전히 혁명시대에 독자들의 환영을 받는 중요한 요소라는 사실이다. 이 점이 없었다면 설사 주인공의 혁명 성장성을 아무리 두드러지게 한다고 하더라도 뾰족한 방법은 없었을 것이다. 이런 '독서 비밀'로 볼 때, 17년 소설 가운데 남녀의 애정을 감독과 규제의 관점에서 보도록 하는 관점은 성립되기 어렵다. 소설 구성 면에서 작품의 전반부는 비교적 전형적인 '원앙호접파 소설'이고, 후반부는 혁명소설로 억지로 완성해 가는 과도기이다. 위용저와 루자촨 두 남성은 문학 서술을 조직해 가는 핵심 인물이다. 린다오징과 그들의 얽힘과 밀고 당기기, 우여곡절은 모두 소설의 재미를 더해주고 작품에 대한 독자들의 혁명적 의미에 대한 주의력을 감소시킨다. 리우인劉茵이라는 비평가는 당시에 날카롭게 지적하였다. "루자촨은 혁명진리를 선전할 때 아름답고 활발하며 열정적인 유부녀에게 사랑의 감정이 생는 것은 부도덕한 것이다." 그리고 린다오징은 "이 때 위용저에 대해서 최후의 절망을 하지는 않았고, 어떻게 하면 또 다른 것에 대해서 이런 감정을 생기게 할 수 있을까?" 사실 리우인이 지적한 것은 고립된 문제가 아니다. 『임해설원』과 같은 다른 소설에도 마찬가지로 이런 현상이 나타난다. 소검파가 긴장된 전투를 끝내고 종군 위생원 샤오바이거小白鴿와의 사랑을 잊지 못하는 것에 대해 당시 독자들은 이렇게 하는 것이 혁명가의 훌륭한 형상에 해를 미치지 않는다고 생각했다.

『보위 옌안』(뚜펑청, 1954), 「철도유격대」(즈샤知俠, 1954), 「붉은 해」(우창吳强, 1957), 『임해설원』(취보, 1957), 『전투중의 청춘』(쉬에커雪克, 1958), 『들불 봄바람 속의 고성 전투』(리잉루李英儒, 1958), 「열화금강烈火金剛」(리우류劉柳, 1958), 「적후무공대敵後武工隊」(펑즈馮志, 1958), 「고채화苦菜花」(펑더잉馮德英, 1958), 『삼가항三家巷』(어우양산歐陽山, 1959) 등의 다른 홍색 고전소설도 표현이 속되지 않는다. 이 소설들은 비록 고전화 정도가 다르지만 당시 독자들에게 많은 사랑을 받았다. 그들이 그려낸 혁명 투쟁철학은 문학 심미형식으로서 1950년대로부터 1970년대 청소년 세대의 사상과 정신생활 면에서 매우 커다란 영향을 미쳤다.

5) 우뚝 솟는 노동자 농민 병사 작가

1950년대로부터 1970년대 문학의 몇몇 구성은 1930년대 좌익문학으로부터 왔다. 예를 들어 노동자 농민 대중 가운데에서 통신원을 길러내는 것에 주의를 기울였는데, 그것의 최종 해석권은 소련 혁명문학과 일본 좌익문학에서 온 것이었다. 1940년대의 해방구 문학에서는 아직 '노동자 농민 병사 작가'라는 논법이 나타나지 않았다. 자오수리, 리지, 롼장징 등은 모두 근거지로 달려온 지식인이었다. 그들은 '노동자 농민'의 말투를 의식적으로 흉내내어 소설과 시를 창작하였다. 1950년대 이후 전쟁이 끝남에 따라 나라에서는 건설을 시작했고, 각급 작가협회에서는 노동자 농민 병사 작가 양성을 사업계획에 넣었다. 노동자 농민 병사 작가의 문학 생산에 관한 내용이 궤도에 오르게 된 것이다. 노작가들의 창작 기세가 강했기 때문에 1950년대 말기 이전에 당대문학의 주인공은 여전히 그들이었다. 1958년에 문학관념이 갈수록 급진적으로 변해가면서 국면에 변화가 일어났다. 그룹을 지은 노동자 농민 병사 작가들은 산업이 집중된 상하이, 베이징, 우한, 선양과 기타 도시에서, 그리고 벽지 농촌에서 쏟아져 나오기 시작했다. 이 때 이들 작가들을 둘러싼 논법이 출현하였다. 예를 들어 '산업제재', '농촌제재', '군사제재' 등이 그것들이었다.

노동자 농민 병사 창작 가운데, 소설 분야에서 비교적 두드러졌던 것은 후완춘胡萬春, 탕커신唐克新, 완귀루萬國儒 등이었다. 시 분야에서는 리쉬에아오李學鰲, 황성샤오黃聲笑, 인광란殷光蘭, 쑨여우티엔孫友田 등이었다. 비록 표면적으로는 노동자 농민 병사 작가의 창작을 중시했지만 각 분야의 핵심에는 순수문학과 전업 작가들을 그들에 비해 높게 보는 경향이 있었다. 따라서 노동자 농민 병사 작가로서 마지막 열매를 맺은 사람은 리준李准, 하오란浩然, 장쯔룽蔣子龍 등 몇몇 소수에 불과하고 나머지 작품들은 전해지지 않았다.

(1) 리준李准과 「리쌍쌍소전李雙雙小傳」   리준(1928~2000)은 허난성 뤄양 사람이다. 해방 초에 그는 은행에서 일을 했는데, 잘못을 저질러 되사당했다. 리준은 기민하고 총명하며, 사회변화에 대해 매우 예민했다. 토지개혁 후에 나타난 양극화 현상에 대해 그는 1953년 11월 20일에 『허난일보』

에 단편소설「갈 수 없는 길」을 발표하여 많은 관심을 불러일으켰다. 농촌생활과 농민의 심리를 꿰뚫고 있던 리준은 이에 만족하지 않고 '문제소설'로 활동 폭을 넓혀 나갔다. 1960년 3월에 그는 『인민문학』 제3기에 「리쌍쌍소전」을 발표하여 '농촌제재' 단편소설의 중요한 위치를 점하게 된다. 작품은 희극 풍격으로 성격이 활발하고 사상이 선진적인 농촌 며느리 리쌍쌍과 낙후한 남편 시왕喜旺 사이에 벌어지는 재미있는 이야기를 서술하였다. 생활 분위기가 짙고 인물 성격이 분명하며 스토리 전개가 자연스러워 사람들은 두 사람의 선진/낙후 사상의 갈등에 대해서는 따분해하였고, 리준이라는 농촌제재 단편소설의 1인자가 작품에서 보여주는 기법과 언어 구사에 주목하였다. 그의 다른 작품으로는 「경운기耕耘記」가 있다.

1980년대에 리준은 잠시 활동을 했다. 장편소설 『황하는 동쪽으로 흐르고』 등을 써서 영화로 제작되기도 했지만 표현이 평이하여 옛날의 광채를 잃어버렸다.

(2) 하오란과 『염양천艶陽天』 1960~70년대에 노동자 농민 병사 작가들 가운데 가장 성과를 남긴 것은 아마도 하오란(1932~2007)일 것이다. 문화대혁명 기간 중에 그의 소설은 독보적인 위치를 차지하고 있었고, 혁명모범극과 어깨를 나란히 할 정도였다. 생활이나 소설 창작 능력에서 하오란은 당대 농촌소설의 1인자라고 할 수 있다. 어느 면에서 그는 리준, 왕민석 등의 농촌 제재소설을 뛰어넘고, 자오수리와 리우칭등과 더불어 이 분야에서 삼두마차였다. 하오란이 가장 잘 쓴 장편소설은 『염양천』이다. 이 작품이 계급투쟁을 사유방식으로 1957년에 발생한 농업사 당 지부 서기 샤오장춘蕭長春과 마즈위에馬之悅, 마샤오비엔馬小辯 간의 토지 분홍分紅 문제를 둘러싼 갈등을 이해하기는 했지만 작가 개인의 생활체험이 풍부하고 농민의 성격과 심리상태를 잘 표현하고 언어가 생동적이며

특색이 있어서 그는 많은 독자들을 가질 수 있었다. 하오란은 재능이 풍부한 인물로서, 리우칭만큼 무게가 있지는 않았지만 그에 비해 예술적 매력이 있다. 1960년대 중반에 이데올로기 투쟁이 날로 격화되면서 하오란의 사상은 극좌로 기울었다. 또 다른 장편소설 『금광대도金光大道』는 현실생활 측면에서 참아내기 힘들 정도의 졸렬한 공식화, 개념화를 표현하였다. 문혁 기간 중에 그는 깨끗이 정리되었다. 비평계와 문학사에서 질책과 비난을 받았다. 동시에 신시기문학의 버림을 받아 처지가 상당히 딱해졌다. 당대에 잘 나가던 유명한 소설가가 이렇게 역사 속에 묻히는 것은 안타깝기 그지없는 일이다.

(3) 장즈롱張子龍과 「기계전기국장의 하루」 장즈롱(1941~)은 '17년'과 '신시기' 두 문학시기를 증언해주는 소설가이다. 1960년 텐진에서 공업학교를 졸업한 후에 그는 공장의 견습공으로 갔고, 중간에 군대 생활도 했다. 1965년에 복직한 이후에 계속 그 곳에서 일을 했다. 1972년에 소설 「세 명의 기중 노동자」를 발표하였다. 1976년에 『인민문학』 제1기에 「기계전기국장의 하루」를 발표하였다. 이 당시 그는 이미 '노동자 농민 병사 작가' 가운데 대표 인물이었다. 「기계전기국장의 하루」는 덩샤오핑이 제기한 '정리정돈'의 영향을 받아, 극좌 시대에 저지를 뚫고 대담하게 일하는 노간부 취에다따오雀大道의 형상을 그려냈다. 장즈롱은 산업개혁에 대한 강렬한 마음을 가지고 있었지만 그 서술 패턴은 '삼돌출'의 틀에서 벗어나지는 못했다. 작품에서 충돌을 조직하고 모순을 처리하는 방식에서 생경함이 두드러지게 나타난다. 하오란과는 달리 장즈롱의 문학창작은 신구 시대의 공적인 전환을 완성하였다. 하지만 앞에서 서술한 내용으로부터 복잡한 시기에 존재하는 노동자 농민 병사 작가의 곤경이 여전히 남아 있는 것을 알 수 있다.

6) '백화百花시대'의 청년 작가

이른바 '백화시대'는 1956년 루딩이陸定一가 중난하이 화이런탕懷仁堂에서 많은 과학자들과 문학예술가 앞에서 행한 『백화제방 백가쟁명』 보고 후에 삽시간에 나타난 이데올로기 관리가 느슨해진 문화 환경을 말한다. 많은 사람들이 다시 5.4시기로 돌아간 것이라고 오해하고, 1942년 옌안 문인들이 당에게 의견을 제기했던 방식으로 경솔하게 시와 소설을 써냈다. 그 중에서 베이징, 난징, 청두 등 세 지역의 청년 작가들이 가장 활발했다. 베이징에는 왕멍, 리우빈이엔, 쫑푸, 덩여우메이鄧友梅, 리궈원李國文 등이 있었고, 난징에는 팡즈方之, 루원푸陸文夫, 까오샤오성高曉聲이 세운 동인문학 단체 탐구사探求社가 있었다. 청두에는 동인 잡지 『싱싱星星』이 있었다. 하지만 좋은 시절은 오래 가지 않았다. 반 년 후에 폭풍취우와도 같은 반우파 운동이 시작되면서 문예의 따뜻한 봄날은 끝이 났다. 이 청년 작가들은 하루 아침에 '우파 작가'로 변해 있었다.

(1) 왕멍王蒙과 「조직부에 새로 온 젊은이」 왕멍(1934~)의 원적은 허베이 난피南皮이고, 베이징에서 태어났다. 그는 신중국이 길러낸 비교적 전형적인 '혁명 작가'이다. 해방 전야에 비밀리에 입당하였고, 해방 후에 베이징 둥청구東城區 단 위원회에서 청년사업을 했다. 왕멍의 창작은 1953년 장편소설 『청춘만세』 등의 '청춘 창작'에서 시작되었다. '쌍백방침'이 공포된 이후 왕멍의 태도는 급변하여, 혁명 내부에서 잘못을 찾기 시작했다. 1956년 9월, 그는 반우가 민감할 때인 『인민문학』에 단편소설 「조직부에 새로 온 젊은이」를 발표했다. 작품에서는 린전林震이 숭고한 혁명 이상과 엄숙한 마음으로 조직부에 들어온다. 뜻하지 않게 잔혹한 혁명으로 단련된 리우스우劉世吾 부장이 의외로 게으른 모습으로 하루종일 정신을 차리지 못하는 상황을 접하게 된다. 그의 관리감독하에 한창신韓常新은 속물적이면서 성실하지 못하지만 오히려 중용이 되고, 왕칭취엔王淸泉

의 신관료주의도 용인된다. 그러자 린전은 낭만적인 혁명 격정이 쓸데없다는 공허감에 빠지게 되고, 청년세대에게 정신적 모범이 되어야 할 노간부는 조직부 내에서 사라지고 만다. 이는 또 「내가 샤춘霞村에 있을 때에」 「38절 유감」의 또 다른 버전이다. 혁명 청년과 혁명 현실 간의 충돌은 전례 없이 최고조에 달했다. 물론 이렇게 사상교리를 공공연하게 위반하는 행위는 용인될 수 없는 것이다. 작가는 교외에서 적막하게 지내다가 1963년에 신장으로 보내졌다가 26년 후에 베이징으로 돌아왔다.

(2) 쫑푸宗璞와 「붉은 콩」 쫑푸(1928~)는 유명한 철학가 펑여우란馮友蘭의 딸이다. 항일전쟁 당시 아버지를 따라 곳곳을 떠돌아다녔다. 그녀의 인생 배경과 교양으로 많은 연구자들은 '생활 간여'라는 문학 계보에 그녀를 억지로 넣는데, 그렇게 하는 것은 사실 너무 억지이다. 「붉은 콩」에서 여대생 린메이林玫는 혁명에 참가한 후에 학교로 돌아와 치홍齊虹과의 애정 스토리를 생생하게 떠올리는데, 슬픔이 밀려오는 것을 어쩌지 못한다. 작가의 묘사가 세밀하고, 내재 논리가 치밀하여 사람들로 하여금 과거의 생활에 대해 현재 생활보다 훨씬 더 미련이 남게 해 준다. 많은 사람들이 그것을 혁명을 되돌아보는 소설이라고 했는데, 사실은 잘못 이해한 것이다. 그것은 다만 작가가 우연히 쓴 것이고 깊은 의미는 없다. 이 텍스트의 깊은 의미는 백화시대로 들어갔고, 이어서 반우파운동이라는 사회적 사건 속으로 들어갔으며, 그 이후에야 생성되었다. 하지만 몇몇 독자들에게 있어서 해방 후에 어떤 유쾌하지 않은 개인의 기억으로 말미암아, 또 해방 전에 대해 낭만화된 상상이 생기는 것은 인지상정이다. 「붉은 콩」의 뛰어난 점은 예술에 있다. 구성이 치밀하고 붓놀림이 주도면밀하며 흔적을 남기지 않는다. 게다가 자상한 여성 심리가 그 속에 담겨 있고, 회고판 고전 악곡처럼 물 흐르듯이 오고 간다. 그래서 당시에 비교적 투박한 수많은 '생활 간여 소설' 사이에서 특히 두드러졌다. 쫑푸는

50~60년대에 가장 훌륭한 여류 작가라 할 수 있다. 하지만 80~90년대에 이르러 왕안이王安憶의 두드러진 모습 속에 묻히고 말았다.

7) 쑨리孫犁 등의 기타 작가

최근에 '17년 문학'에 관한 새로운 연구성과가 끊임없이 쏟아져 나오면서 쑨리, 천샹허, 샤오예무蕭也牧, 루즈쥐엔茹志鵑이 많은 연구자에 의해 '변두리 작가'로 정의되었다. 이 논법은 사실 토론해볼 만하다. 하지만 상대적으로 온전한 문학사 서술을 위해서 우리는 먼저 이 관점을 받아들여야 한다. 내가 이해한 바로는, 그들의 '변두리성'은 그들의 혁명 경력이 만든 것은 아니다. 그들은 허치팡, 궈샤오촨, 허징즈 등과 마찬가지로 '해방구 작가'였다. 하지만 소설에서 잘못이 있었고, 처지가 좋지 않아 사람들이 해방구 작가 계보에서 끄집어낸 것이다. 하지만 그들은 비교적 평이하고 과장 없이 생활에 충실한 문학 창작을 했다. 과장되고 강렬한 주류 작가 작품과 비교해서 확실히 당대문학의 '변두리성' 현상에 속한다. 그들, 특히 쑨리의 소설은 당대문학 이전 30년에서 말하지 않을 수 없다.

(1) 쑨리孫犁의 소설 쑨리(1913~2002)도 시대를 걸치는 작가이다. 그는 허베이 안핑安平에서 태어났다. 1927년에 바오딩保定 위더育德중학에 입학하였고, 후에 바이양디엔白洋淀 일대에서 초등학교 교사 생활을 했다. 항전 발발 후에 혁명 사업에 참가하여, 선전과 소설 창작에 종사했다. 해방 전에 그는 지중冀中 근거지 문단에서 작은 인기를 얻었다. 1949년부터 1959년까지가 쑨리 창작의 '황금 10년'이었다. 「하화디엔荷花淀」(1949), 「풍운초기風雲初記」(1950), 「철목전전鐵木前傳」(1956), 「바이양디엔 기사紀事」(1958) 등의 명작이 모두 이 시기에 발표되었다. 쑨리는 당시 떠들썩했던 '주류 문학' 조류에 대해 무심했던 듯 하다. 바이양디엔에 관한 개인 기억에

몰두하였고, 그것과 여러 차례 따스하면서도 아련한 심령의 대화를 나누었다. 이런 특이한 표현은 우리가 오늘날 '초월'이니 '반성' 등의 용어로 간단하게 요약해 버리기 쉽지 않다. 하지만 작가의 이런 개인화 모습은 그를 17년 문학에서 중요한 작가 가운데 한 사람이 될 수 있게 해주었다.

쑨리의 가장 유명한 단편은 「하화디엔」이다. 지중 평원에 예쁘게 생긴 젊은 여자들이 천진난만하고 활발하게 격렬한 전투를 벌이고 있는 남편을 따르지만 생과 사를 가르는 중요한 고비를 그들 앞에 놓인다. 소설은 한 폭의 유화가 독자들 앞에 천천히 펼쳐지듯 한다. 전쟁이라는 제재는 그 묘사에 있어서 들러리 배경이 되고 있다.『풍운초기』『철목전전』은 중장편소설이지만 쑨리는 무거움을 추구하지 않는다. 작품들은 풍격상 가볍고, 따스한 아름다움과 시적 정서가 넘치고 봄비가 문을 적시는 촉촉함과 편안함을 안겨준다. 이런 측면에서 보면, 쑨리는 시대를 잘못 만난 문인이다. 그는 민국의 산문과 소설을 신중국으로 가져와서 썼다. 하지만 이렇게 하는 것이 얼마나 시의에 맞지 않는지를 알지 못했다.

(2) 샤오예무蕭也牧의 「우리 부부 사이」 1950년 1월, 샤오예무의 단편소설이 『인민문학』 제1권 제3기에 발표되었다. 이 작품은 본래 매우 평범한 소설로서 한 쌍의 혁명 부부가 놀랄만한 혁명적 삶을 겪고 나서 도시로 들어가 편안한 생활을 한다는 이야기이다. 하지만 아내는 번화한 대도시 생활에 적응하지 못한다. 그녀는 이런 생활이 남편만을 위한 것이라 생각하고 마침내 두 사람은 싸우기 시작한다. 1950년대 초에 많은 혁명 부부들이 이런 새로운 생활 체험을 했을 것이다. 하지만 소설은 발표되자마자 비판의 폭풍을 맞았다. 펑쉬에펑馮雪峰 조차도 그에 대해 질책할 정도였다. 이후에 화극 〈무지개 등 아래의 초병〉도 이 스토리를 이어받았다. 이런 의미에서 이 소설은 당대 중국의 미래를 '예언'하였고, 이후의 모든 운동과 역사 변고는 불행히도 그 말대로 된 듯하였다.

8) 문화대혁명 문학의 전개방식

1958년의 문학운동은 문혁 문학의 전주곡이었다. 그 운동은 문혁 문학 시작의 제1장으로서, 본래는 엄청난 기세로 시작하였지만 대기근으로 말미암아 갑작스럽게 중단되었다. 몇 년간의 치밀한 준비를 거쳤지만 문혁의 등장은 오히려 문학으로 길을 여는 구태의연한 방법을 사용하였다. 이 문장들은 「신편 역사극 『해서파관海瑞罷官』을 평함」, 「'삼가촌三家村'을 평함」, 「혁명 양면파 저우양을 바로잡음」 등이다. 문혁 문학의 발생은 17년 문학에 대한 불만에서 시작되었다. 1963년과 1964년에 문예 관련 두 차례 지시에서 마오쩌둥은 17년 문학의 노선과 창작 현상에 대해 철저하게 부정하였다.

1966년 4월, 장칭이 주도하고, 마오쩌둥이 여러 차례 고친 「린뱌오 동지가 위탁하여 장칭 동지가 개최한 부대 문예사업 좌담회 기요紀要」(이하 「기요」로 줄여 부름)는 17년 문학에 대한 총평이자 문혁 문학에 대한 뜨거운 전망이다. 기요에서는 지적하기를, "인류 역사의 신기원을 여는, 가장 휘황찬란한 신문예"를 창조해야 하고, 이런 "사회주의 문예의 근본 임무는 노동자 농민 병사의 영웅인물을 열심히 그려내야 한다"고 하였다.[9] 텍스트를 자세히 읽어보면, 그것은 마오쩌둥의 '신구 문화' 이원대립의 사유방식이 새로운 역사환경에서 전개된 것으로, 각도와 방법, 절차만 약간 다를 뿐이다. 「기요」는 1960년대의 「옌안 문예좌담회에서의 연설」로서, 그 목적은 1930년대 좌익문학과 17년 문학을 신사회주의 현실주의 문학으로부터 깨끗이 제거하는 데 있다.

'여덟 편의 모범극'은 문혁문학의 가치 지향이 가장 집중적으로 펼쳐진 것이다. 〈홍등기〉〈사가빈〉〈지취위호산〉 등은 50~60년대 홍색 고전

---

[9] 「린뱌오 동지가 장칭 동지에게 위탁하여 개최한 부대문예공작좌담회 기요」는 먼저 당 내에서 전달되었고, 1967년 5월 29일에 『인민일보』에 공개적으로 발표되었다.

의 혁명문학에 대한 이해 수준을 크게 넘어섰다. 만약 홍색 고전소설이 혁명전쟁 시기 생활의 원래 생태를 지키는 것에 주의를 기울이고, 혁명가 성장과정의 우여곡절, 반복성에 주목한다면 모범극은 신사회주의 문예에 부합하지 않는 요소에 대해 보다 순수화된 삭제를 한다. 〈홍등기〉에서 리李 할머니와 리티에메이李鐵梅 삼대가 함께 조직된 것은 혈연적인 요소가 아니라 혁명적 이상이다. 인간은 문혁 문학에서 추상화된다. 인간은 혁명문학의 순결성을 보호하는 일종의 도구이다. 신사회주의 문예 형식의 실험은 이로부터 극단으로 치달으며, 복제할 수 없는 극치로 나아간다. 이는 그것이 유지되기 힘든 궁극적 원인이다.

그 밖에도 전통적 의미에서의 작가는 문혁 문학에서 종결되었다. 그것을 대신하여 나타난 것이 이른바 '집체 창작'이다. 「금훈화金訓華」「우전양牛田羊」『홍남작전사虹南作戰史』「이상적인 노래」샤오진小靳마을의 시 등이 여기에 해당한다. 사실상 작가는 숨은 것이 아니고 '삼결합'으로 대체되었다. 즉 당의 영도, 노동자 농민 병사 작가, 전업 문예 사업자가 하나로 합쳐지는 것이다. 총체적으로 말해서 이것은 옌안문학에서 시작된 문혁문학으로, 왕후장상이 통치하는 문학무대를 철저하게 뒤엎어버리고 무산계급이 문예 진지를 완전히 점령하고 통치하도록 하는 것이다.

공개적인 문혁문학의 대립면으로 지하문학도 사방팔방에서 나타났다. 1960년대 초에 궈스잉郭世英 등의 'X팀'이 그 선구이다. 이어서 '문예살롱'이 베이징, 허베이 바이양디엔에서 비밀리에 형성되었다. 스즈食指의 「여기는 네시 팔분 베이징」이 그 대표작이다. 이 밖에도 장양張揚의 「두 번째 악수」(1963), 자오전카이趙振開의 「파동」(1974), 진판靳凡의 「공개된 연애편지」(1972), 리핑禮平의 「저녁노을이 사라질 때에」(1976) 등이 신의 문학을 인간의 문학으로 옮기기 시작했고, 문혁문학의 무덤을 파헤치는 존재가 되었다.

역사서술의 의미에서 문혁문학을 분명하게 살펴보면 17년 문학을 분명하게 볼 수 있다. 문혁 문학이 없었다면 신시기 문학과 인간에 대한 새로운 창조는 어디에서 온단 말인가? 이런 시야가 문학사에서 펼쳐져야 한다.

3. 개혁개방과 신세기의 개막

1) 80년대 당대문학의 전환

(1) '17년 문학'에서 '신시기 문학'으로 앞에서 당대문학이 50~60년대에 확립되는 과정을 서술하였다. 70~80년대가 교차하는 지점에 역사적 환경에서 중대한 변화가 발생하였고, 80년대 당대문학의 전환이 불가피해졌다. 하지만 이 '전환'은 철저하게 단절적인 것은 아니었고, 17년 문학에 대한 거절, 반복, 정리 또는 골라내기로 점철된 복잡한 역사과정을 관통하고 있다. 당대문학의 새로운 형상적 대변자로서의 신시기문학은 자신의 독특성을 강조하는 과정에서 통시적으로나 공시적으로 다르게 이해되는 17년 문학(문혁 문학을 포함하는)을 마주해야 한다. 통시적으로 봤을 때, 신시기 문학은 전자의 극좌적 사상 사조와 급진적 문학 경험을 거절하고, 비판하며 배척한다. 하지만 공시적으로 봤을 때에 신시기 문학은 극좌 사조에 의해 오랫동안 억압당했던 문학적 요소, 즉 미감, 감정, 인도주의, 중간인물론, 형상, 생활 간여론 등의 명분 바로잡기를 위해서 그것을 신시기 문학 속으로 흡수하고 소화하며 전환시키게 된다. 다른 측면에서 비록 환경은 변했지만 사회체제는 근본적으로 바뀐 것이 아니고, 설령 조정이 있다 하더라도 완만하고 장기적인 과정이 필요한 것이다. 따라서 1980년대 전환하는 당대문학의 문학체제는 여전히 17년의 패턴을 이어받고 있고, 다만 표현형식과 결과에서 비교적 탄력적인 현상이 나타날 뿐이다. 하지만 이 체제를 구성하는 요소는 변형되고 조정되며

변이되는 과정에서, 예를 들면 중국작가협회의 지도자가 날로 다원화되고 직업화되며 젊어지고, 주류문학 비평의 이데올로기 색채가 날로 옅어진다든지, 1985년을 전후로 선봉문학 등의 직업화된 비평가들이 나타나는 등의 현상들은 전통적인 문학체제, 관리방식에 비교적 큰 타격을 준다. 이런 요소들은 한 시기의 문학이 번영하는 과정에서 늘상 반복적이고 격동적으로 나타나는 국면을 초래한다.

80년대 당대문학의 전환이 1977년부터 1984년까지 표현된 것은 17년에서 그 자원을 찾는데, 많은 방법과 주장이 있다. 예를 들면 '5.4로 돌아가자' '신계몽' 등은 17년을 강화하고 확대하기 위해서 존재한다. 1977년 11월과 1978년 8월에 리우신우劉心武, 루신화의 단편소설 「반주임」과 「상흔」이 연이어 발표되었다. 1979년에 정이鄭義의 「단풍」(2월), 진판靳凡의 「공개된 연애편지」(2월), 루즈쥐엔茹志鵑의 「잘못 편집한 이야기」(2월), 저우커친周克芹의 「쉬마오許茂와 그의 딸들」(2월), 팡즈方之의 「내간內奸」(3월), 장쉬엔張炫의 「기억」(3월), 총웨이시의 「담장 아래의 홍위란紅玉蘭」(3월), 까오샤오성의 「리순다李順達가 집을 짓다」(7월), 왕멍의 「밤의 눈」(10월), 쫑푸의 「나는 누구인가」(12월) 등의 단편과 중편소설이 발표되었다.[10] 상흔과 반사로 일컬어지는 이 작품들은 주로 17년 소설의 생활에 간여하는 서사 패턴과 문학 상상을 이어나갔다. 17년 출신의 작가는 당연하게도 신시기 문학 초기의 주류 작가가 되었다. 사실상 그들만이 아니고 그 밖의 작가와 주류작가인 지식청년 작가는 주로 17년의 생활에 간여하는

---

10 · 정이의 「단풍」은 『문회보』 1979년 2월 11일, 진판의 「공개된 연애편지」는 『10월』 1979년 제1기, 루즈쥐엔의 「잘못 편집된 이야기」는 『인민문학』 1979년 제2기, 저우커친의 「쉬마오와 그의 딸들」은 『홍암』 1979년 제2기, 팡즈의 「내간」은 『베이징문예』 1979년 제3기, 장쉬엔의 「기억」은 『인민문학』 1979년 제3기, 총웨이시의 「담장 아래의 홍위란」은 『수확』 1979년 제2기, 까오샤오성의 「리순다 집짓기」는 『우화(雨花)』 1979년 제7기, 왕멍의 「밤의 눈」은 『광명일보』 1979년 10월 21일, 쫑푸의 「나는 누구인가」는 『장춘』 1979년 제12기에 발표됨.

문학관념과 서사방식에서 영양분을 공급받았다. 이런 문학 구조가 생겨난 것은 문화사상의 봉쇄, 문학 자원의 단일함, 작가의 상처에 대한 기억 등의 요소 이외에 앞에서 언급한 작가들의 문학교육, 제재 기억, 창작경험, 서술방식이 대부분 17년에서 왔기 때문이다. 문학관념과 주장의 전환이 나타났지만 문학창작은 짧은 시간 내에 자신의 역사 기억과 문학 기억과 이별할 수 없다. 이로 인해 1980년대 초반 몇 년간 사람들은 당대문학의 전환에 대한 이해에 있어서 17년 시기 억압당했던 현실주의 문학에 대한 이해 수준에 머물러 있었다. 당대문학 전환에 대한 이해를 하려면 반드시 17년 문학으로부터 신시기 문학을 아우르는 문학 시야와 역사 서술 속에 끼이게 된다. "나는 소년시절에 당시 아직 지하에 머물러 있었던 당 조직이 영도하는 장제스의 국민당에 반대하는 인민 혁명투쟁에 참가하였다. 나는 어린 시절부터 이 당의 전사가 되었다." 따라서 "나는 처음부터 끝까지 문학과 혁명은 처음부터 일치된 것을 떼려야 뗄 수 없는 것이라고 생각했다. 그 둘은 공동의 목표를 가지고 있다." 그는 문학과 혁명의 정통관계가 이러해야 한다고 굳게 믿었다. "문학은 혁명의 맥박이고 혁명의 신호이며, 혁명의 양심이다. 그리고 혁명은 문학을 주도하는 문학의 영혼이고, 문학의 원천이다."[11] 왕명 개인의 고백에 불과하고 다른 작가들에게도 현실 이해의 차이가 존재하기는 하지만 한 세대 작가의 역사 경험과 문학기억으로서 17년은 어느 정도 신시기 문학의 상상과 건설 과정에 실제 참여한 것을 표명하고 있다. 17년 문학은 또 신시기 문학 최초 몇 년간 사상해방의 선구자, 대변인 역할을 하였고, 대중 생활공간으로 돌아옴과 동시에 문화영웅의 관념, 의식과 자아 상상방식을 신시기 문학에 대한 현대인들이 기억 속에 남겨 놓았다. 이 기간에

---

[11] 왕명:「나는 무엇을 찾고 있는가?」. 이 글은 작가가 베이징 출판사에서 출판될 예정인 『왕명 소설보고문학선』에 쓴 「머릿말」이다. 『문예보』 1980년 제10기에 실림.

인도주의, 소외, 현대파 논쟁, 현대파 소설이 문단에 나타나기 시작하기는 했지만 17년을 거둬들이는 특징을 띠는 상흔과 반사 소설의 사회 대중에 대한 영향력은 여전히 대체할 수 없는 문학현상이다.

　1985년을 전후 하여 당대문학의 전환은 거둬들이는 단계로 들어선 이후, 17년의 역사와 멀어져 가는 경향이 날로 적극적으로 표현되었다.[12] 연이어 출현한 문학적 사건들, 예를 들어 문화열, 방법론, 뿌리찾기 문학, 20세기 중국문학 등은 조금씩 다르게 17년을 잊는 방식으로 이른바 진정한 당대문학에 대한 공통의 상상을 전개하였다.[13] 뿌리찾기 문학은 당대문학에서 처음으로 격렬한 비판과 부정이 없는 방식으로, 17년 문학에는 존재하지 않는 부드러운 토론 방식으로 제기된 문학주장이다. 뿌리찾기를 주장하는 사람들은 17년과는 완전히 다른 역사와 문학 차원에서 자신의 이론 주장을 설명하였다. "사회학은 물론 소설이 관조

---

[12] 1985년을 신시기문학 두 단계 사이의 경계선으로 삼는 것이 충분한 역사적 근거를 갖는가에 대해서는 토론할 만하다. 하지만 이 해에 발생한 중대한 문학적 사건, 예를 들어, '뿌리찾기문학'의 제기, '문화열', '방법론', '20세기 중국문학' 등은 어떤 모호한 '문학전환'의 시대 리듬과 정보를 어느 정도 전달하고 있다. 이후 문학의 중심이 전통적인 '현실주의'로부터 서방 현대파문학과 남미의 환상적 현실주의 작품의 영향을 받은 '선봉문학'으로 바뀌었기 때문이다. 후자의 문학관념과 서술방식은 문학창작에 갈수록 커다란 '시범' 작용을 하였다. 양경상은 가운로의 1986년 창작과 1987년의 드라마 제작을 통해 팬들로부터 큰 인기를 얻은 장편소설 『샛별』을 분석하여, '현실주의 종결론'을 제기하였다. 그는 "개혁문학이 1980년대의 마지막 현실주의적 서사 충동이라 할 수 있다"고 생각하였다. 아울러 『샛별』 『평범한 세계』가 인기를 얻고 주류 문학의 서사 밖으로 밀려난 이후 현실주의는 일종의 서사 방식으로서 '공동체 상상'이라는 담론 권력 구축을 상실하였다고 여겼다. 이것이 바로 '개혁문학'의 가장 중요한 문학사적 의미 가운데 하나이다. 그 의미는 우리들에게 유명한 캐릭터를 제공하고, 다시금 주목할만한 화제를 제공했을 뿐만 아니라 하나의 역사적 범주에서 일종의 역사 신념과 공동체가 상상하는 현실주의 서사의 종결에 방증을 제공하였다는 점에 있다(『『샛별』과 체제 내의 개혁서사와 개혁문학에 대한 반성』, 미간행).
[13] 리투어(李陀)와 리지에(李劼)는 모두 1985년 이전의 당대문학이 좌익문학, 공농병문학으로만 불릴 수는 없고, 당대문학이 아니라고 생각한다. 이에 그들은 주장하기를, 진정한 당대문학은 1985년에 시작되었다고 한다. 이런 논법에 대해 의문점이 많기는 하지만 당대문학 전환에 대한 연구자의 개인화된 이해를 반영하는 것은 분명하다.

해야 하는 차원이다. 하지만 사회학은 문화를 남아낼 수 없다. 반대로 문화는 사회학과 그 밖의 것을 담아낼 수 있다."" "이로부터 문화는 절대적 명제이다. 문화는 이 고상한 자신의 명제를 진지하게 받아들이지 않으면 장래성이 없을 것이다."[14] 17년의 전통으로부터 벗어나려는 이런 충동은 예민한 비평가들에게 간파당했다. "사회의 개념은 한 시대의 생활을 인지대상으로 한다. 공시성이 바로 그 특징이다. 그리고 문화의 개념은 오랫동안 축적된 것을 전제로 통시적 특징에 더 많이 구체화된다." 이로 인해 뿌리찾기의 목적은 "이로부터 생활과 인간에 대한 총체적 이해에 도달하려고 하는 것"이다.[15] 1985년에 발표된 리우수어라劉索拉의 「당신에게는 선택이 없다」, 장신신張辛欣 쌍이에桑曄의 「베이징 사람」, 왕안이王安憶의 「샤오빠오좡小鮑莊」, 마위엔馬原의 「칸디스의 유혹」, 자시다와扎西達娃의 「가죽끈에 묶인 혼」, 모옌莫言의 「투명한 홍당무」, 한샤오공韓少功의 「아빠, 아빠, 아빠」, 찬쉬에殘雪의 「산위의 작은 집」, 정이鄭義의 「오래 된 우물」, 아청阿城의 「나무왕木王」 「아이왕孩王」 등은 모두 역사라는 타자의 존재를 잊고 17년의 틀에서 빠져나오려고 시도하고 있다. 신시기 문학이 이미 17년의 역사관계와 벗어났다고 한다면 문학과 정치의 긴장 관계를 벗어났다는 것을 의미한다.[16] 1985년 이후의 신시기문학에서 그것이 서술하고 있는 타자는 이미 역사 자체가 아니라 인류문화, 개인 담

---

[14] 아청, 『문화가 제약하는 인류』, 『문예보』 1985년 7월 6일.
[15] 지홍전(季紅眞), 『우주·자연·생명·인간-아청이 그려낸 '이야기'』, 『문명과 우매의 충돌』, 저장문예출판사, 1986, 142쪽에서 인용.
[16] 여기에서의 역사는 문학의 '타자'로서 존재하는 것이고, 중국문화는 '틀의 힘'에 속하는 문화이다. 일본문화는 '구조 능력이 없는' 것에 속한다는 관점은 가라타니 유키토(柄谷行人)의 『일본현대문학의 기원』, 삼련서점, 2003, 160~170쪽에 나온다. 그는 다음과 같이 쓰고 있다. "러일전쟁의 승리에 따라 사람들은 서양에서 생겨난 긴장과 아시아의 연대감을 잃어버렸다. 말하자면 '타자'를 잃어버렸다." 만약 17년 문학이 '구조력'이 있는 문학이라고 말한다면, 혁명의 대립이 '타자'로서 문학창작의 충동을 부여한다고 한다면 실제로 80년대의 '뿌리찾기'와 '선봉문학'은 역사라는 '타자'를 취소한 문학사조가 된다.

론 등을 가리키는 것이다. 더 나아가 당대문학의 전환은 당대사의 거대한 압력에서 벗어난 다음에 그 사유방식과 서술 방식이 세계로 향하자라는 거대한 압력을 날이 갈수록 느끼고 있다. 그리고 이 때의 당대문학은 이미 17년의 그런 본토화된 당대문학이 아니고, 날이 갈수록 신시기의 세계화된 당대문학으로 변해 갔다. 3세대 시인의 행동방식, 생존 상태, 창작의 깨우침에 대한 미국 비트파 문학의 깨우침, 프랑스 누보 로망의 관념과 구성방식에 있어서의 선봉소설에 대한 영향, 남미의 환상적 현실주의 작품이 많은 뿌리찾기 작가의 교본이 되는 것 등은 모두 사회주의 현실주의 의미와는 다른 현대파 시야 속에서의 당대문학이 발전하기 시작했다는 증거들이다. 물론 잠시 후에 출현하는 신사실소설은 조금 다르다. 그 서술 격조는 블랙 유머 소설의 흔적이 있고, 생활경험과 느낌은 중국적인 것으로, 당대문학의 현실주의와 현대주의의 낭만화된 충동이 여기에서 수축되기 시작하는 모습을 보인다. 사회학이든 문학이든 모두 다른 궤도로 접어든 것이다.

(2) 중국작가협회와 사회과학원 문학연구소 '신시기 문학'과 '17년 문학'의 복잡한 관계는 중국작가협회와 중국 사회과학원 문학연구소의 조직 형식, 비평 의식, 기능을 통해 1980년대 미묘한 변화가 일어났고, 관찰도 가능하다.

중국작가협회와 중국 사회과학원 문학연구소는 해방 후에 정치사상 교육의 필요에 근거하여 건립된 두 문화, 과학연구 기관으로서, 50~60년대 당대문학의 중요 비평활동은 대부분 두 기관을 통해 조직되고 이루어졌다.[17·] 50~60년대에 당대문학의 비평은 중국작가협회의 내부비평이라

[17·] 중국작가협회의 전신은 1930년대에 상하이에서 성립된 '좌익작가연맹'과 1940년대 옌안의 '문예계 항적협회'와 '루쉰예술학원'이다. 항전 승리 후에 루쉰예술학원과 산베이

할 수 있다. 그 목적은 당대문학의 권위적 이론을 위협하는 현상을 약화시키고, 좌익 문학대오를 조정, 재건을 통하여 전통적 좌익문학을 당대문학의 범주 안으로 원위치시키고 집중, 통일시키는 것이다. 이에 따라 당대문학을 조직, 협조, 지도하는 기관으로서 그 구성원을 확정하고 변동시키는 것은 종종 당대문학의 각각 다른 시기의 위치와 모습을 예민하게 반영하곤 한다. 1966년, 저우양은 문혁 전야에 비판을 받았고, 직무에서 배제되었다. 그가 관리하던 중국작가협회는 얼마 지나지 않아 해산되었다. 1970년대 말, 누명을 벗은 저우양이 문단으로 돌아왔다. 린모한林默涵, 리우바이위劉白羽, 장광니엔張光年, 사엔, 펑무馮牧가 중국작가협회의 새로운 지도자가 되었다. 1979년과 1981년에 전국 4차 문대회의 '대회보고'와 '〈고련苦戀〉비판' 초안을 잡는 문제에서 이 단체는 사상 인식상에서 차이를 드러낸다. 그 초점은 17년 문학의 공적과 작용 및 득실을

공학 등 학교의 재정비를 거쳐 두 부분으로 나뉘었다. 저우양과 아이칭(艾青)이 팀을 이끌고 각기 동북과 화북으로 갔다. 저우양이 이끈 루쉰예술학원과 공학의 학생과 교사는 동북삼성의 문련, 작가협회, 동북인민대학(현 지린대학)을 세웠다. 아이칭이 이끈 두 학교 학생과 교사는 허베이 정정에서 화베이연합대학(그 중의 대부분은 '문예학원')을 세웠고, 후에 화베이대학, 화베이혁명대학으로 이름을 고쳤고, 1950년에 베이징으로 들어와서 중국 런민대학이 되었다. '문예학원'의 골간은 아이칭, 장평(江豊), 천치샤(陳企霞), 리환즈(李煥之), 옌한(彦涵), 저우웨이즈(周魏峙), 허징즈(賀敬之), 옌천(嚴辰), 왕차오원(王朝聞), 장광니엔(張光年), 차이이(蔡儀) 등이고, 세운 지 얼마 되지 않은 중국문련, 중국작가협회, 중국사회과학원 문학연구소 등으로 배치되었다. 중국사회과학원 문학연구소는 1977년에 정식으로 세워졌다. 그 전에는 중국과학원 사회학부와 베이다(北大) 문학연구소로 나뉘어 있었다. 1950, 60년대의 책임자는 허치팡이었고, 80년대에는 진황매가 소장을 맡았다. 1950대부터 1980년대까지 허치팡, 샤엔, 린모한, 리우바이위, 장광니엔, 천황메이, 펑무, 허징즈 등, '저우양파'라 불리는 문예비평가들이 '후펑 반혁명집단' '딩링 반당집단', '후스 비판', '신시기' 초기 일련한 문학운동 과정에서 중요한 역할을 담당했다. 그들이 근무하는 두 단위는 이데올로기의 바람과 주류문학의 성격을 드러내는 전초기지가 되었다. 말하자면 당대문학의 비평사(1984년 이전)는 어느 면에서 '중국작가협회'와 '사회과학원 문학연구소'의 '문학비평사'라 부를 수 있다. 90년대 이후 사회 담론 환경의 변화에 따라 당대문학 비평 대오는 재조직이 이루어졌다. 예를 들어 사회과학원 비평가들이 대학으로 들어가면서 대학 비평이 발전하였고, 그 역사적 기능과 진지는 점차 약화되었다.

어떻게 인식하고 평가할 것인가 하는 것이었다. 린모한이 초안을 잡은 '초고'에서는 다음과 같이 인식하였다. "17년이 비록 엄중한 착오가 있기는 했지만 좌경 문예노선을 형성하지 않았다. 따라서 건국 이후의 50년대와 60년대에 사회주의 문예 창작에 전에 없이 번영 국면이 나타났다." 저우양이 주도한 '교정파'는 커다란 차이를 보였다. 그는 "중간에 중대한 역사 굴곡이 있었는데, 그 원인은 좌경적 착오가 훨씬 더 많다"고 생각했다. 린모한이 신시기 소설이 감상주의가 너무 많다는 점을 비판한 반면, 저우양은, 신시기 문학의 성과가 4인방을 돌파했을 뿐만 아니라 17년을 돌파했고, 충분히 긍정할 만하다고 생각했다.[18] 오래 지나지 않아 영화 〈고련〉을 비판하는 자리에서 17년의 매서운 방식을 취한 주장과는 달리 저우양, 장광니엔張光年은 '작품을 수정'하여 다시 상영할 것을 희망하였다. 그들의 태도는 중국작가협회가 이끄는 『문예보』의 작가와 작품에 대해 '비정상적으로 관용적인' 비평 입장을 취했다. "문학예술의 결점과 잘못을 다룸에 있어서 우리는 온당한 방법을 취해야 한다. 어떠한 간섭이나 단순하고 거친 태도는 문예발전과 단결 및 안정에 불리하다." "그렇게 한 결과가 정반대로 나타났을 뿐이라는 사실을 과거와 현재의 무수한 사실이 증명하고 있다."[19] 일정한 의미에서 4차 문대회 보고의 초안과 『고련』의 비판은 고립된 현상이 아니다. 그 배후에는 사실 어떻게 17년을 인식할 것인가와 여러 평가를 통해 신시기 문학을 합법성을

---

[18] 쉬칭취엔(徐慶全)의 『풍우송춘귀(風雨送春歸)-신시기 문단의 사상해방운동 기사(紀事)』, 허난대학출판사, 2005, 190~214쪽 참고. 4차 문대회의 '기초풍파(起草風波)', 더욱이 『고련』비판 이후 저우양의 관점과 차이를 보인 린모한, 리우바이위의 작가협회에서의 '영도 지위'가 취약해졌는데, 그것이 명확하게 나타난 것은, 1984년 작가협회 4차 대회의 영도 분자 가운데에서 저우양과 마찬가지로 문예에 대한 관용을 주장한 장광니엔, 펑무 등이 작가협회를 주도하는 작업을 시작했다는 것이다.

[19] 『문예보』 1981년 제11기, '사설' 「문학예술의 새로운 국면」(1981년 6월 7일자) 시작 무렵에 『인민일보』와 『문예보』는 모두 작가에 대한 동정적 태도를 가지고 있어, 『시대의 보고』와는 차이가 있었다. 나중에는 압력을 받아 〈고련〉에 대해 비판의견을 내놓았다.

세우는 문제와 관련되어 있다. 한 가지 의견은 17년을 기준으로 하여 신시기의 경향을 통솔하고, 그것의 규범성은 신시기에 들어섰다는 이유로 효과가 없어지지 않음을 나타낸 것이다. 이와 다른 의견은 17년에 좌경적 착오가 있기 때문에 신시기 문학의 가치와 의미는 잘 드러난다는 입장을 견지한다. 1980년대 초기에 당대문학 체제에서 작가협회의 특수한 역할을 감안해 보면 그것의 가치 선택은 여전히 문학 발전에 시범성, 주도성의 역할을 발휘하고 있다.

  1980년대에 중국 사회과학원의 외국문학 연구소, 철학연구소, 문학연구소는 신시기 문학의 형성과정에서 중요한 역할을 했다. 연구소들은 외국문학의 번역 소개, 이론 주장의 제기, 문학발전의 기획 등 방면에서 미친 영향은 중국작가협회와 막상막하의 관계에 있다.[20] 그리고 신시기 문학에 대한 어떤 기획의 역할에 있어서는 더욱 두드러진다. 50~60년대

---

[20] 1953년 2월 22일에 세워졌다. 처음에는 베이징대학 소속으로, 원래 이름은 베이징대학 문학연구소였다. 정전둬(鄭振鐸)가 소장, 허치팡이 부소장을 맡았다. 2년 뒤에 중국과학원으로 귀속되면서 중국과학원 문학연구소로 바뀌었다. 1958년 정전둬가 세상을 떠나면서 허치팡이 소장을 승계하였다. 연구소는 문예이론, 중국 고대, 현대, 당대, 민간 문학, 소련과 동유럽, 서방, 동방 등 각 문학연구팀으로 나뉘어진다. 1964년 외국문학 연구팀이 각기 갈라져 나가 외국문학연구소를 세웠고, 이로부터 이 연구소의 연구범위는 주로 중국문학이 되었다. 1976년 이전에 중국과학원 철학사회과학학부가 중국사회과학원으로 개편되었고, 그 이후 문학연구소는 중국사회과학원 문학연구소로 이름이 바뀌었다. 샤팅(沙汀)이 소장, 천황메이, 위꽌잉(余冠英), 우보샤오(吳伯簫), 쉬쥐에민(許覺民), 왕핑판(王平凡)이 부소장을 맡았다. 1982년부터 쉬쥐에민이 소장, 덩샤오지(鄧紹基)가 부소장을 맡았다. 1985년부터 리우짜이푸가 소장, 마량춘, 허원쉬엔(何文軒), 펑즈정(馮志正)이 부소장을 맡았다. 연구소는 문예이론, 고대, 근대, 현대, 당대, 루쉰, 민간, 문학신학과 등 문학연구실(팀)으로 나뉘었다. 위꽌잉, 차이이, 진용, 당도, 왕사청, 가지 등 연구실(팀)장을 맡았다. 별도의 연구 보조 단위로, 도서관, 자료실 등이 있다. 편집출판된 정기간행물로는 『문학평론』(격월간), 『문학유산』(계간) 등이 있고, 마오싱(毛星), 천샹허(陳翔鶴)가 간행물 주편을 맡았다. 1981년부터 해마다 『중국문학연구연감』을 출판하였다. 이 연구소에는 학술위원회를 두어 연구소 내외의 저명한 전문가를 초빙하여 학술위원을 맡도록 하였다. 초빙된 인물로는, 치엔종슈, 위핑보, 지시엔린, 위꽌잉, 우스창(吳世昌), 쑨지에디(孫楷第), 차이이, 탕타오, 왕야오, 마오싱, 자즈(賈芝), 치엔디엔페이(錢怗楽), 주자이(朱寨) 등이 있다.

에 문학연구소의 학술연구 색채는 문학비평 색채보다 더 농후했다. 비록 후펑, 펑쉐에펑, 딩링에 대한 비판에 참여하고, 위핑보兪平伯, 천샹허도『홍루몽』비판, '역사소설 창작물결'에 피동적으로 말려들어가고, 허치팡은 '시 발전 도로'문제로 의견을 발표하기는 했지만 전체적으로 보아서 문학연구소는 여전히 당대 비평의 중심은 아니었다. 1980년대 초에 문학연구소는 점차 신시기 문학의 중심 가운데 하나가 되었다. 주자이朱寨가 펴낸『중국 당대문학 사조사』, 당대문학연구실이 집체 편찬한『신시기 문학 6년』, 리우짜이푸劉再復의『문학의 주체성을 논함』, 문학연구소가 펴낸 잡지『문학평론』, 그리고 천황메이陳荒煤, 지에민潔泯, 허시라이何西來, 장지옹張炯, 장서우치엔蔣守謙, 장런張韌, 천쥔타오陳駿濤, 천이엔구陳燕谷, 진다청新大成 등의 문학비평은 17년의 역사 공과에 대한 반성, 신시기 문학의 비평담론과 지식 입장을 건립하는 데에 대체할 수 없는 역할을 하였다.[21] 80년대 당대문학의 전환에서 문학연구소의 세 차례 사건(문학현상이라 불러도 좋다), 예를 들어『중국 당대문학 발전사』『신시기문학 6년』의 출판, 리우짜이푸의 '문학주체론'의 제기와 1986년 문학연구소가 주최한 '신시기문학 10년 학술토론회'[22]는 상징적 의미를 지니고 있다. 그 가치는 리우짜이푸가 지적한 바와 같이 "문학 분야에서 실천의 주체적 지위로 사람을 회복시켰다." 그것의 혁명적 의미가 목표로 삼고 비판한 것은 "상당히 긴 시간 동안 주체 자체의 심미 심리 구조가 심각하게 파괴되었

---

[21] 이 시기에 베이징대학의 시에미엔(謝冕) 등이 '몽롱시 논쟁'을 일으켜 주목을 받고, 푸단, 베이징사범대학, 우한대학 등의 젊은 교수들이 문학평론가의 모습으로 등장했지만 비평의 역량이나 영향력이 문학연구소만큼 집중되고, 두드러지거나 폭이 넓지 못했다.
[22] 주자이 주편, 『중국당대문학사조사』, 인민문학출판사, 1987. 중국사회과학원 문학연구소 당대문학연구실 편, 『신기시문학 6년』, 중국사회과학출판사, 1985. 이 두 문학사 저작은 '집체서술'의 방식을 답습하고 있다. 각각의 장절을 저작자별로 각각 나눈 다음에 주편이 '통일'하는 것이다. 이 당시 출판된 비교적 영향력 있는 당대 문학사 저작으로는 궈즈깡(郭志剛), 동지엔(董健), 천메이란(陳美蘭)의『당대문학사초고』(인민문학출판사, 1979), 장종(張鍾) 등의『당대중국문학 개관』(베이징대학출판사, 1986) 등이 있다.

고, 기형적으로 변하고 단순하고 거칠게 되었다.""이것은 당대문학의 근본 문제이다."²³ 쉽게 알 수 있듯이 이 주장과 활동과 회의는 '재평가' '17년'을 띠고 있고, 당대문학을 신시기 문학의 궤도에 들여오는 역사적 동기를 띠고 있다. 저작과 평론을 쓴 사람들이 80년대 개성적인 문화 분위기를 드높이는 영향을 받아 대부분 개인의 모습으로 신시기 문학을 수립하는 활동에 적극적으로 참여하기는 했지만 그 배후의 '체제성' 요소는 여전히 주목할 만한 가치가 있다. 예를 들어, 당대문학의 '계획경제' 생산방식은 집체 창작 또는 장편이나 중단편소설을 분업 형식을 통하여 비밀스럽게 이어지고 있었고, 중국작가협회가 『인민문학』 잡지사에 위탁하여 조직한 문학평론상이 취하는 것은 대중투표와 전문가 평가 방식이다. 『문학평론』은 더 이상 단일한 전초 기지는 아니지만 비우 개방적인 시야와 안목을 표현하고 있고, 심지어 신인 추천과 소개를 매우 중시하는 특징을 표현하고 있기는 하지만 새로운 문론 독재는 여전히 신시기 문학에 대한 이해 가운데 흘러나오고 있고, 이는 몇몇 컬럼에서도 구체화되곤 한다. 새로운 활동, 회의 배후의 문학체제, 새로운 담론 방식의 형성과 동시에 새로운 담론패권을 만들어내고 있다. 이는 문학연구소 안팎의 신예 비평가와 리저허우(李澤厚), 리우짜이푸의 대화(실제로는 전복성 비평) 중에서도 그 단서를 엿볼 수 있다.²⁴ 물론 문학연구소의 개별 지도자의

23・ 리우짜이푸, 『문학의 주체성을 논함』, 『문학평론』 1985년 제6기, 1986년 제1기. 리우짜이푸는 이 당시 문학연구소 소장이었다. 그와 허시라이(何西來)가 주편을 맡은 『문학평론』이 사상해방을 견지하고 문학의 관용과 학술 민주를 주장하는 모습을 보여, 1980년대에 큰 영향을 미쳤고, 폭넓은 호소력이 있었다. 후에 리우짜이푸는 사상적 궤도를 이탈하여 비판을 받았고, 현재는 미국에 거주하고 있다.
24・ 당시 사회과학원 문학연구소의 천옌구(陳燕谷), 진따청(靳大成)과 화동사범대학 중문과의 리지에(李劼) 등 젊은 평론가들은 리쩌허우, 리우짜이푸와의 토론, 대화 글들을 쓴 바가 있다. 이로부터 이미 형성된 그들의 담론 패권에 대한 불만을 엿볼 수 있고, 문학비평과 문학체제의 새로운 관계를 탐색하고 있었음을 알 수 있다. 1985년 이후에 상하이를 중심으로 하는 '선봉비평'이 그 배후에 '작가협회'나 '대학' 등의 체제요소가 있기

개인 특색에 따라 표현되는 사상은 매우 활발하고 문학 관념은 날로 너그러워지며, 자유로운 국면도 건국 이후 매우 적어졌다.

두 기관의 조직형식, 체제 특징은 여전히 전통적 형태가 남아있는 것을 알 수 있다. 문학 조류의 충격과 지도자 개인 관념의 변화 속에서 뚜렷한 전환 기미가 드러나는 것 또한 알 수 있다. 이런 옛 것과 새 것의 과도적 특징은 80년대 문학비평과 문예이론의 기본 면모를 반영하는 것이며, 사람들이 이 시기의 문학 환경과 문학과정 및 존재의 문제를 이해하는 데 있어서 어느 정도의 참조 작용을 한다.

(3) 문학운동의 퇴조 80년대 순수문학에 대한 낙관적으로 상상으로 문학사 서술은 문예사조와 논쟁의 신시기문학의 형성과정에서의 복잡성과 참여작용에 관해 더 이상 관심을 기울이고 싶어 하지 않았다.[25] 사실상 이미 17년 문학과 문혁 문학과의 고별을 선포했지만 또 하나의 문학운동이 여전히 80년대 문학 속에서 빈번하게 발생하였다. 다만 그 형태와 표현, 방식이 커다란 변화가 있었을 뿐이었다.

문학운동은 중국현대문학이 현대문학이 되는 표지 가운데 하나이다. 또한 현대문학 형성의 주요한 방식이기도 하다. '문학혁명', '좌익문학',

---

는 했지만 비평가의 신분이 직업화로 전환되는 특징이 날로 뚜렷해졌고, 비록 '단위' 소속을 드러내기는 했지만 정신과 문학생활은 자유와 개성화의 경향을 보이고 있다. '단위'의 개인생활에 대한 통제 능력은 이 당시 이미 크게 약해졌다.

[25] 2007년 12월말, 중국사회과학원 문학연구소가 주최한 '문학사 집필의 이론과 실천' 국제학술토론회에서 문학연구소 연구원 바이예(白燁)가 최근의 문학사들이 '문예사조' 논술을 회피하는 현상에 대해 다른 의견을 제기하였다. 그는 과거 문학사가 '문예논쟁'과 '사조'를 주요 서술내용으로 한 것이 옳지 않다고 생각했다. 하지만 최근의 십여년의 당대문학사들은 모두 그것을 대폭 줄인 것도 문제라고 여겼다. 그렇게 하는 것은 '문학작품' 발표가 기대고 있는 역사환경에서 벗어나는 것에 다름 아니라고 본 것이다. 그렇다면 이런 상황에서 우리는 어떻게 학생들에게 문학사에서 일어났던 일들, 작품 창작과정에서의 주변의 '격렬'한 환경, 1980년대 '신시기문학' 역사에 존재하는 모순과 복잡성을 어떻게 이해시킬 수 있을 것인가?

'대중문예 운동', '옌안 노동자 농민 병사 문예' 등은 모두 문학운동의 방식으로 문학관념을 갱신하고 문학발전을 추동해 나갔다. 당대로 들어오고 나서 그 성질은 근본적 변화가 일어났다. 문학운동은 정치투쟁의 도구가 되었고, 정치투쟁의 문화화와 문학운동 정치화의 복잡한 상태로 표현되었다. 예를 들어 '『무훈전』 비판', '후평 반혁명 집단 비판', '후스 비판', '『해서파관』 비판' '『삼가촌 비판』' 등이 그것들이다. 비판의 목적은 정치에 대한 문학의 순종을 강화하는 것으로, 이로부터 문예를 관리하는 방식이 형성되었다.

'문화대혁명'이 끝나고 모든 힘이 건설에 집중되어, 문학은 그 주류 이데올로기에서의 중요성이 약해졌다. 주류 이데올로기는 비교적 느슨한 문화환경을 만들기로 희망하였고, 문학이 개혁개방의 선전 임무와 배합될 수 있기를 바랐다. 하지만 개혁개방 시대에 적응하는 문예 관리방식을 어떻게 찾아낼 것인가는 전환기의 불확정성에 비추어 볼 때, 주요 관리 방법은 유동적이고 갈등요소를 드러냈고, 내부 논쟁은 항상 방해가 되어 관리의 힘과 권위에 영향을 미쳤다. 이는 일정한 시기 내의 문학운동이 긴장되었다가 느슨해지고, 용두사미가 되며, 규율이 없는 상황이 나타나게 하였다. 1981년에 백화의 영화 〈고련〉을 비판하는 운동은 비록 긴장 국면을 거치기는 했지만 결국 '사실에 입각하여 이치를 말하고 편중되는 것을 막는' 비평방식으로 대충 마무리 되었다.[26] 이런 국면은

---

[26] 영화 시나리오 「고련」이 『10월』 1979년 제3기에 발표되었을 때, 큰 주목을 받지는 못했다. 시나리오에 맞춰 촬영된 영화 〈태양과 사람〉이 내부 심사차 상영되었을 때, 비로소 강렬한 반응이 나왔다. 주관 선전 분야에서는 작품에 심각한 결점이 있지만 수정한 다음에 상영할 수 있다고 판단하였다. 『시대의 보고』 주편 황강(黃鋼)(부대 원로작가)이 중앙기율위원회에 편지를 써서 조사와 추가심사 지지자를 요구하였다. 하지만 바이예와 감독은 개최된 좌담회에서 '논리 다툼'을 벌였다. 1981년 2얼 23일, 저우양이 자신의 집에서 문예영도 핵심팀 만남의 모임을 열었다. 리우바이위, 린모한, 허징즈는 조사를 주장하였고, 샤엔, 천황메이, 장광니엔은 반대 의견을 보였다. 「고련」을 비판한 『해방군보』와 작가와 뜻을 같이 하는 『문예보』도 의견 차이를 보였다. 3월 27일, 덩샤오핑

커다란 환경과 개인의 역사 기억과 관계가 있다. 소수의 개인을 제외하고 많은 관리자들은 모두 문혁이라는 침통한 교훈을 거처, 주관적으로나 심리적으로 지나치게 잔혹한 형식을 싫어하기 시작했다. 1983년에 발생한 '정신오염 청소 운동'은 이 방면의 미묘한 변화를 드러냈다. 운동은 1979년에서 1982년까지의 '몽롱시 논쟁' '현대파 문학논쟁' 등에서 일어났는데, 비판 측에서 먼저 '현대파 문학'을 '서방' '자산계급' '부패사상'의 사상과 지식의 준비라고 하면서 이런 것들이 문예의 방향을 바꿀 수 있고, 청소년에게 잘못된 인도 작용을 할 수 있다고 우려하였다.[27] 하지만 주관하는 측에서 경고와 방지를 주장하는 측면이 있기는 했지만 현대파에 대해서 그렇게 두려워할 만한 이해는 하지 않아 날이 갈수록 관용적인 시야를 드러냈다. "우리들의 제재는 폭넓다. 첫째, 우리는 확실히 세계에서 가장 위대한 나라 가운데 하나이기 때문이다. 미국은 우리처럼 오랜 역사가 없다. 미국 무산계급은 지금까지 혁명을 해본 적이 없다. 소련은 우리보다 국토가 넓다. 하지만 역사가 우리만큼 풍부하지 않다. 우리나라의 이처럼 웅대한 우리 사업은 이미 해놓은 사업에 비해 더 대단하고 더 위대하다."[28] 어느 정도 '오염 청소운동'은 급박하게 종결되

은 연설을 발표하여 다음과 같이 말했다. "시나리오 「고련」에 대해서는 비판을 해야 한다. 이것은 네 가지 기본 원칙을 견지하는 것에 관한 문제이다. 물론 비판할 때에는 사실에 입각하여 이치를 말해야 하며 편파성을 막아야 한다." 마지막으로 『문예보』는 비판적 문장을 발표하여 극좌의 모습을 보이는 『시대의 보고』는 취소되는 것으로 끝을 맺었다. 리우시청(劉錫誠), 『문단 주변에서』, 허난대학출판사, 2004, 556~558쪽 참고.

[27] 정보농(鄭伯農), 「'굴기'의 물결 앞에서 – 한 가지 문예사조에 대한 분석」, 『당대문예사조』 1983년 제6기.

[28] 후야오방, 「극본창작 좌담회에서의 연설」(1980년 2월 12일, 13일), 『홍기』 1980년 제12, 13기. 사람들 마음 속에 후야오방은 '개명'된 지도자 가운데 한 사람이다. 그의 '의견'은 앞에서의 집체토론에서 온 것이기는 하지만 '해빙'과 '개방 격려'의 힘을 대표하는 것으로 인식되곤 했다. 당시 그가 관장하던 이데올로기 선전분야는 문학 탐색에 대해 비교적 '관용'적인 태도와 관리방식을 취하고 있었고, 80년대 문학의 탐색 조류와 번영 국면에 긍정적인 작용을 했다. 이로 인해, 80년대 문학현장으로 돌아가려면 그 시

었고, 한 측면에서는 개혁개방이라는 커다란 환경으로 인해 과거의 커다란 면적을 갖는 사회운동의 대중 수용면이 형성되는 데 불리하고, 다른 측면에서는 세계로 나아가는 역사의 커다란 흐름 속에서 적극적으로 서방의 관리방식, 기술 요소를 흡수하는 동시에 그 사상과 정신적 내용을 한 편에 두는 경향이 있기는 하지만 이로 인해 경제건설에 영향이나 방해를 받지 않기를 바라는 총체적인 고려 또한 이런 운동들이 신속하게 나타났다가 또 갑작스럽게 요절하는 근본적인 원인이기도 하다. 1983년에 '소외론' 비판이 있었고, 1987년에는 '자산계급 자유화 비판'과 「공개된 연애편지」, 「비천」, 「사회 문서에서」, 「사람아, 사람!」 등 일련의 크고 작은 '문학운동' 비판이 있었다. 하지만 지속되지는 않았고, 정상적인 사회생활에 영향을 주거나 신시기문학의 발전 궤도를 변화시키지는 않았다.

    1979년에서 1985년 사이에 집중된 문학운동은 어느 정도 17년의 그런 비평방식을 이어나갔다. 잘못된 경향이 있는 문학현상을 목표로 하여 문예 성격의 간행물 또는 그 밖의 권위적인 간행물들에 '비평문' '사설' '평론가의 글'이 발표되면서 작가와 작품에 대한 압력을 형성하였고, 좌담회 방식으로 선을 넘은 문학현상과 작품에 대해 정론을 내놓았다. 말하자면 그것들을 사회 여론과 대중 윤리의 반감 속에 고립시키고 방지와 배척의 방법으로 그것을 비주류 현상으로 만들고 나서 다시 문예를 건강하고 적극적인 방향으로 향하게 하는 것이다. 문학작품에 대한 인정은 문학적 기준이 아니라 사회적 가치의 기준으로, 일반 문학문제를 국가와 민족의 존망과 관계가 있는 핵심가치 체계 방면으로 귀납, 승화, 병치시키는 것이다. 하지만 주목할 만한 것은 17년 문학운동에서 항상 나타나는 두 가지 형태가 폐지되었다는 것이다. 비판의 물결이 휩쓸고 지나간

기 문학 논쟁, 탐색과 국면 변화를 인식하는 데 있어서 이 중요한 역사적 전환점을 돌아가기는 실제로 매우 어렵다.

뒤에 비판받은 사람들에 대해 '조직의 조치', 생존의 존엄과 일상생활에 위급(후펑, 펑쉬예펑, 딩링, 아이칭, 왕멍 등) 하지만 '신시기'가 되어 많은 사람들은 비판을 당하지 않았는데도 정상적인 일과 생활에 영향을 받은 경우(백화, 진판, 리핑 등). 이 밖에도 각각의 문학운동은 과거처럼 당사자의 가족과 사회관계에 파급되지는 않는다. 기껏 해야 문학 범위 안에서 이루어지고 더 이상의 커다란 사회운동으로 발전하지는 않는다. 이 모두는 문예를 관리할 때 개혁개방의 날로 이성적이고 성숙된 사유방식을 보여준다. 하지만 당대 문학비평의 방식은 점차 부드러워지는 동시에 새로운 변이도 있다. 상부의 문건, 녹음 연설, 내부 지시 등으로 표현되는 것이다. 이런 비판적 성격의 의견은 작가 작품에 대해서, 문학 기구나 문학 간행물, 출판, 전파, 문학 강의, 초중고등 및 대학의 교재 등등에 대해서 이루어진다. 이런 비평은 쓸데 없는 행위는 아니고, 문학 사조가 나아가는 데에 일정한 영향을 미친다. 현대파 비평 이후에 '뿌리찾기' '선봉' 문학의 제기는 조심스럽게 사회의 민감한 문제를 회피하기 시작했다. 그들의 형식화 형성과 과다한 설명은 이것과 관계가 있다. 이 밖에도 문예좌담, 작가 서신, 매체의 인터뷰, 당사자의 전화 대화, 지라시, 상황 등의 형식으로 이루어지며, 문학계에서 여론이라 불리는 비평 방식으로 이루어진다. 1985년에 이르러 중국 개혁의 무게중심이 농촌에서 도시로 옮겨지면서 보다 복잡한 사회모순이 주재하는 힘이 되었다. 이와 동시에 홍콩과 대만의 가요, 영화, 드라마 등의 대중문화가 등장하기 시작했고, 사회의 주요 전파매체 형식은 문학에서 대중문화로 바뀌었다. 이런 요소들은 모두 당대문학의 문학운동을 급속하게 쇠락하게 만들었다. 1985년 이후 문학계는 비교적 큰 규모의 문학운동 및 사조가 더 이상 발생하지 않았다. 세상을 깜짝 놀라게 할 문학운동은 아득하고도 모호한 역사적 기억이 되어가고 있었다.

하지만 주목할 만한 것은 비록 문학운동의 형식이 쇠락하고는 있지만 그것의 역사적 영향은 각종 방식으로 일정한 범위 안에서 반영되고 있다는 사실이다. 많은 문학현상, 문학주장이 1980년대에 여전히 운동의 형식으로 출현하였고, 그 영향력을 발휘하였다. 뿌리찾기 문학, 선봉문학, 제3세대 시, 20세기 중국문학, 문학사 다시 쓰기, 문학주체론의 제기와 실천 등은 모두 낯익은 그림자를 가지고 있다.

(4) 외국문학 번역과 선봉문학 사조 근 백년간의 중국문학에서 '번역의 정치'는 피할 수 없는 현상이다. 임서의 번역이 '문학혁명'에 미친 영향, 소련의 문론 번역이 1930년대 좌익문학과 옌안 노동자 농민 병사 문예에 미친 영향, 그리고 프랑스, 영국, 독일 문학 번역이 궈모뤄, 바진, 라오서, 차오위, 선총원, 장아이링, 치엔종슈 창작에 준 계발 작용 등은 중국 현대문학 건설에 중요한 요소 가운데 하나였다고 할 수 있다. 50~60년대에 당대 소련문학 번역이 17년 소설에 미친 영향도 틀림없는 사실이다.[29] 70~80년대가 교차할 무렵에 외국문학 번역은 신시기문학이 흥기하는 데 중요한 추진력이 되었고, 대부분의 문학사조에 번역문학의 흔적이 남아 있다. 1977년에 『외국문예』와 『세계문학』의 시범 간행과 창간이 이루어졌다. 『외국문예』는 1978년 7월에 격월간으로 창간되었다. 1980년 제3기 전에는 내부 발행 형식으로 모두 12기가 출간되었다가 나중에 공개발행으로 바뀌었다. 『세계문학』은 1977년 시험 발행이 되었고, 1978

---

[29] 리우칭(柳青), 량빈(梁斌), 하오란(浩然), 왕멍은 모두 당대 소련 소설이 자신들에게 미친 영향을 언급한 바가 있다. 예를 들어, 『홍기보(紅旗譜)』가 출판된 이후에 량빈은 다음과 같이 회고하였다. "『홍기보』는 단편에서 중편으로, 다시 중편에서 장편으로 발전하였다. 그 중의 어떤 인물들은 내 머리 속에서 1,20년을 살지 못했다. 처음 장편을 창작할 때에 나는 마오 주석의 '옌안 문예좌담회에서의 연설'을 숙독하였고, 중국고전문학 몇 편을 자세히 연구하였다. 또 소련 고전소설을 다시금 읽으면서 어떻게 마오 주석의 지시에 따라 위대한 품질을 써낼 수 있을 것인가를 시시각각 생각하곤 했다."(량빈, 「나는 어떻게 『홍기보』를 창작했나」, 『문예월보』 1958년 제5기)

년 10월에 공개적으로 출판되었다. 고찰에 따르면 처음 두 권의 유명한 '번역문학 잡지'는 동서방 고전문학으로 소심하게 소개하거나 비판적으로 소련문학을 번역 소개하였다. 하지만 동시에 현대파 문학을 독자에게 시험적으로 소개하였다.

『외국문예』 창간호에 작가 네 명의 작품이 번역되었고, 그 가운데 세 명은 노벨문학상 수상자였다. 가와바다 야스나리, 에우제니오 몬탈레 Eugenio Montale, 수상을 거절한 샤르트르 등으로, 모두 185페이지에 작품이 전체 페이지의 73.5%를 차지하였다. 또 외국문예 자료 칼럼에 27페이지 분량으로 '노벨문학상과 수상자'를 소개하였다. 자료 부분 중에서 65.8%를 차지하였다. 이 두 가지가 전체 간행물의 57.8%를 차지하였다. 말하자면 노벨문학상에 관한 정보가 이 간행물의 가장 관심을 갖는 부분이었고, 노벨문학상 수상작과 작가가 편집에서 가장 우선시되는 부분이었다는 것이다. 이후의 『외국문예』에서 노벨문학상을 위주로 하는 외국문학상 항목이 『외국문학』의 주요 번역대상이 되었고, 내부에서 발행된 12기 간행물에는 '가와바다 야스나리, 몬탈레, 샤르트르, 알레익산드레, 사울 벨로우, 파스테르나크, 가르시아 마르케스, 헤밍웨이, 포크너, 싱거, 솔제니친, 모라비아 등의 여러 작가들을 번역 소개하였다.[30]

80년대 이후에 외국문학 번역, 소개 및 설명은 더욱 격려를 받았다. 인민문학 출판사, 상무인서관, 작가출판사, 상하이인민출판사, 베이징 삼련서점, 외국문학출판사, 역림출판사 등의 출판 기구는 연이어 대형 총서를 내놓았다. '세계로 나아가는 총서' '외국문학 명저 총서' '노벨문학상 수상 작가 작품집', '20세기 외국문학 총서' '현대 외국문예이론 총역' '현대 서방학술문고' 등이 그것들이다. 이들 외국문학작품, 이론 번역은 사람들이 지식, 문화적 시야를 새롭게 해주었고, 신시기의 인간을 인식

---

[30] 리지엔리(李建立), 『『외국문예』 중의 '외국문학' 형상』, 미간행.

하고 인간을 평가하는 지식계보를 세웠다. 그것은 작가의 창작에 새로운 시야와 문학경험 및 표현방식을 제공해 주었다. 선봉작가들은 19세기의 시대가 이미 끝났고, 그리고 중국 작가들은 20세기 문학 속에 살아야 한다고 의식하기 시작했다. 위화는 현대파의 필독 대상으로서, 카프카, 조이스, 프로스트, 샤르트르, 까뮈, 엘리어트, 요네스크, 라프 거리아, 시몬, 포크너 등을 꼽았다.[31] "내 개인적 취미로, 나는 작금의 세계에서 가장 훌륭한 문학은 미국에 있다고 생각"하기 때문이었다.[32] 새로운 문학번역의 출현(프랑스의 누보 로망, 남미의 환상적 현실주의), 또는 작가가 외유에서 돌아오는 것 모두가 새로운 문학사조를 싹틔우고 토론하고 추동하는 외부적인 요소가 되었다는 것을 쉽게 알 수 있다. 여기에는 신시기 문학사조 건립의 비밀도 포함된다. '뿌리찾기' '선봉' 소설의 출현 과정에서 사람들은 서방 현대 고전 작가의 이 과정에 대한 개입과 영향과 참여를 들을 수 있었다. 예를 들면, 천춘陳村이 왕안이와의 대화에서 인정한 내용이다. "마르케스에게 감사해야 하고, 『백년고독』을 번역한 역자와 출판사에 감사해야 한다." 바로 이 소설이 "우리 문화에 은연중에 존재했던 열등감"을 일소시켜 주었다.[33] 거페이格非는 다음과 같이 회고하고 있다. "당시에 나는 상하이에 있었는데, 내 기억에 마위엔이 타이완에서 번역된 앙드레 지드의 『좁은 문』을 가지고 왔다. 상하이에서 6명이 보기를 기다리고 있었는데, 마위엔이 이튿날 아침에 선양으로 가지고 돌아가려 했다. 우리는 전화를 걸어 시간을 정하고 6명이 보기 위해 줄을 섰다. 우리에게 주어진 시간은 두 시간이었다. 나는 두 시간 만에 다 보았고, 보고 나

---

[31] 위화, 「두 가지 문제」, 『나는 자신을 믿을 수 있나-위화 수필선』, 인민일보출판사, 1998, 178쪽.
[32] 쑤퉁, 「자기 질문에 답하다」, 『램프를 찾아서』, 장쑤문예출판사, 1995, 119쪽.
[33] 「왕안이, 천춘-『샤오바오좡(小鮑莊)』에 관한 대화」, 『상하이문학』 1985년 제9기 참고.

서 다른 사람에게 넘겨 주었다. 정말 유쾌한 시간이었다!"[34]

중요한 것은 80년대 외국문학 번역이 문학사조 형성과정에서 미친 영향을 이해해야 하며, 문학사조 출현 배후의 문제가 이런 영향을 미칠 수 있게 했는지를 알아야 한다는 것이다. 터자스웰리 니난자라가 지적한 바와 같이 번역은 우리에게는 나라와 나라를 뛰어넘는 과정만이 아니라 문제를 온전하게 하는 것을 가리킨다. 나아가 어떤 고전의 재현과 실재 간에 서로 지탱하는 번역문제를 가리킨다.[35] 그녀가 말하는 것은 번역되는 나라의 문학에 문제가 생기고, 이 나라는 또 다른 나라의 번역문학과 달라야만 접수될 수 있다는 것이다. 이와 동시에 번역문학이 예술적 생명력을 가질 수 있느냐 여부는 그 자체에 여러 가지 문제를 가지고 있기 때문이다. 바로 쌍방의 상호 지탱과 담론 묵계인데, 특정 국가의 어떤 시기의 문학사조가 쏟아져 나와서 이 시기 문학의 변화와 발전을 추동한다. 만약 '뿌리찾기' '선봉' 문학사조가 80년대 가장 중요한 문학사조 가운데 하나라면 그것들이 출현한 것은 전단계의 당대문학에 존재하는 많은 문제로 인해 이루어진 것이다. 문혁의 실패는 사회주의 현실주의를 근거로 하는 당대문학의 많은 문제가 폭로될 수 있도록 하였다. 문학이 정치를 위해 봉사하고, 사회 실천의 역사발전을 설명하고 진리 면모를 부여하는 문학서사는 갈수록 역사조류에 이탈하고 문학의 기본 법칙에서 이탈하는 현실 성격을 더 많이 폭로하게 된다. 중국에서 뿌리찾기 문학이 제기되었을 때 미국 작가 포크너의 다르면서도 같은 역사 문제를 맞닥뜨렸다. 『음향과 분노』의 역자 리원쥔은 다음과 같이 지적하였다. 작품에서 "우리는 포크너의 생활과 역사에 대한 고도의 인식과 개괄

---

[34] 거페이·리지엔리, 「문학사연구 시야에서의 선봉소설」, 『남방문단』 2007년 제1기.
[35] 테자스위니 니란자나, 「번역의 위상 정립을 위하여」, 쉬바오창(許寶强), 위엔웨이(袁偉) 편, 『언어와 번역의 정치』, 중앙편역출판사, 2001, 122쪽 인용.

능력을 볼 수 있다. 그의 작품이 멀리 떨어져 있고 어떨 때에는 엉뚱한 이야기를 하고 있지만 실제로는 구 가정이 붕괴와 사망을 통해 미국 남부의 역사적 변화한 한 측면을 진실하게 드러내고 있다." "옛 남부는 어쩔 도리 없이 붕괴되었고, 그것의 경제적 기초는 이미 무너졌다. 남아 있는 상부 구조 역시 흔들거리고 있다."[36] 프랑스 황탄파 희곡 작가 이오네스크는 다음과 같이 말하고 있다. "나는 반대와 결렬이라는 이런 단어로 선봉파에 대해 정의를 하곤 한다. 왜냐 하면 한 가지 표현형식이 인식되었을 때 그것은 이미 낡은 것이 되어 버리고, 한 가지 일이 말해지면 그것은 이미 끝나고 만다."[37] 서방 현대파 작가의 이런 생각과 주장은 '뿌리찾기'와 '선봉작가'들로 하여금 선봉문학의 사명이 반항을 통하여 비인간화된 역사를 종결하고, 그것은 문학과 정치의 관계를 변화시키고 나아가 인간과 역사의 관계를 변화시킴으로써 과거 문학에 대한 작가의 입장, 사상감정, 계급의식, 초소 진지, 대변자 등의 정치 공리화 요구에 대해 문학은 문학이라는 순수문학의 목표를 이룬다는 것을 인식할 수 있게 하였다. 실험소설과 당시 사회이데올로기도 특정 시대의 현실성을 반영한다. 대부분 작가들에게 있어서 이데올로기는 작가 개인의 심령에 대해 대립면은 아니다. 최소한 일종의 엄폐물로서 텅 비어 있고 구분

---

[36] 리원쥔(李文俊), 『소란과 소동·번역본 서문』, 상하이역문출판사, 1995. 사람들은 이들 서방 현대파 작가의 창작을 소개할 때에 번역자가 작가와 작품의 상황에 근거하여 변형된 현대 서술방식으로 사회 역사에 대한 강렬한 관심과 참여의식을 묘사하는 것에 주목한다. 이 당시 중국의 선봉문학이 정치의 통제에서 벗어나는 데 급급했고, 자신의 순수문학 가치의 목표를 선전하는 데 급급했기 때문에 전자의 사회 역사감과 참여의식은 모두 후자의 문학 수용 가운데 의식적으로든 무의식적으로든 여과되었다. 이런 오독 현상은 20세기 중국문학이 서방문학의 영향을 받는 과정에서 일상적으로 발생했던 것이 사실이다.

[37] 이오네스크, 리화(李化) 역, 『선봉파를 논함』. 본문은 글쓴이가 1959년 6월 국제연극학회에서 주최한 헬싱키 선봉파 운동 토론회 개막식에서 한 연설이다. 황전카이(黃晉凱) 주편, 『황탄파 연극』, 중국런민대학출판사, 1996, 62쪽에서 인용.

과 반성이 가해지지 않은 허구적 관념이다. 우리는 두 가지 선택만 가지고 있는 것 같다. 그것의 포로가 될 것인가, 아니면 그것의 그물에서 벗어날 것인가.[38] 이런 고백은 선봉작가 신분의 역사적 변화, 전사/직업작가, 대아/자아, 마이크/심령, 초소/개인 등을 상징적으로 나타내 준다. 사람들은 서방 현대파 문학이 현대문명에 대한 반발로부터 나와서 역사 무대로 나아갔다는 것을 알고 있다. 또 정신생활의 황당무계함, 고독이 반영하는 것은 현대사회에서의 현대인의 소외이고, 이런 외국문학 번역에서 생겨나는 번역문제는 그것들이 80년대 각종 문학사조로 들어왔을 때 이 문제들도 접수, 선정, 그리고 최종적으로 전환되는 복잡한 과정을 거쳤다. 서방 현대파의 문제들은 이 때 이미 중국 신시기 문학사조에서의 문제들이 되었다.

외국문학 번역과 선봉문학 사조가 또 주의를 기울여야 하는 현상으로는 다음과 같은 것이 있다. "텍스트 의역에 대한 본토에서의 선택은 이 텍스트들로 하여금 그것들에 의미를 부여한 이역 문화전통에서 벗어나게 하여 종종 이역문화를 비역사화 시키고, 이역의 텍스트는 통상적으로 본토문학에 주류 풍격과 주제에 부합하는 것으로 바꿔 쓰이곤 한다."[39] 로렌스 베노티의 이런 경고는 독자로 하여금 문학번역의 과정에서 서방 현대파 작품이 어떻게 낯설어지고 비역사화 되는지를 보게 하며, 이런 변이는 최종적으로 80년대 문학사조 가운데 주류 풍격과 주제가 되었음을 보게 한다. 그 가운데 가장 주목할 만한 것은 '뿌리찾기' '선봉' 작품이 모두 현실생활 묘사를 비역사화 하는 현상이다. 아청 등의 문화 뿌리찾기에 대한 이해는 문화/현실 대립의 틀에서 진행된다. 이렇게 하는 것은

---

[38] 거페이, 「십년 1일」, 『사인의 노래소리』, 상하이문예출판사, 2001에 수록됨.
[39] 로렌스 베노티, 차정시엔(査正賢) 역, 「번역과 문화신분의 창조」, 쉬바오창, 위엔위에 편, 『언어와 번역의 정치』, 중앙편역출판사, 2001, 360쪽에서 인용.

문화 전통 속의 현실감, 역사감을 빼내어 문화를 순수하게 현실이라는 땅에서 벗어난 추상적인 존재로 보게 된다. "동서고금의 많은 사람들이 중국문화를 연구하였고, 문학가들은 사회학이라는 넝쿨에 오르기만 했는데, 그 결과는 금세 알 수 있다. 개혁을 쓴다고 해도 깊이있는 문화 배경이 없게 되고," 그렇게 되면 의미가 없게 된다.[40] 선봉 비평가 우량吳亮이 알아낸 마위엔 소설 『허구』의 주류 풍격과 주제는 작가의 '비현실'과 '비역사'에 대한 티벳의 낯선 생활과 인물 고사에 대한 서술로 표현되었고, 그는 매우 신나는 말투로 써냈다. "마위엔의 소설은 대부분 문학 서술에 대한 극단적인 열중을 드러내고 있고, 이런 서술행위는 이미 유일한 한 차례의 진정한 이력 또는 직접 경험이 되고 있다. 이 서술은 옛일을 추억하고 과거를 기록할 당시 발생하는 사건의 도구 기능 이외에 더욱 많은 상황에서 그 자체는 지난 일과 사건이다. 서술이 자신을 형성할 때에 지난 일과 사건은 막 진행되는 방식으로 드러나게 된다." 따라서 "나는 서술을 이용해서 숭배, 신비로운 관심, 무목적, 현상 무의식, 비인과관非因果觀, 불가지성不可知性, 범신론과 범통신론凡通神論 이 여덟 개의 단어로 마위엔의 관념을 개괄한다."[41] 이런 관점은 물론 당대문학의 생활반영론에 대한 회의, 반영을 포함하고 있다. 그는 문학을 시대의 마이크라는 운명에서 벗어나게 하고자 했다. 이는 분명히 이 문장 입론의 기초가 된다. 1985년 이후 문학의 탈정치화는 점차 하나의 조류이자 사조가 되었다. 많은 '선봉'과 '뿌리찾기' 작가들은 현실생활을 현실정치와

---

[40] 아청, 「문화의 인류 제약」, 『문예보』 1985년 7월 6일.
[41] 우량(吳亮), 「마위엔의 서술전략」, 『당대작가평론』 1987년 제3기. 우량의 이 글은 당시에 매우 큰 영향을 미쳤는데, '선봉소설'의 '기준'이 무엇인가에 대한 정의가 되었다. 당시에 상하이를 중심으로 장쑤, 저장 등지에 파급되었고, '선봉문학'의 한 서클이 형성되었다. 비평가 우량, 청더페이(程德培), 작가 마위엔, 위화, 쑨간루, 거페이, 예자오옌(葉兆言), 쑤퉁 등이 그 인물들이다.

동일시하는 이념을 자신들이 소설 창작 속에 집어 넣었다. 그들은 생활에서 멀리 떨어지는 것을 '문학은 문학'이라는 목표를 실현하는 절대적 전제로 보았다. 마원의 「강디스의 유혹」, 아청의 「장기왕」, 모옌의 「투명한 홍당무」, 위화의 「현실의 일종」, 쑤퉁의 「처첩성군」, 왕안이의 「소포장」 등이 그 예이다. 만약 80년대 중반기 중국 사회의 모순과 충돌 등의 역사생활을 이해하려면, 또 이 과정에서 깜짝 놀랄만한 사람들의 운명과 심리상태를 이해하려면 이 선봉 소설들은 세상과는 떨어진 모습처럼 보일 것이다. 만약 사람들이 80년대 풍속사를 쓰고 싶다면 소설사는 참고로 할만한 소재, 정보, 자료를 제공해 줄 수 없을 것이다. 하지만 『음향과 분노』의 역자가 사람들을 일깨워 주는 것은 포크너가 창작 중의 '현실 우려'와 '역사감'이다. 역자가 보기에 미국 남부의 노예제도는 미국 문화 전통의 가장 큰 현실이다. 이에 역자는 날카롭게 지적한다. 이 작품에서 볼 수 있는 것은 포크너가 애증이 분명하다는 것이다. 그는 나름대로의 선과 악, 옳고 그름의 기준을 가지고 있다. 지에셩과 스노프스 삼부곡에서의 푸라임 스노프스처럼 모두 자본주의화된 신남부의 산물이다. 만약 캉프생 일가의 다른 사람에 대한 묘사를 통해 포크너가 남부의 옛날 제도에 대해 절망을 표현했다면 지에셩에 대한 만화식 묘사를 통해 포크너는 다시 분명하게 새로운 질서에 대한 증오를 표현했을 것이다. 포크너는 이렇게 말했다. "나로 말하자면 지에셩은 순전히 악의 대표이다. 내가 보기에 나의 상상 속에서 만들어진 형상 중에서 그가 가장 사악하다."[42] 주목할 만한 것은 외국문학 번역에서 이런 이역문학을 80년대의 각종 선봉 사조로 진입, 참여시키는 과정에서 중국 선봉 작가와 비평가들은 종종 그 자체가 가지고 있는 문학 이데올로기를 잊어버린다. 그리고 서방 현대문학을 비역사화 등의 순수형식으로 이해하곤 한다. 포

---

[42] 리원쥔, 『소란과 소동・번역본 서문』, 상하이역문출판사, 1995.

크너 소설 속에서 '여러 각도의 서술방법'이나 '의식류 수법' '신화 패턴' 등이 그 예이다. 이런 의미에서 중국 선봉작가와 비평가들은 서방 현대파 문학을 우량이 말한 여덟 가지 문학 상상 속에 포함되는 것으로 이해하였다.

1985년 이후 외국문학 번역에 크게 영향을 받은 선봉 문학사조 의미에서의 당대문학은 문학관념, 심미의식, 표현방법을 막론하고 모두 그 이전의 '당대문학'과는 달라졌다. '세계로 나아가자'라는 중국의 시대 조류 속에서 이전 '당대문학'의 가치 방향은 이 역사단계에 처한 독자들의 사회생활, 심미취미에 보다 잘 적응하였다. 그것이 외부에서 이식된 외국문학으로 비판받기는 하지만 그 문학적인 공헌은 여전히 가치절하할 수 없다. 하지만 현실생활에 대한 선봉문학의 냉담함, 얕은 문학의식은 이 시기의 문학성과를 평가하는 데에 어느 정도의 필요가 있다. 이후 오랜 시기(90년대 문학 포함) 동안 개인 서사와 시대 문제에 대한 관심이 서로 대립하고, 대중의 공간이 개인의 공간을 내리누른다고 여기는 견해가 계속 문학의 발전을 통제하였다. 이는 어느 정도 역사 함량이 적은 작품으로 이어지고, 넓은 시야와 포부를 가진 작가의 부족으로 이어졌다. 이에 대해서도 어느 정도의 관심을 가지지 않을 수 없다.

2) 90년대 문학과 21세기 문학

당대문학 '이후 30년', 특히 90년대 문학과 21세기 문학의 이전 30년 문학과의 근본적인 구별은 역사 환경의 중대한 조정에 있다. 이전 30년에 냉전으로 인해 서방 국가는 중국을 외로운 섬으로 고립시켰고, 따라서 당대문학은 사실상 전형적인 본토문학이었다. 유일한 외래 자원은 소련 동구 사회주의 문학이었다. 이후 30년에 중국과 미국의 관계가 개선됨에 따라 서방의 중국 봉쇄 정책이 조정되었고, 이런 변화는 이미 30년간 지속되어 온 개혁개방 정책을 보다 빠르게 살려냈다. 80년대 이후의 당대문학은 이미 세계문학과 긴밀하게 결합되었고, 세계문학의 한 부분이 되었으며, 동방에서의 세계문학의 '산업 링크'가 되었다. 그리고 90년대에 가장 근본적인 변화는 중국의 전면적 '시장경제'로의 전환이다. 이데올로기의 약화와 대중매체로의 전이는 당대문학으로 하여금 시장경제로의 역사궤도에 큰 발걸음을 내딛도록 하였다. 이는 90년대 후 당대문학이 크게 변한 근본 원인이다. 하지만 이 단계의 문학이 역사화되지 않았기 때문에 우리는 지금까지 그것에 대한 효과적인 해석에 있어서 두 가지 문학사건에 머물 수밖에 없다.

(1) 「폐도廢都」 비판과 90년대 문학 '「폐도」 비판'은 당대 문학사에서 오랫동안 버려졌던 광산과도 같다. 그것이 다루는 복잡한 문제는 지금까지도 해석되지 않고 있다. 그것은 80년대 문학의 종결과 90년대 문학의 시작의 표지라고 인식되고 있고, 당대문학은 이로부터 이데올로기의 궤도에서 경제궤도로 완전히 탈바꿈하게 된다. 이로 인해 「폐도」 비판은 당대문학의 전환을 조감하는 또 다른 창구라고 할 수 있다.

1993년에 자핑야오의 장편소설 「폐도」가 『10월』에 연재되었다. 이어서 베이징출판사에서 출판되었다. 이 작품은 처음에 50만권이 인쇄되었고, 공개적, 반공개적으로 100만권이 출판되었다. 해적판은 1,200만 권에 달했다. 한 때 중국 전체의 모든 곳에서는 온통 「폐도」 일색이었다. 그 성황은 1950년대 문학에는 없던 일이었다. 이 소설의 가장 자극적인 것은 주인공 좡즈디에莊之蝶와 네 여인의 애정사, 그리고 작품의 남녀 생활에 관한 삭제 기호였다. 소설 「폐도」는 80년대 인문정신의 공개적인 배반이라고 인식되었다. 많은 사람들은 '무치'와 '미속', '상업적 행동' 등을 격하게 사용하여 그것의 가치 방향을 질책하였고, 사회 전환기에 복잡하게 얽혀 있는 관계에 대해 근본적으로 토론에 부치지 않았다.[43] 토론되지 않은 역사 차원은 두 가지 주목할만한 문제를 포함한다. 하나는 작가 신분의 변화이다. 1949년 이후 오랜 기간 국가에서 임금과 주택을 책임져 주었던 전업작가가 '비즈니스형 작가' '계약 작가' 등의 신분 변화가 나타난 것이다. 다른 하나는 당대문학의 생산방식에 중대한 변화가 일어났다는 점이다. "만약 이전의 당대문학 '생산'이 국가 주도로 이뤄졌다면 「폐도」를 대표로 하여 이런 생산방식은 국가와 비즈니스계의 두 궤도 운영체제로 들어섰다."[44] 또 다른 하나는 만약 성 묘사가 오랫동안 당대문학의 금기였다고 한다면 「폐도」는 그것을 공개적으로 타파하고 전환시대의 이윤이 많은 소비대상이 되었다는 것이다. 그것은 욕망의 서사이자 문화 소비의 역사적 출발점이 되었다. 따라서 누군가는 "「폐도」에 대한 비판과 포위공격은 어느 정도 80년대 문학과의 최후의 일전이라 할 수 있다. 이 싸움 이후 '공통 인식'이 점차 와해되고 지식계에 커다란 분류의 역사적 숙명을 맞게 될 것"이라고 인식하였다.[45]

(2) 인문정신 토론 「폐도」 비판이 당대문학의 권위에 대한 지식계의 간절한 만류라고 한다면 이와 동시에 상하이 학자 왕샤오밍王曉明, 리지에李劼, 천쓰허陳思和 등이 일으킨 인문정신 토론은 80년대 이후 지식인의

---

43 · 「폐도」 비판 물결이 일어난 이후에 많은 글들이 모아져 출판되었다. 그것들은 다음과 같다. 상하이 삼련서점의 『자핑야오는 왜?』, 퇀지에(團結)출판사의 『「폐도」의 수수께끼』, 샨시(陝西)인민출판사의 『여러 색의 자핑야오』 『자핑야오와 「폐도」』, 중국쾅예(鑛業)대학출판사의 『「폐도」와 '폐도열기'』, 쉬에위엔(學苑)출판사의 『「폐도」는 누구를 폐하는가』, 허난인민출판사의 『「폐도」의 맛』, 화샤(華夏)출판사의 『실족한 자핑야오』, 구이저우출판사의 『「폐도」의 수수께끼』, 깐쑤인민출판사의 『폐도여, 폐도!』, 닝사(寧夏)인민출판사의 『정대한 종합예술·폐도전판(傳版)』, 타이바이(太白)출판사의 『자핑야오 수수께끼의 수수께끼』 등등. 이 책들의 출판으로 출판사들은 돈을 많이 벌었고 동시에 자핑야오에게는 커다란 사회적 압력이 되었다.
44 · 황핑(黃平) 등의 대화를 볼 것. 『「폐도」 다시보기와 어떻게 다시 볼 것인가』, 『상하이 문화』 2008년 제2기.
45 · 황핑, 「'인간'과 '귀신'의 갈등 - 「폐도」와 80년대 '인간의 문학'」, 『당대작가평론』 2008년 제2기.

정신생활과 문화시장에 대한 지식인의 농단권을 지키려는 것이다.

인문정신 토론은 먼저 왕수어王朔를 보호하기 위하여 왕멍이 쓴 『숭고함의 도피』를 포함하고 있다.[46] '작가의 아첨'을 비판하는 것은 정신생활과 문학생활의 숭고함을 견지하려는 것이다. 다음으로, 이 토론은 시장경제 전환 후에 지식인의 이탈에 대해 심각한 우려를 토론하고, 이를 위해 매우 이상적으로 보이지만 실제에 맞지 않는 관리 문화와 문학의 방안을 설계해 냈다.[47] 하지만 인문정신 토론과 90년대의 문화 전환 문제와는 기본적으로 접점이 없다. 먼저 그 스스로는 일종의 '시장 원죄 의식'이 있다. 사회주의 사회의 노선에 따라 시장사회를 요구하고, 80년대의 문학 이상을 90년대 문학의 토양에 억지로 접붙이기를 시도한다. 이는 도착된 문제의식과 복잡한 역사 난제를 처리하는 유치함으로 나타난다. 왜냐 하면 인문정신 토론은 당대문학 자체가 결핍한 시장요소를 자신의 지식 체계에 넣지 않기 때문이다. 그것은 전자를 비판당하고 배척당하는 위치에 놓기 때문에 토론은 목표를 잃어버리고 마땅히 있어야 할 역사의 깊이를 잃고 만다. 어떤 의미에서 인문정신 토론은 역사의 한계를 그을 수 있을 뿐이다. 80년대식의 문학은 더 이상 진행시킬 수 없고, 90년대 문학의 분화는 막을 수 없게 되었다. 이로부터 상흔문학을 중심으로 하는 신기기 현실주의 문학은 철저하게 변두리화되고, 선봉문학은 자신의 위기로 인해 당대문학의 지배 지위를 잃게 되었고, 80년대 작가들은 심각하게 분화하기 시작했다. 80년대 문학이 막을 내리면서

---

[46] 왕멍은 잡지 『독서』에 「숭고함 피하기」를 발표했는데, 그 목적은 왕수어의 창작을 빌어 극좌 문예 관념의 당대 문학에 대한 통치를 반성하는 것이었다. 1993년, 왕샤오밍 등 상하이 학자들이 이에 대해 이의를 제기하자, 그는 화둥사범대학에서 대학원생을 조직하여 '인문정신' 토론을 벌인다. 토론 내용은 비록 광범위했지만 왕멍의 이 글이 대표하는 사회 경향을 지목하여 벌인 측면도 있다.
[47] 자세한 내용은 왕샤오밍 편, 『인문정신 심사숙고』, 원후이(文匯)출판사, 1996에 보인다.

'여성문학' '욕망 서사' '신역사주의 소설' '문화 산문' '60 허우 작가' '70 허우 작가' '80 허우 작가' 등의 문학현상이 차례로 등장하였고, 최후의 역사 공간으로 튀어나왔다.

3) 70~80년대 교차기의 문학

(1) 상흔문학 1세대 문화대혁명이 끝나지 않았으면 상흔문학은 흥기하지 않았다. 우리가 여기에서 말하는 상흔문학은 '상흔' '반사' 등의 다양하면서도 복잡한 문학현상을 포함한다. 하지만 상흔문학은 '17년으로 되돌아가는' 역사 형태로 나타나는 것으로, 그것은 역사 상흔이 극좌 노선(문혁 포함)이 직접 만들어낸 것으로서, 극좌 노선과 분리되어 나온 단순하고 이상적인 17년 생활이 바로 잡힌 이후의 정면으로 인식되는 것이며, 이런 의미에서 극좌노선 사상에 대해 바로잡는 것과 비판하는 것으로 구성된다. 그들은 다음과 같이 인식한다. "문학이 사인방의 반현실주의 사슬을 깔끔하게 잘라내고 혁명 현실주의의 길로 나아갔고, 현실주의 전통을 회복시켰으며, 신시기 문학발전을 반영하는 핵심 문제이다."[48] 이는 이 시기의 문학으로 하여금 17년의 방식으로 자신의 신시기 면모를 의식적으로 세우도록 하였다. 그래서 누군가는 이렇게 지적한다. "상흔문학은 당대문학 전통 위에 기생하고 있다. 그 창작 책략은 뚜렷한 목표성을 가지고 있으며 당대문학을 목표로 해야만 그 의미가 있다."[49]

'우파 작가' '지식 청년 작가'를 포함하는 상흔문학 세대는 사실 '신중국 세대'이기도 하다. 루신화의 「상흔」, 리우신우의 「반주임」, 장지에의 「사랑, 잊을 수 없는 것」, 가샤오성의 「리순다 집을 짓다」, 총웨이시

---

[48] 주자이(朱寨) 주편, 『중국당대문학사조사』, 런민문학출판사, 1987, 523쪽.
[49] 쾅신니엔(曠新年), 「고별 '상흔문학'」, 『당대문학 언저리에 쓰다』, 상하이교육출판사, 2005, 170쪽.

의「담장 아래 홍위란」, 장시엔량의『토로정화』, 장쉬엔의「기억」, 정이의「단풍」, 콩지에성의「작은 강 저편」 등의 작품에서 우리는 '17년'은 언제나 비극적 고사의 중요한 참조로 존재하는 것을 보게 된다. 그것들은 주인공 구사일생의 이상, 격정, 그리움 등을 지지하는 것으로 표현된다. 가장 전형적인 것은 「나비」에서 '명예를 회복'하는 노간부가 되돌아 온 것이 그 원래의 도시, 직무, 직장일 뿐만 아니라 '17년을 되돌리려' 하는 것이다. 이런 역사적 이해에 의해 떨어져 나간 아름답고 순결한 17년은 지식 청년 소설과 개혁소설에서 대량으로 존재한다. 스티에성史鐵生의 「저 아득한 청평만」에서 쓰고 있는 것은 문혁 시대에 감춰진 지식 청년 생활 속의 따뜻한 17편 풍경이다. 베이다오의「선고」「대답」「결말 또는 시작」, 슈팅의「상수리 나무에게」「드림」,「가을밤 친구를 보내며」「봄밤」 등이 시에서 말하고 있는 것은 모두 17년의 인생 스토리이다. 몽롱시 세대가 한 것은 이런 일이다. 베이다오는 보다 격렬하고 극단적인 방식으로 잃어버린 17년의 아픈 기억을 표현했을 뿐이다. 이런 역사서술에서 '문혁' '반우파'는 17년의 아름다운 역사와 기억을 파괴한 괴수로 인식된다.

상흔 세대 작가 중에서 까오샤오성, 장쉬엔의 소설이 베이다오의 시에 비해서 걸출하다.

(2) '논쟁작'과 그 작가 70~80년대가 교차하는 시기의 문학사 서술에서 빠뜨릴 수 없는 것이 문학사 정전 밖에 방치된 논쟁작과 그 작가 현상이라고 생각한다. '논쟁' 현상의 출현은 80년대와 17년이 손잡고 만든 17년보다 더 인성화된 문학 규칙에서 왔다. 그 핵심은 여전히 굳건하게 네 가지 기본 원칙을 견지할 것인가였다.[50]

50・『인민일보』 평론원,「사회주의 문예기치를 높이 들고 정신오염을 굳건하게 막아내고

상흔문학이 당연하게도 한 시기의 주류문학이 될 수 있었던 이유는 그것이 기본적으로 상술한 문학 규칙과 핵심 가치관을 준수하고 배합했기 때문이다. 그리고 또 다른 작가 작품들이 주류에서 밀려난 것은 대체로 두 가지 이유가 있다. 그 하나는 그들 가운데 적지 않은 사람들이 아마추어 작가였다. 문학의 수식 수단을 이용하여 표현하려는 첨예한 주제를 잘 표현하지 못했다는 것이다. 예를 들어 위뤄진遇羅錦의 「겨울 동화」, 리핑禮平의 「노을이 사라질 때에」 같은 작품들이다.[51] 다른 하나는 예술 표현상 과도한 서술이다. 예를 들어 「비천」 「사회의 문서에서」, 「인사이동」같은 작품들이다. 신시기 문학 초기에 문학 내부는 사실 이미 많은 비밀 궤도를 매장하였다. 만약 서술이 과도하거나 지나치게 사나우면 이 작가 작품은 궤도를 벗어나거나 이탈할 수 있었다. 정사 궤도에 대한 위협이 되는 것이다. 하지만 논쟁작 문학 분위기는 이미 형성되었고, 별도의 문학사 문서를 만들어서 그것들을 그 안에 귀속시켜야 하는 것이다.[52] 더 많은 사람들에게 잊혀진 작가 작품 현상은 아마도 이런 의미에서 상흔문학의 단일화된 역사 내용을 보정하고 충실하게 할 것이다. 그것은 상흔문학의 역사를 다양하게 해줄 것이다.

4) 1985년 이후 문학의 다양한 실험

'80년대 문학'은 1930년대 이후의 또 하나의 문학의 '황금십년'이라 불린다.[53] 그것의 가장 중요한 표지는 1985년이다. '1985'는 당대문학이

말끔히 하자」, 『인민일보』, 1983년 8월 31일.
[51] 바이량(白亮)은 자신의 「'개인감정'과 '도의적 부담' 사이의 간극 - 위뤄진의 '동화'로 본 신시기 초 작가의 신분과 그 기능」에서 이 문제에 대해 상세하면서도 깊이 있는 토론을 벌였다. 『남방문단』 2008년 제3기를 볼 것.
[52] 리우훙샤(劉洪霞), 「'정통' 또는 '이단' : 『작품과 쟁명』의 다양한 모습」, 『하이난(海南)사범대학학보』 2007년 제1기를 참고할 것. 이 문장은 당시의 복잡한 상황에 대해 세밀한 정리와 분석을 했다.

'1949' '1979'를 잇는 또 하나의 중요한 전환점이다. 전국에서 일어난 '도시개혁' '외국문학 번역열기', '문화열기' 등은 문학의 다양한 실험을 여러 측면에서 살려낸 요소였다.

(1) '뿌리찾기 소설' 세대　1984년 말, 일군의 작가 비평가가 항저우에서 문학의 '당대성'을 토론하였다. 이듬해 한샤오공은 『작가』제5기에 「문학의 '뿌리'」를 발표하여 '뿌리찾기 소설'의 막을 열었다. 아청이 곧 바로 「문화가 인류를 제약하다」를 쓰고, 리항위李杭育가 「우리의 '뿌리'를 따져보자」 등의 문장으로 뒤를 따랐다. 이 문장들은 사실 새로운 것은 아니었다. 당대문학의 뿌리를 정치에 잘못 놓았다고 하면서 전통문화로 옮겨야 한다고 주장했다. 중국의 궁벽한 원시생활과 인성이 바로 그들이 말하는 전통문화였다. 선총원, 쑨리 등이 그들이 받든 문학의 큰 신선이었다. 하지만 이것은 당대문학의 전환을 추동하는 데에는 큰 역할을 하였다. 그들이 뿌리찾기 운동을 일으킨 것은 당시 젊은 작가들이 빈번하게 미국과 독일 등지를 방문하던 것과 밀접한 관계가 있다. 그 나라들에서는 문화 인류학이 발전해서, 국제 펜대회와 세계문학의 시야에서 그들은 민족 본토의 뿌리찾기만 있으면 세계로 나아갈 수 있다는 것을 알게 되었던 것이다.[54]

'뿌리찾기' 운동은 사실 사람들을 유감스럽게 하는 문학운동이다. 뿌

---

[53] 이 관점은 원래 산문연구 전문가 리우쉬위엔(劉緖源)이 2008년 3월에『상하이문학』에서 개최한 '신시기문학 30년' 좌담회에서 한 발언이다. 이 모임에는 천춘, 쑨간루, 청더페이, 판샤오칭(范小靑), 청광웨이, 까오위엔바오(郜元寶), 우쥔(吳俊), 뤄깡(羅崗), 장칭화(張淸華) 등 작가와 학자 20여인이 참석하였다.

[54] '뿌리찾기문학'의 '발생학'은 전면적이고 깊이 있는 해석을 하지 못해 왔다. 보다 많은 사람들은 문학 차원에서 '사회주의 현실주의 문학'에 반발하는 각도에서 그 의미를 인식하였다. 사실, 당시에 한샤오공, 왕안이의 '외유'는 '뿌리찾기'의 흥기에 있어서 중요한 접촉점이었고, 국제 펜클럽이 없었다면 그들은 '뿌리찾기' 방안을 싹틔우지 못했을 것이다.

리찾기 세대는 원래 지식청년 작가로서, 대부분 상혼문학에서 넘어온 인물들이다. 하지만 문학 창작력으로 말하자면, 한샤오공의 이론적 상상력은 뛰어나지만 소설이 평이했다. 「아빠, 아빠, 아빠」「여자, 여자, 여자」의 개념화 경향은 매우 심각해서, 정말 17년 시기의 소설과 별 차이가 없었다. '뿌리찾기 소설'의 대들보 역할을 한 것은 아청, 모옌의 「장기왕」, 「투명한 홍당무」 정도이다. '뿌리찾기' 세대는 솔직히 말해서 문학사 가운데 한 번이었다. 아청은 비록 문학을 가지고 노는 부류의 인물로서, 「장기왕」은 베이징 토박이의 골동품을 좋아하는 분위기가 있지만 잘된 작품이라고 말할 수는 없다. 주인공 왕이성王一生의 정신은 완전히 소설이 서술하는 70년대에 속하지 않고, 80년대와도 아무런 관련이 없다. 하지만 이 소설은 당대문학 단계에 놓으면 그 성과는 다른 소설 이상으로, 마치 왕쩡치 소설과 당대소설의 관계와도 같다. 왕이성은 베이징에서 기차를 타고 고향으로 내려가 농사짓는 일에 안착하지 못하고 한가하게 여기저기를 쏘다닌다. 장기두는 것으로 생계를 해결하는데, 묘사가 재미있고 적절하게 이루어졌고, 세부묘사도 모두 적절하게 이루어졌다. 마지막 장기를 두는 '차바퀴 대전'은 소설의 클라이맥스로, 내 기억으로는 이 장면은 몇 십년간의 당대 소설 중에서 몇 번 출현하지 않는다. 작가의 붓놀림은 자오수리, 쑨리, 왕쩡치 등의 문단의 거장들과 어깨를 나란히 할 만 하다. 아청은 '뿌리찾기' 세대에서 세상경험, 독서, 입각점, 경지 면에서 모두 다른 사람들과 비할 바가 아니다. 단지 애석하게도 그는 「아이왕」「나무왕」「도처의 풍류」 등 작품을 쓴 이후에 돌연 절필하였고, 다른 일을 하러 출국하였다.

'뿌리찾기' 세대에는 또 리항위李杭育의 「마지막 늙은 어부」, 정이의 「먼 마을」, 왕안이의 「소포장」, 정완룽鄭萬隆의 「다른 마을의 다른 소문」, 리루이李銳의 「태행太行 시리즈」 등이 뛰어나다고 할 수 있다. 하지만 품질, 경지, 수법 등에서 모두 앞의 두 편의 소설과는 비교하기 어렵다. 어떻든 당대문학 이후 30년의 소설 유파 중에서 창작 성과가 가장 두드러지고 작품이 후세에 남을 수 있는 작품은 아마도 '뿌리찾기 소설' 가운데 이 작품들일 것이다.

(2) '선봉문학' 세대 1986년과 1987년 사이에 뿌리찾기 소설과는 완전히 다른 유파의 소설이 등장하였는데, 역사에서는 '선봉소설'이라 부른다. 선봉소설의 발생지는 사실 티벳 라싸이고,[55] 중심 무대는 상하이다.[56] 티벳의 마위엔, 자시와다(홍펑洪峰은 지린)를 제외하고 선봉 소설가들은 모두 상하이 주변의 저장, 장쑤 두 성에 집중되어 있다. 위화, 쑨간루, 거페이格非, 예자오이엔葉兆言, 쑤퉁 등이 그들이다. 주관적인 바람 면에서 선봉 세대는 뿌리찾기와 마찬가지로 17년과 사회주의 현실주의 문학을 강렬하게 배척하고, 환상적 현실을 가지고 그들 마음속의 당대문학을 재건하고 싶었다. 하지만 이 파의 소설은 용맹함이 지나쳤고 모방이 너무 심했으며, 자아창조와 예술 생성 능력이 부족하고 사상이 보편적으로 결핍되어 후세에 전해질 수 있는 작품이 매우 적었다. 따라서 그 형식 실험이 우량이 명문 「서술의 올가미」에서 말한 빛나는 의미가 있다 할지라도 이 글의 평가는 말이 지나쳐도 감출 필요가 없다. 왜냐 하면 이 소설들의 예술적 가치는 보편적으로 높지 않기 때문이다.[57] 오늘날 보자면,

---

[55] 위진싱(虞金星)의 연구에 따르면, 마위엔, 자시다와 등이 1982년에서 1985년까지 시짱 라싸에 '문학 서클'이 있었다고 한다. 그들은 마르케스 등 남미 환상적 현실주의 작가의 소설을 읽고 모방하였고, 이 시기의 『시짱문학』에 관련 문장을 많이 썼다고 한다. 하지만 이런 활동들은 반향을 불러일으키지 못했고, 그들에게 상하이 비평가라는 굴레만 씌워졌다. 더우이 우량(吳良)은 발견된 후에 전국으로 나아갔다. 「마위엔을 대상으로 본 선봉소설의 전사(前史)」, 『하이난(海南)대학학보』 2009년 제2기 참고.

[56] 졸저 「'선봉소설'을 어떻게 이해할 것인가」, 『당대작가평론』 2009년 제2기. 이 글에서 나는 '상하이'라는 이 도시와 그 비평가들이 '선봉소설'의 역사적 흥기 과정에서 발휘한 특수한 작용을 언급하였다. 이로부터 '상하이'가 없었으면 '선봉소설'은 어디에서 왔을까 라는 질문을 할 수 있을 듯 하다.

마위엔의「허구」「강디스의 유혹」, 위화의「일종의 현실」「강변의 착오」, 홍펑의「한해瀚海」, 쑨간루의「꿈속의 방문」, 거페이의「미주迷舟」등은 모두 대담한 탐색이고, 예술적으로 유치한 소설이다.

더욱이 마위엔에 대한 평가는 지나치게 높아서 이후의 문학사에서 다시 고쳐 쓰게 될 것으로 믿는다. 하지만 마위엔처럼 당대 소설 문체에 대한 대담한 도전이 있었기 때문에 이후에 더 풍부하고 다원적인 소설 창작이 이루어질 수 있었고, 이 사실도 반드시 인정해야만 한다. 어떤 의미에서 쑤퉁은 반역 작가 그룹의 의외의 수확이다. 그의「처첩성군」「홍분」, 「1934년의 도망」「나의 제왕생애」는 이 소설들 가운데 귀한 좋은 작품이다. 그는 깊이 들어가 관찰했고, 문필은 세밀하며 서술은 자연스럽다. 차분하고 주도면밀하며 운명의 무상함, 미인박명의 민국 여성을 특히 잘 써냈다. 해파 소설과 장아이링 소설의 전통을 곧바로 계승하였고, 그 예술의 정수를 80년대 문학에 재차 클라이막스에 이르게 하였다. 하지만 쑤퉁은 모방과 이식과정에서 개인적으로 독특한 창조를 하여, 그의 단편소설은 매우 걸출한 모습을 보였고, 당대 일류 단편소설가 진용에서도 손색이 없다. 물론 개별 작품은 유치한 면을 보이는 것도 인정해야 한다. 선봉소설은 90년대 초에 전환되는 모습을 보였고, 이 유파의 작가들 가운데 큰 인물이 된 사람은 위화이다.

1984년 이후 출현한 제3세대 시가는 선봉문학 가족을 구성원으로서, 그 가운데 위지엔于堅 한동韓東 등이 무시할 수 없는 훌륭한 시를 써냈다.

(3) '신사실 소설' 세대 이 유파의 소설을 '한 세대'라고 부르는 것은 약

---

57 · 우량,「마위엔의 서술전략」,『당대작가평론』1987년 제3기. 우량은 당시 '선봉소설' 평론의 제1인자이다. 뛰어난 글재주를 과시하며 사상적으로 날카로운 글을 많이 썼다. 하지만 이 소설 문학의 성과에 대한 평가는 명실상부하지 않은 점이 있다. 이런 시대적 한계를 당시로서는 피할 수 없었다.

간 과장하는 말 같다. 왜냐 하면 그들의 영향이 '뿌리찾기' '선봉'에 훨씬 미치지 못하기 때문이다. 1988년에 '신사실 소설'이 『종산鍾山』 잡지에 '뿌리찾기'와 '선봉'에 이어서 등장했다.[58] '신사실'은 중국 당대사회의 전환 풍조가 왕성한 분위기에서 생성하였다. 그들은 '0도 창작' '생활 원래 생태 환원'을 추진하면서, 낭패한 처지에 빠진 소인물을 소설의 주인공으로 그려내어 역사의 전면에 등장시켰다. 문화 뿌리찾기로부터 형식 실험, 다시 생활 환원에 이르기까지 당대문학은 신사실 소설에서 또 한 차례의 다른 소소한 전환을 거치게 된다. 신사실 소설 작가로는 리우전원劉震雲, 팡팡方方, 츠리池莉 등이 있다. 팡팡은 세속 생활 묘사에 깊이가 있고, 츠리는 끝까지 속됨을 추구하였다. 하지만 그녀의 서술은 명쾌하고 예리하다. 문학사에 들어갈 수 있는 우수한 소설로는 리우전원의 「탑포搭鋪」「신병련新兵連」「땅위의 닭털」「단위單位」 등 몇 편이 있다. 이 작품은 신사실 가운데 가장 훌륭한 수확이고, 80년대 각종 실험이 마감을 앞둔 시점에서 일독할만한 훌륭한 작품이다.

5) 90년대와 21세기 문학

90년대 이후 20여년이 흘렀지만 역사는 충분히 쌓이지 않았고, 관련 지식도 아직 세워진 바가 없다. 따라서 필자가 보기에는 옥석이 뒤섞여 있는 문학기여서 간단하게 언급할 수 있을 뿐이다.

앞에서 말한 바와 같이 90년대 문학의 두 가지 문학사건은 특별히 눈길을 끄는데, 바람을 몰고 오는 문학창작은 오히려 거기에 묻히고 말았다. 이 시기 창작의 전체적인 특징은 중, 단편소설의 영향을 줄어들었

---

[58] 1988년 10월, 잡지 『종산(鍾山)』과 『문학평론』이 장쑤 우시(無錫)에서 개최한 '현실주의와 선봉파 문학' 좌담회에서 '신사실주의'를 널리 알리기 시작했다. 이 해에 『종산』 제3기부터 '신사실소설 합동전시' 칼럼을 두었다. 첫 기의 '권두언'은 비평가들이 작가들을 위해 발표한 '산을 나오는 선언'이다.

고, 장편소설과 그 밖의 창작은 떠들썩하게 발전하였다. '하반식 창작' '소녀 산문' '80허우 작가' '문화 산문' '하층 창작' 등이 그것이다. 『문예쟁명』의 많은 작가들에 의해 이름 붙여진 '신세기문학'은 혼란스럽기 짝이 없는 문학현상을 더 파악하기 어렵게 만든다. 문학에 어지러운 모습이 나타난 것은 첫째, 시장 사유가 전면적으로 사회 인심에 파고들었고, 도덕 규범의 결여로 이어졌기 때문이고, 둘째, 가치 목표와 규칙이 상실되었기 때문이다. 문학 표준은 더 이상 존재하지 않고, 이렇게 되니 문학의 시비 표준이 없어지고 문학 시비가 그것을 대신하게 되었다.

사람들이 만족하지 못하는 역사 시야에서 리우칭방劉慶邦의 단편소설, 왕안이, 자핑야오, 위화, 모옌, 옌리엔커 등의 장편소설이 짐을 떠맡았다. 천종스陳忠實의 『백록원』은 훌륭하기는 하지만 평가가 지나치게 높다. 하지만 이들 재능 있는 작가들이 써내는 장편소설은 사람들을 걱정스럽게 한다. 그들은 분명히 중편소설을 쓸 때와 같은 저력이나 탄탄한 붓놀림이 없다. 위화의 소위 장편은 중편을 길게 늘인 것에 불과하다. 위치우위余秋雨, 지시엔린季羨林, 장중싱張中行 등의 산문도 지나치게 인정을 받았는데, 실제에 부합되지 않는다. 사실 왕수어의 이 시기 소설은 고르지는 않지만 간과할 수는 없다. 훗날 그는 영화와 텔레비전 분야로 발을 들여놓았고, 그 손해는 작지 않다. 이 작가에 대한 논쟁은 이 자리에서 생략한다. 약간 젊은 사람들은 삐페이위畢飛宇의 소설들을 주목해 볼 수 있다. 더 많은 작가 작품은 아직 문학 고전화 과정을 거치지 않아서 일일이 거론하지 않는다.

6) '이후 30년'의 주요 작가

30년이 훌쩍 지나가고 많은 작가들이 역사 속에 묻혔다. 문학사를 쓰는 우리들로서는 정말 감개무량하지 않을 수 없는 일이다. 하지만 인간이 세상에서 살아간다는 것이 예로부터 이러 했으니, 몇 사람만이 다음

시대까지 살아남아 다음 세대 관객들에게 넘겨지고, 나머지 사람들은 모두 연기나 먼지가 되어 완전히 사라져 버리는 것이다. 문학도 마찬가지이고, 연극도 마찬가지이다. 역사는 길고 인생은 너무 짧아 내 눈으로는 '역사' 전부를 분명하게 볼 수 없는 까닭에 그저 억지로 말할 수밖에는 없으니 여러 문학 명사들은 양해하여 주시기 바란다.

(1) 자핑야오賈平凹의 소설 자핑야오(1953~)는 샨시성陝西省 단펑현丹鳳縣 사람이다. 이 작가는 내성적이고 신중하지만 뛰어났고, 풍수에 정통했으며 묘비나 천문 지리, 구소설 등에 뛰어난 면을 보였다. 성숙기의 소설에는 그 흔적들이 남아 있다. 비록 그는 '개혁개방'을 소재로 하여 창작을 하기는 했지만 '구문인'의 분위기는 바뀌지 않았고, 그 기질이 문자 속에 스며들어 발휘되었다. 이 두 가지가 결합되어 작가를 통해 신시기에 중국 전통소설의 부활로 이어졌다. 1978년 이후에 「보름달」「흑씨黑氏」「먼 산야의 정」으로부터 「부조浮藻에 이르기까지 농민이 도시로 들어간 시절 겪게 되는 운명에 대한 깊은 관심을 볼 수 있다. 90년대 이후 그는 '역사'를 그 속에 숨기고, '개인'을 두드러지게 하였는데, 「폐도」가 한 극단이며, 동류 계보로는 고로장古老莊」, 「늑대를 그리며」「백야」 등이 있다. 「폐도」의 논쟁성은 작품이 당대 지식인이 맞닥뜨릴 수 없는 복잡한 문제를 제기했기 때문이고, 하늘과 땅을 종횡무진하는 자유로움이 작가의 진실한 정신세계를 폭로한 것이기 때문이다. 「진강秦腔」은 백묘에 서정을 가미한 복잡한 필법으로 현대문명의 압박하에 놓여 날이 갈수록 쇠락해 가는 농촌사회를 색채감 풍부하게 그려냈다. "나는 정치성 강한 작가가 아닐 것이다." "나는 작품에서만 모든 것을 풀어놓고, 자유롭게 행한다."[59] 작가의 '자기 평가'는 그 창작의 높고 낮음을 평가하는

---

[59] 자핑야오, 「40세에 말하다」, 레이다(雷達), 량잉(梁穎) 편, 『자핑야오 연구자료』, 산둥문

예술척도가 될 수도 있다. 산문성과 서정성은 그의 창작에 있어서 가장 두드러진 특색이다. 그가 가장 성공적으로 그려낸 인물형상은 모두 시대의 커다란 흐름에 영합하지 못하지만 작가의 정신 기질을 진하게 간직하고 있는 인물들이다. 쫭즈디에, 자로 등의 인물이 그 예이다. 이런 의미에서 「폐도」, 「고로장」은 작가의 가장 훌륭한 장편소설이고, 몇십년간의 그의 소설 가운데 '소설'이다. 반대로, 사람들에게 비교적 높은 평가를 받은 「부조」, 「진강」은 표현이 평범하고 부자연스럽다. 자핑야오 문학의 또 다른 성취는 산문이다. 적지 않은 산문 작품이 당대 산문의 최고 작품이라고 말할 수 있다.

이 장에서 언급되는 몇몇 작가 중에서 소재 선택, 취미로부터 문풍에 이르기까지 자핑야오가 가장 철저하고 가장 유식한 '중국 작가'이다. 그는 당대 소설가 가운데 가장 백화문과 문언문을 능숙하게 이용하여 창작한 일인자이다. 그가 해외 중국학자들에게 가장 관심을 덜 받았다는 것은 후자의 무지함과 함께 그의 소설을 번역할 때 문화와 언어 면에서 심각한 어려움을 만나게 된다는 것을 말해주는 것이다.

(2) 왕안이王安憶의 소설   왕안이(1954~)는 자핑야오 이후 신시기문학 30년의 또 다른 한 그루의 상록수이다. 그녀는 20세기 장아이링 이후 가장 훌륭한 중국 여류 작가로서, 거둔 성과가 남성 작가들 보다 뛰어난 우수한 소설가이다. 소설 예술면에서 왕안이는 아마 가장 자각적일 것이다. 그녀가 소설을 논한 「심령의 세계」로 증명될 수 있다. 만약 '이후 삼십년'에 자핑야오가 중국 농촌생활을 써낸 것을 대표한다고 한다면, 왕안이는 도시소설의 최고 수준을 보여준다고 할 수 있다.

상하이와 화이베이淮北 농촌은 왕안이가 수십 년간에 걸친 소설 속에

예출판사, 2006, 18쪽

서 정성들여 가꾼 두 포인트이다.[60] 하지만 상하이라는 도시 초상에 대해 주도면밀하게 묘사한 것은 가장 뛰어나다고 할 수 있다. 단편소설은 그녀의 실험무대였다. 장편소설은 그녀가 대작가가 되겠다는 야심을 보여준다. 하지만 중편소설은 그녀의 예술적 재능과 소설에 대한 이해 분야를 드러내 보여 주었을 뿐이다. 1980년대의 '원원雯雯 시리즈', 「본 열차의 종점」, 「흘러감」으로부터 90년대 후반의 「아저씨 이야기」 「부평富萍」 「장한가」 「편지효웅遍地梟雄」 「계몽시대」 등에 이르기까지 나는 작가의 가장 훌륭한 소설은 중편소설 「미니米尼」 「문혁유사文革遺事」 등 몇 편이라고 생각한다. 어떤 의미에서 미니가 작별을 고하고 다시 돌아오기 어려운 두 상하이는 바로 30년간 작가가 나누어진 중국 사회에 대한 가장 민감한 역사 요약이다. 미니는 매일 걸어가지만 혁명사 속에서 잃어버렸던 상하이의 회해로, 난징로는 상하이 사람 미니의 독특한 감각으로 새롭게 부활하고, 그것들은 마침내 소설이라는 역사 진열관으로 존재하게 되는 것이다. 왕안이는 세밀한 소설을 계획할수록 감당할 수 없었다. 「장한가」 「계몽시대」가 그 예이다. 그리고 작가가 '부주의'한 소설일수록 성공적이고 성숙되었다. 「미니」 「문혁유사」 「내가 사랑하는 비르」 등이 그것들이다. 문학사 계보에서 왕안이는 80~90년대 해파소설에서 가장 중요한 대표 작가이다. 동시에 예술적 성취면에서든 사회를 표현하는 넓이면에서든 장아이링의 '도시 제재'를 훨씬 뛰어넘은 집대성자이다.

왕안이의 문법은 노련하고 감각은 세밀하며 언어는 전통소설과 도시경험의 결합체이다. 서술자는 작품에서 강한 지위를 갖고 있고, 때로는 인물을 압도하는 존재이다. '숙명감'은 그 소설의 영혼이다. 그리고 실패한 인물에 대해 따뜻하게 보살피는 것은 그녀의 소설이 시대를 넘어선 예술적 사명력과 가독성을 가지게끔 해준다.

---

[60] 난판(南帆), 「도시의 초상 – 왕안이의 『장한가』를 읽고」, 『소설평론』 1998년 제1기.

(3) 모옌莫言의 소설 '이후 30년'에 외국 번역소설의 영향을 가장 많이 받은 작가가 모옌(1955~)이다. (또 다른 작가는 위화) 있는 그대로를 묘사하는 것은 모옌의 치명적인 약점이다. 그는 그대로를 묘사한 소설이 없다. 그는 중국 전통소설의 성실한 백묘와 형상화를 견디지 못한 듯 하다. 비록 그가 포송령蒲松齡의 『요재지이聊齋志異』에 덧붙이기를 좋아했지만 말이다. 그의 장점은 풍부한 '예술 감각기관'과 농촌세계에 대한 상상력이다. 모옌은 군인 출신이지만 그 생애와는 완전히 결이 다른 남미의 환상소설을 유달리 좋아했다. 그의 기질은 이 소설들을 가까이 하고 선택하도록 만들었다.

1985년에 그는 소설 「붉은 수수」로 유명해졌다. 이어서 그의 가장 훌륭한 소설 「투명한 홍당무」, 「흰개 그네」, 「고하枯河」, 「추수秋水」 등이 연이어 발표되었다. 90년대 이후 그는 비록 장편소설 창작에서 성공을 거뒀지만 『단향형檀香刑』을 제외하고는 중편소설보다 나은 장편소설은 더 이상 없었다. 「투명한 홍당무」는 농촌의 호적에 올리지 못한 아이들이 '감각기관'이 경험한 것에 대해 드러낸 것은 그 풍부성과 다층화 효과가 이전에 중국문학사에 등장했던 작가들, 예를 들어 루쉰, 선총원, 자오수리, 쑨리, 리우칭, 하오란 등등을 뛰어넘는다. 「투명한 홍당무」에 등장하는 호적이 없는 아이는 처음부터 끝까지 상당히 심각한 불안감과 정신적인 초조함을 드러낸다. 호적이 없는 아이의 자연을 느끼는 특이한 능력에 대한 묘사는 아마도 당대 농촌소설 가운데 가장 뛰어난 세부 묘사일 것이다. "자욱한 안개는 황마 잎과 검붉거나 연녹색의 콩줄기와 부딪쳐 귀를 멀게 할 정도의 큰 소리를 낸다. 메뚜기가 날개를 파닥거리는 소리는 기차가 철교를 지나는 것 같다. 그는 꿈속에서 기차를 보았다. 그것은 외눈박이 괴물이었다. 엎드려서 말보다도 빨리 달린다. 만약 서서 달린다면? 꿈속에서 기차가 막 일어섰다. 그는 계모가 구들에서 비질하는 소리에 잠에서 깨어났다." 이런 빼어난 단락은 「풍유비둔豊乳肥臀」, 「단향형」「고하」같은 다른 소설에서도 등장한다. 언어 면에서 모옌의 소설은 거침이 없고, 촌티가 흐르지만 때로는 스스로도 절제하지 못할 때도 있다. '감각'이 그의 모든 소설의 '구성'이다. 이런 특수한 구조는 항상 당신을 단숨에 소설을 다 읽도록 만든다. 동시대 작가 중에서 모옌이 아마도 가장 소질이고 재능이 있는 작가일 것이다. 하지만 90년대 이후 그의 소설은 너무 심하게 중복되고 있다. 따라서 장편소설 창작에서 계속 용맹하게 전진해 나가고 당대소설의 예술적 표현이 가장 대담하고 가장 놀라운 도전을 해낼 수 있을지 여부는 천부적 소질을 가지고 있지만 만족하지 않는 이 작가에 대한 우리들의 여전한 기대이기도 하다.

(4) 위화余華의 소설   위화(1960~)는 '상처를 마주하고 기이한 폭력장면'을 특색으로 하는 많은 독자를 가진 작가이다.[61] 위화의 소설은 루쉰, 카프카, 가와바다 야스나리 등 소설 문체의 혼합체이다. 80년대에 그는 '선봉소설'의 대열에 섰지만 사람들에게 놀라움을 안기는 나쁜 느낌을 준다. 1992년에 이르러 중형 장편소설『살아가는 것』『허삼관 매혈기』『가랑비 속의 고함』등이 발표되었고, 그제서야 위화는 선봉작가의 격렬한 세계에서 빠져나와 신시기 일류 소설가의 대열에 합류하였다. 작가는 세 부의 장편소설에서 전기 선봉소설의 폭력, 피비린내에 대한 기호를 지속하였다. 하지만 그것들은 이미 충분히 사실적인 풍격 속으로 되돌아왔다. 위화는 집요하면서도 미친 듯이 소설 속에서 감동을 주는 생활체험을 찾았고, 익숙한 생활을 낯설게 하는 효과를 강렬하게 추구하였다. 허삼관은 매혈을 위해 인생 전부의 격정과 지혜를 쏟아부었고, 마침내 그가 울상이 된 것은 피를 팔지 못하게 된 심각한 실패감이었다. 위화가

61・이는 왕더웨이(王德威)의 평가다.「상흔즉경(傷痕卽景), 폭력기관(暴力奇觀) - 위화론」, 『당대소설이십가』, 삼련서점, 2006, 128~148쪽 참고.

그려낸 인물들은 모두 다른 사람들에 비해 알 수 없는 증오감을 가지고 있다. 그들은 다른 사람들이 인생의 의미이자 살아간다는 것의 이유라고 여기는 것들을 없애버리려는 듯 하다. 하지만 극단적인 예술 추구는 상하 두 권의 장편 『형제』에서 전대미문의 좌절을 맛보게 된다 하지만 『형제』는 어떤 평론가가 질책한 것처럼 그렇게 형편 없지는 않다. 예를 들어 상권 첫머리에 아이의 일상생활에 대한 뛰어난 묘사는 정말 대부분의 작가가 해내기 어려운 것이다.

위화 소설의 언어는 긴장되면서도 민감하며 의심이 많다. 그 문체는 뚜렷한 확장성과 공격성을 가지고 있다. 이것은 그의 소설을 보기 좋게 만들어주며 독자들에게 강한 흡인력을 가질 수 있게 해 준다. 하지만 이것은 또한 그의 소설 구조를 충분히 풍부하고 넓게 해주지 못한다. 뛰어난 예술적 재능이 동시대 역사생활에 대한 그의 세심하면서도 인내력 있는 통찰을 제한한다. 동시에 그것은 작가로 하여금 많은 인물과 복잡한 사회관계를 가진 장편소설을 잘 쓰지 못하게 한다. 마치 당시 리장즈李長之가 루쉰을 비판할 때처럼 말이다. 하지만 모든 소설가는 장점도 있고 단점도 있다. 이것은 모든 작가가 피할 수 없는 것이다. 우리는 그것만으로 위화를 가혹하게 다룰 수는 없다. 마치 우리는 루쉰을 가지고 선총원을 비교하고, 또 선총원으로 루쉰에게 요구할 수 없는 것처럼 말이다.

(5) 루야오路遙 소설의 '주변화' 루야오(1949~1992)가 장편소설 『인생』을 써냈을 때 사실상 신시기 가장 중요한 소설가 속으로 들어왔다. 『평범한 세계』는 그가 리우칭의 『창업사』를 이어받은 후 '대작가'라는 역사적 목표를 시도하는 비범한 기상을 보여주었다. 다만 아쉬운 것은 루야오가 '시대를 잘못 태어났다'는 것이었다. 1985년 후에 소설에 중대한 전환이 나타날 무렵에 그가 추구하는 현실주의 소설이라는 문학궤도는 이미 선봉소설에 의해 변형이 일어나고 있었고, 그가 아무리 노력해도 그 자신

이 당대문학사에서 가장 비장한 실패자라는 사실을 결정짓고 말았다. 루야오의 '의미'는 그가 당대 상황에 대해서 가장 날카롭고 심각한 큰 문제를 제기했다는 것이고, 이 점은 앞에서 서술한 몇몇 작가들에게 부족한 내용이었다. '루야오 현상'은 이런 의미에서 그 개인의 범위를 뛰어넘었고, 그의 '주변화'는 사실 사람들에게 지금까지의 이후 30년간 당대문학은 사실 아직 30년 중국사회의 가장 심각한 변화의 큰 기운을 진정으로 심각하게 개괄해 내지 못했다는 것을 알려주고 있다.

3장
원대한 포부의 격렬함*
중국 당대문학 60년

천샤오밍陳曉明

1. 이끄는 말
2. 시작과 제거: 신중국 문학의 험난한 길
3. 회복과 변혁: 신시기의 문학
4. 전환과 다원화: 신시기 이후 문학의 흐름

•

원대한 포부의 격렬함
중국 당대문학 60년

1. 이끄는 말

20세기 중국 역사는 피와 불의 세례로 얽혀 있다. 하늘과 땅이 뒤집히는 혁명을 겪었으며 역사는 마침내 자신의 승리 정상을 향해 맹렬하게 돌진하였고, 무산계급 정권의 신중국을 세웠다. 60여년의 역사를 되돌아보면 우리는 분명 역사의 여러 측면들을 볼 수 있게 된다. 그것은 이처럼 복잡하고 수많은 요소들이 뒤얽혀 있으며, 만들어진 최종 결과도 역사적 필연이 아닌 것이 없다. 만약 중국이 대면하지 않을 수 없었던 역사관문으로서 현대성으로 이 역사 발전을 이해한다면 아마도 포용성을 가진 역사주의 태도를 더 잘 구체화할 수 있을 것이다. 최근 60여년의 중국 문학 역사를 현대성의 필연적 과정으로 보고, 서방의 도전에 직면

---

* 이 글은 본래 『문예쟁명』 2009년 제7기에 실렸다가 다시 자오웨이민(趙爲民), 궈쥔링(郭俊玲) 주편 『북대시야(北大視野) : 신중국 60년 학술유변기(流變記)』, 베이징대학출판사, 2010에 실림.

한 중국이 선택한 필연적인 길이었다고 한다면 우리는 그로부터 역사의 합리성을 볼 수 있을 것이고, 또 역사의 편파성도 볼 수 있을 것이며, 역사가 덮은 고난들을 볼 수 있을 것이고, 고집스러우면서도 방종한 열정을 볼 수 있을 것이다. 역사 이해는 단순하게 역사의 잘잘못을 판단하거나 역사가 본래 어떠할 수 있다고 설정하는 것이 아니다. 역사가 왜 이러한가를 탐구하고 역사가 이러한 것은 무엇을 의미하는가를 탐구하는 것이다. 중국 60여년의 당대문학은 세계적 현대성 발전 밖의 '타자'가 아니다. 하지만 중국 당대문학은 확실히 그 자신의 뚜렷한 특징을 가지고 있다.

물론 60여년의 중국 당대문학사와 중국 현대문학사는 극심한 단절과 혁명적 격변이 있음에도 불구하고 밀접한 내재적인 연계가 있다. 황제체제를 뒤엎은 공화혁명으로부터 모든 착취제도를 없앤 공산혁명에 이르기까지 짧은 시간과 긴급한 심리상태, 숭고한 이상은 혁명을 진흙탕으로 만들지 않았고, 중국 현대성의 전환은 쾌도난마 식으로 진행될 수 있었다고 말할 수 있다. 문학은 불가피하게 이런 역사 선택 속으로 말려 들어갔다. 정신적 심미 표현방식으로서 문학은 인류 내재 감정의 표출로부터 간명하고 핵심적인 정치 기호로 바뀌어 간 것은 뼈아픈 변이과정을 거쳐야만 했다. 이런 전환은 자산계급 계몽문학으로부터 신민주주의 혁명문학으로, 다시 사회주의 혁명문학으로 나아갔다. 이 과정에서 반드시 행해져야 하는 '역사화'가 작용을 하였고, 새로운 '역사화'는 창조와 자기 기원이 필요했으며, 그것은 어떤 상징적 사건, 사상과 작품에 의지하게 되는데, 이것이 바로 우리가 문학사를 이해하는 기본 실마리이다. 우리가 보기에 마오쩌둥의 「옌안 문예좌담회에서의 연설」은 중국 당대문학사의 상징적인 이정표이다. 중국 당대문학사의 방향과 전체 문학관념의 변화는 주로 여기에서 시작되었다.

50년대의 수많은 문학운동을 거치면서, 건국 초의 『무훈전』 비판, 『홍루몽 연구』 비판, 후스의 자산계급 문화사상의 여독 제거로부터 후펑의 반당집단 축출, 눈부신 '백화시대'에 이르기까지, 뒤이은 반우와 문화대혁명에 이르기까지 중국 당대문학사는 실로 피와 불로 점철된 역사이다. 이 모든 것은 정치의 강권 작용에 억눌린 것으로만 이해할 수는 없다. 사회주의 혁명문학은 현대 자산계급 밖에서 자신의 길을 열어나갔고, 이렇게 열어나가는 일이 힘들고 복잡했을 뿐이다. 그 과정에서 비참한 댓가를 치루지 않을 수 없었지만 세계 자산계급문학 밖에서 열어나간 그 경험은 반면교사가 되었을 뿐만 아니라 그 선구적 성격은 동기나 목표에서 모두 기적이었다. 그리고 그 과정과 결과는 모두 원대한 포부의 격렬함으로서, 우리가 심각하게 되돌아보고 총결해야 하는 역사라고 말하지 않을 수 없다.

　문화대혁명 이후 중국사회는 개혁개방으로 진입하였다. 역사는 위대한 변혁의 시대를 맞이하였다. 문학은 이 시대와 함께 호흡하는 공동운명체였다. 이 시기는 '어지러운 세상을 바로잡고 올바른 것으로 되돌려 놓는'것으로 묘사되는 사상해방 운동의 새로운 시기였다. '어지러운 세상을 바로잡고 올바른 것으로 되돌려 놓는다'에서 '올바른 것'은 바로 원래의 정확한 역사의 길로 되돌아간다는 것을 말한다. 이렇게 볼 때, 문혁은 하늘에서 뚝 떨어진 역사가 아니고 원래 역사의 정확한 길에서 벗어난 것이다. '올바름'의 시작이 문혁 전이었고, '올바른 것으로 되돌려 놓는 것'은 반드시 문혁 이전의 정확한 혁명의 길로 되돌아가야 한다는 것이다. 이렇게 위치를 잡는 것은 신시기의 규범이다. 그것을 상상하는 50년대 이후 현실주의의 정확한 길과 연계하는데, 그것은 실제로 신시기 사상해방운동이 제창한 '올바름'을 덮는 새로운 역사 기원이고, 문혁 이후 새로운 역사를 연 것이다. 하지만 문학에서 신시기에 시작된 서사는 50년대와 내재적 연계를 유지하고 있다. 그 시기 이론계에서 논쟁을 벌인 명제를 보도록 하자. 현실주의 전형성의 문제, 인성론과 인도주의, 형상사유 문제, 미학 문제 등은 거의 1956년 쌍백방침 시기에 토론된 주제와 일맥상통한다. 그것은 아직 50~60년대에 지속되어 온 정확한 길을 세우려 시도하는 듯 하다. 하지만 역사 실천은 합목적적으로 진행하지 않는다. 역사가 전개되는 과정에서 서로 다른 세대 사람들의 가입으로 역사 실천은 자신의 길을 열어나갈 수 있다. 만약 상흔문학과 개혁문학이 현실주의 역사를 회복하려고 시도한다면 동 시기의 몽롱시, 조금 후의 현대주의와 뿌리찾기파, 그리고 이론상의 주체론과 내부 전향, 선봉파의 도래는 당대 중국문학으로 하여금 또 다른 더 넓고 다원적인 길을 나아가게 할 것이다. 90년대 중반 이후 중국사회의 변혁 개방은 더 철저하게 이루어졌고, 사람들의 생존 공간과 문화적 시야를 크게 넓혀 주었다. 문학은 더욱 열렬하고 다원적인 구조로 표현되었고, 보다 젊은 작가들이 역사무대에 등장함으로써 참신한 생활 경험과 문학경험을 가지고 왔다. 전자화된 소비사회가 도래했다고들 말한다. 문학이라는 문자 서사의 종이 매체 예술 양식은 종말을 맞이할 것이라고들 말한다. 하지만 문학은 격정을 불러일으키는 마찬가지의 새로운 방식이 있다. 이런 문명과 문화 조건을 이해하는 선상에서의 문학이 행진하는 길은 어려움이 가중된 임무일 것이다. 중국 당대문학 60년은 피와 불의 세례를 겪었다. 이는 어떤 다른 민족 국가의 문학도 가지지 못한 경험이다. 그것은 격렬한 전투 속에서 걸어 나왔으니 사운드 트랙에서 걸어나갈 수 있을 것이다. 문학의 미래는 다종다양할 것이다. 우리는 더 이상 하나의 기준, 하나의 규범을 가지고 문학을 이해하고 설명하기 어렵다. 그것은 과학기술 문명과 함께 노래하고 춤을 출 수 있다. 또한 고집스럽게 자신의 황무지에서 길을 개척할 수도 있다. 모든 길이 중국의 대지 위에 있고, 인류의 하늘 아래에 있다. 그것으로 충분하다.

2. 시작과 제거 : 신중국 문학의 험난한 길

1) 혁명문학 방향의 확립과 주체 건설

현대 계몽문학은 훗날 무산계급 혁명사업의 일부분으로 발전했다. 그 중간에 거대한 변이와 심각한 단절이 놓여 있고, 이런 변이와 단절을 드러내지 않고 이해하지 않으면 중국 현대성의 복잡성을 적절하게 이해할 수 없으며, 또 중국 당대문학의 역사 변이 과정을 이해할 수 없게 된다.

5.4 신문화운동과 혁명 문예, 그리고 이어지는 사회주의 문예 사이에 수많은 내적 연계가 있다고는 하지만 후자가 표현해내는 꺾임은 매우 뚜렷하다. 게다가 실질적이다. 역사의 내적 변이를 드러내야만 서로 다른 시기의 내적 본질을 충분히 파악할 수 있다. 그리고 여기에서 발생하는 역사 변이의 가장 내적인 단절은 새로운 무산계급 세계관(혁명문예의 세계관)에서 5.4 신문화가 길러낸 계몽주의 세계관을 대체하였다.

리저허우李澤厚는 「중국 현대사상의 계몽과 구망救亡의 이중 변주」에서 중국 현대사상의 변이에 대해 상당히 효과적인 해석 패턴을 제공해주었다. 사실상 이 '이중 변주'에는 끊임없는 급진화의 추세가 포함되어 있다. 변이와 단절은 주도적인 것이고, 이른바 변주는 최종적으로 변이에 의해 없어진 것이다. 말하자면 이 급진화의 발전은 사실 구망이라는 독주곡으로 발전한 것이고, 혁명과 계몽은 간단하게 조화될 수 없는 것이다. 물론 급진 혁명은 또 다른 현대성 계몽에 다름 아니다.

1942년 5월, 마오쩌둥의 「연설」은 중국 혁명문예의 이론적 기초를 놓았고, 혁명문예의 성질과 임무, 방향을 확립하였다. 그 하나는 입장과 태도이다. 입장과 태도 문제는 실제로 세계관 문제이다. 혁명문예는 작가가 개인의 입장을 버릴 것을 요구한다. 즉, 자산계급 계몽 사조에서 형성된 개인의 자유를 본위로 하는 인지 방식을 버리는 것이다. 이로부터 혁명문예와 5.4의 계몽문학 전통에 존재하는 심각한 차이를 나타내는 것이다. 다른 하나는 방향과 성질이다. 문예의 공농병 방향은 세계관 입장 변화 문제가 구체화된 것이다. "어떤 사람을 위할 것인가의 문제는 근본적인 문제이고, 원칙적인 문제이다." 혁명문예의 방향은 공농병을 위한 방향이다. 마오쩌둥은 여기에서 문예관의 종파문제를 제기하였다. 자유주의 이념 또는 개인주의에 기반을 두고 형성된 종파 단체는 사실 자유로이 이루어진 문학 사단이다. 이는 5.4 계몽주의 사상의 기초 위에 뿌리박은 소집단으로서, 그들은 개인의 자유가치를 지키려는 완강한 경향이 있고, 견고한 자산계급 현대성 보루이다. 그들은 혁명문예의 통일된 규범과 영도를 세우는 데 걸림돌이다. 또 다른 하나는 보급과 향상이다. 공농병에게 봉사하기 위해서는 보급에 중점을 두게 된다. 여기에는 두 가지 측면의 함의가 담긴다. 첫째, 지식인의 계몽 주체 지위는 바뀐다. 그는 더 이상 민중을 교육시키는 높은 곳에 위치하는 역사의 선지자나 선각자가 아니다. 그저 공농병을 위해 봉사하는 작품일 뿐이다. 둘째, 보급 자체는 혁명문예의 성질에 따라 결정된다. 혁명문예는 무산계급 사업의 구성 부분으로, 문예 사업자의 임무는 인민을 단결시키고 교육시키며 적을 타격하는 것이다. 하지만 여기에서 말하는 '단결, 교육'은 지식인이 마음대로 하는 개인주의적 표현이 아니라 당의 영도 아래에서 무산계급 명의로 진행되는 문예 전파활동이고 정신/심미활동 운동이다.

마오쩌둥의 「연설」은 중국 마르크스주의 문예이론의 기초를 놓았고, 중국 혁명문예의 정신적 나침반이 되어, 혁명문예를 위해 방향과 임무를 확립하였고, 혁명문예가 무산계급 혁명사업의 일부분임을 규정하였으며 작가와 예술가를 위해 문예의 원천은 생활이라는 창작 채널을 밝혔고, 창작방법과 예술 표준을 명확히 하였다. 이로부터 중국의 혁명문예는 중국문학의 주류 방향이 되었다. 그것은 혁명의 위대한 발전과 바람을 반영하였고, 혁명문예 자체의 웅대하고도 어려운 역사를 창조하였다.

딩링의 『태양은 쌍깐허에 비추고』(1948)는 마오쩌둥의 「연설」 발표

이후 해방구에서 출판된 가장 분량이 있는 장편소설이다. 이 작품은 마오쩌둥의 문예사상이 문학예술 작품에 직접적이고 생동감 넘치게 반영된 것이다. 소설은 계급투쟁의 시각에서 토지개혁이라는 역사적 변화의 연극화 과정을 표현하였고, 서로 다른 인물이 이 혁명에서 겪는 운명을 써냈다. "대중의 꼬리에 떨어지지 말고 대중의 뒤에 떨어지지 마라. 자신이 어디에서부터 왔는지를 잊지 마라." 이것은 이 소설에서 반복적으로 강조하는 문구인데, 실제로는 전체 토지개혁 운동의 고전적인 어록이다. 이것은 중국혁명이 끊임없이 진화해 가는 고전적인 개괄이다. 급진적 혁명 군중은 상상 속에서 창조되어 혁명을 추동하는 동력이 되었다. 이는 중국 지주계급의 생존의 퇴로를 없애 버렸다. 이 소설에서 가장 중요한 것은 혁명이 도래했을 때 지주계급이 표현해낸 총명함, 절망, 극도의 공포였고, 동시에 가난한 농민의 해방에 대한 간절한 바람과 복수 심리이다.

여기에서 중점적으로 이해해야 할 것은 「태양」을 대표로 하는 해방구의 고전 작품이 창조해낸 미학 표준이다. 말하자면 신중국의 사회주의 현실주의 문학의 서사 패턴, 인물형상의 창조 방식, 감정의 본질 등은 이때 이미 확립되었다는 사실이다. 첫째, 계급투쟁의 관계가 소설 속 인물형상의 전형적 특징을 결정한다. 둘째, 계몽주의적 '사랑'은 혁명문예에서 계급의 원한으로 바뀌며, 혁명문예의 감정 본질은 '원한'이다. 셋째, 혁명 폭력의 쾌감 문제이다. 소설의 클라이맥스 부분에서 치엔원구이錢文貴를 투쟁하는 장면이 나온다. 이 장면은 혁명의 클라이맥스로서 성공적으로 표현되었다. 당시에 그것은 틀림없는 쾌감으로서, 사람들의 마음을 통쾌하게 만들어주는 계급투쟁의 가장 이른 상징적 의식이었다.

「연설」의 지도하에 해방구 문학창작은 급속하게 번영하였고, 영향력 있는 작품들이 쏟아져 나왔다. 이 작품들은 일련의 새로운 형태의 농민 형상을 만들어냈다. 그것들은 지주계급과의 투쟁에서 각성하여 혁명의 중견 역량이 되었다. 이 작품들은 공농병 대중의 혁명 투지를 고무시키고 혁명 이상을 선전하는 데에 대단한 작용을 하였다.

혁명문학 최초의 창작에서 자오수리가 하나의 기치로 만들어졌다. 하지만 자신의 재주에 의지하여 창작을 하였고, 다른 사람이 흉내낼 수 없는 자연스럽고 순박한 기운을 가지고 있었다. 자오수리는 혁명문학이 오랫동안 기다려 왔던 새로운 기점이었다. 이전의 모든 혁명문학은 여전히 5.4의 그늘 아래에 있었고, 그것은 자산계급 계몽사상에서, 도시에서, 지식인의 정신의 고향에서 전개된 혁명 신화였다. 자오수리에 이르러서야 혁명문학은 비로소 처음으로 그 진실한 기점을 얻게 되었다. 농촌에서, 가장 척박한 땅 위에서 혁명문학은 가장 튼튼한 기초를 찾아낸 것이다. 물론 자오수리는 여전히 특정 시기의 특정 상징이었다. 혁명문학의 기점은 줄곧 의심스러운 움직이는 점이었다. 자오수리는 마오쩌둥의 '문학예술의 원천은 생활'이라는 진리를 논증하였다. 모든 작가와 예술가들은 책에서 얻은 지식, 지식 전통에서 벗어나지 못한다. 자오수리만이 순수성을 가지고 생활 자체의 순수성을 가지고 있었다. 자오수리는 기원적 성격의 새로운 신화이다. 현대성의 중국문학은 마침내 자본주의 도시 중심에서 농촌으로 방향을 전환했고, 혁명문학은 이로 인해 참신한 시간과 공간을 얻게 되었다. 이것은 세계 전체 현대성 문학에 대한 혁명문학의 전복이자 재건이다.

혁명문학은 두 가지 완전히 다른 방식으로 심미효과를 만들어냈다. 그 하나는 물론 시대정신을 대표하고, 혁명의 이념과 역사 발전방향을 드러내 보여준다. 다른 하나는 생활 자체로 되돌아가고, 어떠한 이데올로기적 함의가 없는 생활 장면으로 되돌아간다. '인민대중이 듣고 보기 좋아하는' 예술형식, 이것은 단순한 예술표현 수법만이 아니라 혁명적 심미 이데올로기이다. 이런 심미적 이데올로기는 혁명 이념에 대한 해소이기도 하다. 듣고 보기 좋아하는 형식은 결국 사람들로 하여금 혁명을 잊게 하고, 질박한 생활 자체로 돌아가게 한다. 절대적이고 초월적인 혁명 이념과 가장 평이한 생활 사이에서 도대체 흠잡을 데 없는 완벽한 결합인가 아니면 거대한 구덩이가 존재하는 것일까?

2) 시작과 제거 : 문학의 제도화와 문화 영도권

1949년 7월 2일, 제1회 전국문학예술 사업자 대표대회가 개막되었다. 정식 대표와 초청 대표는 모두 824명이었다. 이로부터 신중국 문학예술 역사의 감격적인 서막이 올랐다.

이 회의는 당 중앙의 높은 관심을 받았다. 회의 기간에 마오쩌둥은 직접 대회에 참석하였고, 주더는 당 중앙을 대표하여 축사를 하였으며, 저우언라이는 대회에서 보고를 하였다. 저우언라이는 문예의 여섯 가지 문제를 구체적으로 언급하였다.

주목할 만한 것은 마오뚠과 저우양의 보고였다. 7월 4일, 마오뚠은 「반동파의 압박하에서 투쟁하고 발전하는 혁명문예 – 10년간의 국통구 혁명문예운동의 보고 요약」을 발표하였다. 이 보고는 국통구 문예운동에 대해 전면적인 역사적 총결을 하였다. 마오뚠은 역사적 정리를 하였고, 역사의 시작을 알렸다. 이것은 혁명문예의 역사 관념을 세우는 것이었고, 이 역사의 기원은 실제로 옌안을 핵심으로 하는 해방구로 확인되었다. 그리고 국통구의 혁명문예는 이 핵심과 서로 호응하고 「연설」에 정신적으로 기대야만 이 참신한 역사 기원을 공유할 수 있었다.

7월 5일에 저우양周揚은 『새로운 인민 문예』 보고를 하였다. 저우양의 보고는 혁명문예의 역사 계보를 분명하게 그려냈다. 이 보고 제1절의 표제는 '위대한 시작'이었다. 마찬가지로 그가 총결하려 한 것은 1942년 마오쩌둥의 「연설」 발표 이후 해방구 문예의 전체적인 발전과정과 각 방면에서의 성과, 그리고 경험이었다. 저우양은 해방구 문예가 진정한 새로운 인민의 문예라고 지적하였다. 그는 해방구 문예가 얻은 위대한 성과를 전체적으로 제시하였다.

내용에서 형식까지 혁명문예는 새로운 창조이고, 위대한 시작을 의미한다. 이 모든 시작의 위대한 계기를 「연설」에서 찾는다는 것은 모두 혁명문예의 모든 역사가 여기에서 시작되고 여기에서 기원한다는 것을 의미한다.

이는 진정한 의미에서 승리한 대회이고, 역사를 마무리하고 시작하는 위대한 의식이었다. '1949'가 역사적으로 다시 거슬러 올라가고 새롭게 쓰이기 때문이다. 이 모든 것은 이미 분명해졌다. 1949년부터 거슬러 올라가보면, 1942년이 혁명문예 자아 기원의 표지가 되는 것을 확인하게 된다. 신중국의 문예는 여기에서 출발하여 결코 길지 않지만 급진적인 혁명의 돌아오지 않는 길로 들어섰다.

새로운 역사 기원에 들어선 혁명문예는 전면적인 시작과 참신한 건설에 직면했다. 만약 이전의 비판이 매번 이어지는 준비된 말에 불과했다면 지금은 기초, 제도, 규범, 체제 건설을 펼쳐나가야 한다. 제1차 문대회는 혁명문예의 기초를 정리하였고, 기본적인 체제와 규범을 세웠다. 혁명문예를 영도하는 핵심사상이 마오쩌둥의 문예사상임을 규정하였다. 신중국이 세워지기를 기다렸던 것처럼 혁명문예도 체제와 제도의 건설을 시작한 것이다. 이 건설은 틀림없이 창조이다. 이는 사회주의 문예와 자본주의 문예가 근본적으로 다른 전제 조건을 확정한다. 자본주의 문예의 문예가들은 자유롭고 분산된 개인일 뿐이다. 그 창작은 자본주의 법제와 시장으로 그 생존 공간을 보장한다. 그러나 사회주의 혁명문예는 체제화 방식으로 작가 예술가의 전체적 전환을 완성한다. 사상 세계관을 공농병으로 전환하는 것 뿐만 아니라 동시에 그들에게 혁명적 체제화 형식을 부여한다.

제1차 문대회는 준비단계부터 개최에 이르기까지 혁명문예의 체제 규범을 확립하였다. 이 대회는 조직화된 형식으로 사회주의 혁명문예와 당 사업과 당의 활동을 긴밀하게 연결시켜 효과적으로 무산계급 혁명사업의 나사와 나사못이 되었다. '중화전국 문화예술계 연합회'(1953년에 '중국 문학예술계 연합회'로 개명)가 신중국 문예 체제화의 최초 형태가 되었다. 이와 동시에 『문예보』(1949년 9월), 『인민문학』(1949년 10월)이 연이어 창간되었고, 이로부터 문예에 대한 당의 영도는 전면적으로 기구화되었으며, 사회주의 혁명문예는 규모에 걸맞는 급진적인 역사화 실천을 전개하게 되었다.

한나 아렌트는 혁명 승리를 거둔 이후의 편제와 개인 격정의 관계를 논하면서 과거의 정치학이 이 양자를 보수주의와 자유주의가 서로 대립하는 관점으로 보는 것에 반대하면서, 그것들이 동일한 사건의 양면이라고 생각하였다. 사실상 건국 초기 문예운동의 경험은 혁명 문예의 편제와 개인의 격정은 서로 긴밀하게 연결되어 있고, 급진화되는 가운데 서로 연동되는 관계에 있다고 주장하였다. 신중국의 문예가로 말하자면, 혁명 문예는 참신한 문예를 열었고, 역사는 새로운 편장을 열었으며, 그들은 그 가운데 주인공이었던 것이다. 우리는 이로부터 사회주의 혁명문예의 편제와 문예가 개인의 격정은 서로 연동되는 관계라는 것을 알 수 있다. 그것들은 사회주의 문화 영도권이 건설되는 내적인 힘이다.

신중국 수립 이후 시인 허치팡은 격동을 이기지 못하는 심정으로 마오쩌둥을 찬양하는 시 「우리의 가장 위대한 명절」을 써서 1949년 10월 『인민문학』 창간호에 발표하였다. 후평도 장시 「시간은 시작되었다」를 써서 위대한 시대의 시작과 위대한 마오쩌둥 주석을 열정적으로 노래하였다. 그리고 선총원은 1949년 5월 30일의 일기에서 우울하고 초조해하며 두려웠던 자신의 심정을 기록하였다. 주류 편제 구성과의 관계라는 환경에서 선총원의 전형적인 의미는 충분히 드러날 수 있었다. 정신적인 붕괴상태에 놓였던 개인의 일기가 가진 심리학적 의미는 그 문학적 가치보다 분명히 컸다. 그것은 일종의 실망, 두려움, 절망, 어쩔 도리 없는 심리기록으로서, 현대적 대사건이 닥쳐왔을 때 중국 지식인이 혁명에 의해 거절되고, 집단적으로 버려지는 절망 정서를 반영하고 있다. 우리는 사회주의 문화 영도권이 전개되는 선명한 특징이 그것의 강력한 편제에 있지만 자신에게는 몫이 없고, 모든 일에 몫이 없는 것을 볼 수 있다. 이것이 바로 선총원 고통의 근원이었다. 정리되는 국면에서 그는 미래를 점칠 수 없었던 것이다. 분명하게도 사회주의 혁명문예는 실체성 편제 형식으로 일련의 역사 실천을 전개하였고, 이런 급진적 경험은 그람시의 문화적 헤게모니에 대한 이론적 구상을 훨씬 뛰어넘는다. 사회주의 문화 헤게모니는 투쟁 속에서 건립되는 것이다. 건국 후의 일련의 격렬한 비판운동은 바로 사회주의 문화 편제화의 유기적 단계이다. 선총원과 후펑은 불행하게도 최초의 이색분자가 되었다. 그들의 '내키는 대로 노래하는 것'(후펑)과 '미치광이의 일기'(선총원)는 모두 아무런 쓸모가 없었다. 사회주의 문화의 헤게모니는 저항할 수 없는 역사로 강력하게 참신한 시대를 열었다.

1950년 『인민문학』 제3기에 샤오예무蕭也牧의 단편소설 「우리 부부 사이」가 발표되었다. 이 소설은 매서운 비판을 받았다. 비판에 참여한 사람으로는 천용陳勇, 리딩중李定中(펑쉬에펑), 딩링, 캉주어康濯 등이 있었다. 샤오예무에 대한 비판은 당시 동일한 경향의 작품으로 인정되던 작품에 대한 비판을 불러일으켰다. 예를 들어 영화 〈관연장關連長〉, 장편소설 『우리들의 힘은 무궁해』(비이에碧也), 『내일까지 전투』(바이런白刃) 등이 그 작품들인데, 이는 비판의 기세를 형성하였다.

이 모든 것은 혁명문예 자체가 운동과 투쟁 속에서 발전하며, 투쟁과 운동이 형성하는 끝없는 급진화 추세는 그 역사 본질을 구성한다는 것을 말해준다. 펑쉬에펑이 독자 명의로 샤오예무에 대해 격렬한 비판을 했던 것처럼 혁명 문예가는 모두 상상 속의 인민과 대중이 있고, 인민과 대중의 명의로 사상과 창작을 진행하며, 이것이 개인의 행위를 집단화하고 역사화하는 방식이다.

1951년 5월 20일, 『인민일보』는 사설 「영화 〈무훈전〉 토론을 중시해야 한다」를 발표하여, 영화 〈무훈전〉 비판운동의 서막을 열었다. 이로부터 건국 후 '문예전선' 상의 비판운동이 시작되었다. 이 사설은 마오쩌둥의 손을 거쳐 많이 교정되었고, 역사와 사회주의 문예에 대한 마오쩌둥의 기본적인 입장이 표현되었다. 첫째, 계급투쟁을 강령으로 하는 사적 유물론 관점. 둘째, 문예문제는 정치문제이다. 셋째, 자산계급의 찌꺼기를 정리하고, 소자산계급의 사상을 개조하는 것이 문예계의 장기적인 임무이다. 영화 〈무훈전〉을 비판한 이후에 이어서 마오쩌둥은 또 직접 『홍루몽』 연구에 대한 비판을 일으켰다. 리시판李希凡, 란링藍翎은 마르크스주의 사적 유물론 학습의 기초 위에서 현실주의 이론을 이용하여 『홍루몽』을 설명하였다. 따라서 위펑이바의 주관적 유심주의와 실증주의 사상 방법을 비판하였다. 두 사람은 사적 유물론의 계급투쟁 관념으로 『홍루몽』을 해석하였다. 마오쩌둥은 이 젊은이들에게서 자산계급 사상의 찌꺼기를 제거하고 사회주의 사상 이론의 절박성과 가능성을 날카롭게 보았다. 물론 보다 직접적인 원인은 마오쩌둥이 이 두 사람으로부터 밝혀낸 문제 속에서 후스胡適의 그림자가 여전히 사회주의 시대에 암묵적으로 옮아가는 작용을 보았다는 데에 있다. 중국의 사회주의 사상 문화 건설은 급진주의 색채를 강하게 띠고 있다. 건국 후의 사상문화도 어떻게 5.4전통과 어떻게 역사전통을 다시 세워나갈 것인가 하는 난제에 직면해 있었다. 마오쩌둥이 루쉰 사상에 대한 설명을 통해 5.4 신문화운동에 대해 '신민주주의 혁명'이라는 높은 평가를 하기는 했지만 5.4의 사상문화로 구체화시켰을 때에는 사회주의 문화는 새롭게 이 전통을 설명해야 했고, 또 다른 길을 열어야 했다.

후펑과 혁명문예 방향과의 충돌은 필연적이었다. 그 비극은 혁명문예운동의 본질과 그가 차이를 보였다는 데에 있었다. 그는 시종 문예로 혁명을 진행하였고, 혁명 문예의 본질은 혁명으로 문예를 진행하는 것이었다. 전자는 문예의 정치화에 불과했고, 후자는 정치의 문예화였으며, 본질적으로는 철저한 정치화였다. 후펑은 시종 학술적 측면에서 이 문제를 이해했고, 논리적으로 마오쩌둥이 열어놓은 혁명문예 노선과 접목을 꿈꾸었다. 그는 분명히 역사적 잘못을 범했다. 후펑은 처음부터 끝까지 잘못의 근본을 이해하지 못했다. 후펑과 혁명문예 운동의 충돌 증상을 진정으로 이해한 것은 내부 깊은 곳에서 중국 당대 혁명문예운동의 내적 본질을 드러내는 것이었고, 개인의 운명과 필연적으로 충돌하게 되는 비극적 상황이었다. 그리고 문학적으로 굳건한 본질과 정치권력 구성의 복잡한 관계였다.

1953년, 『문예보』에 린모한의 「후펑 반마르크스주의 문예사상」과 허치팡의 「현실주의의 길이냐 반현실주의의 길이냐?」가 발표되어, 후펑 문예사상에 대한 전면적인 정리와 비판이 시작되었다. 1954년 3월부터 7월까지 후펑은 중국을 놀라게 한 '30만언서'를 써냈다. 그는 린모한과 허치팡의 글이 오랫동안 독자와 작가의 머리에 끼워져 있던 다섯 자루의 이론 칼, 즉 공산주의 세계관, 공농병 생활, 사상 개조, 민족형식, 제재 등 다섯 가지의 이론과 관점을 폭로하였다고 생각하였다. 후펑은 마음 내키는 대로 이 다섯 가지 칼을 휘두르는 것은 '종파주의'라고 생각했다. 이로부터 그는 이론으로부터 조직에 이르기까지 문예는 전면적으로 개혁해야 한다고 주장하면서, 매우 구체적이고 상세한 조치 방안을 내놓았다.

마오쩌둥은 후펑의 「30만언서」에 부연설명을 달아 직접 후펑 문예사상을 '자산계급 유심론·반당 반인민의 문예사상'이라고 확정하였다. 1955년 5월 13일, 『인민일보』에 「후펑 반당 집단에 관한 몇 가지 자료」가 발표되었다. 후펑 문제는 이미 "혁명 진영에 숨겨져 있는 반혁명 파당으로 지하 독립 왕국"이고, 이로써 중화인민공화국을 전복하고 제국주의 국민당의 통치를 회복하는 것을 임무로 한다는 것으로 확정되었다.

1955년 5월 25일, 결의를 통해 후펑 집단은 '반당, 반인민, 반혁명 집단'으로 낙인찍혔고, 후펑은 모든 정치직무에서 배제되었다. 후펑과 관련이 있는 모든 사람들의 모든 문예 관점과 활동은 모두 반혁명적 언행으로 낙인찍혔고, 이로부터 전국적인 숙청운동이 시작되었다.

3) 혁명과 쾌감 : 농촌 계급투쟁의 문학 지도

혁명문학은 자신을 역사 변혁과 전진의 선도적 위치에 놓는다. 또한 문학 표현의 주체와 표현되고 수용하는 주체 사이의 모순된 구조 속으로 밀어 넣는다. 이런 구조 속에서 후자는 시종 상상되는 침묵의 주체이고, 영원히 포획되고 도망치는 유희 속에 처하게 된다. 문학이 어떻게 그들을 표현할 것인가, 또 그것을 이 역사 변혁의 주체로 만들 것인가는 문학의 역사 상상에 대한 일치, 아울러 문학의 창작과 수용 과정에서 그것으로 하여금 서술되는 역사 속에 함께 융합되는 것이 진정한 난제이자 혁명의 과제이다.

현대적 환경에서 발생하는 농민혁명은 조산 혁명이다. 그것은 마르크스주의와 중국 현실이 서로 부딪치는 과정에서 생겨났으며, 정치적으로 마르크스주의에서 근거를 찾을 수 있다. 그리고 문화적으로는 세계의 현대성 발전에서 진정한 자원을 얻을 수는 없다. 따라서 중국민족의 전통으로부터 적용할 만한 자원을 찾아낼 필요가 있다.

전체적인 중국 현대성 혁명 발전에서 볼 때, 장기적인 혁명 폭력의 충격을 받아 중국 역사는 극렬한 격동과 단절 속에 처해 있었다. 사상적으로 전통과 단절되고, 이것은 현대 혁명으로 나아가는 필연적인 선택이었다. 그리고 혁명이 사람들에게 만들어준 거대한 정신적 초조함과 근심, 이 모든 것은 문학예술이 제공하는 이해 가능하고 느낄 수 있는 예술형상을 필요로 했다. 민중은 역사를 받아들이고 역사 장면 속으로 들어가며, 아울러 그로부터 심미적 위로를 받을 수 있었다. 혁명문예는 혁명의 폭력과 단절을 묘사하고 건설했고, 동시에 이 폭력의 흔적과 역사 단절을 어루만지고 임무를 떠안고 있었다. 마오쩌둥은 시종 혁명문예의 민족화 형식과 풍격을 찾았고, 이를 통해 혁명적 문학예술이 본토화된 수용성을 갖출 수 있도록 하였다.

정치적 압력 하에서 문학이 여전히 그 품격을 유지하고 있었고, 문학 자체의 힘에 의지하여 심미적 의미를 표현했다는 사실을 우리는 이해할 필요가 있다.

역사가 자오수리를 혁명문예의 본토화된 형식으로 선택하게 된 것은 우연한 일이었다. 자오수리처럼 민간 문화 기억을 가지고 있고, 질박한 향토 경험을 혁명문예 대오로 끌어들여 시종 그 특색을 유지한 작가는 사실 없다는 점에서 이것은 우연이라는 것이다. 자오수리처럼 시종 향토 생활의 분위기로 돌아가는 사람은 이 농촌에서 막 발생하고 있는 거대한 변혁을 말하지 않을 수 없었다. 차제에 그는 '세계 진보문학'의 영향을 받아 농촌 합작화 운동 과정에서의 두 가지 노선 투쟁을 그려냈다.

『삼리만』은 농촌 합작화 운동 과정에서의 자본주의와 사회주의 두 노선 간에 벌어진 격렬한 투쟁을 그리고 있다. 사실상 당시 농민들로 말하자면, 이 두 노선투쟁의 격렬성은 표면화되고 개념화된 것에 불과하다. 자오수리는 열광적인 이데올로기 신봉자는 아니었다. 그는 시대 정치 조류에 순응하려 했고, 생활 경험과 사실에 맞닥뜨렸던 것이다. 이렇듯 과장된 역사적이고 계급적 충돌은 자오수리가 해결하려는 라벨 문제와도 같았다. 그가 공들여 묘사하려 했던 것은 그들 가정 내부의 충돌과 곤경이었고, 중국 농촌사회의 보다 진실하게 내재되어 있는 모순이었다. 전체 사회주의 문학 서사에서 우리는 이런 분열을 볼 수 있다. 한 측면은 정치적으로 역사발전의 필연적 추세를 이해하는 것으로, 사회주의 사상의 차원에서 중국 농민의 사상적 상황을 표현하고, 그들의 진보와 낙후에 대해 묘사와 평가를 하는 것이다. 또 다른 측면은 중국 농촌으로 돌아가 농민의 일상생활과 도덕 및 윤리의 상황 속으로 돌아가서 소박하고 진실한 생활을 더 잘 드러낸다는 것이다. 이런 짙은 향토 분위기는 시종 개념화된 역사 법칙과 선진과 낙후, 사회주의와 자본주의 간의 투쟁을 조화시키는 처방 역할을 한다. 전자는 문학을 사회주의 시대에 발딛고 서게 하는 것이고, 후자는 문학 기본의 심미 품질을 유지시키는 것이다. 생활에 대한 그의 이해와 수용은 처음부터 끝까지 역사에 대한 개념화된 묘사 속에 스며들었다. 그 허구적 역사와 계급의 충돌에서 벗어나서 보기만 하면 자오수리의 소설은 여전히 생활 자체의 질박성, 농후한 생활 분위기, 향토의 일상성 등에서 사람들에게 깊은 인상을 남겨 준다.

1953년에 리준李准이「그 길을 갈 수 없다」를 발표하여, 농촌 합작화 운동 과정에서의 농민의 관념과 입장 변화를 묘사하였다. 이 소설은 중국의 농촌 합작화운동이 시작될 무렵에 발표되어 농촌에 보편적으로 존재하는 문제를 적시에 반영하였다. 농민은 여전히 토지에 연연하고 과거로 돌아가 돈을 많이 벌어 부자가 되는 전통사회의 패턴을 꿈꾸고 있었다. 1960년에 리준은「이쌍쌍소전」을 발표했는데, 빠른 시기에 영화〈이쌍쌍〉으로 만들어졌다. 작품은 한 농촌 여성이 '대약진'과정에서 어떻게 적극적으로 '식당 운영'을 하게 되었는가를 그리고 있다. 작품은 여성의 적극성과 참신한 정신적 면모를 통하여 '대약진'을 찬양하고 있다. 말할 것도 없이 이 작품에서 표현된 주제는 당시 정치 노선의 산물이고, 역사는 이미 그 잘못을 증명하였다. 하지만 한 편의 문학작품으로서 이 작품은 당시 이데올로기의 단순한 전개는 아니었다. 오늘날 보더라도 이 작품은 어떤 문학적 감화력을 여전히 가지고 있다. 이것이 바로 민족성의 표현과 풍격이 작용한 것이다.

만약 현대성의 틀에 놓고 이해한다고 하면, 현대성의 거대한 단절이다. 혁명이 중국 농촌에서 만들어낸 거대한 사회적 상처와 아픔은 '듣고 보기 좋아하는' 예술형식으로 위로하고 어루만져 줘야 한다. 민간 예술은 본질적으로 일종의 미학적 보상이기도 하다.

저우리뽀周立波의 「산향거변山鄕巨變」은 고급 합작사가 농촌에 몰고 온 심각한 변화와 새로운 정신적 풍모를 반영하였다. 작품은 계급투쟁/노선투쟁의 틀을 담고 있다. 하지만 작가는 두 노선 투쟁을 공들여 쓰지 않았다. 반대로 그는 상당한 분량을 들여 낙후한 '중간인물'이나 전족 스타일의 '우경'분자를 그려냈다. 이 인물들은 분명히 그 시기의 진실한 상황을 더 많이 반영하고 있다. 작가는 비록 매우 경건하게 마오쩌둥 문예사상을 신봉했고, 토지개혁에서 농촌 합작화 운동에 이르는 모든 사회주의 혁명운동을 신봉했지만 그의 작품은 여전히 상당한 문학성을 가지고 있다. 작가는 어느 정도 진실하게 당시의 부분적인 현실을 이해하고 있었고, 자신의 생활 체험에 근거하여 농촌에서 일어나고 있는 변혁을 써냈다. 지나치게 많은 자연풍경 묘사, 뛰어난 서정적 필치를 통해 작품은 심미적 분위기 창조를 위해 노력했고, 이 모든 것은 그 시기의 맹렬한 혁명운동과 근본적으로 어울리지 않았다. 그것은 일종의 보충이나 대립이었을까, 아니면 교체나 미련이었을까?

지금까지 리우칭柳靑이 1960년에 출판한 『창업사』는 여전히 사회주의 현실주의 문학의 가장 중요한 성과를 대표하고 있다. 시간이 지나고 상황이 바뀌게 되면 우리는 서로 다른 평가를 할 수 있다. 우리가 오늘날 이 작품을 다시 읽게 되면 현실에서 시대적 상상을 구성하는 사회주의 문학의 작용이라는 의미에 대해 그 독창성을 이해할 수 있을 것이다.

첫째, 문학은 의식적으로 현실의 긴급한 문제에 답한다. 문학사 저작은 통상적으로 이 소설이 사시성史詩性을 가지고 있다고 여긴다. 작품은 당시 존재하고 있던 날로 커지는 빈부격차와 생산의 모순 충돌을 반영하고 있다. 이를 통해 농촌에서 상호 합작운동의 필요성과 긴박성을 드러내고, 중국 농촌이 사회주의의 길로 걸어가게 될 필요성과 가능성을 나타냈다. 리우칭이 대답하려는 문제는 역사의 거대한 지향성을 가지고 있다. 그것은 중국 농촌이 어디로 가야 할 것인지에 대한 옳고 그른 길의 문제이다. 리우칭 스스로는 훗날 이 소설의 주제가 이런 진리를 설명하고자 했노라고 말했다. "중국 농촌에 왜 사회주의 혁명이 발생했는가, 그리고 이 혁명은 어떻게 진행될 것인가였다. 둘째, 사회주의 현실주의 문학은 의식적으로 고도로 요약된 현실에서 상상하는 영웅인물을 그려낸다. 예를 들어 량성바오 같은 인물은 개념화의 혐의가 좀 있기는 하지만 그는 소설 속의 인물이 현실의 커다란 바람을 이끄는 것을 보여주고 있다. 셋째, 사회주의 현실주의 문학은 진실한 인물과 농촌의 일상생활을 써낼 수 있다. 더욱이 혁명과 가정윤리가 구성하는 내적 관계인데, 혁명은 가정 윤리를 재건하려 하지만 가정을 진정으로 혁명화할 수는 없다. 소설 속에 담긴 생활의 진실한 줄거리와 세부묘사는 가정 윤리의 모순 충돌 속에서 전부 드러난다. 넷째, 사회주의 현실주의 소설 서사의 풍부성이다. 인물 심리의 묘상에 있어서도 소설은 상당히 성공적이다. 이는 량성바오, 량싼 노인에 대한 묘사에서도 나타나고, 부차적인 인물 량시우란과 양밍산의 연애과정에서의 심리묘사에서도 특색을 보이며, 차원이 분명하면서도 묘사가 세부적이다. 통상적으로 낮은 평가를 받던 '타자' 형상의 쑤팡에 대해서도 매우 의미있게 묘사되었다. 야오스지에 집에 일을 도와주러 가는 그녀의 미묘한 심리 변화를 읽어보면 리우칭의 필법이 품위가 있다는 것을 알 수 있다. 게다가 소설은 서사 면에서 풍부한 힘을 드러냈다. 작가는 서정성 묘사와 현실에 대한 반사성 평가를 결합하여 서사의 요소를 상당히 풍부하게 하였고, 작가가 역사와 현실을 이해하려는 바람을 가지고 있음을 알 수 있다. 요컨대, 계급투쟁과 노선투쟁으로 소설의 서사 구조를 설계한 것은 사회주의 혁명문학의 본질적인 요구이고, 중국의 현대성 정치 급진화가 문학상의 급진화로 표현된 것이다. 현실주의 모범 작품으로, '역사화'의 이상적인 작품이기도 하다. 이처럼 개념화된 문학 관념이 효과적으로 역사실천을 전개할 수 있는 것이야말로 중국의 현대성 급진화가 문학에서 강렬하게 자신의 영상을 찾아내는 그것이 일종의 소환이고 자기 인정이라는 것을 충분히 설명해 주는 것이다. 문학이 급진화한 혁명 사상에 충분한 모범과 필요한 위로를 제공해 주었다.

4) 웅대한 건설 : 혁명역사 서사의 전개

신중국 문예계의 짧은 역사는 각종 정치운동으로 가득 하다. 이 운동들은 문학예술을 사회주의 정치 구조 속에 긴밀하게 통일시켰다. 문학과 민족국가의 정치 동일시가 이 정도 높이에 도달하였고, 그 표면적 의미의 내용과 책략도 의심할 바 없이 민족국가의 특징에 관철되고 있다. 어떻게 역사를 세울 것인가, 그것을 현실과 어떻게 하나의 완전체로 구성할 것인가, 이것은 신중국 문학이 창작면에서 맞닥뜨린 근본적인 임무였다. 사실상 현실의 본질 법칙은 이미 명확했다. 그 의미는 작금의 각종 정치적 권위를 가진 담론에서 확인된다. 하지만 현실의 본질 법칙을 전체적이고 긍정적으로 확정하려면 역사 속에서 근거를 찾아야 한다. 지금까지의 전체 역사 발전은 현실의 전제이기도 하고 현실의 결과이기도 하다. 사람들이 현실적 필요에 근거하여 역사를 세우기 때문이다.

50년대 중후반에 복잡하게 전개된 현실투쟁은 역사를 통해 정확한 대답을 받아야 했다. 당은 문학예술이 역사발전 속에서 현실을 파악할 것을 필요로 했다. 그리고 당의 간고한 투쟁 역사를 묘사할 것과 각종 고난을 이겨내고 결국 승리했다는 사실을 묘사할 것을 요구했다. 이는 현실 투쟁에서 자신감을 세우는 데 매우 필요한 자기 인정이었다. 사회 전체에 대해서도 일종의 신념 보증이었다.

현대성은 중국에서 웅대한 민족국가의 혁명성 인정으로 역사 실천을 전개하였다. 문학에서의 현대성 표현은 웅대한 역사 서사 건설을 통해 온전하게 통일된 역사를 드러내 보여주기를 갈망하였다.

혁명 역사 서사는 바로 객관화된 역사를 세우려는 것이다. 이 역사는 사전에 약속된 고전 의미로 규정된다. 이 역사 서사는 새로운 역사 단계로 인정되는데, 이전의 모든 역사를 초월하고 새로운 역사 기원의 강림을 예시해 준다. 현실주의 서사는 서술된 역사를 객관화된 역사로 바꿔 주고, 서술은 묻히고 서술자도 사라진다. 역사만 스스로 객관화된 모습을 보여준다. 이는 역사가 객관적인 진리성을 갖게 한다. 하지만 문학성의 질은 결국 역사 서사의 수사성에서 틈이 벌어져 쏟아져 나온다.

1954년 6월, 인민문학출판사는 두펑청杜鵬程의 장편소설 『보위 옌안』을 출판하였다. 소설은 모 부대 중대장 저우따용周大勇을 주인공으로 하여 해방군 장병들이 힘든 전투를 거쳐 마침내 승리를 거두는 영웅적인 스토리를 그려내고 있다. 서사 면에서 소설은 현실주의 예술의 규모를 처음 갖추고 있다. 첫째, 플롯의 기복이 있고, 긴장되면서도 연극성이 풍부하다. 둘째, 긴급한 전쟁 분위기에서 인물을 그려냈고, 행동을 통해 인물의 성격을 드러냈다. 셋째, 폭력에 대한 사실적인 표현. 이 소설은 피비린내 나는 전쟁 폭력 장면을 최초로 묘사한 장편소설일 것이다.

50년대 중반에 비록 국가가 거대한 혁명과 건설 임무에 맞닥뜨리고, 심각한 국제 정세 속에 처했지만 국민 경제성장 추세는 양호했다. 상공업과 개인 자본의 개조도 순조롭게 이루어졌고, 당에서는 전체 경제와 정치 명맥을 단단히 통제하고 있었다. 선전 기기를 충분히 준비하고 힘차게 곳곳을 돌아다니면서 빠르고 효과적으로 사회주의 건설 구호를 통해 인심을 격동시켰다. 당과 인민은 넘치는 자신감으로 사회주의 혁명과 건설을 맞이하였다. 이런 형세에서 전쟁을 반영하는 소설은 더욱 큰 환영을 받았다.

문학은 시대정신을 반영하기도 하고 그려내기도 한다. 50년대에 사람들은 전쟁소설을 필요로 했다. 거대한 전투장면을 체험하고자 했고, 거대한 기쁨을 체험하고, 믿을 수 없는 위대한 승리를 체험하고자 했다.

1957년에 「붉은 해」가 다시 한 번 전쟁의 웅대한 장면을 재현하였고, 공산당이 영도하는 중국 인민해방군의 용맹함을 드러냈다. 아울러 정의는 반드시 반동세력을 물리친다는 역사 법칙을 보여주었다. 이것이 바로 이 시대에 필요한 정신력이었다. 이 작품은 전쟁 생활을 풍부하게 보여 주었다.

50년대 중국의 사회주의 혁명은 격정이 넘쳐 흘렀다. 사람들은 기적들이 하루 아침에 일어나기를 갈망했다. 사회주의 혁명문학의 전쟁에 대한 표현은 현실 심리에 대한 일종의 단련이자 촉매제였다. 온갖 어려움은 이미 비극적 색채가 탈색되었고, 남은 것은 용감함과 자신감이었다. 전쟁경험을 현실경험의 정신적 나침반으로 삼거나 경험주의의 각주로 삼았다. 웅대한 장면은 정말 아름다웠고, 그것들은 역사를 다시금 부활시켰으며 보다 집중된 전형 형상을 얻어냈다. 역사는 승자의 것이다. 따라서 역사는 장엄하고 아름답게 변한다. 50년대 사회주의 혁명과 건설에는 이런 역사가 필요했다. 문학이 해냈다. 제 때 현실이 투사된 역사 형상을 보냈고, 그 역사 형상은 아름답고 화려했으며 장면은 웅대했고, 기세는 넘쳐 흘렀다. 양결합의 창작방법도 이에 따라 생겨났다.

1957년 9월, 인민문학출판사는 장편소설 『임해설원林海雪原』을 발표하였다. 이 소설은 사회주의 혁명문학이 새로운 단계로 발전했음을 보여주었다. 이 단계는 비록 예술적으로 더 높고 완성된 경지에 도달한 것은 아니었지만 사회주의 현실주의 혁명문학의 조숙성을 보여주었다. 또한 이 문학이 예술적 규범 내에서 비교적 이른 시기에 자신의 한도에 도달한 것이기도 하다. 사회주의 현실주의 측면에서 보자면 이 소설은 이미 매우 성숙한 단계였다. 말하자면 이 소설은 이상화의 극한에 도달했다는 것이다. 첫째, 모순 대립의 법칙, 둘째, 필승의 법칙, 셋째, 영웅주의 중심의 원칙, 넷째, 절대 즐거움의 원칙, 다섯째, 보다 세밀한 감정과 심리 표현 등이다. 혁명문학 작품 중에서 리잉루李英儒의 『들불 봄바람 속의 고성 전투』는 다른 면을 보인다. 그가 그려낸 인물과 생활은 보다 많은 가능성을 보인다. 소설 서사는 긴장되고 위험한 줄거리 속에서 시종 완만하고 따스한 정조를 띠고 있다.

1957년에 량빈의 「홍기보」가 중국청년출판사에서 출판되었다. 이 작품이 세운 혁명역사 관념, 서사법칙, 심미취미 등은 모두 중국 사회주의 문학의 수준을 보여주고 있다. 「홍기보」 작가 량빈은 그의 혁명역사 서사를 어떻게 완성하였을까?

이렇듯 단절되고 자기 기원이 있는 혁명 역사 서사에서 우리는 그 안에 강렬한 정치적 요구와 함께 의심의 여지 없는 절대적 진리 입장이 담겨 있음을 확실히 보게 된다. 하지만 우리는 또 주체가 은닉한 객관화된 역사 서술에서 문학창작이 더 이상 사람에게 작용할 수 있는 공간이 있는가 하는 의문을 가질 수 있다. 이것은 이론과 관련된 문제이다. 혁명화 창작에서 역사 서사의 객관화 운동만 있고, 창작 주체의 흔적은 없는 것은 아닌가 하는 것이다. 혁명화 창작과정에서 주체의 위치와 작용을 어떻게 이해할 것인가, 글자와 단어의 수사가 제시한 가능성을 어떻게 이해할 것인가?

이런 의미에서 급진적인 혁명 창작은 문학 전통과 최소한도로 연결될 수 있고, 문학 공동체에 의해 문학으로 인정받을 수 있다. 글자와 단어의 기억은 그것의 현실생활과 유지하는 습관적 관계에 있고, 그것은 문학의 수사 방식, 표현 형식이 존재하게끔 한다. 개인 기억은 문학작품의 발생과 존재에 창조적 품격의 근본적 근거이다.

여기에서 온전한 혁명 역사는 온전하지 않은 개인 기억의 기초 위에 세워진다. 반복해서 서술되는 량빈의 창작경험담에서 단편적인 중국 농촌의 과거가 끊임없이 출현한다. 그것들은 깊은 감정이 묻어 있는 개인의 기억들이다. 바로 '생활'이라고 불리는 그것들은 혁명 역사와 본질적인 관계가 없다. 예를 들어, 생활의 디테일들, 가정윤리, 애정과 결혼…

혁명 역사 서사의 보충이자 참고 자료인 이런 요소들은 사실 소설 서사의 피와 살이다. 그것들은 혁명 스토리가 존재하고 전개될 수 있도록 해준다. 혁명은 확실히 진실한 개인생활, 개인 기억을 없애버리지만 그것들은 '혁명'에 구체적인 형상과, 감지할 수 있고 체험할 수 있는 존재방식을 준다. 혁명이라는 이름을 붙인 것은 진정으로 역사를 바꾸는 것이 아니다. 하지만 그렇게 이름 붙인 것은 혁명 스스로 원하는 형상을 얻게 하는 것이다. 문학 창작은 역사적 소외와 함께 역사적 꿈도 가지고 있다. 문학 서사에 대해 말하자면 진실한 역사는 다른 곳에 있다. 그리고 역사적 자아 세우기에 대해 말하자면, 문학은 또 다른 곳에 있다. 이것이 바로 문학이 영원히 존재할 수 있는 근거이다.

5) 주변부의 누락 : 역사 밖의 개인 감정

1956년, 중국 사상문화계에 '쌍백방침'이 출현하였다. 눈부신 꽃처럼 매우 아름답게 피어났다가 빠르게 시들어 버렸다. 중국 사상문화계의 종잡을 수 없는 투쟁은 매우 복잡하고 미묘한 특징을 보여준다.

1956년 1월, 저우언라이는 「지식인에 관한 문제 보고」에서 지식인과 노동자 계급의 평등한 지위 부여를 시도하였다. 당의 혁명 사업과 사회주의 건설에는 지식인의 전심전력 투구가 필요했다.

1956년 4월 말에 중공 중앙 정치국은 확대회의를 개최하였다. 마오쩌둥은 「10대 관계를 논함」이라는 제목의 보고를 하였다. 이 보고는 사람의 마음을 고무하였고, 당시 혁명 정세의 낙관적 국면을 반영하였다. 중국은 농업합작화 운동을 거쳤고, 도시 상공업 자본의 사회주의 개조도 이미 순조롭게 완성되었다. 이 회의에서 천보다陳伯達는 '백화제방'과 '백가쟁명'을 제기하였다. 마오쩌둥은 천보다의 의견을 중시하였다. 그는 "이 두 가지가 우리들의 방침이 되어야 한다고 생각한다"고 하였다. 5월 2일, 최고 국무회의에서 마오쩌둥은 정식으로 이 방침을 제기하였다. 홍즈청洪子誠 선생은 그것을 "혼란스러운 시적 표현의 전범"이라고 했는데, 그것이 드러낸 역사 격정과 후과는 괴상하여 시 같기도 하고 연극 같기도 했다. 그것은 역사의 변증법이 아니라 혁명의 현실적 결정이었다.

1956년의 '백화운동百花運動'은 상당히 열렬하게 청년 작가들을 고무하였다. 이상과 책임을 가슴에 담은 청년 작가들은 당시로서는 상당히 날카로운 작품들을 써냈다. 생활 간여, 문제 폭로, 암흑면 폭로가 1956년부터 1957년 상반기까지 중국 문단에 살아있는 분위기를 가져다 주었다. 1956년 『인민문학』 제4기에 리우빈이엔의 특집기사 「교량 공사장에서」가 발표되어, 당시 관료주의, 보수주의, 교조주의 상황에 대해 깊이 있게 폭로하여 강렬한 반향을 불러일으켰다.

1956년 『인민문학』 제9기에 왕멍의 소설 「조직부에 온 젊은이」가 발표되었다. 이 소설은 22세 된 초등학교 교사 린전을 그리고 있다. 일을 잘 해서 구 위원회 조직부에서 간사로 발령 받았는데, 그의 사상 열정이 관료주의가 심각한 기관과 모순이 발생하였고, 그는 회의와 실망 정서 속에서 괴로워 한다. 하지만 결국 관료주의와의 투쟁에 떨쳐 일어서게 된다. 전형적인 관료의 모습을 보이는 한창신과 비교해 보면 리우스우 형상은 대단히 복잡하게 보인다. 이 소설이 발표되자마자 강렬한 반향을 불러일으켰던 것은 주로 사회주의 당정 기관의 어두운 면을 드러냈다는 점에 있었고, 아울러 당시 성행했지만 감히 말할 수 없었던 관료 작태를 폭로했기 때문이었다. 매서운 비판이 한 차례 득세하였다.

이 작품에 관해 이후 문학사는 서로 다른 평가와 해석을 하고 있다(예를 들어 홍즈청 선생의 해석). 이 소설은 또 다른 측면에서 봤을 때, 5.4시기 혁명문학 속에 이미 단절된 개인의 자아의식 서사의 새로운 대두이다. 이 소설에 나오는 지식인 형상과 5.4문학의 내적 연계를 어떻게 이해할 것인가 하는 문제가 새로운 사고 포인트이다. 사회주의 문학은 줄곧 농촌을 그 기원으로 하고 있고, 5.4 계몽문학과의 단절 속에서 소자산계급이 문학 속에 나타나는 것을 거절하였다. 하지만 문학의 창작 주체는 불가피하게 지식인이다. 게다가 세계관을 개조하는 것도 완전히 철저하게 이뤄지기는 불가능하다. 창작 주체가 완강하게 각종 방식으로 그 주체성의 내적 감정을 표현하게 되고, 자산계급 개인의 사상의식이라고 불리는 것도 그 역사의 틈으로 흘러나올 수 있는 것이다. 건국 후에 전개된 일련의 사상문화 투쟁은 효과적으로 '자산계급의 사상 잔재'를 청산하기는 했다. 예술성에 대한 단순한 이해에 있어서도 무산계급 사상이 문학성의 표현을 완전히 제압하기는 필연적으로 불가능하다. 1956년의 '쌍백방침'은 문학창작에 생기를 불어넣었고, 작가들은 다시 개인의 생활체험을 표현하기 시작했다. 소자산계급의 개인 감정도 알게 모르게 흘러나오기 시작했다.

 1950년대 중반, 이론계에서는 많은 토론이 벌어졌다. 이 토론들은 1956년부터 1957년 상반기까지 거의 최고조에 달했다. 현실주의의 광활한 도로, 전형성 문제, 인성론 문제, 형상사유 문제, 미학 문제 등등의 이런 문제들은 사실 사회주의 문예학이 계급투쟁을 강령으로 하는 것에서 멀어지고, 개념화와 공식화에서 멀어질 가능성을 은연중에 내포하고 있었다. 이로부터 새롭고 인민대중을 향한, 그리고 예술성을 갖춘 사회주의 문예를 건설한다는 것이었다. 하지만 이 모든 것은 재주를 피우다 일을 망치는 식으로 인해 더욱 급진화된 돌아올 수 없는 길을 가고 말았다. 1980년대 초에 이르러 이 문제들은 점차 새롭게 토론되었고, 사회주의 문예는 이 때에 이르러서야 그것의 새로운 기원을 시작한 것처럼 보였다. 하지만 그것은 줄곧 50년대의 격렬한 투쟁과 운동의 틈새에 숨겨져 있었다. 80년대에 갑자기 하늘에서 떨어진 것은 아니고 역사 깊은 곳의 단층점에서는 여전히 연속되고 자라고 있었다. 1965년 7월, 마오쩌둥은 시의 문제에 대해 편지 한 통을 천이에게 보냈다. 편지에서 그는 '형상 사유'를 중점적으로 언급하였다. 마오쩌둥이 1956년에 당시 전개되었던 '형상 사유' 토론 영향을 받지 않았다고 장담할 수는 없다. 마오쩌둥의 이 편지는 80년대 이론 비평의 중요한 근거가 되었다. 역사의 심오한 탐구는 문학이 완강하게 자신을 창조하는 근성을 보여준다.

1950년대 중반의 몇몇 작품은 인물의 감정과 복잡한 심리를 집중적으로 표현하고 있다. 인성에 관한 사색이 계급과 노선의 관념 아래에 숨겨져 있는 것을 어렴풋이 볼 수 있다. 루링의 「웅덩이에서의 '전투'」는 『인민문학』 1954년 3월호에 발표되었다. 이 소설은 한 지원군 병사 왕잉홍이 전선으로 갔다가 조선 아가씨 김성희와의 사이에서 일어난 이루어질 수 없는 애정 스토리를 서술하고 있다. 소설에서는 감정 심리 묘사가 세밀하게 이루어졌다. 작가는 분명히 혁명 전사의 풍부한 내심 세계를 표현하고자 하였다.

『인민문학』 1957년 제7기에 쫑푸의 「붉은 콩」이 발표되었다. 소설은 해방 전야에 한 쌍의 대학생 사이에 벌어지는 애정 스토리를 서술하고 있다. 사실상 이 소설의 주제는 애정과 혁명 사이에서 한 젊은 여성이 보이는 주저함과 선택으로, 소자산계급 스타일의 방황을 거친 후 그녀는 개인의 감정을 이겨내고 자산계급 감정의 허위를 분명히 인식하여 혁명에 투신하게 된다. 이 소설은 최선을 다 하여 계급대립의 관점에서 연인관계를 묘사하였다. 이 애정 묘사는 사람들에게 참신한 분위기를 안겨주었다.

1958년 가을, 『인민문학』 제11기에 루즈쥐엔의 「백합화」가 발표되었다. 이 소설은 해방전쟁 시기 한 새색시가 백합화 수가 놓인 결혼이불을 바쳐서 부상병을 덮어주게 하였고, 그 결과 그녀에게 이불을 빌린 젊은 병사를 덮어주었다는 내용을 서술하고 있다. 소설은 젊은 병사의 순박한 성격을 그려냈고, 그가 그녀에게 이불을 빌리는 과정을 생동감 넘치게 써내고 있다. 또한 새색시의 미묘한 심리도 함께 써냈다. 소설의 가장 뛰어난 점은 심리묘사에 있다. 이 소설은 '대약진' 시기에 절망적이면서도 아름다운 스토리를 쓰고 있다. 시대와 관계가 있는 유일한 흔적은 인민들이 식기를 모두 바쳤다는 것이고, 전쟁 시기의 새색시가 결혼이불을 바쳤다는 것이다. 물론 더 은밀한 관계가 있을 수도 있다. 루즈쥐엔은 당시 전쟁의 형식으로 전개된 조직적인 동원에 대해 우려와 두려움이 있었다. 전쟁 중에 희생된 것은 모두 무고한 생명이었고, 아름답게 남았다 하더라도 사람들을 슬프게 할 뿐이다.

쑨리孫犁의 창작은 어떻든지 가장 중시할만한 가치가 있는 현상이다. 하지만 쑨리는 매서운 비판을 받지 않았고, 높은 중시를 받지도 않았다. 이 시기에 쑨리는 「철목전전鐵木前傳」(『인민문학』 1956년 제11기)을 발표하였다. 쑨리는 처음부터 끝까지 자신의 풍격, 소설과 언어에 대한 자신의 이해의 바탕 위에서 창작하였다. 이 소설의 진정한 가치는 새로운 사회가 도래할 무렵에 농촌의 옛 인륜관계가 심각한 충격에 직면하는 상황을 묘사한 점에 있다. 이것은 대장장이 푸라오깡傅老剛과 목수 리라오둥黎老東 두 사람 사이의 우정 파탄만이 아니라 암묵적인 상황에서 발생하는 농촌 관계의 전체적인 변화이다. 그리고 이런 변화 과정에서 바뀌지 못하는 리우얼六兒과 만얼滿兒은 미묘한 비극적 의미를 갖는다. 동시에 굴복할 수 없는 농촌의 낭만주의 격조를 가지고 있다. 소설은 공교롭게도 그들의 낙오에 대해서 비통함이 없다. 이 두 사람이 신속하게 혁명의 새로운 생활로 융화되지 못했고, 그들의 그런 행동방식은 중국의 혁명문학에서는 존재하지 않았던 형상이다. 담담한 우아함과 맑고 감상적이며 낭만적인 분위기, 세밀한 심미묘사, 이 모든 것들은 수묵화의 경지처럼 우리 앞에 펼쳐진다.

이 시기에는 또 도시생활을 반영한 작품이 있다. 저우얼푸周而復의 「상하이의 아침」(1958년 5월)이 그런 작품인데, 이 작품은 50년대 초반에서 중반까지 자본주의 상공업에 대해 당이 실행한 사회주의 개조의 역사 발전을 반영하였고, 민족자산계급이 사회주의 개조를 받는 과정의 복잡성과 장기성을 반영하였다. 저우얼푸의 이런 창작은 다른 혁명문학의 칭찬을 받지 못했고 영향도 미치지 못했다. 이것은 음미해볼만한 일이다.

6) 역사 속의 개인 : 구체화된 혁명사와 그것의 전기화傳奇化

사회주의 혁명문학은 1950년대에 역사화의 주도적 임무를 전개해 나갔다. 그것은 바로 당의 영도하에 인민이 신민주주의 혁명에 참여하고, 세 가지 산을 뒤집어 엎는 웅대한 역사를 세우는 것이었다. 이 역사는 집단성과 총체성이라는 특징을 가지고 있다. 하지만 개인성을 결여하고 있다. 지식인은 전지적인 서술자 역할로 이 객관적 역사를 드러낸다. 이 총체적인 역사를 어떻게 개체화시키고, 객관화된 역사를 주관적인 특징을 가지게 할 것인가 하는 문제는 혁명문학의 더 나은 발전을 위해 해결해야 할 문제이고, 혁명문학이 예술적인 면에서 꼭 필요한 심화이기도 하다.

어떻든 문학창작은 지식인에 의해 완성된다. 지식인은 문학 밖에서 시대의 정신 생활을 표현해낼 수 없다. 공농병을 노래하고, 공농병에 봉사하는 것은 혁명문학 방향 전환의 역사적 순간에 필요하면서도 이해할 수 있는 것이다.

혁명은 현재 세 가지 측면에서 난제에 봉착해 있다. 첫째, 객관화된 관념 역사가 어떻게 개체성의 경험특징을 가지게 할 것인가, 둘째, 역사를 표현하는 주체가 어떻게 표현된 역사 속에 융합될 것인가, 셋째, 전체적인 난제의 증상으로서, 어떻게 지식인 개체와 혁명 역사의 객관성을 하나로 융합시킬 것인가 하는 것이다.

이 역사적 난제는 지식인 개인의 성장 스토리에서 완전한 해결을 도모할 수 있다.

혁명문학 역사 서사의 방향 전환을 지식인을 주인공으로 하는 것은 분명 역사적 겉치레이고 대담하게 본질과 내용을 바꿔놓는 행위이다. 바로 객관과 주관 두 측면의 수요로부터, 표현된 역사와 역사를 표현하는 주체의 내재화된 필요로부터 혁명문학은 구체적 서사를 전개하였다. 이런 역사 시기에 문학은 한 가지 신화를 만들고 있다. 그것은 바로 지식인 성장의 신화이고, 지식인이 혁명 기원과 혁명 역사에 수반되는 신화이다. 지식인은 외재적인 혁명역사의 서술자가 아니다. 타자의 스토리를 서술하는 것은 타자화된 서술자가 아니라 현재 자기 서술의 주체로 변했고, 자기 주체화를 서술하는 서술자이다.

『청춘의 노래』는 1958년에 작가출판사에서 출판되었다. 소설은 대혁명 시대에 한 여성 지식 청년이 개인의 복잡한 감정과 생활의 방황과 선택을 거쳐 최종적으로 혁명에 투신하는 스토리를 그리고 있다. 지식인 성장 스토리인 셈이다. 홍즈청의 말대로 이것은 린다오징의 성장을 통해 지식인 유일의 출구를 확인한 것이다. 무산계급 정당의 지도를 받아 힘든 사상개조를 경험하고 개인주의에서 집단주의로, 개인영웅식의 환상에서 계급해방의 집단투쟁에 참가하는 것으로 발전하는 것, 즉 개체의 생명이 노동자 농민 대중을 주체로 하는 혁명 사업에 융합되고 투입되면 그의 생명 가치는 진정하게 실현될 수 있는 것이다.

하지만 사람을 놀라게 하는 것은, 혁명과 사랑의 욕망이 소설의 서사 속에서 반복적으로 얽히는 관계를 구성하고 양자간에 구성된 장력이 이 주제를 전개시켜 나간다는 것이다. 소설은 특이하게 린다오징과 루자촨, 그리고 장화 사이의 애매한 관계를 써냈다. 이 소설은 혁명과 사랑의 모순 서사에 빠졌고, 혁명의 발전과정에서, 그리고 린다오징의 사상변화 과정에서 혁명과 연애의 이중 통제하에 린다오징을 혁명의 길로 가게끔 한다. 혁명과 연애의 뒤얽힘은 한 여성이 혁명과 혁명 투쟁 중에 있는 개인의 진실한 감정을 표현하였고, 더욱 온전한 개인의 생활사를 표현하였다.

1959년, 광둥인민출판사가 어우양산歐陽山의 장편소설 『삼가항三家巷』

을 출판하였다. 이 소설은 1920년대의 광저우에서 일어난 이야기를 서술하고 있다. 가정과 마을의 전통관계가 대혁명이라는 격동의 시대에 겪게 되는 충격과 변고를 반영하였다. 당시에 이 소설의 의미는 광저우 대혁명시대의 역사적 상황을 처음으로 반영한 작품이라는 점에 있다. 노동자 계급이 혁명의 지도 계급이 되는 필연적인 역사 과정을 묘사하였다. 소설은 역사적 화폭이 넓고 시대감이 강렬하며 세부 묘사가 생동감 넘치며 인물이 생생하게 그려졌다. 스토리는 거침이 없고, 남방 생활 분위기가 농후하다. 현재 시각에서 볼 때, 작가는 계급적 관점으로 인물의 성격과 인물관계를 억지로 규정하였고, 이 바람에 따라 중국 현대혁명의 지도 계급으로서의 노동자 계급에 관한 역사적 서사를 구축하였다. 하지만 우리는 두 가지 측면에서 문제를 보게 된다. 첫째, 계급 관점의 억지 개입이 조성한 과도한 역사화 문제이다. 둘째, 억압할 수 없는 친연관계의 묘사와 인성의 특징이다. 소설은 계급성으로 인성을 규정하려 했고, 뜻대로 되지도 않았다. 구체적인 소설 서사에서 인성의 복잡성은 억누를 수 없이 흘러나왔다. 소설은 저우빙周炳 개인의 생활사를 통해 혁명사를 드러냈고, 이는 개인의 감정을 혁명 역사 배경으로부터 투시하게끔 하였으며, 역사화 서사가 개성화라는 특징을 갖도록 하였다.

    1961년, 중국청년출판사는 뤄광빈과 양이옌의 『홍암』을 출판하였다. 소설 속의 공산당원이 감옥에서 여러 가지 비인간적인 고문을 받지만 굳건한 의지를 보이며 적들과 결사 투쟁을 벌인다. 소설이 쓰고 있는 것은 여명 직전의 암흑이고, 혁명 역사의 문학 서사 과정에서의 역사화에서 가장 비장한 부분이다. 사상 내용과 예술 표현 측면에서의 『홍암』의 특징은 다음 몇 가지로 요약할 수 있다. 첫째, 인물의 영웅화, 둘째, 신앙의 절대화, 셋째, 플롯의 전기화이다. 이 소설의 스토리와 플롯은 전기성이 풍부하다. 플롯은 스릴이 넘친다. 장면은 독특하며 잔혹한 폭력이 전편에 펼쳐진다. 혁명가가 잔혹한 고문을 견뎌내는 것을 통해 폭력을 드러내는 것은 합법성을 획득한다. 사실상 혁명문학은 폭력이 가득 했었다. 전쟁은 폭력의 집대성이었다. 『보위 옌안』에서 「붉은 해」까지 폭력을 드러내는 것은 혁명의 열기로 가득 했고, 그것은 혁명의 승리, 적들의 궤멸을 예정된 목표로 했다. 폭력은 언제나 환희와 만족을 수반했다.

이 시기에 언급할 만한 작품으로는 야오쉬에인姚雪垠의 「이자성李自成」이 있다. 야오쉬에인은 1940년대에 역사소설에 푹 빠졌다. 1957년의 형세는 역사소설을 쓰겠다는 그의 결심을 굳혀 주었을 것이다. 이 해에 그는 정식으로 집필을 시작했고, 1963년에 제1권을 완성하여 출판하였다. 1973년에 제2권의 초고를 완성하였다. '사인방'이 그에 대해 함부로 방해를 했고, 그는 마오쩌둥에게 글을 올려 지지를 받았다는 말도 있다. 베이징으로 이동하여 명을 받고 역사를 썼다. 문화대혁명 이후 『이자성』 제2권과 제3권이 출판되어 한 때 크게 영향을 미쳤다. 농민 봉기(혁명)를 쓴 이 소설은 사적 유물론의 영향을 많이 받아, 파란만장한 역사 장면도 있고, 개념화 흔적도 없지는 않다. 농민봉기 우두머리의 몸에 너무 많은 이상화된 요소를 주입하여 역사사실에도 어긋나고 문학의 진실성 원칙에도 위배된다.

7) 초자아와 개인 : 공화국의 서정 주인공

1949년, 중화인민공화국 수립은 중국 인민으로 말하자면, 전세계 인민 앞에 우뚝 선 날이다. 찬양과 긍정의 시대로서, 찬양은 역사가 필요로 하는 자기 긍정과 외재화된 인정이며, 대상화된 주체의 자기 고백의 필요 방식이다.

허치팡은 찬가를 높이 부를 만한 자격이 있는 사람이다. 1949년 10월, 허치팡은 「우리들의 위대한 명절」을 발표하였다. 같은 시기에 후펑의 「시간은 시작되었다」가 표현한 찬양의 감정과 이어진 그의 운명은 어울리지 않았기 때문에 당시 그가 공덕을 칭송하는 노래를 부르는 것이

충심을 나타내기 위한 동기에 대해 의구심을 품기에 이르렀다.

공화국의 시인은 당과 지도자를 찬양하였고, 해방 후의 새로운 생활도 찬양했으며, 위대한 시대를 살아가는 각 민족 인민들의 참신한 생활을 표현하였다. 시인은 시대의 대변자가 되었고, 인민이나 당의 혀가 되었다.

짱커지아는 1949년 연말에 루쉰을 기념하는 단시 「어떤 사람」을 썼다. 이 시는 매우 분명하게 두 가지 인생관과 두 가지 생명의 의미를 생동감 넘치게 표현해 냈다. 이 시는 개인주의에 대한 새로운 시대 집단주의의 선전포고에 가까웠다. 이 시는 시대의 절박한 바람을 표현하였고, 이 시는 또한 '초자아'라는 시가 표현에 대한 시대의 강력한 수요를 촉진시켰다.

혁명 승리를 맞이한 역사의 위대한 시대 앞에서 궈모뤄는 무거운 짐을 내려놓은 듯한 느낌을 가졌고, 물 만난 고기 같은 느낌을 가지게 되었다. 그는 마침내 마음 내키는 대로 예술을 정치로 여기고 다루었다. 혁명에 대해 궈모뤄는 열광적인 태도를 가졌다. 그에게 있어서 문학은 혁명 전투의 도구였다. 시인들에게 있어서는 찬양과 비판은 시대의 심성을 노래하는 시의 주요 기조를 이룬다. 이는 모두 민족과 국가의 초자아 입장에 서서 표현해낼 때의 시대정신이다.

공리우公劉가 새로운 시대를 찬미하는 시는 개념화된 모습을 보이지 않았다. 그의 시는 상상력이 풍부하다. 예를 들어 『시몬의 아침』은 감정 표출의 시작점이 사람들의 예상을 벗어나고, 이미지는 특이하며 다양한 모습으로 매우 강한 개성적 특색을 드러낸다. 바이화白樺도 병사 시인 출신이다. 바이화의 서정시는 개념화의 흔적이 매우 강하게 남아 있다. 마찬가지로 병사 출신 시인 리잉李瑛은 당시에 구상이 교묘하고 착상이 독특하여 사람들의 주목을 끈다. 그의 시는 감정이 미세하며 언어는 순수하지만 형식적인 꾸밈이 많은 편이다. 당시 새로운 생활을 노래한 시인

중에서 샤오옌샹邵燕祥의 목소리가 독특하다. 「멀리 가다」는 당시에 무수한 청년들이 조국 건설에 투신하도록 하는 데 영향을 미쳤다.

물론 공화국에서 가장 뛰어난 가송 시인은 허징즈賀敬之이다. 그는 50년대에 많은 서정 찬양가를 써냈다. 「소리 높여 노래해」(1956), 「동풍만리」(1958), 「십년송가」(1959), 「레이펑의 노래」(1963), 「중국의 10월」(1976), 「팔일 폭풍」(1977) 등이 그의 작품이다. 이 밖에도 짤막한 문장 「옌안으로 돌아오다」 「삼문협가三門峽歌」 「계림산수가」 등이 있다. 시 작품의 성공은 그가 당과 조국과 인민을 노래하는 감정이 진지하고 돈독했다는 것만이 아니라 동시에 그가 공화국 찬송시의 가장 이상적인 예술 표현수법을 찾아냈다는 것에도 있었다. 예술적으로 말해서 허징즈의 시는 아래 몇 가지로 그 특징을 정리할 수 있다. 첫째, 절대 이상적인 공화국 형상을 창조하였다. 둘째, 종횡무진하는 서정 주인공 형상을 그려냈다. 셋째, 호방하고 웅건한 격정. 넷째, 아득하고 높은 경지. 다섯째, 진리의 사변성.

50년대 초에 전체적으로 표현된 찬송 단계를 거쳐 그 뜨거운 찬송은 잠시 일단락을 고하고 시인들은 귀모뤄처럼 완전히 예술 이념을 초월하여 사회주의 사건 자체에 집중하기 시작했다. 사회주의의 새로운 사물과 서사를 이용하여 시성詩性을 대체하였다. 시 창작은 반드시 자아 경험과 시대 사물 간의 융합이라는 난제에 직면하게 된다. 시의 감정 특징과 언어의 수사 요구는 시인들을 자아 경험으로 되돌아가게 한다. 어떻게 역사의 곤혹스러움을 초월할 것인가는 개념화된 역사와 자아의 진실한 체험 사이에서 일종의 표현 책략을 찾아낸다. 이것이 이 시기 시인들이 직면한 난제였고, 이 난제를 넘어설 수 있으면 역사적으로 정해진 상황에서 개인의 시적 정서를 투시할 능력이 있는 것이고, 만약에 그렇지 못하면 시의 노래는 공허한 개념으로 흘러버리고 만다.

허치광의 「대답」은 회의하고 고민하는 정서를 괴상하게 표출하였다. 당시와 훗날의 해설자들이 어떻게 이 시의 시대적 의미를 해석하더라도 그것이 담고 있는 개인 자아반성의 함의를 지워버릴 수는 없다. 자신에 대한 예술적 표현은 새로운 시대의 가능성에서 생기는 우려이다.

원지에聞捷는 비록 적지 않은 찬양가를 쓰기는 했지만 그의 시는 보다 감정을 강조했고, 심지어 인성화된 감정을 띠고 있다. 이는 그의 시가 항상 애정 표현에 열중하도록 하였다. 노동과 애정, 또는 노동 과정의 애정은 그 시기 인성화된 감정이 표현할 수 있는 최대한이었다. 원지에는 분명이 이 한도 내에서 인성화된 감정을 표현하였다.

궈샤오촨郭小川은 열렬한 정치이념 속에 자신의 개인 사고를 주입하였다. 그의 시는 처음부터 끝까지 독립된 서정 주인공 입장을 가지고 있었다. 그는 혁명의 장면에서 일관하였고, 느낌, 추억, 사색과 탐구에서 그의 서정 주인공으로 하여금 전형적인 시대 특징 위에 있게 하였고, 선명한 개성적 특징을 더하였다. 궈샤오촨의 시에는 「청년 공민에게 고함」, 「어려움을 향해 진군」 등이 있고, 대표작 「별하늘을 바라보며」는 이 시대에 개인의 보다 심각하고 독특한 사고가 담겨 있다. 서정시 「사탕수수 – 푸른 장막」은 1962년에 발표되었다. 이 시는 어려운 시기에 발표되었는데, 시가 표출한 호방함과 웅장함, 엄준하고 우울한 운율은 사람들에게 강렬한 감동을 주었다. 하지만 그 밖의 시인들은 시대적 초자아와 견지하려는 예술상의 자아 사이에 균형을 찾지 못했다. 티엔지엔과 아이칭은 50년대 시 작품에서 두 방면 모두 잘 처리하지 못했다.

8) 역사화의 극한 : 문화대혁명 시기의 문학

1965년, 문화대혁명이 세력을 모으고 발발하기를 기다리면서 문예계는 한편으로 각종 비판을 전개하였고, 다른 한편으로는 많은 작품이 창작, 출판되었다. 하지만 문화대혁명 기간에 17년의 문학 예술의 성과는 이미 완전히 부정되었고, 대부분의 작품은 독초가 되어 버렸다. 1965년에 막 발표된 작품도 불행을 면하지는 못했다. 이로 인해 소수의 몇 작품만 문화대혁명의 고전 읽을거리가 되었다. 문혁 중의 고전 작품은 물론 여덟 편의 모범극이다. 하지만 소설에서도 독초로 낙인 찍히지 않은 작품들이 있었다. 『염양천艶陽天』, 『금광대도金光大道』 『홍남작전사虹南作戰史』 같은 작품들이다.

하오란浩然의 『염양천』은 1964년에 출판되었다. 이 작품이 문혁 중에 인가된 읽을거리였기 때문에 그 시기의 중요한 작품이 되었다. 『염양천』은 계급투쟁과 노선투쟁을 강하게 부각하였고, 정치의 본질 법칙은 소설 서사에 기본적인 모순 구조를 제공하였다. 이는 플롯극의 패턴과 마찬가지로 피아 쌍방의 진영이 분명하고, 사회주의 전진 방향을 대표하는 샤오장춘蕭長春, 사회주의 사업 파괴를 대표하는 마즈위에馬之悅 사이에 소설 서사의 기본적 대립을 구성하였다. 소설 서사는 이로부터 긴장된 모순 충돌을 전개한다. 이로부터 전개되는 소설 플롯은 풍부한 연극성을 띠며 투쟁의 라운드는 한 차례씩 이어지면서 충돌도 이어지고 긴장감은 높아져서 우여곡절이 이어진다. 소설은 계급투쟁의 모순에 따라 인물형상을 그려낸다. 만약 이 계급본질과 정치개념이 현안으로 떠오른다면 소설은 현실주의적 생활의 디테일 묘사에 의지하거나 아니면 매우 생동감 넘치는 생활 디테일을 드러낸다. 하오란은 문혁 기간에 『금광대도』도 썼다. 이데올로기 색채와 생활에 대한 그의 묘사력은 평균 정도 된다고 할 수 있고, 문혁 기간에 영향력을 미친 작품이다.

문혁 시기에 창작된 파벌 문예에 비해 상대적으로 『염양천』은 비교적 문학성이 있다. 문혁 기간 비교적 대표적인 장편소설로는 『홍남작전사』 『금종이 길게 울리고』 등이 있다. 이 작품들은 두 노선 투쟁의 패턴에 입각하여 플롯을 구성하고 인물을 그려냈다. 이 밖에도 리루칭黎汝淸의 「온 산과 강에 가득히」가 있는데, 이 소설은 홍군 대열이 징강산을 지나서 남쪽의 어떤 산에서 농촌혁명 근거지를 세우는 이야기를 서술하고 있다. 리윈더李雲德의 「비등하는 산들」에서는 해방 초기 동북 지역 한

광산의 수복 과정에서 벌어진 날카로운 투쟁을 묘사하였다. 다른 작품들에 비해서 이 두 편의 작품은 비교적 개념화나 공식화의 폐단이 적은 편이다.

물론 문혁 시기에 가장 영향력이 있는 작품은 여덟 편의 모범극이다. 이 작품들은 완전히 높고, 크고 완전한 공식화, 개념화의 방식으로 창작해냈다. 하지만 경극 예술의 현대적 표현형식 면에서는 건설적인 독창성도 있다. 읽고 전파할만한 다른 문예 작품들이 없었기 때문에 이 작품들은 문혁 기간에 인민 대중의 정신적 양식이 되었다. 예술 자체의 형식이 정치 개념화를 초월할 가능성이 있었기 때문에 이들 현대 혁명 모범극들은 창법과 예술적 표현으로 그 당시 인민대중의 생활에 어느 정도의 심미 공간을 제공해 주었다. 당시의 문학 간행물로는 상하이에서 출판된『아침 노을』등이 있다.

문혁 기간에는 또 지하문학이 몰래 발전하고 있었다. 자오이판趙一凡이 주관하는 문예살롱에는 신시의 개척자들과 몽롱시인들이 활동하고 있었다. 지하시의 대표작으로는 궈라오성郭老生의「네시 팔분의 베이징」(1968)과「미래를 믿다」(1969)가 있는데, 암흑 시기의 뼈에 사무치는 감정과 신념을 표현하였다. 지하시파 중에서 영향력이 크고 나중에 몽롱시의 선구가 되는 바이양디엔白洋淀 시파는 정치적 압박을 받는 시대에 굴복하지 않는 정신과 심령의 자유를 드러냈다. 이 시기의 지하시인으로는 망커芒克, 둬둬多多, 위에종岳重, 이췬依群, 스즈食指(궈라오성), 베이다오北島(자오전카이趙振開), 린망林莽, 이엔리嚴力 등이 있다.

3. 회복과 변혁 : 신시기의 문학

문혁 이후의 중국문학은 커다란 열정을 품고 문혁을 비판하였다. '크게 쓰는 사람'을 불렀으며, 개혁개방을 위해 현실적인 근거를 찾았고, 예술적인 면에서의 돌파를 추구하였다. 물론 이 모든 것들은 그 유래가 이미 오래 된 극좌 노선에 대한 반발에서 비롯된 것이었다. 이 단계의 문학을 신시기 문학이라 부른다. 인성의 회복, 현실주의의 찬란함, 작가 주체의식의 자각, 인간 해방…… 이는 모두 사회주의 현실주의를 새롭게 발견하는 역사적 시기였다. 따라서 신기기 문학은 현실주의 회복의 의미를 갖는다. 또 다른 면에서 신시기 문학은 현실을 향한 자신의 격정으로 새로운 길을 열어 나갔다.

1) 상처를 드러내 보여주다 : 올바르게 바로잡은 후의 역사 되돌아보기

시간적인 면에서 봤을 때 상흔문학은 몽롱시보다는 약간 늦다. 몽롱시가 비교적 오랜 기간 동안 지하에 있었기 때문이다. 하지만 상흔문학은 신시기 주류문학의 진정한 기원이다. 그 서사가 전형적인 역사 서사였고, 시작부터 새로운 역사 총체성을 회복하고 세우기 위해 노력을 기울였다.

상흔문학은 어지러운 것을 바로잡는 시대정신의 산물로 이해된다. 상흔문학이 신시기 역사 총체성의 기원으로 여겨진 이유는 두 중요한 지점에서 시대가 나아갈 방향에 감정적 기초를 제공해 주었기 때문이다. 첫째, 문혁이 중국사회에 안겨준 광범위하면서도 심각한 재난을 폭로하고, 모든 죄악의 근원을 사인방에게로 향하게 하였다. 둘째, 이 시기 역사를 서술할 때 역사의 주체와 주체의 역사를 새롭게 확립하였다. 후자가 사람들의 오랜 연구 속에서 간과된 고리였고, 그 중요한 이론적 의미는 충분한 관심을 받지 못했던 것은 분명한 사실이다.

상흔문학의 대표작은 리우신우의 「반주임」(1977)이다. 이 작품은 신시기 소설 창작의 봄을 알리는 최초의 싹이었다. 아울러 신문학 조류에서 손색없는 출발점이었다. 이 작품은 반주임의 시각으로 몇몇 학생이 사인방이 분쇄되고 난 이후 보이는 정신 상태를 보고, 문화대혁명이 저지른 문화독재가 중국의 청소년들에게 미친 나쁜 영향을 폭로하였다. 루신화의 단편소설 「상흔」(1978)은 직접 '상흔문학'이라는 이름을 붙였다. 소설은 '상흔'이 부모 세대에게만이 아니라 청년 세대의 심령에도 새겨졌다는 사실을 사람들이 깜짝 놀랄만큼 폭로하였다. 상흔문학의 고난의 본질적인 호소는 역사 주류에서 인정받고, 동정과 사면을 받는 것이었다. 궁극적으로 상흔문학은 주도 문화의 동정을 획득하려는 것이고, 동시에 새로운 주도 문화를 건설하려는 것이다. 따라서 모든 사람들은 역사 총체성의 비호 하에 새로운 존재 의미를 얻게 되는 것이다. 정해진 역사 총체성의 틀 안에서 모든 사람들은 피해자로 그려진다. 이 모든 것이 역사(문혁/4인방)가 정한 것이기 때문에 모든 죄악은 4인방에게 귀결되고, 따라서 모든 사람들은 무고하며 사면과 용서를 받을 수 있는 것이다.

상흔문학은 역사 총체성에 대한 심각한 깨달음에서 주제가 심화되었다. 문혁을 되돌아보고, 4인방을 비판하는 것이 객관화된 역사를 세우는 것이며, 보다 중요한 것은 새로운 기원의 역사를 세우는 것이다. 따라서 의식적으로 문혁 역사를 다시 서술하는 것은 단순하게 상흔을 내보이는 것이 아니라 노간부와 지식인이 박해를 당하는 상황에서도 당에 대한 충성심을 유지하고 혁명사업에 대해 변치 않는 신념을 가지고 있었던 것에 대해 표현해야 한다. 이런 서술을 통해 새로운 시기의 역사 주체(예를 들어 노간부와 지식인)의 역사를 다시 세워야 하고, 이것이 어지러운 것을 바로잡은 후에 다시 현실로 돌아온 피해자들이 역사의 연속성을 갖도록 해주는 것이다. 루이엔저우의 「텐윈산전기天雲山傳奇」(1979)는 우파로 잘못 지목되어 온갖 모욕을 감내해 내는 상황에서 당에 대한 충성을 보이는 스토리를 서술하고 있다. 「텐윈산전기」는 남다른 의미를 가지고 있다. 작가는 단순하고 표면적인 역사 반성을 지식인의 역사 자술로 바꾸어, 피동적이고 피해자인 개인이 고난을 당하는 시기에 당과 한마음이 되는 역사주체로 변하게 했다. 문혁 후의 지식인은 새로운 시기를 맞이하였고, 자아의 역사에 대한 서사에서 역사 총체성을 다시 세워나갈 기회를 얻었다.

전체적이고 심각하게 역사를 다시 서술하고 이로부터 주체의 역사를 처음부터 끝까지 객관화된 역사 총체성으로 삼았는데, 이것은 총웨이시의 '담장문학'에서 집중적으로 구체화되었다. 상흔은 정확한 역사 자아의 표현이다. 상흔은 더 이상 상처가 아니고 치유 후의 증명이기 때문이다. 더욱 중요한 의미는 그것이 상처를 증명하는 것이 아니고, 상처에 대한 인내와 처음부터 끝까지 상처를 초월하겠다는 의지를 증명한다.

많은 상흔 작가들 가운데 장시엔량張賢亮은 작품의 풍부함이나 생동감으로 한 시기를 풍미하였다. 그의 작품은 정치성 뿐만 아니라 문학 자체의 힘으로 사람들의 눈길을 사로잡았다. 장시엔량에게 있어서 문혁 역사를 다시 서술하는 것은 더 이상 단순하게 고난을 보여주는 것이 아니라 상흔의 미감을 드러내는 것이다. 장시엔량의 대표작「영과 육」,「녹화수綠化樹」,「남자의 반은 여자」 등은 영과 육의 대립과 통일을 최고 수준으로 처리하였다. 주체의 힘들었던 상흔을 지워버리는 것을 통해서 역사의 비이성을 지워버렸고, 역사 총체성의 불법성을 지워버렸다. 어떠한 고난이 주어지더라도 주체는 사랑과 아름다움을 느낄 수 있고, 주체는 역사의 소외를 받지 않으며 특수한 역사 환경 속에서 역사와 일치를 이룬다.

보기에는 왕멍王蒙은 상흔문학의 투사처럼 보이지만 왕멍과 상흔문학 주류와는 어느 정도의 편차가 있다. 그는 시종 특수한 역사 반성을 유지하고 있었다. 문혁 후에 다시 등장한 왕멍은「재이리在伊犁」와「신대륙인」등 주인공의 낙관적인 정서를 정면에서 부각시키는 작품을 써냈다. 하지만 이 시기 왕멍의 작품 기조는 역사의 재난을 겪은 개인이 어떻게 또 다른 역사 단계로 진입할 것인가, 또 이로 인해 발생할 수 있는 변이에 대한 탐구였다. 예를 들어 노간부가 다시 등장한 이후의 권력 재분배는 역사가 합리성을 갖지 못하게 하는데, 역사의 필연적 연속성에 대한 의

문을 품는 것이 그의 일관된 주제였다. 1978년부터 1980년까지 왕멍은 연이어 「가장 귀한 것」(『작품』 1978년 7월), 「유유한 작은 풀의 마음」(『상하이문학』 1979년 9월), 「밤의 눈」(『광명일보』 1979년 10월 21일), 「봄의 소리」(『인민문학』 1980년 5월), 「포례布禮」(『당대』 1979년 3월), 「바다의 꿈」(『상하이문학』 1980년 6월), 「나비」(『10월』 1980년 4월) 등의 작품을 발표하였다. 이 작품들에서 왕멍은 그의 서사를 통해 역사를 합리화하지 않았고, 고난을 드러내거나 개인의 충성을 표현하는 데 힘을 쏟지 않았다. 그는 이 사람들의 내심 세계에 관심을 기울여, 그것을 통해 문혁 후에 여전히 남아 있는 집권자들과 인민의 경계 문제를 표현하였다. 이 시기 왕멍의 사고 주제는 당시의 상흔 문학 주류와 놀랄만큼 떨어져 있었다. 「유유한 작은 풀의 마음」은 다시 등장한 노간부가 인민의 이익을 도모할 수 있는가 여부에 가장 먼저 주의를 기울였다. 지도자 생활에 대한 뜨거운 마음과 억울함을 회복하려는 것에 대해 차가운 반응을 보이는 탕지우위엔唐久遠의 모습은 많은 노간부들이 다시 등장한 뒤에 보인 반응이다.

1986년에 왕멍은 장편소설 『변신하는 인형』을 발표하였다. 이 작품은 구식 스타일의 중국 지식인 니우청倪吾誠이 신구 사회에서 겪는 정신적 곤경을 다루었다. 니우청은 전통문화 교육을 받았고, 또 서방 현대교육도 받은 인물로서, 어떤 의미에서 그는 5.4 시대 전형적인 지식인 형상이다. 소설은 아버지를 살피는 시각을 담고 있다. 또한 아버지 세대 지식인에 대해 왕멍이 살펴보는 것이라고 말할 수 있을 것이다. 보다 중요한 것은, 왕멍이 이를 빌어 5.4이후의 계몽이 정말 중국의 미래를 구할 수 있을 것인가를 사고했다는 점이다. 소설이 드러낸 이우청의 형상으로 볼 때, 왕멍은 회의적인 태도를 가진 것으로 보인다. 숨기고 발표하지 않은 의미는 중국 지식인이 공산혁명의 사상만 받아들인다면 중국 대지에 뿌리를 내릴 수 있을 것이라고 왕멍이 믿었다는 데 있다. 왕멍의 뼈 속에는 '소년 공산당 흠모 감정'이 있었다. 아마도 그는 진정으로 공산

혁명을 믿었던 사람이었을 것이다.

왕멍이 예술적 형식을 이용하여 그의 사상적 질문을 덮었을 때 그는 예술성에 있어서 뜻밖의 수확을 거뒀다. 그는 앞장서서 역사서사와 개인의 내면 의식을 결합시키고, 의식의 흐름 수법을 이용함으로써 그의 소설은 (당시로서는) 비교적 높은 예술적 차원으로 도약하였다. 반사문학은 줄곧 역사 주체의 운명을 사고하였고, 민족/국가/인민의 운명을 사고하였다. 하지만 이 모든 것은 왕멍의 의식의 흐름 소설에서는 시종 해결되지 않은 방안이었다. 이것은 아마도 왕멍이 동시기의 다른 작가들과 진정으로 구분되는 점일 것이다.

상흔문학의 역사에 대한 해석은 매우 간명하다. 역사적 비극을 바로잡는 근본 방법은 인성론을 다시 제기하고, 인도주의가 이런 비극을 피할 수 있게 해 준다는 점을 강조하는 것이다. 다이허우잉戴厚英의 장편소설 『사람아, 사람』(1980)은 반우파 운동 중에 지식인이 겪게 되는 액운을 서술하였고, 아울러 문혁 시기의 비인성적 문화독재에 대해 폭로하였다. 일련의 지식인의 심령과 육체가 겪었던 여러 가지 고난을 보여줌으로써 다이허우잉은 반인성적 당대문화사를 세웠다. 팡즈方之의 『내간內奸』(1979)은 인간의 선량하고 아름다운 감정이 짓밟히는 비극을 써내어, 보통 사람들의 운명에 관심을 가져야 한다는 당시로서는 인도주의 정신이 풍부한 명제를 제기하였다. 하지만 오랫동안 압박을 받았던 중국인들은 그 시기에 진실한 인성의 회복과 사람들에게 기본적인 감정의 자유를 줄 것을 갈구하였다. 장지에張潔는 중편소설 「사랑은 잊을 수 없는 것」(1979)에서 여성의 예민한 감각으로 그 시기 사람들의 사랑에 대한 몽롱한 바람을 써냈다. 쫑푸宗璞의 「삼생석三生石」(1980)은 한 대학 여교수가 애정소설을 썼다는 이유로 여러 차례의 정치운동 과정에서 박해를 당하는 이야기를 그려냈다. 소설에는 인성의 이상화에 관한 편린들이 번뜩인다. 하지만 더 많이 묘사된 것은 비인성에 대한 철저한 폭로이다. 장쉬엔張炫의

「사랑에 의해 잊혀진 모퉁이」(1980)는 눈길을 빈곤한 농촌으로 돌린다. 장캉캉張抗抗의 「여름」(1980)은 청신하면서도 활력 넘치는 대학생의 생활을 보여주면서, 청년의 개성을 현실 앞으로까지 눈에 띄게 밀고 올라간다. 진판新凡의 「공개된 연애편지」(1980), 리핑禮平의 「저녁노을이 사라질 때에」(1980)는 더욱 넓은 역사 배경에서 수많은 억압을 받은 애정 주제를 펼쳐냈다. 개인의 감정 요구는 이처럼 강렬하게 역사와 정치적 변화를 반영해냈다. 인성에 대한 부르짖음이 얼마나 심각하게 중국 정치 무의식 구조 속에 뿌리내렸는지 알 수 있다. 인성이 반성의 주체로 하여금 진정한 역사적 출발점을 갖게 하는 것을 강조하는 것은 중국 현대 이후 아직 완성되지 못한 계몽사업을 연결해 주는 것이다.

2) 몽롱시 : 지하에서 새로운 시대로의 호각

몽롱시를 신시기 문학의 출발점으로 보는 것은 일종의 모호하면서도 기만적인 방법이다. 신시기는 주류문학의 이름이다. 그런데 몽롱시는 그 맹아 단계이다. 하지만 주류 사상문화에 대한 회의이자 잠재적인 반항이다. 주류문화와 비주류 문화의 논쟁과 대결을 거쳐 몽롱시는 한 차례 신시기 문학의 가장 힘있는 전위가 되었다. 최후의 결과는 대부분의 몽롱시 시인들이 모두 서로 다른 형식으로 주류 역사에 의해 주변화 되었다.

바이양디엔은 문학을 좋아하고 독립적인 사고를 하기 시작하는 베이징 청년들이 잠시 모였던 곳이다. 물론 중국 신시 조류의 발원지가 되었다. 당시 시를 쓰는 것은, 특히 개인의 정서와 사상을 표현하고자 하는 시를 발표하는 것은 위험이 따랐다. 그들은 비밀 형식으로 창작을 교환했고, 바이양디엔은 이상적인 예술 성지가 되었다.

아마도 그 시기의 시인들은 순수한 시인이었을 것이다. 그들이 창작한 시는 대부분 반역 사상을 가지고 있었고, 당시의 극좌 정치 분위기와 근본적으로 배치되었다. 시 창작은 그들로 하여금 문학에 대한 경건함과 애호를 표현하게 하였다. 또한 현실을 사고하는 그들의 직접적인 방식이 기도 했다. 이런 상황에 처하여 그들의 시와 당시 권위적인 위치를 점하고 있던 시들의 풍격은 크게 달랐다. 그들의 시는 비유를 많이 쓸 수밖에 없었고, 감춰진 방식으로 자신들의 사상과 현실 초월의 감정을 표현하였다. 그들의 시는 예술적으로 이중성을 가질 밖에 없었다. 이 시들은 진지한 개인 감정을 가지고 있었고, 또 한편으로는 빙빙 둘러대는 면이 있었다.

바이양디엔 시파가 포괄하는 범위는 매우 넓다. 바이양디엔에서 베이징 시내로 옮김에 따라 베이다오는 이 단체에 가입하였고, 핵심 성원으로 활동하게 되었다. 이 테두리 안에 있는 인물로는 베이다오, 망커, 황루이黃銳, 자오이판, 저우메이잉周楣英, 스즈食指, 이엔리嚴力, 완즈萬之, 자오난趙南 등이 있다. 그들은 시를 써서 교환했을 뿐만 아니라 당시 각종 내부 참고 도서를 읽었으며, 문혁 중에 베껴두었다가 화를 면한 외국문학 서적을 읽었다. 이 서적들은 지식에 목말라 하던 그들을 낯선 사상 분야로 데려다 주었다. 이해가 되었든 낮은 수준의 독서가 되었든 관계없이 이런 이역의 지식들은 현실을 사고하는 그들의 힘을 강화시켜 주었다. 사상의 자유에 대한 갈망은 그들의 시의 내재적인 영혼이 되었다.

1978년 12월, 베이다오, 망커芒克, 황루이黃銳 등 시인들이 펴낸 『오늘今天』이 필사본 형식으로 시인 동인들 사이에서 전해졌고, 나중에는 유인물 형식으로 출판되었다. 1980년에 정간되었고, 모두 9기가 출간되었다. 『오늘』에는 시 외에도 번역시, 소설, 평론문도 게재되었다. 주로 투고한 사람들은 훗날 몽롱시파라 불리는 중견 성원들이었다. 베이다오, 꾸청顧城, 장허江河, 슈팅, 망커, 둬둬, 이엔리, 완즈, 자오이판, 린망林莽, 광한方含 등이 그들이었다. '바이양디엔파'는 '오늘파'로 발전하였고, 이는 중국 신시가 심각한 혁명을 배태하고 있다는 것을 상징하는 것이었다.

『시간詩刊』은 1979년에 베이다오의 「대답」과 슈팅의 「상수리나무에게」를 발표하였고, 1980년 제4기의 '신인 신작 특집'에 청년 시인 15명의 시를 발표하였다. 이어서 제8기에 슈팅, 꾸청, 장허, 량샤오빈, 왕샤오니王小尼 등의 시를 발표하였다. 이로부터 이 시에 대한 논쟁이 일어나기 시작했다.

몽롱시에 관한 최초의 글은 아마도 공리우公劉의「새로운 과제」(1980)일 것이다. 공리우는 이 청년 시인들의 예술적 특징과 사회 역사적 배경에 대해 분석하면서 어느 정도 이 청년 시인들에 대한 이해를 표했다. 이어서『푸지엔문학』이 1980년부터 슈팅의 시를 토론하는 것을 시작으로 이 시인들의 창작에 대해 장장 1년간의 논쟁을 전개한다. 1980년 8월,『시간』은 장밍章明의「사람을 숨막히게 하는 '몽롱시'」를 발표하여, 이 시인들에 대해 매서운 비평을 가한다. 시의 '난삽함'과 '이해하기 어려움'에 대해 이 시 조류에 대한 논쟁을 벌인다. 이로부터 '몽롱시'라는 이름이 확실하게 알려지게 된다. 청년 시인들에 대한 긍정은 세 차례의 계기가 있다. 1980년 5월 7일,『광명일보』에 실린 베이징대학 시에미엔謝冕의 글「새로운 부상 앞에서」,『시간』1981년 제3기에 발표된 푸지엔사범대학 쑨샤오진孫紹振의 글「새로운 미학원칙의 부상」, 1983년 초, 당시 가장 전위적인 잡지인 란저우蘭州의『당대문학사조』에 발표된 쉬징야徐敬亞의 글「부상하는 시그룹」등이다. 이 글들은 몽롱시의 출현을 시 분야에서 획기적인 변혁이라 보고, 몽롱시의 부상을 중국 시인 최초로 개인의 목소리로 사상과 감정을 표현하고, 사회역사에 대한 독특한 사고를 표현한 것이라고 이해하였다. 몽롱시가 불합리한 과거 규범들을 혁파하고, 시는 더 이상 시대정신의 마이크가 아니며, 더 이상 정치에 봉사하는 도구가 아니라는 주장을 한 것이다.

하지만 70년대 말부터 베이다오의 이름은 몽롱시 운동의 상징이 되었다. 베이다오 전기의 대표작으로는,「비오는 밤」「대답」「선고宣告」「붉은 범선」「마지막 또는 시작」「겨울을 향하여 가다」등이 있다. 베이다오 시가의 가장 두드러진 특징은 시들의 선명한 회의와 부정의 정신에 있다. 또한 타협하지 않는 거부와 초월의 비판의식을 가지고 있다는 점이다. 문혁 극좌 노선의 그림자로부터 벗어난 중국 청년들로서는 베이다오의 시가 자신들의 마음속 바람을 표현해 준 것이었다. 과거 역사를 마주 하며 사람들은 잠깐 사상의 출발점을 찾지 못했다. 베이다오는 앞장서서 그들에게 답을 내놓았다. 그의 시는 과거의 신격화된 진리에 대해 대담한 질문과 부정을 담고 있다.

베이다오의 시가 청년들 사이에서 강렬한 반향을 불러일으킨 것은 그의 시가 솟구치는 격조로 개인의 신념을 표현하는 서정적 주인공 형상을 창조했다는 점이 작용했다. 베이다오는 자신이 직면한 역사와 현실의 곤경을 의식하였고, 개인의 신념을 얘기하려면 정신적 압력을 많이 받아야 한다는 것을 알고 있었다. 또한 그는 자신이 영원한 비극 플롯에 놓이게 되었음을 알았다. 베이다오는 굳건한 자세로 앞장 서서 "크게 쓰는 사람"을 그려냈다. "영웅이 없는 시대/나는 단지 한 사람이 되고 싶다." 베이다오의 시는 감정이 충만하고, 회의와 불굴의 정신, 그리고 비극의식은 베이다오의 시에 내재적인 이성의 힘을 가지게 한다. 아마도 베이다오는 그의 시가 역사에 대한 과중한 염려를 담고 있다고 의식했던 것 같다. 역사 진상을 말하려는 압력은 베이다오가 철인과 포교자의 역할을 하게끔 만들었다. 그래서 베이다오의 시에는 초조와 염려를 벗어버린 후의 평정이 담겨 있다. 일련의 고양된 격조 후에 베이다오의 시에는 언제나 차분히 가라앉은 정조가 나타난다. 그것들은 마치 노래의 안단테처럼 베이다오의 시가 또 다른 감정의 공터로 방향을 틀게끔 한다. 베이다오의 시는 매우 리듬과 운율을 중시한다. 정서 변화가 층차별로 분명하며, 이성적 힘과 명랑한 정조는 잘 결합되고 있다.

슈팅과 꾸청은 당시에 진지하고 청신한 풍격으로 독자들의 폭넓은 사랑을 받았다. 슈팅의 시는 감정이 풍부하고 세밀하며, 청순하고 밝은 분위기를 시종 내포하고 있다. 그녀의 시는 사실 그렇게 복잡하지 않다. 개인의 내면 감정을 표현하는 것에 집착하고 여러 가지 은유적인 수사 방법을 쓴다. 그렇기 때문에 그녀의 시는 당시에 사람들의 심령의 창문을 여는 역할을 했다. 아울러 예술적으로 정통 시와는 완전히 다른 형식을 보여주었다. 이는 당시 이데올로기 배경이 지나치게 폐쇄적이고 억압적이었기 때문에 반대로 그 혁명성이 도드라져 보였던 것이다. 슈팅은 개인의 내면 감정을 정면으로 바라본 최초의 여성 시인일 것이다. 그녀의 시에는 언제나 알 수 없고 저항할 수 없는 외부의 힘이 은연중에 드러난다. 그리고 여성의 애수가 기도의 형태로 그 안을 관통하고 있고, 마지막에는 어찌할 수 없는 해탈을 얻을 수 있다. 이는 아마도 슈팅 시의 가장 큰 매력일 것이다. 그녀의 대표작 「상수리나무에게」, 「노래하는 붓꽃」 등은 이런 특징을 표현하였다.

베이징 사람 꾸청顧城은 매우 미세하고 예민한 감정의 시적 정서를 가지고 있다. 아마도 그것은 그가 어린 시절에 부친과 함께 농촌으로 하방을 갔던 것과 관계가 있을 것이다. 농촌의 전원생활은 그의 어릴 적 기억 속에서 순수하고 아름다운 색채로 덮여 있는데, 훗날 그의 시적 정서와 풍격에 어느 정도 영향을 미쳤다. 꾸청은 시종 아이들의 눈으로 세상을 주시하였다. 그의 시에는 일종의 청신한 기질이 있다. 그리고 약하면서도 굳세게 개인의 매우 유치한 느낌을 표현하였다. 꾸청의 시 대부분에 있는 전통적인 비흥 수법은 자연주의 태도에서 마음대로 흘러나오는 취미인 듯 하다. 단순하고 기상천외한 생각이 유치한 호기와 사랑스러움으로 넘친다. 소박한 철학적 이치가 꾸청의 시에서 흘러나오면 평정하고 의미심장하다. "어두운 밤은 나에게 검은 눈을 주었다/나는 그것으로 빛을 찾는다."(「일대인一代人」) 당시 꾸청은 한 세대 사람을 위해 진리를 찾는 것은 아니었다. 하지만 그는 나중에 개인의 세계에서만 살아가면서 연기가 성장하지 않는 역할에 만족하였다.

비교해 보자면, 4.5 경험이 있던 장허江河는 분명히 베이다오에 보다 가깝다. 그는 그 시기에 상당히 선동성이 있는 시인이었다. 그는 자신을 인민의 가수로 자리매김 했다. 그는 이렇게 분명하게 말했다. "나와 인민은 함께 있다. 나와 인민은 공동의 운명, 공동의 꿈, 공동의 추구를 가지고 있다." 한 개인의 운명과 역사를 함께 한 시인으로서 장허의 시는 극렬한 시대적 맥박이 뛰고 있다. 그의 「기념비」는 4.5 운동의 역사 기록이다.

장허보다 조금 늦지만 시풍이 비슷한 인물이 베이징 시인 양리엔楊煉이다. 몽롱시는 실제로 세상에 나오자마자 사상해방운동에 포획되었다. 일단 합법성을 부여받자마자 집단적 바람의 표현이 되었다. 시대정신의 마이크가 되는 것을 거부한다는 설명에서 몽롱시는 급속하게 새로운 시대의 호각이 되었다. 사실상 몽롱시는 양극으로 분화되는 모습을 보였다. 베이다오와 장허는 시대를 위해 정신적 거울을 제공하였다. 반면에 슈팅과 꾸청 등은 사람들에게 감정적인 위로를 제공하였다. 양자는 모두 문혁을 문화 자원으로 삼았고, 공동으로 '크게 쓰는 사람'에 관한 신화 속에서 봉합되었다. 시대의식을 가장 먼저 반영하는 몽롱시는 당연히 새로운 문화 자원이 필요했다. 양리엔楊煉은 자신의 천부적인 순박함과 속임수로 몽롱시에게 새로운 문화자원을 제시하였다. 지금 몽롱시는 더 이상 문혁의 그림자에서 노를 저어가는 배가 아니다. 5천년 허물어진 담장을 뛰어넘는 강력한 무기이다. 양리엔은 단어의 폭력에 연연해 한다. 이런 단어들은 반드시 역사의 두터운 의미 안으로 스며들어야 한다. 물론 양리엔은 일시적으로 빼어남과 맑은 분위기도 있다. 1982년에 양리엔은 장편 문화시 「예혼禮魂」을 발표한다. 이 시는 「반파半破」 「돈황敦煌」 「낙일랑諾日朗」으로 구성되어 있다. 전체 시 분위기는 기세가 호방하고 고대 문화 기원으로부터 문화적 내재정신까지, 물화된 문명으로부터 인간화된 자연에 이르기까지, 인류생명이 겪은 고난으로부터 불굴의 정신 초월에 이르기까지, 양리엔은 문화의 생존사를 쓰고자 하였다. 여러 해가 지나고 나서 양리엔은 책을 가득 채우고 있는 긴 문장들을 가슴에 품고 있다. 그의 복잡함과 심오함을 견뎌낼 사람은 없다. 하지만 그 자신은 견뎌낼 수 있다. 모든 시인들은 이미 정상 상태로 돌아갔다. 그만이 아직 몽롱시를 위해 속죄하고 있다. 그는 부패함을 거부하고, 자신을 뛰어넘는 것을 거부한다.

3) 주체의 이상주의 재건 : 개혁문학과 지식 청년 문학

'반문혁' 역사 다시 쓰기 과정에서 상흔문학은 노간부와 지식인의 혁명 본질, 그들의 당과 인민에 대한 충성과 영원히 굴복하지 않는 그들의 숭고한 신념 등을 확실히 인정하였다. 지금 현실로 되돌아온 노간부와 지식인 집단은 당연히도 현실의 주체가 되었다. 그들은 중국 경제 개혁, 현대화 실현의 개척자이자 시대 영웅이다. 이른바 어지러움을 바로잡고 지체되었던 모든 일들이 다시 시행되기를 기다리는 상황에서 문학은 방해세력을 돌파하는 영웅신화 패턴으로 강렬하게 역사적 요청사항을 표현하였다. 일련의 작가들은 경제개혁을 제재로 하여 개척형 개혁 영웅형상을 그려냈는데, 이를 개혁 영웅이라 부른다.

1979년에 톈진 작가 장쯔롱蔣子龍이 발표한 「차오喬 공장장 부임기」는 신시기 개혁문학의 최초 작품이다. 이 작품은 어려운 시기에 명을 받은 개혁가 형상을 그려냈다. 차오광푸喬光朴에게서 그 시기 절박했던 개혁정신이 구체화되어 나타난다. 그 시대의 모든 결핍과 잘못이 모두 문학작품에서 드러나고, 상상의 만족을 얻게 된다. 이 시대는 책임감을 필요로 하고, 현실은 영웅을 부른다. '네 가지 현대화'로 나아가기 위해서는 차오광푸 같은 이런 지도자가 더욱 필요하다. 차오광푸는 현실주의적 문학 규범하에서 쓰여진 전형 형상으로서, 문학이 현실 유토피아 속에 재건한 신화 영웅이다. 그것은 그 시기의 초조했던 역사적 바람을 반영하고 표현하였다. 그것은 물론 성공적인 문학작품일 뿐만 아니라 신시기 전체 경제개혁의 시의적절한 계시록이었다.

커윈루柯云路의 「삼천만」(1980)도 온 힘을 다해 '암석 조각' 같은 풍모의 개혁가 형상을 만들어냈다. 이 소설은 당시의 대부분의 개혁을 제재로 하는 소설들과 마찬가지로 정면인물은 모두 투쟁경험이 풍부하고, 정치적으로 성숙하면서도 박력이 있는 노간부이다. 수이윈시엔水運憲의 「화기소장禍起蕭墻」(1981)은 개혁 영웅이 맞닥뜨린 곤경에 대해 직접적으로 묘사하였다. 실패한 영웅으로서 푸리엔샨傅連山 형상은 상당히 비극적 의미가 있다. 이 작품은 그 시기 사람들이 개혁에 대한 여러 가지 우려를 반영하였다.

1984년, 커윈루의 장편소설 『샛별新星』이 개혁문학을 최고조로 끌어올렸다. 이 장편소설은 오랫동안 신시기 중국문학의 이정표이자 현실주의 문학의 가장 찬란한 신화로 간주되었다. 『샛별』은 한 고위 간부의 자제인 리샹난李向南이 대담하게 농촌개혁을 벌이는 스토리를 다루고 있다. 리샹난은 새로운 세대의 개혁 영웅이다. 그는 어려움을 두려워하지 않고, 용감하게 개척에 나선다. 일처리에 효율을 추구하고, 맹렬하고 신속하며 어려운 민생에 관심을 가지는 인물로, 작가는 그에게 농후한 이상주의 색채를 입혔다. 그는 중국 사회주의 체제하에서 민중이 정직하고 박력 있으며, 있으며 자신들의 현실적인 어려움을 해결해 줄 것과 함께 개혁의 앞길을 열어 줄 간부를 기대하고 있다는 사실을 반영하였다. 『샛별』의 배경은 광활하고 스토리는 우여곡절이 있으며, 구성은 긴박하면서도 변화가 많고, 서사는 거침이 없어서 당시에 비교적 심각하게 민중이 관심을 두고 있는 현실 문제를 반영하였다.

농촌의 경제개혁은 주로 연대생산 도급제로서 농민들이 신속하게 실제 이익을 얻는 것이었다. 중국 농업은 70년대 중반 이후 해마다 풍년이었다. 농민들은 현행 정책에 대해 대체로 만족하는 태도를 가지고 있었다. 하지만 농촌도 잉여 노동력이 나타나기 시작하고, 70년대 말에서 80년대 초까지 농촌인구는 이동에 엄격한 제한이 있어서, 청년 세대 농민의 토지에 대한 태도는 매우 달랐다. 루야오路遙의 「인생」(『수확』 1982년 제3기)는 시점을 중국 농촌에 맞추어 청년 세대 농민의 희망과 추구, 그리고 그들이 직면한 곤경을 관찰하였다. 소설은 비교적 세부적으로 까오자린高加林의 심적 갈등을 표현하였다. 특히 애정에 대한 복잡한 심리를 잘 표현하였다. 까오자린은 결국 도시에게서 버림을 받았고, 동시에 황야핑黃亞萍에게도 거절을 당했다. 그는 자신의 고향으로 돌아왔다. 그가 도망치려 했던 땅은 그를 길러주었고, 생사가 공존하는 땅이었다. 중국 농민의 운명, 그들의 희망과 실패가 상당히 철저하게 표현되었고, 상당히 강렬한 느낌을 안겨 준다.

이 시기 몇몇 소설들에서 농촌에서 연대생산 도급제를 실시한 이후에 발생한 변화를 묘사하였다. 까오샤오성高曉聲의 「리순다李順達 집짓기」(1979)는 여러 차례의 정치 운동을 겪는 농민의 운명을 써냈다. 농민은 집을 짓는 바람조차도 몇 십년동안 이루지 못하고 이를 통해 중국 사회주의 혁명의 황당무계함이 어느 정도인지를 볼 수 있다. 「천환성陳奐生 도시에 가다」(1980)는 개혁 시기에 토지의 주인이 된 농민의 낙관적인 정신 면모와 심리 상황을 그리고 있다. 까오샤오성의 소설은 강한 향토 분위기를 풍기고 있고, 짙은 강남 풍토 인정을 띠고 있다. 요컨대 80년대 초기의 중국 개혁문학은 그 시기의 특수한 산물로서, 강한 이데올로기 색채를 띠고 있다. 그것이 무의식적으로 여러 곡절, 전도, 자기모순을 취하여 현실을 반영하고 있지만 그 시기 사람들의 심적 바람을 반영하였고, 아울러 그 시기 사람들이 상상하는 역사를 효과적으로 재건하였다.

문화대혁명이 끝난 뒤에 지식 청년들이 도시로 돌아오고 대학에 진학하였다. 그 중에 많은 사람들이 창작을 통해 지식 청년의 생활 경험을 써내기 시작했다. 이로써 지식 청년문학이 생겨났다. 1980년대 초반에 문단에 들어온 지식 청년 그룹은 이 시기의 동경과 자신감을 가지고 있었다. 그들은 또한 자신의 역사를 다시 써냈다. 문혁은 시간적 배경에 불과했고, 과거의 일들은 개인의 감정 기억을 뒤덮었고, 청춘 시절에 대한 그리움, 땅에 대한 정, 농촌의 자연경치에 대한 사랑 등 이 모든 것들은 지식청년의 경험을 우울하면서도 아름다운 청춘 교향곡으로 변화시켰다. 소수의 지식청년 문학과 되돌아보기 성격의 정치적 긴장관계를 제외하고는 대부분의 지식청년 문학은 회고성 서사를 취하였다. 이런 기억은 물론 곤혹과 미망으로 빠져들었지만 반성의 힘은 적었다. 암흑과 상처를 폭로하는 것이 지식청년 문학 가운데 가장 의기소침한 태도였다. 이 세대 사람들이 사회에서 더 많은 생존 기회를 얻음에 따라 지식청년 문학은 저조에서 고조로 변화되었고, 상흔문학을 지식청년 문학으로 변화시켰으며, 이후에 방향을 전환한 문화 뿌리찾기처럼 지식청년 문학은 이전 것을 계승하고 후대에게 계발 작용을 하는 역할 속에서 동시에 주체 생성의 역사를 건설하였다.

가장 이르고 또 어느 정도의 영향을 미친 지식청년소설로는 콩지에성孔捷生의 「작은 강 저편에서」(1979)를 들 수 있다. 소설은 한 쌍의 지식청년 남녀가 어려운 세월 속에서 서로 끌리는 단계에서부터 서로 목숨을 의지하는 단계에까지 이르는 연애 이력을 서술하고 있다. 이 작품은 최초로 지식청년의 생활을 부정하는 소설이다. 작가는 지식 청년의 이력이 청춘 시절에 대한 낭비라는 것을 숨기지 않고 있다. 같은 시기에 깐티에성甘鐵生의 「모임聚會」(1980)과 아창阿薔의 「그물網」(1980)도 지식청년 생활의 어려움과 고민을 표현하고자 하면서, 상산하향 운동이 청년 세대에게 미친 엄중한 정신적 상처를 폭로하였다. 이들 지식청년 소설의 톤은 매우 낮고 어두우며, 직접적인 생활경험을 사실대로 기록하는 것에 비교적 치중하였다.

1980년 말, 이에신葉辛이 「차타세월蹉跎歲月」을 발표하여 지식청년 문학이 높고 비장한 기조를 갖도록 하였다. 소설은 정직하고 부지런하지만 출신이 좋지 않은 지식청년 커삐저우柯碧舟가 생활에서 각종 좌절을 맛보지만 실망하지 않고 분발하는 스토리를 서술하고 있다. 소설의 특별한 점은 청년에게 고통을 안겨주는 '혈통론'으로부터 시작하여 이 세대 청년들이 겪는 생활의 곡절들을 보여줌으로써 동일한 세대 청년들의 공감을 불러일으켰다는 것이다. 소설은 가지각색의 지식청년들을 써냈다. 하지만 주로는 커삐저우와 두쥐엔춘杜鵑春 같은 '혈통론' 때문에 좌절당하는 청년들을 집중적으로 그려냈다. 그들이 어려움 속에서 겪는 마음의 고통, 불공정한 운명과 맞서 싸우는 용기와 의지는 모두 이 세대 사람들의 살아있는 경험이다. 이 때문에 소설이 발표된 후에 광범위하면서도 강렬한 반향을 불러일으켰고, 막 역사의 그림자로부터 걸어나온 청년 세대에게 직접적인 정신적 동력을 제시하였다.

1980년대 초기에 지식청년 작가 그룹과 우파 작가 그룹은 양분되었다. 비록 지식청년 작가 그룹이 어렸지만 그들은 신선함과 활력을 보였다. 지식청년 작가 장캉캉張抗抗은 비록 지식청년 생활에 쓰는 것에 치중하지는 않았지만 그녀는 언제나 당대 청년들의 생활에 쓰는 데 힘을 기울였다. 따라서 그녀의 소설은 당시에 열렬한 토론을 불러 일으켰다. 제1세대 대학생을 묘사한 소설 「여름」(1980)에 이어서 장캉캉은 「북극광」(『수확』 1981년 3월)을 발표하여, 당대 청년의 모순된 심리상태와 새로운 생활선택에 대해 세부적인 탐색을 전개하였다. 이 작품들은 지금 보기에는 심각하지도 않고 힘도 없지만 당시에는 개성과 사상해방을 갈구하던 중국 청년들에게 정신적인 안내를 제시하였다.

지식청년 작가로서 스티에성史鐵生은 처음부터 끝까지 매우 독특한 모습을 보였다. 사람들은 언제나 그의 장애인 신분으로 돌아갔다. 하지만 스티에성은 아름다운 사물에 대한 특별한 예민함을 갖고 있어서 가장 힘든 생활 속에서 아름다움을 발견하였다. 비교적 이른 시기에 쓴 「우리들의 모퉁이」(『소설선간』 1980년 4월)는 차가움 속에서 불시에 따스한 색조를 드러낸다. 「나의 아득한 청평만」(『청년문학』 1983년 1월)은 지식청년 생활이 보통 사람들과는 다르게 사는 모습을 그려냈다. 소설은 더 이상 지식청년 세대의 마음의 상처나 실패한 청년들의 탄식을 직면하여 분석하지 않는다. 그 대신에 지식청년들이 현지 사람들과 정을 나누며 어울리는 모습을 그려낸다.

여류 작가 티에닝鐵凝은 지식청년도 아니고 지식청년을 제재로 하는 작품도 적게 썼지만 우리는 습관적으로 그녀를 이 그룹에 넣는다. 티에닝은 어려서 출세한 케이스라고 할 수 있다. 1980년, 막 23세가 된 그녀는 소설집 『밤길』을 출판하였다. 비록 약간 유치하기는 했지만 거침이 없고 아름다워 사람들을 놀라게 했다. 티에닝이 1979년에 발표한 「부뚜막불 이야기」는 쑨리의 주목을 끌었다. 1981년에 티에닝은 「점점 돌아가다」, 「그건 브로콜리가 아니다」를 발표했는데, 이 작품들은 티에닝이 생활을 묘사하는 재능이 있다는 것을 보여 주었다. 「아, 향기로운 눈」(1982)에 이르러 사람들은 티에닝을 괄목상대하게 되었고, 쑨리孫犁도 이 소설을 인정하였다. 이 소설은 외부 세계에 대한 시골 여성의 동경을 썼는데, 청신하고 순수하게 씌어졌다. 티에닝의 소설 서사에는 줄곧 지속적인 주제가 숨겨져 있는데, 그것은 바로 시골에 사는 보통 사람들이 좁고 꽉 막힌 생활 테두리를 어떻게 벗어나서 개방되고 더욱 문명적인 생활로 나아가고 싶어 하는가 하는 것이다. 훗날 티에닝은 장편소설 『장미들』(1990) 등의 작품을 출판했는데, 풍격이 더욱 성숙해지고 다양해졌다.

왕안이王安憶는 1969년에 중학교를 졸업하고, 16세의 나이에 화이베이淮北 생산대에 들어갔다. 지식청년에 관한 왕안이의 소설 「본 열차의 종점」(1981)은 지식청년의 경험을 회고하는 유행 주제와는 다르게 지식청년이 도시로 돌아와서 직면하게 되는 현실문제에 대해 비교적 일찍 주목하고 있다. 소설은 현실에 대한 실망과 미망 묘사를 통해 이 세대 사람들이 청춘 시절을 지체하는 비극적인 운명을 드러냈다. 이후 왕안이가 발표한 「흘러가다」(1982)는 좋은 평가를 받은 소설로서, 부유하게 살던 한 여성이 가난해졌다가 다시 부유해지는 생활 변화를 그려냈다. 인물의 심리 의식을 잘 표현해내는 왕안이의 예술적 재능을 잘 보여주었다. 훗날 왕안이는 많은 장편소설을 발표하는데, 『사실과 허구』(1991), 『장한가』(1996) 등의 작품은 인물의 성격과 운명의 변화를 그려내는 작가의 능력을 보여주었다.

1982년, 콩지에성孔捷生의 「남방의 기슭」이 강렬한 반향을 불러일으켰다. 이 소설은 도시로 돌아온 지식청년들의 실패감과 곤혹스러움을 적극적이고 능동적인 이상주의로 바꿔 놓았다. 「남방의 기슭」은 이 세대 청년들의 좌절감을 없애고 그 대신 영웅주의적 헌신정신으로 바꾸고 그를 통해 사람들을 격려하려고 시도하였다. 그 사회적 의미는 부인할 수 없지만 중국문학은 항상 유토피아의 개념으로 사회를 인도하였고, 현실모순을 상상으로 해결하여 문학과 사회 집단은 은연중에 공동의 상상 관계를 세웠고, 문학은 이런 상상과 합쳐져 반대로 이런 상상을 만들어냈다.

량샤오성梁曉聲의 출현으로 지식청년 문학에는 거친 정서적 요소가 주입되었고, 짙은 영웅주의 색조가 덧입혀졌다. 1982년에 발표된 「여기는 신기한 땅」으로 량샤오성은 이름을 알리기 시작했다. 소설은 한 황무지 개척 지식청년 부대가 위험한 소택지를 거쳐 황무지로 가서 베이스 캠프를 세우는 이야기를 그리고 있다. 소설은 힘들고 고된 북대황北大荒을 배경으로 하여 이 세대 지식청년들의 영웅적으로 분투하는 장한 거사를 묘사하였다. 량샤오성의 소설 서사는 상당히 힘이 넘치고 강렬한 서정 의식과 세밀한 감정이 서로 얽혀 있어 격렬한 서사 가운데에서도 사람들의 마음을 움직이는 부드러운 정취도 놓치지 않고 있다. 량샤오성의 '북대황 문학'은 당시에 같은 세대 지식청년들의 커다란 반향을 불러일으켰다. 곧 이어 발표한 중편소설 「오늘밤의 눈보라」(1983)는 영웅주의 스타일의 호방한 정취로 북대황의 지식청년을 다시 한번 그려냈다. 후에 량샤오성은 장편소설『눈내린 성』(1988)을 썼는데, 이 소설은 텔레비전 연속극으로 제작되어 전례없는 인기를 누렸다. 이는 하나의 이데올로기가 상당히 강한 현실적 기초를 가진다는 것을 말해주는 것이다.

80년대 상반기는 격정이 넘치던 시대였다. 문학은 위로 솟구치는 힘이 충만하였는데, 다만 계속 이어지던 정치사상 운동과 사회 경제적 변화 등으로 말미암아 문학의 고양된 정신은 수그러들었다. 80년대 상반기에 장청즈張承志의 이상주의는 아마도 가장 눈부셨다. 그의 일련의 소설들은 고양된 정서로 이 시대 젊은이들에게 억제할 수 없는 역사적 바람을 쏟아냈다. 1978년, 그의 첫 번째 소설「기수는 왜 노래했나」는 이 감정의 직설적 표현이다. 장청즈는 "어머니, 인민은 우리 생명의 영원한 주제!"라고 외쳤다.「검은 준마」(1982)는 강렬한 서정 서사로 몽고족에 억류된 한인과 유목민이 깊은 우정을 맺는 이야기를 서술했다.

1984년, 장청즈는「북방의 강」을 발표했다. 이 작품은 사회의 전체적 낙관 시기에 장청즈의 영웅주의와 이상주의에 부응하여 창작된 것이다. 웅혼한 대자연의 배경과 역사문화와 민족의 영혼이 스며든 네 줄기 거대한 강물이 있어야 크게 쓰여진 '나'와 서로 어울리는 것이다.

장청즈는 일찍이 '검은 준마'를 타고 북방의 넓은 초원에서 잃어버린 청춘의 기억을 찾아 헤맨 적이 있다.「오래된 다리」의 우울함, 미련, 실의와 곤혹스러움은 장청즈 개인의 기억만이 아니라 이 세대 지식청년 문학 그룹의 집단적 기억이다. 그 기억이 묻혀버린 후에 현실적 격정을 얻은 것이다. 그것은 '크게 쓰는 사람'을 서사하는 이상적 명문이었다. 역사 기원과 현실 본질의 주체를 획득하고 지금 웅혼한 대자연 앞에 서서 자기의 자연 역사를 확정하는 것이다. 80년대 중반에 장청즈의「북방의 강」은 강렬한 반향을 불러일으켰다. 이상주의가 넘치는 영웅 기개와 강렬한 개인주의 색채는 이 세대 청년들에게 자아의식의 이상적인 모범을 때맞춰 제시해 주었다.

4) 가상의 초월 : 현대파와 뿌리찾기파

80년대에 중국문학은 각종 역사변동을 경험하면서 다종다양한 조류와 클라이맥스를 경험했다. 만약 무슨 가장 근본적인 변동이 있었다고 한다면 그것은 현실주의에서 현대주의로 변해간 추세일 것이다. 이 추세는 오늘날까지도 완성되지 않았다. 진정한 의미에서 시작되지도 않았고, 또 진정한 의미에서 멈춤도 없었던 것 같다. 80년대 중국 현대주의의 발흥은 당시의 사회 조건, 사상 자원, 문학사 내부의 창조 압력과 관련이 있다. 현대주의는 주도적 위치에 있던 현실주의가 일정한 단계로 발전한 산물이다. 아울러 현실주의에 대한 직접적인 변혁이다. 최초의 원류로 말하자면 현대소설과 현대시로 나눌 수 있다. 그들 사이에는 최초의 단계에서 직접적인 관련이나 호응관계가 발생하지 않는다. 문학에서의 현대주의는 현대주의라는 총체적 틀 안에서 표현되는 것이고, 이것은 왜 현대주의는 진정한 반역성을 가지지 않았는가를 쉽게 이해하게 해준다. 그리고 이것은 현실주의 문학 자체의 혁신 노력인 것 같다. 현대주의 문학은 여태까지 주도문화의 경계를 넘어서 본 적이 없다. 그것은 줄곧 정통 문학사의 서사 속에서 새로운 시기 문학의 '새로운 동향'으로서의 가장 활력 넘치는 측면에서 서술되었다. 또한 당대 현실주의의 역사적 성격을 드러냈다. 바로 사상해방에 대한 한걸음 더 나아간 발굴이다. 한 무리의 작가와 지식인들이 근본적으로 문혁을 사고함으로써 문학상의 현대주의는 비로소 참신한 모습을 드러내기 시작했다.

문학의 현대주의가 80년대에 일어난 것은 사상해방운동의 심화에 그 기원을 두고 있다. 그것은 일부 중국 작가와 지식인이 새로운 사상 자원을 이용하려는 시도였다. 그것은 광범위한 논쟁을 불러일으켰고, 결국 활력 넘치는 문화 정세를 만들어냈다. 어떻든 80년대는 개혁파의 사상이

우위를 점했고, 현대화 실현이 움직일 수 없는 중국의 정책이자 방침이 되었다. 중국이 WTO 체제에 들어간 것은 되돌릴 수 없는 역사의 대추세였다. 폐쇄적이고 보수적인 이데올로기는 당대 사상의식을 전체적으로 지배할 수 없게 된 것이다. 문학계는 오랫동안 소련 모델의 문예이론이 지배해 왔고, 현실주의를 주도적인 심미관념으로 삼아 왔는데, 이는 사실상 좌경에 기울어진 것으로, 경직화와 보수성은 금방 알 수 있는 내용이었다. 젊은 세대의 작가들은 보편적으로 새로운 문학관념과 표현수법을 추구하였다. 현대주의는 문학의 새로운 가능성을 예시하였고, 작가에게 새로운 길을 제시하였다. 이에 따라 문학이 서방 현대파를 본보기로 삼는 것이 누를 수 없는 새로운 힘이 되었다.

80년대 중국 대륙의 현대주의는 강령이 있는 문학운동이 아니었다. 그것은 창작계에서 자발적으로 서방 현대파에 대해 제한적으로 진행한 예술적 탐색이다. 비록 비교적 이르게 이론적인 주장이 1978년에 일어나기는 했지만(쉬츠徐遲의 글), 창작 방면에서도 거의 동시에 시도가 시작되었다. 몽롱시와 의식의 흐름 소설 등이 그것들이다. 자발적 비단체성의 개인적 모방으로서, 중국의 현대파는 그 시작단계가 매우 유치했던 것은 사실이다. 하지만 당대문학이 노력을 기울여 탐색하는 용기를 보여준 것이다. 이 시기의 현대주의문학이 표현해낸 창의적 움직임으로 말하자면 서술의 주관 시점을 강조하고, 인물의 심리 활동을 깊이 있게 탐색하며, 과격한 자아 의식을 표현하고, 상징 등의 수사방법을 운용하는 등의 측면에서 창조적인 의미를 드러냈다.

왕멍王蒙은 현대주의 예술형식을 가장 먼저 추구하기 시작한 작가이다. 그가 창작한 여러 편의 의식의 흐름 소설은 중국 당대 현대주의의 시초라고 볼 수 있다. 예술형식, 기교방면에서 서방 현대파를 배우자고 주장한 한 사람은 극작가 까오싱지엔高行健이었다. 까오싱지엔은 1981년에 『수필』에 여러 편의 글을 연재하여 서방 현대파를 소개하였고, 그 글들을 묶어 출판하였다. 『현대소설의 기교 초탐』이라는 제목의 소책자는 많은 관심을 불러일으켰다. 먼저 왕멍은 『소설계小說界』에 까오싱지엔을 지지하는 공개 편지를 발표했고, 이어서 리우신우가 『독서』에서 추천을 하고, 곧 이어 『상하이문학』에 펑지차이馮驥才, 리투어李陀, 리우신우劉心武 세 사람이 이 소책자에 관한 통신을 발표하여 일련의 비평과 반박 비평을 불러일으켰다.

「동일한 지평선에서」는 당대 중국 최초의 여성 권리의식을 지닌 작품으로 볼 수 있다. 장지에의 「방주方舟」가 묘사한 일군의 여성과 비교해서 장신신의 여주인공과 남성이 충돌하는 성별 신분 의식은 훨씬 더 뚜렷하다. 장신신의 서사는 줄곧 날카롭고 결기가 있으며 민감하면서도 장력이 풍부하다.

서사문학으로 말하자면 현대파의 피크는 1985년이 되어서야 찾아왔다. 리우수어라劉索拉의 「당신은 선택권이 없다」(1985)와 쉬싱徐星의 「주제 없는 변주」(1985)의 발표는 중국에서 진정한 현대파가 출현했다는 것으로 인정된다. 「당신은 선택권이 없다」는 한 무리의 대학생이 개성에 대한 열광적 표현을 쓰고 있다. 이 소설은 당시 청년들의 사회적 인정에 급급한 사회 심리를 포착하여 반사회와 반전통의 격렬한 정서를 표현하였다. 소설의 서사는 거리낌이 없고, 자유자재로, 언어는 리듬감과 운율감이 풍부했다. 특히 무료함과 황당한 감정에 대한 처리는 어떤 풍자나 블랙 코미디의 의미를 보여준다. 실제로 현대파 소설은 문체의 실험을 그렇게 강조하지는 않았고, 세계관이나 생존에 대한 독특한 느낌을 표현하는 것에 중점을 두었다.

뿌리찾기 구호의 제기와 구체적 실천은 모두 역사 주류의 요구가 반영된 것이다. 이 모든 것은 현대화/현대성의 역사적 바람에서 시작되었다. '뿌리찾기파'가 일어난 것은 당시 국내에서 유행했던 반전통 사조와 관련이 있다. 뿌리찾기는 여전히 하나의 이름이었다. 이 명의로 역사 실천은 그것의 직접적인 현실적 전제에 의거해야 했다. 뿌리찾기파가 지식청년 집단으로 구성되었던 것은 이 현실적 전제의 기본 사실이었다.

물론 선배 작가들의 말없는 창작이 다시 평가되었고, 중국의 문학 창의성과 전통의 긴장 관계가 해소되는 역할을 하였다. 왕쩡치汪曾祺의 소설은 주로 고향의 기억을 기술하였는데, 평담한 자연 속에서 밝은 향토 분위기를 써냈다. 왕쩡치 소설 속의 인물과 사건은 모두 평이하고, 큰 충돌이나 갈등도 없다. 다만 지우지 못하는 사색과 기억만이 담백하게 그려지고 있다. 그의 「수계」는 고향의 옛일을 서술하고 있는데, 옛날을 그리워하는 정조가 짙게 배어 있다. 매우 소박하고 자연스럽게 씌어졌으며 청담하고 부드러운 가운데 조화로운 분위기를 표현하였다. 왕쩡치는 당시 이데올로기의 핫이슈나 시대 정신에서 멀리 떨어져 있는 것이 분명하다. 그의 작품은 단지 자신의 인생경험과 추억의 표현에 불과하다. 80년대 중반 떠들썩한 중국 문단에서 왕쩡치는 산간에 흐르는 맑은 샘물과도 같이 격조가 높아 청년 작가들에게 기쁨을 안겨주었다. 본래 전통과 과거로 돌아가는 사물 가운데 문학은 또 다른 의미를 가진다. 당시 전통 풍격을 써서 문학계의 추앙을 받았던 또 다른 작가는 베이징의 린진란林斤瀾이었다. 린진란의 『작은 등나무 다리의 풍토와 인정』은 1987년에 출판되었다. 그 중에서 단편소설은 80년대 상반기에 연속 발표되었을 때 크게 인기를 얻었었다. 이 소설 시리즈는 고향 원저우溫州의 과거와 새로운 시기의 변화를 묘사하였고, 개혁개방의 현실과 민간 전설을 하나로 융합시켜 평범함과 기괴함이 합쳐진 원저우의 사회 풍토와 인정을 그려냈다. 린진란의 소설은 평이해 보이지만 기괴한 맛이 있다. 린진란의 언어는 상당히 특색이 있어서 보기에는 난삽해 보이지만 의미심장하고, 매우 정련되어 있어 부드러운 가운데 강단이 있으며, 강남 방언이 그 사이에 끼어들어가 감칠맛이 돌게 한다.

'뿌리찾기'가 생겨나게 된 계기는 1984년 12월 항저우 서호가에 있는 한 요양원에서의 모임으로 거슬러 올라갈 수 있다. 이후 1985년에 뿌리찾기에 관한 각종 언론이 나타나기 시작했다. 한샤오공韓少功의 「문학의 뿌리」, 정완룽鄭萬隆의 「나의 뿌리」, 리항위李杭育의 「우리의 뿌리를 따져보자』, 아청阿城의 「문화가 인류를 제약한다」 등의 문장들이 반향을 불러일으켰고, 뿌리찾기 문학의 진영을 갖추었음을 상징하였다. 그들의 작품은 뿌리찾기의 미학적 추구와 문화적 반성을 표현하였다.

뿌리찾기의 기본적인 의미는 한샤오공이 다음과 같이 말했다. "그것은 민족에 대한 새로운 인식이고, 일종의 심미의식 가운데 잠재되어 있는 역사적 요소를 깨우는 것이며, 인간세상의 무한한 느낌과 영원한 느낌을 파악하려는 대상화 표현이다."

사실상 뿌리찾기파 창작은 뿌리찾기의 취지(뿌리찾기는 원래 취지가 없다)에 따르지 않고 지식청년 개인과 집단의 기억을 따른다. 기억 속의 가난한 산골마을, 이역의 풍토와 인정, 사람들의 인륜과 습속 등은 본래 잃어버렸던 청춘 시절을 찾아 돌아가는 배경이다. 고단한 세월에 겪었던 정신적 고통을 부각시켜 현재는 역사 기억의 지표로 끌어올리는 이것이 창작의 배경 자료가 되는 것이다. 먼저 자연의 생명력을 획득하고 이어서 역사와 문화의 의미를 부여하는 것이다. 그 의미는 기괴하게도 이중성을 갖는다. 그것은 완전히 상반되는 이중성이기도 하다. 따스하게 이어지는 인륜 미덕이 중국의 전통적 정수를 보여줄 수도 있고, 사람들을 절망시키는 열등성일 수도 있다.

뿌리찾기 문학은 또한 새로운 문학경험을 만들어냈다. 그리고 집단 효과는 개인화된 풍격을 매몰시키지 않는다. 자핑야오는 진秦 문화의 웅대함과 거칠음을 그려내어 냉철하고 고독한 기질을 드러냈다. 리항위는 자유롭게 방랑하는 오월 문화에 빠져 신선의 품성을 가지고 있다. 초 문화의 기괴하면서도 아름다움은 한샤오공의 낭만적이고 예리한 것과 섞인다. 정완룽은 어룬춘족鄂倫春族의 원시적 인성을 즐겨 찾았는데, 그는 그 심령의 격정과 자연의 힘이 서로 합쳐져 사람을 감동시키는 것에 감동하였다. 그리고 '뿌리찾기' 막차를 탄 이민족 사람 자시다와는 티벳의 숨겨진 세월 속에서 낯선 죽은 영혼을 찾아냈다. 그 서술은 신기한 이역 풍경과 닮아 있다…….

요컨대 하나의 이데올로기 추론이 절박하게 필요로 하는 집단 명명으로서 뿌리찾기파는 지식청년의 개인 기억을 집체적, 시대적, 민족적인 기억으로 확대하였고, 개인의 기억을 역사의 중심에 놓고, 개인의 기억을 민족의 역사로 바꾸어 기술하였다. '뿌리찾기 집단'은 이로 인해 전통문화와 현대화가 교차되는 지점에서 생각하는 역사 주체가 되었다. 중요한 것은 역사를 서술하는 것이 아니라 역사적으로 서술하는 것이다. 일찍이 곤혹스럽게 자신의 역사 상흔을 바라보던 지식청년들은 이제 시대 사조의 앞줄로 떠밀려 올라가 당대 사상의 대화에 참여하여 역사와 현실, 전통과 현대가 교차하는 경계선에 서게 되었다. 물론 '뿌리찾기파'는 자신을 민족/역사의 주체로, 세계와 대화하는 제3세계 문화의 대변자로 자신을 설정할 이유가 있다.

4. 전환과 다원화 : 신시기 이후 문학의 흐름

1) 형식의 돌파 : 선봉파 소설과 그것의 후현대성

선봉파 역사는 잠깐이었고 어색했다. 하지만 그렇다고 짧은 역사시기에 일군의 작가들이 문학형식 방면에서 이룩해낸 탐색이 갖는 의미를 부인할 수는 없다. 중국 언어문학, 특히 언어 서사문학이 이 단계에서 도달한 기괴한 높이와 복잡도가 그것이다.

80년대 후반에 출현한 선봉파의 형식주의 표현 전략의 직접적인 현실 전제는 이데올로기의 기능 약화였다. 또 직접적인 미학적 전제는 80

년대 이후 줄곧 존재해 왔던 혁신 압력이었다. 아울러 직접적인 예술경험의 전제는 현대파와 뿌리찾기파였다.

현대파는 매우 강력한 사상 분위기에 의지하여 사상 충격력을 가지고 있었고, 뿌리찾기파도 마찬가지로 이데올로기의 힘을 빌어 독특한 의미를 드러냈다. 작가 개인의 표현과 그 방식은 결정적 작용을 하지 않았다. 따라서 80년대 후반에 마위엔馬原, 모옌莫言, 찬쉬에殘雪의 개인 표현은 이데올로기 약화라는 역사상황에서 의미를 드러냈다.

1987년은 중국 당대문학이 침체기로 접어드는 시기로 인정된다. 이 해에는 곳곳에서 문학 몰락을 개탄하는 소리를 들을 수 있었다. 하지만 문학 방면에서 이 시간에 많은 역사 내용을 담아내고 있었고, 그렇기 때문에 당대문학의 또 다른 역사 단계를 시작할 수 있었다. 문학은 이데올로기의 직접적인 속박에서 벗어나기 시작했다. 자신의 미학가치로 독립적으로 생존할 수 있는 근거를 얻을 수 있었던 것이다. 그 뚜렷한 특징은 마위엔의 뒤를 이어 더 젊은 작가들이 문단으로 들어온 것에서 나타난다. 여기에서는 현대파의 실마리를 볼 수 있고, 뿌리찾기의 여운을 어렵지 않게 볼 수 있다. 물론 마위엔의 서술 시점도 있다.

1987년 봄에 『인민문학』 파천황이 제1기와 제2기를 합간하는 방식으로 발행되었다. 1987년 말, 『수확』 제5기와 6기가 선봉파 진용을 선보였다. 이 작품들은 예술적으로 연초의 작품에 비해 성숙해졌으며 그 모습과 딱딱한 이른바 현대 관념은 이미 폐기되었고, 매우 개인화된 감각 방식이 서사 속에 녹아 있었다. 전체 선봉파 진영에서 쑤퉁이 단연 주목을 끌었다. 당시 쑤퉁의 소설은 사람들에게 다듬어지고 활달한 느낌을 주었다. 쑤퉁의 서사는 언어와 문장의 구성방식, 서술 관점, 구성 등을 강조하였고, 또 분명하고 깨끗한 인상을 주었다. 이것은 당시 쑤퉁이 다른 선봉파 작가들에 비해 사람들에게 쉽게 받아들여졌던 이유이기도 하다. 쑤퉁의「1934년의 도망」에서는 모옌 뿌리찾기의 맛과 마위엔의 기묘함을 볼 수 있다. 이 소설은 전체적으로 정리되는 스토리와 주제가 없다. 작품 전체에서 가뭄이 심했던 1934년에 할아버지 할머니가 겪었던 고생스런 경험에 대한 서술자의 기억이 나열되고 있다. 서사 속에서 갑자기 튀어나오는 묘사성 조직은 서사를 구성하는 진정한 연결 고리이다.

90년대의 최초 몇 년 동안 선봉파는 이미 문학과 현실의 모호한 이치를 깨달았다. 현실을 회피하여 알 듯 모를 듯한 역사고사를 서술하는 것은 언어와 서술의 전위성 감각을 유지할 수 있고, 어떤 현실적 풍파도 없다. 그들로 말하자면, 소설의 형식주의 전략은 그들이 현실을 회피하는 주요 방식이다. 그리고 역사고사는 대중과 조화를 이루는 데 필요한 수단이다. 사상의 깊이와 힘을 결여한 상황에서 선봉파는 형식주의 전략을 사용함으로써 그들의 예술 표현은 금방 평범해지고 말았다.

90년대 초에 베이춘北村의 존재로 인해 선봉파의 기세는 죽지 않았다. 베이춘은 언어와 서술 시각의 탐색적 실험에 심취했었다. 80년대 말에 그는 문단에 등장했다. 「해진諧振」(1987)은 그의 언어와 서술 시각이 남다르다는 것을 보여주었다. 이어서 베이춘은 「천서우춘陳守存의 길었던 하루」(1989), 「도망자의 말」(1989), 「귀향자의 말」(1989), 「유괴자의 말」(1990), 「인질의 말」(1990), 「시끄러운 자의 말」(1991) 등을 발표하였다. 이 작품들은 한결같이 인간과 세계를 대하는 작가의 특수한 방식의 관심을 드러내 보였고, 역사와 사실, 존재의 진리에 대한 인간의 끝없는 질문을 보여주었다. 1992년 이후 베이춘의 소설은 커다란 변화를 보인다. 그는 현실생활로 돌아와 소설 서사가 밝고 투명해졌다. 베이춘은 분명하게 알 수 있는 것과 종교를 빌어 사상의 내용으로 삼는 것에 만족할 수 없었다. 그러나 이 방향전환은 성공적이지 못했다. 전체적으로 보아 선봉파는 90년대에 스토리와 인물의 복귀를 완성하였다. 하지만 인물과 스토리에 대해 선봉파는 과거 형식주의 전략보다 더 진일보하고 효과적인 표현 방법을 찾아내지 못했다. 위화의 『가랑비 속의 외침』은 마음 속 생활을 체험하는 귀중한 힘을 보여주었다. 그의 『살아간다는 것』과 『허삼관 매혈기』는 당대 인간의 생존상황에 대해 가장 철저하게 표현한 작품이다. 쑨깐루孫甘露의 「호흡」, 베이춘의 「세례를 베푸는 강」, 루신呂新의 「쓰다듬기」, 거페이格非의 「적」「변두리」(1993), 「욕망의 기치」(1996)는 모두 선봉파의 언어형식 방면에서의 여운을 보여주고 있다.

선봉파는 1980년대 후반 이데올로기가 분리되고 약화되어 가는 시기에 역사 무대에 등장하였다. 그들의 언어 표현과 지나친 형식주의 전략은 당대 중국문학이 오랫동안 갈망해오던 문학 창의성을 갑작스럽게 특이한 높이로 밀어올렸다.

내가 보기에 선봉소설의 후현대성 특징은 아래 몇 가지 측면에서 논할 수 있다.

첫째, '현실' 속에서 도망친 방법론. 선봉소설은 현실을 구성하고 설명하려는 노력을 회피하고, 무엇을 쓸 것인가 하는 것을 어떻게 쓸 것인가로 개조하였다. 이에 따라 소설 서사를 일종의 방법론적 활동으로 변화시켰다. 소설의 예술형식을 민첩하고 다양하게 만들어 문학언어의 자족 세계를 세웠다. 소설은 현실에 대해 말할 필요가 없고, 진실한 역사를 이해할 필요도 없다. 소설은 다만 소설에 대해서만 말할 뿐이다.

둘째, 언어와 감각의 서정성 서술 풍격으로 돌아간다. 갑자기 열광적 이데올로기에 입각하여 호소하는 태도에서 형식주의적 방법론으로 되돌아가는 움직임 속에서, 그것이 표현하는 갈망은 여전히 저지하기 어렵다. 이에 따라 화려한 언어 진술, 정교한 문장 수사, 지나친 단어 남발 등, 이 모든 것들은 강렬한 표현의 바람으로 석방되고, 이로부터 '후비극 시대'의 느낌을 표현하게 된다.

셋째, 인류 생존에 대한 본원성과 궁극성에 대한 질문으로 표현된다. 언어 감각과 서술방식을 찾는 과정에서 소설 서사는 역사와 인류의 생존상황에 대해 다시금 기호화하고, 이는 그들로 하여금 인류의 생활을 다시급 위치시키게 한다. 선봉소설에 나타나는 그 생존상황은 언제나 본질적으로 결핍되어 있다. 이로부터 역사 결핍에 대한 특수한 설명이 만들어진다.

넷째, 존재 혹은 '부재'의 형이상학적 사고, 거페이의 소설은 줄곧 근본적인 공란을 배치하였다. 거페이의 소설이 이 공란으로 다가가는 과정에서 그의 서술은 의혹과 어려움이 가득한 존재의 공간을 연다. 미세한 차이의 중복이 그의 서술 속에서 한 두 차례 나타나고 생존세계에 여러 가지 의문이 생기게 한다. 또한 역사의 확정성, 기억, 존재의 사실을 모두 의심스러운 것으로 변화시킨다.

다섯째, 거리를 뛰어넘는 서술은 자아에 대한 회의로 이어진다. 선봉파의 소설 의식에 그런 차갑고 평정한 서술자의 태도는 그들이 지나치게 배치하는 단어와 문장들과 특이한 장력을 구성한다. 선봉파 소설은 자아를 중심으로 하여 서사를 전개하지 않는다. 반대로 자아는 언제나 배척당하고 전복되는 상태에 놓여 있다.

여섯째, 폭력과 도망 등의 극단적 주제에 대한 표현. 선봉소설의 언어 감각과 서술방식은 특수한 생존 상황 속에서만 충분히 전개될 수 있다. 따라서 폭력, 도망 등의 극단적인 주제는 표현형식의 원재료가 된다.

물론 이런 후현대주의의 싹은 중국에서 본토문화의 현실적 특징을 띠고 있다. 그 의미는 80~90년대라는 생활 현실에서 보다 냉정하고 착실한 태도를 보인다. 궁극적인 진리와 절대가치에 대한 회피는 당연히 여러 측면에서의 비판을 불러일으킨다. 하지만 이런 태도는 역사 전환기의 다원화된 현실이 그들에게 주는 느낌으로서, 그들도 강제적인 역사 표상과 허탈한 역사 본질 사이에서 균형적인 처세방법 추구를 배우지 않을 수 없다. 어떤 의미에서 그들의 이런 거부 표현 전략은 새로운 적응성을 찾는 것이기도 하고 문학 자체로 돌아가는 능동성이기도 하다.

2) 중심의 해체 : 신사실에서 만생대晚生代로

1988년, 『상하이문론』은 '문학사 다시 쓰기' 칼럼을 마련하고, 왕샤오밍과 천스허陳思和가 담당하게 하였다. 그들은 '문학사 다시 쓰기'를 하자는 주장을 내놓았다. 1988년부터 1989년까지 9기가 나왔고, 대략 16편의 관련 문장이 발표되었는데, 현당대 고전 작가와 작품에 대해 새로운 해석을 내놓았다. 이 칼럼은 중국 현당대문학사 연구 분야에서 큰 반향을 불러일으켰고, 90년대 이후의 중국 현당대문학사 창작에 많은 영향을 미쳤다. 학문 건설에 대한 지식 담론, 특히 문학사 재건에 대한 지식 담론 자체는 가치에 대한 재평가이고, 가치를 다시 세우는 기초적 사업으로서, 당대 지식담론의 모습이 달라지고 있음을 보여주는 것이다.

문학 창작방면에서 현실과 역사에 대한 다시 쓰기는 보다 예민하고 철저해야 한다. 80년대 후반에 당대 가치에 대한 왕수어의 회의와 풍자는 상당히 힘이 있었다. 왕수어王朔 소설에 나오는 인물은 모두 저항 이데올로기가 주체 중심화하는 기능을 가지고 있다. 회의주의는 왕수어가 인물들에게 부여한 기본적인 성격 기능이고, 신앙과 신성성의 사물은 왕수어의 작품에서 항상 쓸모없는 것으로 치부되었다. 권위와 진리의 절대성은 사물 본질에 대한 깊은 믿음에 달려 있다. 그런데 왕수어는 이와 반대였다. 그는 생활에서 행해지는 가치규범을 조롱하였고, 그의 서술 감각은 이런 현행 가치규범의 파열 속에서 뛰쳐나왔다. 왕수어 소설의 특색을 대표하는 멋진 대화는 대부분 정치 용어와 고전 격언의 돌려말하기 식의 인용, 특히 문혁 언어의 풍자 운용이다. 왕수어는 정치적이고 도덕적인 신성한 베일을 걷어버려, 그것들을 애드립의 원재료로 격하시킴으로서 당대 마음 둘 곳 없던 심리 정서에 무시하는 만족감을 주었다. 신앙이란 무엇인가? 이상이 무엇인가? 우린 누군가? 나는 누군가? 왕수어는 그 시기 사람들에게 잠재되어 있으면서도 모호한 회의 정서와 현행 이데올로기에 위험을 미치는 원래 명제를 붙잡았다. 사람들이 의지하는 본질적인 관념과 사람들이 추구하는 목적이 철저하게 해체된 후에 사람들은 자유로워지고 대담하게 변한다. 왕수어의 그런 조롱성 대화는 인물의 반본질 행위에 대한 각주일 뿐이다.

'뿌리찾기 문학'은 집단의 상상을 역사 꼭대기로 밀어올렸지만 원하는 보상을 받지는 못했다. 마지막에는 어쩔 수 없이 모옌이 붉은 수수밭에서 생명의 환희 의식을 완성하는 것으로 마무리 지었다. 시대가 집단 상상을 더 이상 필요로 하지 않을 때 뿌리찾기 문학의 유토피아 충동은 허망한 것으로 변해 버렸다. 뿌리찾기 문학이 끝나는 곳에서 신사실주의의 역사적 출발점이 시작되었다. 유토피아의 충동을 버리고 집단 상상을 거부하며 생활 속으로 돌아온 것이다.

이런 의미에서 신사실주의는 단순히 뿌리찾기 반대가 아니다. 그것은 여기에서 신시기 노선에서 벗어났고, 근본적으로 전통(고전) 현실주의 궤도에서 이탈한 것이다. 신사실주의는 집단 상상의 방법을 간략하게 하여 생활 속으로 돌아가는 태도를 확립하였다. 또한 이 시대에 선택하지 않을 수 없는 문학 규범이기도 하다. 1992년 이후 중국에는 또 한 차례의 경제개혁 열기가 불어닥쳤다. 남방의 토지 구획운동, 부동산 열기, 주식, 게임산업의 활황 등, 이런 경제 과열의 상황은 중국 사회의 경제 구조에 대한 의심을 바꿔놓았고, 도시 생활의 면모와 리듬을 매우 크게 변화시켰다. 이 점은 긍정할만 하다. 이로 인해 작금의 현실을 표현하는 작가가 생겨났다. 그들은 개인의 직접적인 느낌을 표현하는 면에서, 시장경제로 향하면서 발생하는 가치관과 생활방식의 변화 면에서, 새로운 감각 방식과 새로운 서사 풍격을 표현하는 면에서 참신한 활력을 보여 주었다.

90년대 전반기에 중국 대륙 문단은 이 창작 집단을 둘러싸고 또 한 차례 이름 붙이기 열풍 속으로 들어갔다. '새로운 정상상태', '새로운 표상' '만생대', '신생대' '60년대 출신 그룹', '여성주의' '신생존주의' 등등이 이 집단을 묘사하는 데 사용되었다. 내 입장에서는 '만생대'로 이 집단을 묘사하는 것이 역사적이고 이론적 함의가 있다고 생각한다. '만생대'는 주로 허뚠何頓, 슈핑述平, 장민張旻, 치우화둥邱華棟, 뤼왕즈羅望子, 댜오더우刁斗, 비페이위畢飛宇, 루양魯羊, 주원朱文, 한둥韓東, 동시東西, 리펑李馮 등을 가리킨다. 후에 연령이 좀 더 많은 시옹정량熊正良과 꾸이즈鬼子도 포함된다. 물론 이 명단은 더 폭넓게 펼칠 수도 있다.

이 시기에는 또 사회적으로 큰 영향을 미친 역사소설을 언급할 수 있다. '역사소설'이 개념에 관해서는 여전히 일치하기 힘든 표현이 존재한다. 역사 스토리를 서술하는 선봉소설 또는 새롭게 현대 혁명 역사를 서술하는 소설을 '신역사소설'이라 부르는 사람도 있다. 이렇게 하면 '신역사소설'이라는 개념을 확정짓기 어렵게 된다. 이들 작품에 새로운 역사 관념이 있다고 말하고 심지어 신역사주의라는 역사관념을 표현한 것이라고 한다면 이것은 학술적 이치상 새로운 견해라고 할 수 있다. 하지만 소설은 본래 스토리를 서술하는 것이기 때문에 항상 역사를 서술해야 하는데, 이렇게 되면 현재를 묘사하는 작품은 빼고 과거를 다루는 거의 모든 소설은 신역사소설이라 부를 수 있게 된다. 이른바 역사소설은 역사서에 기록한 인물과 이야기에 허구를 가한 소설 작품이어야 한다. 그 창작에서 상상이 어떻게 발휘되어 허구적 가공이 이루어졌던 관계없이 가장 기본적인 인물과 사건은 모두 어느 정도의 역사 원본이 있어야 하는 것이다.

사실 80년대 이래, 당대 역사소설 창작이 매우 성황을 이루었다. 80년대 후반에 사회에서 주류문학의 영향력이 감소되었고, 90년대 이후로 역사소설이 대중 독서에서의 영향력을 드러냈다. 야오쉐인姚雪垠『이자성李自成』의 제2권, 제3권의 출판은 역사소설의 창작 기세를 이끌었다. 이어서 나타난 쉬싱이에徐興業의『금구결金甌缺』, 링리凌力의『성성초星星草』『소년천자』, 돤무홍량端木蕻良의『조설근曹雪芹』, 장허썬蔣和森의『풍소소風蕭蕭』,

조금 후에 나타난 링리의 『몽단관하夢斷關河』, 탕하오밍唐浩明의 『증국번曾國藩』 『양도楊度』 『장지동張之洞』, 얼위에허二月河의 『강희황제康熙皇帝』 『건륭황제乾隆皇帝』, 시옹자오정熊召政의 『장거정張居正』, 한징팅韓靜霆의 『손무孫武』, 왕슌전王順鎭의 『장하낙일長河落日』 『죽림칠현竹林七賢』 등의 작품은 당대 웅대하고 풍부한 역사 상상 공간을 보여주었다. 특히 이 작품들은 텔레비전 연속극으로 제작되어, 역사의 장엄함이 황권을 숭상하는 사상과 융합되어 태평성대의 기상을 다시 세웠다. 하지만 후현대 역사를 오락으로 소비하려는 바람도 각 장면에서 쏟아져 나왔다.

3) 구절의 유토피아 : 90년대 시

80년대 중반 이후 젊은 시인들은 더 자유롭고 홀가분한 사상 표현과 보다 개성적인 언어 방식을 갈망하였다. 이는 베이다오 세대 사람들에게 도전이 되었다. 문혁 이후 성장한 인물들은 80년대 후반에 우뚝 서기 시작했다. 그들은 매우 다른 문화를 보여 주었다. 그들은 무거운 역사 기억이 없었다. 또한 민족이나 국가에 얽힌 불분명한 관계가 없었다. 그들의 더 많은 현실 느낌과 개인의 직접 경험은 그들의 표현이 풍부한 시대감을 갖도록 하였다. 이른바 후기 몽롱시 또는 제3세대 시는 반전통과 개성해방을 표방하는 사상적 분위기 속에서 옹알옹알 말을 배웠고, 그것들은 예전의 믿음이 흔들리고 새로운 신념이 아직 탄생하지 않은 과도기에 급진성과 혼란을 반영하였다. 80년대 중후반에 중국 신시에는 더 젊은 대표 집단이 출현하였다. 문학계가 아직 현대파에 대한 환호 속에 빠져있을 무렵에 시 분야에서는 '도리에 어긋나는 짓을 하는' 인물들이 나타나기 시작했다. 그들은 몽롱시 반대 기치를 내걸고 급진적인 방식으로 시와 현행 문화제도를 대했다. 그들은 자칭 '3세대 그룹'이라 하면서 이름 없는 역사 충동을 품고 시대의 서정 주인공이 되는 시인의 형상을 찢어버렸다. 크게 쓰는 사람을 없애버렸고, 자아를 없애버렸다. 그들은 심지어 신성한 언어의 제물로 받들어지는 시 조차도 제멋대로 유린하였고, "살아있는 까닭에 나는 좀 쓸 뿐"이라는 식이었다. 이 세대 사람들은 완전히 다른 문화적 입장을 나타내면서, 이데올로기 중심에 걸려 있는 역사 주체의 렌즈를 걸친 채, 두각을 막 나타내고 있던 소인물로 비뚤어진 개인의 자화상을 함부로 덧칠해버리고 말았다.

이 시 집단이 관심을 갖는 것은 '비비파非非派', '망한주의莽漢主義', '해상시海上詩 그룹' '그들他們', '한시漢詩' 등이었다. 요컨대 '제3세대'라 불리는 현상은 가지각색의 단체였고, 혼란하기 이를데 없는 변혁기에 열광적인 충동의 시 혁명으로서, 급진적이고 혼란스러운 헛된 이름을 남겼고, 잠깐 그리고 모호한 자세로 중국 문학사의 주변 지대에 걸려 있었다. 아울러 상당히 긴 시간 동안 추방된 야사에 머물러 있었다. 90년대가 되어 이 새로운 세대 시인들이 이루어놓은 역사는 이미 그 효과가 사라졌고, 비공개 방식으로 교류되고 있다. '제3세대 시인' 이후 중국 대륙의 시단은 어떤 영향력 있는 운동이나 단체가 형성되기 어려웠다. 또 권위있는 간행물이나 단체가 인정받고 받아들여지기 어려워졌다.

90년대 중국사회의 시장화, 경제발전의 신화는 시에 상상의 동력을 가져다 주지 않았다. 시를 더욱 이해할 수 없는 시대로 만들었다고 하는 편이 낫다. 역사의 무의식과 집단 상상은 당대 시 속에서 빠져나왔다. 이는 놀랄 일도 아니다. 그것은 당대 중국사회의 정신과 물질, 상상과 현실, 문화와 정치 분열의 가장 극단적인 표현형식일 뿐이다. 이로 인해 '제3세대 시인'이 반사회 사상을 표현하는 것으로 기울고, 현실과의 괴리가 더 커져 조화를 이루지 못하는 것을 어렵지 않게 이해하게 된다. 젊은 세대 시인들은 베이다오 그룹처럼 사상해방운동과 같은 길을 갈 수 없고, 시대정신과 잘 들어맞지 않으며, 이로 인해 그들은 자각적으로 주변화되는 것이다. 80~90년대의 교차는 중국시의 방황이 오히려 자아 깨달음이 가능했던 때였다. 비록 각양각색의 사건이 일어나고 논쟁과 투쟁이 있었지만 전체적으로 봐서, 언어 텍스트에 입각해 있었고, 열광적인 충동은 평형을 찾아갔으며, 심령의 차분함을 찾고 기교와 형식을 연마하기 시작했다. 어떤 측면에서 말하든지 시인은 문장을 만드는 망령으로 기울고 있었다(어우양장허歐陽江河의 말). 중국 시는 거의 자각적으로 역사 환경 속에서 벗겨져 나왔다. 시는 문구를 이용하여 한없는 초조감을 꾸미거나 덮여 버렸고, 의식하는 역사의 깊이를 평평하게 만들었다. 시는 평온한 방식으로 변형시켜 반영하였다. 아울러 이 시기의 특수한 정신 상황을 창조하였다. 이 시기를 이해하지 못하는 중국 시(제3세대 시인과 해외의 중국시인)는 그것이 겪은 변동을 이해하지 못하고 그것이 표현한 모순과 혼란을 인식하지 못했다. 또 그것이 포함하고 있는 시대 가치를 의식할 수 없었다. 이 모든 것은 당대 중국문화의 복잡성과 심각성을 효과적으로 해석할 수 없게 하였다.

90년대 주요 시인으로는 어우양장허歐陽江河, 시촨西川, 천둥둥陳東東, 위지엔于堅, 종밍鍾鳴, 쉬에디雪迪, 자이용밍翟永明, 장슈꽝張曙光, 샤오카이위蕭開愚, 쑨원보孫文波, 랴오이우廖亦武, 진하이슈金海曙, 루더안呂德安, 팡페이龐培, 양지엔楊健, 양쯔楊子, 한둥韓東, 이에후이葉輝, 탕단홍唐丹鴻 등이 있다. 1989년 이후에 해외에 거주하는 시인으로는 베이다오, 둬둬, 양리엔楊煉, 장짜오張棗, 양샤오빈楊小濱, 베이링貝岭, 멍랑孟浪 등이 있다.

어우양장허, 시촨, 왕자신, 자이용밍, 천차오, 장슈꽝 등은 중국대륙 90년대 시인의 대표라 인정받는데, 그들은 또 다른 시기의 풍조를 대표한다. 그것은 바로 정신의 땅으로 돌아가자는 풍조다. 이 풍조는 90년대와는 확연히 다르게 1989년이라는 역사 좌표에서 제멋대로의 출발점을 찾아냈다. 1989년 3월 26일, 시인 하이쯔海子는 산하이관山海關에서 철길에 누워 자살하였다. 이 사건은 제3세대 시인들에게 신성한 제물로 비쳐졌다. 시인 하이쯔는 줄곧 현실을 초월하는 형이상학적 시를 써 왔다. 현실과 타협하지 않는 정신과 신념은 하이쯔의 호소 속에서 영혼과 신의 직접적인 대화였다.

하이쯔의 창작력은 왕성해서 짧은 생애동안 근 200만자의 시, 소설, 희곡, 논문을 써냈다. 주요 작품으로는 장시 「하지만 물, 물」, 장시 「토지」, 시극 〈태양〉(미완성), 첫 번째 합창극 〈메시아〉 등이 있다. 하이쯔의 시는 자연 신성의 의미가 있다. 이런 의미는 추상적인 생각이 아니고 그가 묘사한 중국 농촌의 생존 상황 속에서 흘러나온 것이다. 그는 언제나 농촌의 자연 사물, 마을, 하천, 보리밭, 마차, 꽃과 초목, 어머니, 아내와 농가의 인류 등을 집중해서 써냈다. 하지만 이런 자연 사물은 언제나 투명한 본질성으로 존재하고, 자연에 대한 체험에서 하이쯔는 존재의 순박한 진리에 접근했는데, 그것이 바로 신성 자체의 자연스러운 나타남이었다.

'비비파非非派' 부류의 떠들썩함은 90년대에 이미 그 흔적이 사라졌고, 그것을 대신한 것은 신성의 숙연한 묵상이었다. 침잠 속에서 변화무쌍함을 여는 것이 이 시기에 가장 좋은 정신 초월 방식이 되었다. 어우양장허는 앞장서서 이런 초월의 뗏목을 찾아냈다. 어우양장허의 시는 갈수록 정교해졌고, 디테일에 대한 파악이 기지로 충만했다. 매 구절마다 '작은 사상'의 기민함이 드러났고, 단어와 구절 수사 능력이 시의 의미를 결정지었다.

어우양장허의 시는 항상 동서양의 두 가지 경험을 한 데 버무렸고, 상징적인 의미가 있는 중국 단어를 몇 가지 사용하여 그것을 해체하고, 그것으로 사상의 쾌감을 만들어냈다. 이 때문에 그의 시는 세계로 향하는 경험을 갖고 있다. 어우양장허의 시는 또 중국 전통시가 치중하는 '부, 비 흥' 수법과는 다르다. 초기 몽롱시와도 매우 멀다. 그의 두드러진 특징은 구절의 직접성으로, 쓸데없는 분위기가 없고, 늘어놓을 필요 없이 개별 사상이 구절 속에서 빛나도록 하는 데 집중할 뿐이다. 아마도 그 자신의 시에서 말한 바와 같이 "변함과 불변함의 이해를 높인다. 부정하는 사람 아무도 없네/감각기관의 아름다움에 완전히 빠지는 것이 얼마나 다행스러운지를." 어우양장허의 시가 일종의 '다행스러운 아름다움'을 창조하는 데 힘을 쏟고, 구절을 운용하는 방면에서 입장이 달라져, 의외의 그리고 기묘한 사상은 비로소 그 세대 사람들의 마음의 위로가 되었다. 80년대에 베이다오의 시는 사상의 극한에 도전하였다. 90년대에 어우양장허의 시는 중국어의 극한에 도전했다. 이 극한은 단순하게 중국어를 부수는 게 아니라 중국어의 수사 가능성이 도달할 수 있는 기묘함의 극한이었다.

90년대 중국 시의 역사적 변이를 토론하든, 넓은 의미에서 중국어 표현력과 역사발생의 관련을 묘사하든 모두 해외의 중국문학 창작을 간과할 수는 없다.

이 시기 베이다오의 시가 어떤 통일된 또는 비교적 연관된 사상이 있다고 한다면, 그것은 바로 '변이變異'에 관한 사상이다. 이 '변이' 사상은 매우 광범위한데, 대체로 역사의 변이, 개인과 생활의 변이, 시간의 변이, 생명의 변이 등을 포함한다. 베이다오는 '변함'에 관한 추상적이고 형이상학적인 사고를 한 것이 아니다. 이 '변함'은 하나의 동기로서 진지하게 고향을 그리워하는 시인의 고독감을 불러일으키고, '변함'의 철학적 함의에 현재성의 풍부한 함의를 갖도록 한다. 이것이 베이다오의 시에서 고향을 그리워하는 생각을 직접 볼 수 없는 이유이다(베이다오는 그렇게 거칠지 않다). 또 고독에 관한 개탄을 읽을 수 없는 이유이기도 하다(베이다오는 그렇게 천박하지도 않다). 하지만 베이다오의 시는 곳곳에서 고향을 그리워하는 고독감이 흘러나오는 듯 하다. 그것은 초현실주의 식의 변형 수법으로서, 우연히 그 '변이'의 틈 사이에서 흘러나오고, 집요하게 퍼져나간다. 베이다오의 창작은 갈수록 순수해지고, 본질성 창작과도 같다. 그것은 직접성을 찾으려 하고, 직접 사물의 본질을 따져 묻는다. 이런 창작에서 베이다오는 동질화된 개념의 출현을 용인할 수 없다. 또한 집단의 이름을 공유하는 사물을 용인할 수 없으며, 개인 경험 이외의 역사를 용인할 수 없다. 이것은 그의 창작 자체를 거대한 고독에 빠뜨리고, 주의를 기울이지 않은 그의 창작은 보기에는 단순한 창작이지만 그 개인과 방대한 언어 계보학과 싸움을 벌이는 것 같다. 베이다오 후기의 시는 '통감通感'을 중개로 많이 사용했다. 이것은 '변함'에 관한 베이다오의 형이상학을 단어 수사학으로 발전시킨다. 베이다오는 더 이상 역사의 공터에서 춤을 추는 것만이 아니라 동시에 수사학의 초현실주의 회랑에서 처마와 벽으로 날고 달려간다. 이는 그로 하여금 비밀스런 깊이로 들어가는 것을 피하게 해준다. 수사학의 즐거움은 베이다오를 구해 주었고, 이 말로 인한 폐단이 많은 시대에 베이다오는 또 한 번 시대의 앞으로 걸어나간다.

90년대 시 창작은 여전히 심미 이상주의 특색을 가지고 있다. 이것은 단어의 유토피아를 세우는 데 노력하는 것에 있다. 20세기 마지막 세월에 이 논법은 사람을 이상하게 만든다. 하지만 그 가운데 역사환경 속에 처하게 하는 것이고, 포스트 정치학 스타일의 호소인 것 같아 보이게 된다. 단어의 유토피아는 은유적으로 현실과 연결되어 있다. 바로 이 용어가 현실에서 떨어져 나간 수사학 텍스트로 하여금, 백화나 속어나, 거친 말이나 모두 가상의 혁명성 의미를 갖도록 해준다.

틀림없이 90년대 시는 개인성이 있다. 80년대와 과거 시기 웅대한 역사 서사와 비교해 보면 더욱 그렇다. 하지만 이 개인성이 모두 아무런 관련이 없고, 처지에 만족하고 안주하는 역사 해체의 조각들이라는 것을 의미하는 것은 아니다. 그것들은 교묘하고 효과적으로 새로운 현실을 형성하고 있다. 90년대의 시 창작은 시인의 정신 깊은 곳으로, 영혼으로 돌아갈 것을 한 두 차례 강조하였다(시촨, 어우양장허, 청광웨이程光煒, 천차오陳超 등). 설령 민간 창작을 제창하는 사람이라도 마찬가지로 시 창작의 최후 목적지를 신성의 창작으로 해야 한다고 강조하였다. 비록 영혼과 신성은 모두 개인 심령에서 언뜻 나타나지만 90년대 시 정신은 아무런 보편적인 의미가 없다. 그것들은 마찬가지로 특수한 방식과 집단적인 공동 기억과 관련되어 있고, 마찬가지로 수수한 방식으로 어떤 모호한 역사 총체성에 접근한다. 시인은 언어의 힘에 기대어 시 창작을 역사/현실과 억지로 분리시키려고 한다. 개인을 방대한 역사 배경에서 떼어내려 한다. 하지만 그 결과는 또 다른 방식으로 역사와 연결된다. 구절 창작은 개인이 역사를 해체하는 수사학 공정이라 하는 것이 낫다. 구절의 즐거움, 사상의 교활한 지혜, 이것들은 시 창작의 정신적 소수민족 거주지를 구성할 수 있다. 여기에서부터 일부 지식인의 심리적 자서전을 창작할 수 있다.

4) 여성주의 창작이 나타내는 문화와 미학 의향

'신시기 문학'은 역사를 창조(재건)하는 강력한 바람을 담고 있다. 아울러 남권 담론의 '목적론'과 '결정론'의 특징을 보여주고 있다. 현대성의 의미에서 인정된 문화 목표는 이 시기의 담론 실천을 결정하였다. 물론 이 시기 담론의 의미 지향 또한 규정하였다. 부권제가 설정된 역사 동기와 목적은 손쉽게 여성 담론을 통합하였다. 신시기 여성 창작은 여성 자신의 감정을 표현하려는 시도에서 시작되었을 것이다(예를 장지에, 장캉캉, 티에닝 등). 하지만 웅대한 역사 서사가 정해놓은 의미는 여성들의 당초 의향을 변화시켰다. 아마도 그것은 본래 여성의 매우 개인화된 감정 기억이었을 것이고, 역사화된 언어 환경 속으로 돌아가 새롭게 현실 의미를 지목하는 것이었을 것이다. 또 다른 측면에서 민족/국가에게 강렬한 요구가 제기되는 시기에 – 이 전통은 고대로부터 지금까지 이어지고 있고, 모든 것이 무너졌다가 다시 일어서기를 기다리는 신시기에 더욱 강렬한 모습을 보인다 – 개인 담론은 있을 수 없고, 그러니 당연하게도 이른바 뚜렷한 여성 서사는 있을 수 없는 것이다.

찬쉬에殘雪의 소설 「산위의 작은 집」「황니가黃泥家」 등은 매우 풍부한 심리 경험과 의식의 흐름의 언어 조각을 표현하고 있다. 당대 중국 문학에서 찬쉬에는 아마도 환상/심리경험을 이용해서 인성의 깊이를 드러낸 유일한 작가일 것이다. 찬쉬에의 여성의식은 사회화된 여성운동에서 비롯된 것이 아니고, 문학 담론의 혁명에 기초한 것이다. 그녀는 매우 개인화된 언어를 사용한다. 따라서 가장 여성의식을 지닌 언어를 가질 수 있었고, 부권제 거대 담론 속에 의지하고 있는 따스한 여성 서사를 허물 수 있었다. 괴팍한 여성 감각은 전통적인 페니스 숭배를 중심으로 하는 여성 경험을 타파하였다. 그것은 비록 중국 여권운동의 장대함을 보여주지는 못했지만 이후의 모든 여성 창작에 계발 작용을 하였다.

많은 여성 작가 가운데 왕안이王安憶는 빼어난 인물이다. 그녀는 각양각색의 조류 속에서 여유있는 모습을 보인다. 그녀의 기민함이라기 보다는 침착함 때문이다. '뿌리찾기' 조류에서 막 벗어난 왕안이는 신속하게 '삼련三戀'(「소도시의 사랑」「황폐한 산의 사랑」「금수錦繡계곡의 사랑」)을 써냈다. 이 작품은 지식청년 제재의 복습이자 여성 심리에 대한 특별한 주시로서, 물론 당시 희미하게 각성하던 여성의식과 아직 싹이 트지 않았던 '성문학'에 대한 대답으로 볼 수 있다. 여성의 잠재의식, 그녀들의 민감함과 어쩔 줄 몰라 함, 그리고 그녀들의 작은 바람이 만족을 얻기 위해 감당해야 하는 사회적 압력들, 이 모든 것에 대해 왕안이는 생생하게 그려내고 있다. 역사의 흐름 속에 있는 어린 여성들의 비극적인 운명은 남권 사회의 역사 폭력에 대한 항의를 구성하고 있다.

더 많은 경우에 왕안이는 여성 의식을 공들여 표현하고 있지는 않다. 변동하는 사회현실에 대한 관심이 왕안이 작품의 역사서사의 넓이와 힘을 갖도록 해 준다. 왕안이의 작품은 여성의 '웅대한 서사'로서, 여성의식은 역사 속에 숨어 있다가 벌어진 틈이 있을 때에만 흘러나온다. 90년대에 들어와서 왕안이의 시야는 더욱 넓어졌다. 1995년, 『종산鍾山』 제2, 3, 4기에 왕안이의 「장한가長恨歌」가 연재되었다. 이 작품은 한 여인의 영욕부침의 역사를 서술하고 있다. 하지만 깜짝 놀랄만한 기쁨이나 슬픔이 없다. 평이하고 담담한 가운데 상하이 한 골목의 일상생활사를 서술하고 있다. 여인은 이 생활사 속에서 그녀의 숙명과도 같은 인생을 완성하고 있다.

여성에 대한 서사에 있어서 티에닝은 언제나 시대의 마음의 목소리와 문학의 목소리를 투시한다. 80년대 중후반에 티에닝은 「맥갈타麥秸垛」(1986), 「금화타錦花垛」(1989) 등 두 편의 소설을 써냈다. 후에 그녀는 다시 「청초타靑草垛」(1995)를 썼는데, 평론가들은 그 작품들을 '삼타三垛'라 불렀다. 티에닝은 여성의 성 본능 깊숙이 들어가 여성의 자아의식을 드러냈다. 물질적으로 빈곤한 생활을 하는 여성이 여전히 자아의식을 가지고 있고, 그 배후에는 무거운 역사 압력이 숨겨져 있다. 이 세 편의 소설은 티에닝의 여성주의 입장을 드러내고 있다. 물론 「장미들」은 티에닝의 여성 입장을 가장 잘 간직한 작품이다. 이 장편소설은 쓰이원司猗紋과 그의 외손녀 쑤메이蘇眉 등의 늙고 젊은 두 여성을 서사의 축으로 삼아서 역사와 현실이 교차하는 여성 생활사를 전개하였다. 쓰이원에게는 중국 전통 여성의 비극이 응축되어 있다. 그녀는 가부장제의 피해자이다. 하지만 공모자이기도 하다. 공모자라는 것이 보다 심각하고 슬픈 특징일 것이다. 1992년에 티에닝은 「임산부와 소」를 발표하였다. 수묵화 같은 이 소설은 맑은 시적 분위기를 내뿜고 있지만 그 안에는 우화적 의미를 담고 있다. 물론 티에닝 소설 서사의 주요 측면은 매우 부드러운 필치로 여성 내심 세계의 풍부함과 미묘함을 써내는 것이다. 「영원은 얼마나 먼가」는 베이징 후통의 젊은 여성 바이따성白大省의 생활을 서술하고 있다. 소설은 한 여성과 도시의 옛 전통과의 관계를 서술하고 있다. 옛날을 그리워하는 정조가 짙게 풍기고, 젊은 여성 마음 속의 단순함과 풍부함을 묘사하였으며, 베이징에 여전히 남아 있는 생활상을 드러내고 있다. 소설 서술은 차분한 가운데 맑고 활발하며 소박하고 우아한 가운데 아득한 정취가 있다.

중국의 여성 창작은 보다 젊은 여성 작가들에게서 보다 충분히 구체화된다. 그 한 가지는 시대와 개인의 경험이고, 다른 한 가지는 문학이 표현해내는 담론 형식이다. 예를 들어, 언어 형식과 자아탐구에 치우치고, 내면 표현에 치중하는 작품은 현대주의 스타일의 선봉파 색채를 가지기 때문일 것이고, 문학상의 급진성을 드러내는 것은 그것을 여성주의에 더 가까워지게 한다. 선봉파 담론의 기초에서 여성 창작은 90년대에 보다 뚜렷한 성별 특징을 세우게 된다.

천란陳染은 줄곧 90년대 여성 창작 최초의 전형적 대표인물로 간주되었다. 80년대 후반에 천란은 창작을 시작하여 90년대 초반에 주목을 받았다. 그녀의 뚜렷한 특징은 개인의 내면을 써낸다는 것이다. 줄곧 아름답고 근심으로 슬퍼하는 자화상을 그려내려고 하였다. 천란의 창작은 일종의 존재로서, 그것은 편집증적이고 봉쇄된 여성의 경험을 표현하였고, 과거 거대 담론에 완전히 가려졌던 구역을 터치하고 끊임없이 '자신의 이야기'를 말한다. 「옛일과 건배」는 천란의 초기 대표작으로서, 일인칭 자기고백 식으로 여성 자아 인정의 곤혹스러움을 서술하였다. 이것은 천란 소설 서술의 기본적인 패턴이 되었다. 「무처고별無處告別」은 다이얼黛二 아가씨, 머우이繆一, 마이싼麥三 등 몇 여성의 '사생활'을 서술하고 있다. 천란의 소설에는 매우 세밀한 심리 묘사가 있다. 그녀는 언제나 무리와 어울리지 않고 외롭게 지내는 여성의 경험을 추구한다. 1996년, 천란은 장편소설 『사생활』을 발표한다. 이 작품은 당대 중국에서 가장 뚜렷한 여성주의 작품이다. 『사생활』은 준 자전체 작품으로 볼 수 있다. 소설은 「옛일과 건배」를 확대발전시킨 소녀의 성장 경험이다. 정치 억압의 배경을 희석시켰고, 여성 심리변화와 신체 각성 이야기를 서술하는 데 치중했다.

지금의 여류 작가들 중에서 린바이林白는 아마도 가장 직접적이고 깊이 있게 여성의식을 표현한 인물일 것이다. 그녀는 여성의 경험을 극단으로 밀어올려 여성의 비밀스러운 세계를 남김없이 드러낸다. 여성 창작은 작가 개인의 진실한 체험을 융합하는 경우가 많은데, 린바이는 보다 분명하다. 자아에 대한 반복적인 독해와 철저한 응시가 있어야 보다 보편적인 여성의 자아로 확장될 수 있다. 「한 사람의 전쟁」(1994)은 린바이의 가장 뛰어난 소설이다. 또한 90년대 초 중국 여성 창작에서 가장 대표적인 작품이다. 린바이의 여성 서사는 여성의 성별 인정과 여성의 특수한 감각, 언어 방면에서 모두 뚜렷한 특징을 가지고 있다. 1995년에 린바이는 「치명적인 비상飛翔」, 「수망공심세월守望空心歲月」, 「방을 말하다」, 「만물화개萬物花開」, 「여성 수다록」 등을 발표한다. 이 작품들에서 현실에 다가가려는 작가의 노력을 볼 수 있다. 그녀는 여성의 뚜렷한 풍격을 가진 담론을 여성의 현실 운명과 연결하여 이것으로 그녀의 소설 서사를 전개한다. 여기에서 여성 담론의 힘이 확실히 드러난다.

츠쯔지엔遲子建은 여성주의를 표방하지 않았다. 처음 보면 그녀 작품 속의 여성 신분의식과 여성의 담론 특징은 강하지 않다. 하지만 그녀의 작품은 여성의 심리와 운명에 매우 주목하고 있고, 그 여성의식은 여전히 그 작품 속에 흐르고 있다. 90년대 초에 발표한 중편소설 「화로는 여전하고」, 「옛날의 방앗간」에서는 이야기를 서술하는 작가의 평온함과 느긋함을 볼 수 있다. 그녀의 소설에는 침착함이 있고, 인물 심리에 대한 이해가 평온하고 자연스럽다. 그녀는 기이한 것에 매달리지 않았다. 평범한 가운데 예리하면서도 날카로움이 투시되어 나올 수도 있다. 2003년의 「달빛의 안단테를 밟고」에서 차분한 작가도 '하층 창작'의 조류에 호응하는 것을 볼 수 있다. 츠쯔지엔의 장편소설 『괴뢰 만주국』(2000), 『얼구나額爾古納 강의 오른쪽 기슭』(2005)은 사람들의 주목을 받았다. 『얼구나 강의 오른쪽 기슭』은 제7회 마오뚠 문학상을 수상하였다. 이 작품은 얼구나 강 오른쪽 기슭에 살고 있는 어원커鄂溫克 민족의 이야기를 서술하고 있다. 이 유목민족이 원시적 자연으로부터 현대 문명으로 나오는 과정에서 겪게 되는 비참한 운명을 서술하고 있다.

홍잉虹影은 해외에서 창작활동을 하는 작가로서, 90년대 작품들이 국내 문단의 주목을 받기 시작했다. 홍잉은 원래 시를 썼는데, 처음에 그녀의 소설에는 시 흔적이 남아 있었다. 선봉파의 형식 실험 풍격에 속했고, 형이상학적 의미를 강조하였다. 이후의 작품은 형식주의에 그렇게 기울지 않았다. 그녀가 해외에서 유명세를 타게 된 작품 「배고픈 소녀」는 자전체 소설로 볼 수 있다. 하류층에서 살아가는 사생아의 성장 경험을 서술하고 있다. 그녀는 가난과 배고픔 속에서 몸부림치며 동시에 청춘 성장의 곤혹스러움을 경험하고 있다.

마찬가지로 해외에서 창작활동을 하는 옌거링嚴歌苓은 최근 국내에서의 영향력이 급상승했다. 그녀 초기의 작품 「여성성의 풀밭」은 지식청년 이야기를 쓴 것이고, 근년의 작품 「아홉번째 과부」「이모 타즈小姨多鶴」는 옌거링 소설 서사의 정밀한 예술을 보여주었다. 더욱이 「이모 타즈」는 항일전쟁 후 중국에 남겨진 일본 소녀 타즈의 운명에 대한 서사를 통해 전쟁에 대한 반성을 써냈고, 인성의 복잡성과 운명에 저항하는 끈기를 써냈다. 옌거링은 소설 서사의 리듬을 통제할 능력을 가지고 있다. 그녀는 인물을 생존의 절박한 상태로 몰고 가서 긴장되면서도 차분한 서술을 전개한다. 그녀의 소설은 강렬한 흡인력이 있다. 옌거링 최근의 작품은 그녀가 당대 가장 우수한 여류 작가 가운데 한 사람이라는 사실을 말해 준다.

1998년 『작가』 제7기에 70년대 출생한 여류작가들의 소설 특집이 실렸다. 앞표지의 뒷면과 뒷표지의 안쪽 면에 이 여류 작가들의 사진이 실려서 포스터처럼 보였다. 이 작가들의 출현으로 당대 작가의 고정적 이미지가 완전히 바뀌었다. 전통 작가의 노련하고 신중한 이미지는 이제 전혀 꾸미지 않은 청춘의 모습으로 바뀌었다. 하지만 이 모습은 유혹적이라기보다는 도발의 의미를 담고 있었다. 그것은 전통 중국 작가의 엘리트 이미지의 세속화와 소비화의 추세를 보여주는 것이다.

웨이후이衛慧의「웨이후이처럼 미치기」는 상당히 충격적인 소설이다. 이 소설은 20세 여성의 상당히 괴팍한 심리와 들뜨고 불안한 생활 경험을 서술하고 있다. 웨이후이의 소설 서술은 감각 기관의 동태적인 폭발 효과로 가득 차 있다. 그녀는 끊임없이 동태적인 사물, 거리풍경, 문득 떠오르는 기억, 부서지는 빛, 혼란스런 표정 등을 써내고 있다.「나비의 비명」(『작가』1998년 제7기)도 마찬가지로 완전히 다른 부류의 소설이다. 생활을 부수고, 혼란 속에서 생활 변환의 리듬을 얻으며, 예리한 아픔을 체험하고, 유행하는 장면 속을 걸어가는 것들은 웨이후이 소설 서사의 내적인 힘을 구성한다. 후에 웨이후이는 논쟁을 불러일으키는 소설「상하이 보배」(2000)를 발표한다. 이 작품은 흥미진진하게 당대 상하이의 유행 문화를 묘사하고 있다. 과장된 논조가 있기는 하지만 식민지 시기의 옛날 상하이와 일맥상통하는 아름다운 상하이를 서술하고 있다.「상하이 보배」는 예술적으로 역설이 가득하다. 한 측면에서 그것과 현재 유행하는 취미와는 거리가 멀고, 이 이야기의 감각과 체험은 찌라시나 패션 잡지에서 읽을 수 있다. 다른 측면에서 그것은 급진적이고 전위적인 느낌과 매우 뚜렷한 언어 수사 전략을 가지고 있다.

'70 허우後'로 불리는 이 여성 작가들은 90년대 후반에 등단하였고, 하나의 집단으로 등장했을 때, 세상을 놀라게 할 만한 효과가 있었다. 이어서 각자는 싸워 나갔는데, 이는 현재의 문학창작이 개인의 일이고, 유파가 없는 집단은 일시적인 효과 밖에 없다는 것을 말해준다. 당시에 이 여성작가들 가운데 주목을 끈 사람은 진런슌金仁順, 다이라이戴來, 주원잉朱文穎, 저우지에루周潔如, 웨이웨이魏微 등이다. 후에 창작활동을 계속 이어나간 작가로서 영향력이 있는 사람은 웨이웨이, 다이라이, 주원잉 등이다. 웨이웨이는 장편소설『유년流年』을 쓴 후에 이어서 2002년에 장편『돌아가는 여름拐彎的夏天』을 발표하였다. 소설은 누나와 남동생의 사랑 이야기를 썼다. 이것은 70허우 작가들 사이에서는 드문 일이 아니었는데, 웨이웨이의 서술은 마음을 아프게 하고 청춘이 어쩔 수 없이 돌아가야 하는 아픔이 담겨 있다. 성커이盛可以는 2007년에 장편소설 『도덕송道德頌』을 발표하였다. 이 소설은 미혼 여성 즈이旨邑와 유부남 수이징치우水荊秋의 이야기를 쓴 것으로, 즈이가 성애에 열중하는 모습과 애욕이 이 소설에서 충분히 표현되고 있다. 즈이의 심리와 생활 모습도 상당히 분명하게 그려졌다.

물론 이 여성 작가들과는 좀 다르고 위치 짓기 어려운 작가로 안니바오베이安妮寶貝가 있다. 그녀는 현재 순수문학과 유행하는 읽을거리를 가장 적당하게 조합시킨 성공한 작가이다. 2006년에 장편소설 『연꽃』을 발표하였다. 이 작품은 불교와 관계가 있는 것 같지만 작가는 자신의 작품이 심령과 연관짓기를 바랐다. 그녀는 자신의 창작의 중심이 심령과 운명이라고 말했다. 작품은 젊은 여성 칭자오慶昭와 낯선 남자가 티벳 여행을 함께 하면서 느끼는 감정과 그들 배후의 이야기를 서술하고 있다. 이 소설은 지금 중국에서 새로 나타난 중산층의 우정, 애정과 생명 선택의 허무한 문제에 관한 사고를 다루고 있다. 그 가운데 소년의 우정에 대한 기억을 묘사한 부분은 매우 뛰어나다. 그리고 현대인의 감정에 숨겨진 아픔을 묘사한 것도 압권이다. 생명을 하늘이 선물로 준 기적이라 본 것도 현대인들에게 소리없는 울림을 안겨 준다. 이 소설은 중산층 감정의 숨겨진 역사라 할 만하다. 또는 자아 초월의 실패 전기이다. 하지만 생명의 새로운 초월을 추구하는 굳센 노력은 작가의 부드러움 속에서 투시되는 의지를 보여준다.

5) 자유로운 창작의 주변 공간

1997년, 왕샤오보王小波가 요절하였다. 이 사건은 중국 문단에 큰 충격을 주었다. 한 작가가 말 없이 사망해서가 아니라 이 작가에 대해 중국 문단에서 오랜 기간 그 존재를 무시했었기 때문이었다. 90년대 말에 중국문학은 무기력한 상태에 빠져 있었다. 왕샤오보가 떠나면서 사람들은 심각한 변화를 느꼈다. 문학의 제도와 자유로운 창작 간의 잠재적 대립, 모든 갈등과 모호성은 이 사실 앞에서 밝게 변했다. 왕샤오보가 비교적 이른 시기에 출판한 『황금시대』에는 「황금시대」「삼십이립三+而立」「물처럼 흐르는 세월」「혁명시대의 사랑」「나의 음양陰陽 두 세계」 등 다섯 편의 소설이 실려 있다. 왕샤오보의 유명한 소설은 「황금시대」이다. 이 작품은 지식청년 시대의 또 다른 생활을 그리고 있다. 그것은 억압과 그것에 반대하는 생활이다. 왕얼王二과 천칭양陳淸揚은 본능적인 욕망에 순응하여 자연스럽고 솔직하게 결합하는데, 이는 청춘의 솔직한 인성의 진실로 몸은 철저하게 해방되는 상황을 표현한 것이다. 따라서 그것은 청춘 생명 가운데 황금시대라고 표현한 것이다. 「나의 음양 두 세계」는 두 사람을 써냈는데, 두 남녀 간의 관계가 미묘하게 변하는 과정을 썼다고도 할 수 있다. 물론 왕얼王二과 샤오쑨小孫의 행동방식과 정신상태는 모두 통상적인 규정에 어긋난다. 그들은 사회와 구별지으려 하고, 자신의 본능대로 행동하려 한다. 당연히도 그들은 사회 환경의 배척을 당하고 고립된다. 왕샤오보가 탐색한 것은 억압된 환경에서 인간 자유의 가능성은 얼마나 되는가, 자유 추구에 대한 인간의 방식과 그 후과이다. 왕샤오보의 소설에서 카프카의 영향을 볼 수 있다. 지하실은 카프카의 성채와도 같다. 그가 그려낸 왕얼의 재수없고 고립된 역할, 꽉 막힌 환경, 황당한 플롯, 반복되는 동작은 세미한 차이를 드러낸다. 다른 것은 카프카의 유머가 보다 냉혹하고, 왕샤오보의 유머는 해학과 장난이 넘친다는 점이다. 왕샤오보의 회색 유머 속에서는 밝은 빛이 비친다. 「백은시대白銀時代」는 왕샤오보의 소설 서사 가운데 실험성이 있는 작품이다. 이 소설은 몽환적으로 씌였고, 그 서술이 끌어당김과 내적인 끈기가 풍부하다. 두 실마리의 교차, 미래시 등은 이 소설의 서술에서 불규칙한 특수한 효과를 만들어낸다. 『청동시대』와 『철기시대』에는 「홍불야분紅拂

夜奔」이 수록되어 있다. 이 작품도 왕샤오보가 비교적 중시했던 작품이다. 왕샤오보의 붓끝에서 역사영웅은 지워지고 전기는 철저하게 희극화되며 역사는 놀이 속에서 마르지 않는 쾌감을 방출한다. 지속적인 유머와 쾌감만이 소설 서사를 구성하는 전체 동력이다.

2007년 초여름, 수년 동안 침묵하던 왕수어王朔가 다시 문단에 모습을 드러냈다. 매체에 의해 '왕의 귀환'이라 불리운 이 컴백에서 그는 자신의 「나의 천년 추위」를 들고 나타났다. 「나의 천년 추위」는 텍스트는 통일되지 않았고, 완성도도 떨어져서 선종의 정수라고 할 수도 없었고, 왕수어 창작의 놀랄만한 발명이라 할 수도 없었다. 또 문체면에서 조화를 보이지 않아, 장위엔張元이 쓴 실험극 또는 지하 영화의 시나리오 같기도 했고, 그 스스로 시도한 문체 실험 같기도 했다. 어지럽게 보이면서도 묘한 맛을 풍기기도 했다. 보기에는 무질서해 보이지만 또 곳곳에 복선이 깔려 있다. 근거없이 법석을 떤다고 할 수 있지만 선종 전고를 신묘하게 사용한 것에 다름 아니다. 어떻게 말하든 이것은 모두 놀랄만한 문학 행위로서, 기성 문학법칙에 대한 가장 큰 도전이었다. 2007년에 왕수어는 「딸에게 보내는 편지」와 「우리 딸과의 대화」를 발표했는데, 모두 독특한 점이 있다. 문학적으로 죽을 힘을 다 한 것이 「나의 천년 추위」만큼 그렇게 절대적이지는 않지만 한 시대 창작의 상징적 의미를 담고 있다.

2004년 장롱姜戎의 「늑대 토템」이 약간은 우연한 독특한 방식으로 문단으로 들어왔다. 이 작품은 기운이 넘치고 호방한 감정을 담고 있다. 이야기에는 자연의 품성이 가득하고, 배경은 광활하다. 이 소설의 의미는 초원과 늑대성의 서사를 통해 중국 민족의 성격을 되돌아보고 중국인과 세계와 미래를 향하는 민족정신을 확립하고자 했다는 점에 있다. 이 작품은 수년간의 논쟁을 야기하였다. 또한 수년간 중국문학 도서 베스트셀러 상단에 자리 하였고, 지금까지 중국 도서 세계시장 진출의 성공적인 사례가 되고 있다.

80허우와 인터넷문학의 홍기는 무한한 가능성으로 중국문학의 자유로운 공간을 확대발전시켰다. 한한, 궈징밍郭敬明, 장위에란張悅然 등은 이미 보다 젊은 세대의 문학 구조를 배태하고 있다. 그들은 인터넷과 도서 시장에서 자유롭게 활약하고 있고, 전파매체 민주화의 큰 흐름 속에서 각자의 기치를 높이고 있으며, 당대 중국문학에서 이미 세워져 있는 생산과 전파방식을 뛰어넘고 있다. 문학의 미래는 더 이상 예술 창의성의 가능성에 기대지 않는다. 그것은 전자 과학기술혁명의 계산 불가능한 추세에 달려 있다.

6) 향토 서사의 전환과 중국어 문학의 가능성

90년대 중반 이후 '향토문학' 개념이 중시받았는데, 그것은 현대성 이론의 홍기와 관련이 있다. '향토'의 개념은 현대성 반성의 개념으로 볼 수 있다. 감정적이고 형상적인 방식으로 현대성에 대한 비판과 반동을 표현하는 것이다. 하지만 그것은 현대성의 유기적인 조성 성분이기도 하다. 현대성의 사조에서만 사람들은 '향토'를 중요하게 강조할 수 있게 되고, 향토의 가치에 관심을 가지려 한다. 아울러 '향토'를 가지고 도시나 '현대'와 대응시키려 한다. 90년대 이후 '향토문학'이라 불리는 작품들은 다종다양하다. 이 모든 작품들이 물론 의식적으로 '현대성 반성'을 하는 것은 아니다. 하지만 우리는 현대성과 관련이 있는 반성 요소를 표현하는 주제 속에 융합시키는 것을 볼 수 있다. 우리가 '향토'를 가지고 90년대 농촌을 묘사한 작품을 그려내고자 하는 것은 그것이 '농촌 제재'라는 개념보다 훨씬 넓고 더 많은 문화적 함의를 가지고 있기 때문이며, 주류 이데올로기가 농촌에 대해 규정한 의미보다 적기 때문이다. 바로 중국 문학의 가장 전통적이고 기초적인 향토 서사를 표징하여 일어난 변혁으로 인하여 중국 문학에 이미 발생한 내재된 근본적인 변이를 알 수 있다. 물론 중국문학의 현대주의 또는 후현대주의의 복잡함이기도 하다. 중국 작가는 이 길 위에서 강공을 펼칠 힘이 없다. 90년대 후반에서 21세기에 이르기까지 향토로 돌아가고, 하류층으로 돌아가고, 고난 서사로 돌아가서 여기에서 새로운 출발 근거를 찾는 것이다. 역사의 궁여지책은 아마도 그것이 알맞은 운명인 듯 하다.

물론 어떤 개념으로 하나의 문학 현상을 묘사할 수 있지만 그것은 역사 도감을 건네주고 역사문화의 궤적을 건네주는 것으로 구체적인 문학 작품에 대해서 말하자면 어떤 개념은 단지 어떤 측면 또는 주요 측면의 특징을 요약할 수 있을 뿐이다. 보다 복잡하고 이상한 특징은 다른 언어 환경에서 설명할 수 있다.

90년대의 '향토문학'은 신시기 '농촌제재'라는 기본적인 풍격을 가지고 있고, 현실주의가 그 주요 기조를 이룬다. 하지만 역사를 많이 서술하는 작품이 주도적인 지위를 차지하기 시작했고, 그것들은 향토 중국 역사에 대한 다시 쓰기를 구성하였다. 이 작품들 가운데 천종스陳忠實의 『백록원白鹿原』은 매우 중요한 작품이다.

천종스는 1993년에 장편소설 『백록원』을 발표하여 사람들을 놀라게 했다. 나중에 몇 번의 재수 끝에 제4회 마오뚠 문학상을 수상하였다. 『백록원』은 웅대한 구성으로, 웨이허渭河 평원 50년 변화의 역사 풍운을 서술하였다. 백록의 두 집안이 백록원의 통치권을 차지하기 위해 벌이는 싸움은 사람들을 놀라게 한다. 두 집안의 싸움은 신민주주의 혁명의 역사 충돌로 이어졌고, 전체 스토리를 더욱 흥미진진하게 만든다. 『백록원』에 대한 평가는 거의 이구동성으로 민족의 사시史詩라는 것으로 모아진다. 작가는 작품 첫머리에서 발작의 말을 인용하고 있다. "소설은 민족의 비밀스런 역사라고 여겨진다." 중국 당대문학은 오랫동안 현실 이데올로기의 직접적인 지배를 벗어나지 못했고, 웅대한 기상을 가진 역사 서사 작품을 가지지 못했다. 이 작품은 역사적 실재성도 있고, 현재의 이데올로기를 직접적으로 펼치지도 않았다. 이것이 바로 90년대 초에 천종스가 사람들을 기쁘게 한 근본적인 이유다.

천종스와 거의 동시 또는 조금 이르게 자핑야오賈平凹의「폐도廢都」가 일으킨 영향과 논쟁은 엄청나게 크고 많았고,「폐도」는 당대문학에서 하나의 '사건'이 되었다. 시대상황이 변하면서 우리는「폐도」가 당시에 가졌던 예시적 의미를 분명하게 볼 수 있게 되었다. 그것은 바로 작품이 앞장서서 중국 전통문화를 부활시켰다는 것이다. 또는 중국 전통 문인의 형상을 부활시켰다고 할 수도 있다. 자핑야오가 그려낸 좡즈디에莊之蝶는 재주가 많고 거리낄 것 없는 인물이고, 정의롭기도 하고 비열하고 저질적이기도 하다. 나라를 걱정하기도 하고 색욕이 넘치고 퇴폐적이기도 하다. 이것은 전형적인 전통 중국 사대부 문인 형상이다. 이런 형상은 당대 중국문학사에서 우연히 나타난 것 뿐이고, 대부분의 상황에서 잊혀진 구석에 깊이 눌려 있을 뿐이었다. 자핑야오는 이 문인 형상의 붕괴를 써내는 동시에 그의 절망감도 표현하였다. 후에 자핑야오는 '미문美文'에 희망을 보였다. 그의 잠재된 주제에 호응한 것으로 전통적인 정신문화 가치와 전통 미학만이 당대 문화의 퇴폐를 구할 수 있다는 것이다.

이후의 자핑야오 작품은 현 시대 중국 농촌의 황폐함과 가치 타락을 표현하고 있다.「늑대를 그리며」,「까오라오좡高老莊」등이 그 예이다. 이 작품들은 잘 쓰지 못했다고 할 수는 없지만 시대적 특징이 드러나지 않았고, 소설 의식에서 어떤 두드러진 표현이 없다. 이것은 자핑야오에 대한 사람들이 기대하는 바와는 거리가 있는 것이고, 이로 인해 충분한 중시를 받지는 못했다.

「폐도廢都」는 90년대 초 중국문화 정신의 황폐한 도시다. 그리고 2005년의「진강秦腔」은 21세기 중국 농촌의 토지 만가이다.「폐도」는 정신과 문화이고,「진강」은 물질과 생활이다. 소설에서 그려진 칭펑진淸風鎭은 현재 중국 농촌의 축소판이다. 소설은 개혁 시기에 당면한 상황을 그리고 있다. 「진강」에서 자핑야오는 규범화된 향토 서사에서 벗어나서 더 이상 역사에 대한 깊은 관심을 가지지 않고 문화에 대한 차분한 자세를 가지지 않으며, '없음'의 태도로 역사의 이성적 욕망 목표를 해부하여 그것을 미치광이 시점으로 내키는 대로 농촌 자연 풍경을 바라보는 것으로 바꾸었다. 본래의 웅대한 향토 서사는 역사발전 방향과 바람을 간직한 향토 중국이 종결로 치닫고, 아울러 그것의 더욱 오래 된 문화 전통을 가지고 있다. 시골에서 이 모든 것은 종결되고 있고 시골의 폐허는 만연해 가며, 역사와 문화의 종결은 소설 속에서 하나 하나 드러난다. 여기에서 우리는 웅대성 측면에서 향토 서사가 종결된 이후에 보다 진실한 가능성으로 돌아오는 것을 확실하게 보게 된다. 그것은 중국어의 새로운 특징을 가지고 있다. 또 이 향토 서사는 중국어 소설 서사의 적극적인 시도를 격발시킬지도 모른다.

향토 중국에 대한 서사를 진행한 많은 작가들 중에서 장웨이張煒는 나름대로의 입장과 내재성을 가장 많이 지닌 인물이다. 나름대로의 입장이라는 것은 그의 가치관이 매우 명확하다는 것을 말한다. 그는 처음부터 끝까지 향토 중국의 인륜가치로 현대성을 되돌아 보았다. 아울러 반현대성의 정서로 돌아왔다. 그의 작품에 내재성이 있다는 말은 그의 작품이 시종 향토 가치의 깊은 속을 향해 탐구하고 끊임없이 질문을 던진다는 것이다. 장웨이는 80년대 중반에 「외로운 배」로 이름을 알렸다. 이 작품은 사실 '뿌리찾기'와 관련이 없다. 개혁 이데올로기의 핫 포인트에서 떨어져서 중국 농촌가족의 역사와 은원恩怨 관계를 그렸다는 이유로 '뿌리찾기'의 대표작으로 여겨졌다. 장웨이는 1992년에 『구월 우화』를 발표했는데, 이 작품은 주관 시점이 매우 강한 장편소설이다. 작품은 1950년대부터 70년대까지의 한 조그만 마을의 역사를 그리고 있다. 중국 농촌이 겪는 사회주의 혁명과 개조의 역사를 볼 수 있다. 가장 중요한 것은 농업 합작화와 공사화 역사다. 소설은 중국 농촌의 30여 년간의 고난의 역사를 서술하였고, 그 사이에 시골에서 도는 재미있는 소문들을 끼워 넣었다. 그것은 토지와 생식에 관한 역사이다.

1995년, 장웨이는 「백혜柏慧」를 발표하였다. 이 작품도 주관성 서술이 매우 강한 작품으로, 서술자가 처음부터 끝까지 서술의 주체적 지위를 가지고 있고, 작품 전체는 주로 '나'의 '당신'에 대한 호소이다. 정신 도피의 방식으로 현대 문명에 대한 비판을 진행하고 있는데, 이는 90년대 이후 장웨이 소설의 주제이자 서사 방식이다. 「능불억촉규能不憶蜀葵」도 주관적 서술이고, 시적 의미의 황당한 느낌으로 한 절대적 이상주의자가 실패하는 이야기를 그리고 있다. 하지만 옹골진 주인공 형상도 있다. 장편소설로 말하자면, 그 표현력은 보다 집중적이고 두터운 내재성을 보인다.

한샤오공韓少功은 뿌리찾기 문학의 대표이고, 당대 향토문학의 중요한 작가이기도 하다. 중국 향토문학이 농촌 제재에서 벗어나서 새롭게 역사 표면 위로 올라온 곳은 뿌리찾기 문학이 현재의 이데올로기와 거리를 두고 보다 넓은 문화 시야 범위에서 농촌생활과 그 가치를 대하는 것에 도움을 주었다. 1996년에 『마교사전馬橋詞典』이 출판되어 논쟁을 한 차례 불러일으켰다. 한샤오공은 '사전' 형식으로 소설 서사를 최저한도로 떨어뜨리고 가능한 한 간명하고 객관적으로 향토 생활의 소박한 상태를 서술하였다. 한샤오공은 문장의 뒤로 물러나 향토생활에 가장 근접하는 원래 생태를 문장에 주고자 하였다. 90년대 이후 한샤오공은 신좌파 사상 분위기에 깊이 빠져서 이 사조에 호응하는 소설과 산문, 잡문을 썼다. 예를 들어 중편소설 「정부에 보고함」에서는 하층 민중에 대한 그의 관심과 권력 남용에 대한 비판을 볼 수 있다. 2006년, 한샤오공은 「암시」를 발표하였는데, 이 작품은 『마교사전』과 비슷한 작품이다. 말하자면 구절 창작의 경향이 매우 강하다. 한샤오공이 바랐던 것은 창작으로 자신의 마음 속에 접근하거나 자신의 가장 진실한 느낌을 표현하는 것이었지, 어떤 문체를 고집하는 것은 아니었다. 그것을 통해 더 자유로운 창작으로 창작의 자유를 표현하는 것이었다.

고전 유미주의를 추구한 차오원쉬엔曹文軒은 2005년에 장편소설 『천표天瓢』를 발표하였다. 향토 분위기가 아직 강남 특유의 아름다움을 간직하고 있었지만 고단한 인성의 저항과 숙명도 그 안에 숨어 있었다. 차오원쉬엔은 줄곧 아동문학 창작으로 이름을 날리고 있었다. 실제로 그의 작품은 주로 소년 성장 스토리를 다뤘고, 농촌 분위기가 짙게 배어 있었다. 「붉은 기와」, 「세미細米」, 「해바라기」 등의 작품은 대자연을 배경으로 하여 낭만주의 정서가 짙게 깔려 있다.

중국문학은 21세까지 발전하면서 강한 도전과 심각한 전환을 맞이하고 있다. 하지만 중국문학은 여전히 전통적인 방식을 계승하는 방식으로 새로운 세기의 도전에 맞서고 있다. 현실주의 또는 향토 서사는 현재 중국문학의 중견 역량이다. 그 변화도 중국 당대문학이 처한 기본적인 태세를 예시해 주는 것이다. 90년대 이후 현실주의 또는 향토 서사는 다원화의 구조 속에서 지배나 주도적인 작용을 더 이상 하지는 않지만 여전히 중견 또는 기초적인 힘이 되고 있다. 다른 예술 장르와 상대적으로, 서사 부류 문학은 가장 보수적이다. 이 보수적인 장르 중에서 향토 서사는 가장 보수적이다. 만약 여기에 심각한 변이가 발생한다면 현재의 문학과 문화에서 발생하는 보다 진실하고 내재적인 변혁을 볼 수 있을 것이다.

향토문학 서사는 21세기 최초 몇 년간 심각한 변이를 보였고, 향토문학 서사가 전환으로 향하고 있음을 예시해 주었다. 그리고 이 전환은 향토 서사가 종결로 향하고 있다는 점에서 급진적이다. 물론 이 '종결'은 새로운 시작이기도 하다. 그것은 중국어 문학창작이 주류와 가장 본토적인 문학 양식에서 자기 갱신의 능력이 있다는 것을 의미하고, 아울러 세계문학의 극한으로 발전하는 시기에 또 다른 길을 시작할 힘이 있다는 것을 의미한다. 따라서 종결은 오래된 것의 끝맺음이고, 새로운 것이 전개되고 있는 것이다. 첫째, 전통적인 향토문학의 고전 서사가 이미 종결되었다. 예를 들어, 향토를 정신적인 귀착지로 삼는 그런 서사는 더 이상 대표적 의미를 갖지 못하거나 이미 완전히 시들어버렸다. 둘째, 향토문학은 사회주의 '농촌문학'의 개념을 완전히 벗어났다. 그것은 이미 이데올로기 성질을 가지고 있지 않다. 셋째, 향토문학 서사는 이미 역사 정체성을 가지고 있지 않다. 향토문학은 단지 향토에 대한 특별한 감정을 가지고 향토 중국 역사에 관한 종결을 서술할 뿐이다. 다섯째, 향토 서사 자체는 미학에서 변이가 발생했고, 향토 서사는 이미 향토 문학을 해체하려는 생각을 가지고 있다. 말하자면 그것은 변혁을 내포한 선봉성 서사 또는 후현대 서사가 되었다.

한 시대가 도달하는 높이는 그 시대의 대작가와 대작으로 표명된다. 내가 보기에 21세기 초 중국 향토 서사 방면에서 모옌, 티에닝, 자핑야오, 옌리엔커閻連科, 리우전윈劉震雲이 이런 표지성 작가라고 생각한다.

중국 향토서사에 리우전윈만큼 반발한 사람은 없다. 그는 중국 향토 서사에 최초로 대수술을 한 사람이다. 「고향하늘 아래 노란 꽃」에서 「고향에서 전해지는 이야기」까지 90년대 중반 리우전윈이 향토 중국 역사 서사의 의미를 새롭게 써야겠다는 의식을 했다는 사실을 알 수 있다. 그는 반어적 풍자를 향토 서사에 끌어들여 향토 중국서사의 격조를 완전히 바꿨다. 1998년에 리우전윈은 6년의 시간을 들여 네 권 분량의 장편소설 『고향의 얼굴과 꽃』을 써서 고향 다시 쓰기를 황당한 지경까지 철저하게 시도했다. 이 소설은 향토와 후현대 도시의 울트라급 시공관계를 세웠다. 2009년에 리우전윈은 『일구정일만구一句頂一萬句』를 출판했다. 초판 40만권을 찍었는데, 순식간에 동이 났다. 소설의 주제는 고독, 말, 교류, 우정, 가정윤리, 농촌의 유랑 경험 등을 다루고 있다. 양바이순楊百順은 소년 시절에 시골 마을의 '함상喊喪' 직업에 대한 그리움을 가지고 있는

데, 이 안에는 작가의 향토 중국 경험에 대한 일종의 은유를 담고 있다. 양바이슌은 나중에 양모시楊摩西, 오모시吳摩西로 변하고 마지막에는 그는 길가는 사람에게 자신의 이름이 '뤄장리羅長禮'라고 말한다. 그는 자신의 이름이 없는 사람으로서, 요행히 살아남은 사람이었다. 향토 중국의 우정과 가정윤리는 여기에서 심각하게 해체된다. 양바이슌은 줄곧 속마음을 털어놓는 친구를 찾고 있었다. 후반부 스토리는 은연중에, 그리고 교묘하게 양바이슌과 관련되었다. 그것은 우애, 가정윤리의 해체와 재건의 스토리이다. 그 핵심은 친구를 찾아 속마음을 털어놓는 것의 어려움이다. 데리다가 「우애의 정치학」에서 한 두 차례 인용했던 몽테뉴의 "친구여, 다시 없을 친구여"라는 말처럼, 살아남은 경험 또한 향토 우애의 정치학과 같다. 중국 향토에 대해 독특한 서사를 진행한 작품은 그 서술의 전개에 전환과 차연差延이 충만해지고, 한 가지 스토리의 서술은 신속하게 다른 스토리로 대체된다. 왜냐 하면 모든 스토리는 또 다른 스토리와 연관되기 때문이다. 소설은 향토 중국의 경험이 매우 풍부할 뿐만 아니라 중국어 서사 특성의 작품을 구체화할 수 있다. 따라서 나는 그것이 자연스럽게 이루어진 중국어 작품이라 생각하고, 살아남은 의외의 책이라 생각한다.

80년대 중반 「붉은 수수」로 유명해진 이후로, 모옌의 창작은 시종 자신의 길 위에서 펼쳐져 나갔다. 90년대 후반에 모옌은 「풍유비둔豊乳肥臀」을 발표하였다. 이 작품의 사람의 마음을 싱숭생숭하게 만드는 제목은 향토 중국 역사를 꿰뚫는 힘을 감추지는 못한다. 모옌의 향토 중국역사 서술은 언제나 비통한 가운데 의기양양한 느낌을 보여준다. 그것은 일종의 자학의 쾌감이다. 향토 중국 역사를 쓴 이 작품은 단순한 역사 정의를 쓰는 것을 포기하고 역사주의를 인간의 생명 정의로 환원시킨다.

2001년, 모옌은 5년간의 노력이 들어간 장편소설 『단향형檀香刑』을 발표한다. 형벌에 관한 이 소설에서 실제로 서술한 것은 중국 근대 민간사회와 관청, 열강 독일과의 충돌이다. 이로부터 근대 중국의 민간사회가 겪었던 심각한 재난을 묘사하였고, 서구 열강의 압박하에 이루어진 중국의 고단한 현대성 전환을 드러냈다. 모옌의 반어적 풍자를 통해 희극적 장면이 최대한도로 자유롭게 표현되었다. 이것은 작가 일개인의 눈으로 타인을 보는 것이 아니고, 각각의 서술자가 모두 타인을 보고 있는 것으로서, 자신을 되돌아보기도 하는 등 반어적 풍자의 쾌감이 가득하다. 모옌 스스로 말한 것처럼 "유창하고 쉽고 과장되고 화려한 서사 효과를 만들어냈다." 이런 의미에서 모옌의 『생사피로生死疲勞』(2006)는 중시할만한 작품이다. 모옌의 서술은 한결같이 제약이 없고, 향토 중국 반세기 역사에 대해 해학적으로 표현했다. 블랙 유머가 뼈 속으로 스며들어가 웃음 가운데 슬픔이 흘러나오는 것이다. 이 작품은 중국 농촌의 토지개혁 이후부터 개혁개방에 이르는 반세기 역사에 걸쳐, 혁명과 변화, 역사와 폭력, 이상과 패망을 한 데 묶어 생생하게 표현하였다. 전체 서사는 한 지주의 첫아이를 동물인 나귀, 소, 돼지, 개 등을 통하여 표현하였다. 이것은 변형기 이야기로서, 카프카의 형이상학적 변형기가 여기에 역사적 변형기, 계급적 변형기, 역사 속에서의 인간의 변형기로 바뀐 것이다. 모옌은 자기 나름의 특수한 방식으로 역사의 문을 열었고, 역사의 황당함과 비극성을 보았다.

2006년 티에닝은 550쪽에 달하는 『변화笨花』를 발표했다. 이 작품은 티에닝 과거의 풍격과는 먼 작품으로서 대단한 역사 거작이며, 중국 현대 혁명사이자 향촌사이다. 말할 것도 없이 『변화』는 향촌사로서 작품은 처음부터 끝까지 중국 농촌을 쓰고 있다. 하지만 향촌의 이야기는 농사짓는 일, 명절 습속, 혼인과 장례, 풍토인정만을 쓴 것이 아니다. 개인의 운명, 가족의 운명, 마을의 흥망성쇠 등이 중국 현대 혁명사 속에 깊게 새겨져 있다.

엔리엔커는 줄곧 자신의 방식으로 향토 중국의 아픔을 집요하게 써

왔다. 정치와 역사를 하나로 섞었는데, 이것이 그의 향토 서사가 깊은 느낌을 주는 이유 가운데 하나이다. 그의 소설 서사는 90년대에 장족의 발전을 하였다. 그는 한걸음씩 보다 본질적인 문제에 접근해 가서 역사의 압력 아래 인류가 생존하며 걸어왔던 어려움을 물었다. 「일광유년日光流年」「견경여수堅硬如水」는 향토 생명이 겪는 고통의 극단적인 상황을 서술하였다.

2003년 말, 「수화受話」는 옌리엔커의 문학생명을 엄청난 위력으로 폭발케 하였다. 이 소설의 뚜렷한 특징은 향토 중국의 어려움에 대해 이제까지 가장 극단적인 묘사를 했다는 점에 있다. 이 작품은 한 장애인이 살고 있는 마을의 매우 어려운 생활 상황을 그려냈다. 일찍이 없었던 작품이 혁명 역사를 계승하고, 발양하며 전환하는 문제에 대해 이처럼 독특한 통찰을 한 것이다. 이런 의미에서 「수화」는 '후혁명'의 기이한 애도문이다.

허위, 부족함, 고난, 완강함을 드러내고 조롱하는 작품에서 작가는 최고의 정의를 표현하고, 진지한 인도적 관심을 표현하고자 하였다. 여기에서 존재의 굳건함은 온전치 못한 생활과 온전치 못한 몸에서 뻗어 나왔다. 텍스트가 가진 굳건함처럼 그것은 텍스트의 불규칙 속에서, 빠진 서사 속에서 남다른 빛을 투시한다. 옌리엔커의 소설은 바로 이렇게 기이한 광채와 세상을 놀라게 하는 아픔이 당대 화려한 장면을 뚫고 빛나면서 사람들이 마음 속에서 지울 수 없도록 한다. 그의 「풍아송」은 당대 들뜬 현실 장면을 관통하려 시도하는데, 그 과정에서의 황당함은 지나친 점이 없지 않지만 비록 그것이 완성할 수 없는 임무이기는 하더라고 그 용기와 비판정신은 볼 수 있다.

향토 서사의 심각한 전환 과정에서 우리는 후현대의 불꽃이 그 안에서 번뜩이는 것을 은연중에 보게 된다. 그것은 오랜 기간 뛰어넘을 수 없는 방해물에 의해 하나씩 제거되고, 당대 본토성은 보다 두터운 힘을 갖게 되었고, 미학상의 기이성을 획득하여 세계문학 속의 신기한 '타자'가 되었다. 모옌, 자핑야오, 옌리엔커, 리우전윈, 이들은 이미 독창적인 일을 해냈다. 꺼져버린 현대 귀신불은 그들의 텍스트에서 불이 붙었다. 그것은 유혹이고, 소환이다. 문학이 새롭게 출발하는 어두운 밤에 그것은 중국어 문학 미래의 예언이다.

따라서 향토 서사의 선봉성은 향토를 해체하였다. 반면에 본토성은 해방시켰다. 중국어 문학에 미래를 향한 보다 튼튼하고 광대한 기초를 제공해 주었다. 여기에는 더 이상 전통/현대, 중국/세계, 농촌/도시, 서방/동방, 현대/후현대 등의 대립으로 서사를 전개할 필요가 없다. 보다 자유스럽고 다양화된 방식으로, 보다 독특하고 중국적인 방법으로 중국어 창작을 하는 것, 이것은 중국어 문학이 21세기에 새로운 가능성을 갖는다는 것을 의미한다. 그것은 더 자유롭게 느끼고 더 넓게 자신의 미래를 개척해 나갈 것이다.

역자후기

이 책은 1949년 신중국 수립 이후 21세기 초에 이르는 60여년의 중국문학 역사를 관련 학계에서 주도적인 목소리를 내고 있는 멍판화, 청광웨이, 천샤오밍 등의 중견 학자들이 나름대로의 시각으로 풀어낸 학술 성과를 우리말로 옮긴 것이다. 많은 사람들이 동의하듯이 해당 시기는 '피와 불의 역사'였고, 천지개벽에 비견될만한 격동의 시대였다. 그런 만큼 해당 시기의 문학은 복잡하고 다양한 모습으로 나타났고, 그것을 온전하게 파악하는 것은 지난한 일이 아닐 수 없다. 파악해야 할 대상이 덩치가 클 뿐만 아니라 그 구조가 복잡하기까지 하니 그것에 대한 파악과 뒤따르는 평가 또한 복잡다단할 수밖에 없는 것이다.

신중국 수립, 대약진 운동, 문화대혁명, 신시기와 개혁개방으로 숨가쁘게 이어지는 중국 당대사의 시대적 특징이 워낙 뚜렷한 까닭에 세 사람의 문학사 시기 구분은 거의 일치한다. 하지만 각 시기의 문학의 흐름, 작가와 작품, 특징 등에 대한 각자의 해석과 치중 포인트는 조금씩 다른 모습을 보인다. 동일한 시대의 문학에 대한 이들의 서술을 따라가서 종합해 보면 '중국 당대문학'의 온전한 모습과 만나게 된다.

대상이 크고 복잡할수록 그것에 대한 파악과 평가는 총체적으로 이루어져야 한다. 더구나 어느 정도 완결되고 정리된 역사가 아니라 한창 진행되고 있는 역사를 파악하고 평가하는 데 있어서 어느 한 개인의 견해나 주장이 금과옥조처럼 받아들여질 수도 없고, 또 그렇게 되어서도 안 되는 것이다. 그런 의미에서 세 사람의 연구 성과는 '현재 진행형'으로 전개되고 있는 중국 당대문학의 총체적인 모습을 다양한 각도에서 살펴보고 있다는 점에서 '오늘의 중국'을 온전하게 알아야 하는 우리에게 중요한 의미를 갖는다.

신진호

찾아보기

ㄱ

개혁문학 193, 238~240
거비저우戈壁舟 23
거수이핑葛水平 102
거페이格非 73, 163, 178, 179, 254, 255
「고련苦戀」 117
공리우公劉 22, 33, 61, 63, 64, 222, 234
관겅인關庚寅 58
『관장현형기官場現形記』 91
궈라오성郭老生 226
궈룽구이郭龍桂 23
궈모뤄郭沫若 11, 46, 116, 124~126, 128, 161, 222, 223
궈샤오촨郭小川 23, 24, 33, 122, 123, 130, 141, 224
궈징밍郭敬明 104~106, 275
궈펑郭風 33
『금광대도金光大道』 29, 50, 138, 225
까오샤오성高曉聲 22, 72, 139, 146, 174, 240
까오싱지엔高行健 247
깐티에성甘鐵生 51, 241
겅룽샹耿龍祥 38
겅지엔耿簡 38
꽌런산關仁山 97
꾸바오장顧寶璋 46
꾸이즈鬼子 258
꾸청顧城 82, 233, 234, 235, 236, 237
꾸화古華 72

ㄴ

난샤오南哨 50
「뇌우雷雨」 127, 128
니우한牛漢 63
닝차이선寧財神 104

ㄷ

다이라이戴來 271
다이허우잉戴厚英 59, 62, 231
〈담검편膽劍篇〉 46, 128
댜오더우刁斗 103, 258
덩샤오핑 112, 138
덩여우메이鄧友梅 39, 139
동삐우董必武 18
동시東西 258
『동장철벽銅墻鐵壁』 29, 33
돤무훙량端木蕻良 258
두쥐엔춘杜鵑春 242
두펑청杜鵬程 27, 210
뒤뒤多多 226, 233, 261
딩둥丁東 125
딩링丁玲 22, 124, 128, 154, 160, 195, 201
따이왕슈戴望舒 24
뚜인딩杜印等 46

ㄹ

라오서老舍 11, 46, 47, 124, 126, 127, 132, 161
랴오이우廖亦武 261
량빈梁斌 33, 34, 130~132, 212
량샤오성梁曉聲 66, 67, 244

량샤취엔梁上泉 33
런치러任其樂 106
롼장징阮章競 23, 33, 124, 136
루더안呂德安 261
루딩이陸定一 18, 139
루링路翎 26, 27, 216
루민魯民 102
루부呂不 103
루쉰 11, 34, 72, 124, 185~187, 202, 222
루신呂新 254
루신화盧新華 58, 146, 173, 228
루야오路遙 187, 240
루양魯羊 258
루원푸陸文夫 22, 39, 139
루이엔저우魯彥周 46, 65, 228
루즈쥐엔茹志鵑 42, 141, 146, 216, 217
뤄광빈羅廣斌 33, 130, 132, 133, 220
뤄껑이에駱耕野 60
뤄왕즈羅望子 258
뤼위엔綠原 63
리궈원李國文 38, 139
리샤샤李優優 105
리쉬에아오李學鰲 116, 136
리쉰환李尋歡 104
리스쟝李師江 98
리스정束上澂 51
「리쌍쌍소전李雙雙小傳」 136
리우류劉流 33, 37, 135
리우바이위劉白羽 33, 124, 151
리우빈이엔劉賓雁 22, 38, 139, 214
리우샤오탕劉紹棠 22, 38
리우샤허流沙河 64
리우수어라劉索拉 149, 248
리우시훙劉西鴻 62
리우신우劉心武 58, 146, 173, 227, 248
리우쑤어라劉索拉 62
리우전윈劉震雲 80, 99, 100, 180, 281, 285
리우짜이푸劉再復 154, 155
리우칭방劉慶邦 103, 181
리우헝劉恒 82
리윈더李雲德 225

리잉루李英儒 33, 135, 211
리저허우李澤厚 155, 194
리준李准 30, 136, 137, 206
리지李季 23, 124, 136
리지에런李劼人 124
리지엔우李健吾 124
리칭荔靑 38
리투어李陀 248
리티에李鐵 103
리파모李發模 60
리펑李馮 258
리페이푸李佩甫 90
리핑體平 52, 53, 144, 160, 175, 232
리항위李杭育 176, 177, 250
리화이李淮 116
린망林莽 226, 233
린모한林默涵 151, 203
린바이林白 86~88, 92, 268
린즈林子 61
린진란林斤瀾 129, 249
링리凌力 258, 259

ㅁㅏ
마밍馬鳴 59
마샤오리馬曉麗 102
마오뚠矛盾 11, 41, 43, 116, 118, 121, 124~126, 198
마오쩌둥 14, 16~18, 27, 31, 36, 44, 49, 59, 111, 114, 118, 126, 129, 131, 143, 191, 194~200, 202, 203, 205, 213, 215, 221
마위엔馬原 73, 149, 163, 167, 178, 179, 252
마지싱馬吉星 46
마평馬烽 31
망커芒克 62, 226, 233
멍랑孟浪 261
모범극 49, 117, 137, 143, 225, 226
모옌莫言 77, 93, 149, 168, 177, 181, 185, 186, 252, 257, 281~283, 285
몽롱시 61, 158, 174, 193, 226, 227, 232, 234, 237, 238, 247, 259, 262
무딴穆旦 124

〈무훈전〉 114, 115, 202
『무훈전武訓傳』 114, 157, 191

바

바이런白刃 46, 201
바이양디엔白洋淀 51, 141, 144, 226, 232, 233
바이웨이白危 38
바이화白樺 33, 63, 117, 222
바진巴金 11, 26, 33, 124, 126, 161
반공문학 20, 21
「반주임班主任」 58, 146, 173, 227
『백록원白鹿原』 82, 84, 92, 181, 276
〈백모녀白毛女〉 45, 49
『백모녀白毛女』 12, 16
「번화繁花」 96, 97
베이다오北島 51, 60, 62, 174, 226, 233~235, 237, 259~261, 263, 264
베이링貝嶺 261
베이베이北北 103
베이춘北村 73, 253, 254
「붉은 수수」 75, 77, 93, 185, 282
비비파非非派 260, 262
비팡畢方 50
비페이위畢飛宇 101, 258
뿌리찾기 77, 78, 148, 149, 160, 163~166, 176~178, 180, 241, 248~252, 266, 278
뿌페이옌步非煙 104
삐루시에畢汝協 52
삥신冰心 24, 124

사

「산향거변山鄕巨變」 29, 207
삼돌출三突出 50, 138
『삼리만三里灣』 29, 32, 118, 119, 205
〈삼타축가장三打祝家莊〉 45
「상흔傷痕」 58, 146, 173, 228
상흔문학 58, 172, 173, 175, 177, 193, 227, 228, 229, 230, 231, 238, 241
『생사피로生死疲勞』 93, 283
샤오강曉港 103
샤오간蕭乾 124

『샤오얼헤이小二黑의 결혼』 12, 31, 118
샤오예무蕭也牧 25, 27, 141, 142, 201
샤오이옌샤邵燕祥 22, 64
샤오쥔蕭軍 22
샤오취엔린邵荃麟 30, 31, 116, 121
샤오카이위蕭開愚 261
샤이엔夏衍 46, 124
선봉문학 72~76, 82, 146, 161, 165, 166, 169, 172, 178, 179
선총원沈從文 124, 128, 161, 176, 185, 187, 200, 201
성커이盛可以 272
쉬싱徐星 62, 248
쉬싱이에徐興業 258
쉬에디雪迪 261
쉬에커雪克 33, 135
쉬에홍血紅 105
쉬이과須一瓜 101
쉬저천徐則臣 103
쉬즈모徐志摩 24
쉬징야徐敬亞 60, 234
쉬쿤徐坤 88
슈우舒蕪 124
슈웨이束爲 31
슈잔舒展 58
슈팅舒婷 60, 61, 174, 233~237
슈핑逯斤 258
스저춘施蟄存 124
스즈食指 51, 144, 226, 233
스투어伽陀 124
스티에성史鐵生 67, 174, 242
시롱西戎 31
시에미엔謝冕 61, 234
시옹자오정熊召政 60, 259
시옹징량熊正良 258
시이엔細言 43
시촨西川 261, 264
신디辛笛 63
신사실 79, 80, 150, 179, 256
싱위쎤邢育森 104
쌍백방침雙百方針 38, 139, 193, 213, 215

쑤샤오츠蘇小次 106
쑤어원핑所雲平 46
쑤이핑蘇一萍 46
쑤퉁蘇童 73, 168, 178, 179, 252
쑨깐루孫甘露 73, 254
쑨리係犂 42, 141, 142, 176, 177, 185, 217, 243
쑨샤오전係紹振 61, 234
쑨어우티엔係友田 136
쑨원보係文波 261
쑨위係予 46, 114
쑨춘핑係春平 103
쑨치엔係謙 31
쑨후이펀係惠芬 92
쑹즈디宋之的 46

ㅇ

아라이阿來 93
아이칭艾青 22, 24, 25, 63, 122, 160, 224
아창阿蒼 241
아청阿成 77, 149, 166, 168, 176, 177, 250
안니바오베이安妮寶貝 104, 272
안보安波 46
야오쉬에인姚雪垠 221, 258
야오원위엔姚文元 121
양뤼팡楊履方 46
양리엔楊煉 237, 238, 261
양모楊沫 41, 130, 134
양샤오빈楊小濱 261
양샤오쉬엔楊紹萱 44
양수어楊朔 26, 124
양이엔楊益言 33, 130, 132, 133, 220
양지앙楊絳 70
양지엔楊健 261
양쯔楊子 261
양한성陽翰笙 46
어우양산歐陽山 33, 135, 219
어우양원빈歐陽文彬 43
어우양장허歐陽江河 261~264
얼위에허二月河 259
『염양천豔陽天』 29, 50, 137, 225
예성타오葉聖陶 124

예자오이엔葉兆言 178
옌리엔커閻連科 95, 181, 281, 283, 284, 285
「옌안 문예좌담회에서의 연설」 18, 31, 111, 131, 143, 191
옌이雁翼 33
옌전嚴陣 33, 91
옌지아엔嚴家炎 30
옌천嚴辰 23
완귀루萬國儒 136
완즈萬之 233
『왕귀王貴와 이향향李香香』 12, 16
왕멍王蒙 22, 38, 39, 65, 67, 139, 146, 147, 160, 172, 214, 229~231, 247, 248
왕샤오밍王曉明 85, 171, 256
왕샤오보王小波 85, 272, 273
왕수어王朔 106, 172, 181, 256, 274
왕슈위엔王樹元 46
왕순전王順鎭 259
왕시이엔王西彦 124
왕쏭王松 103
왕안이王安憶 67, 77, 141, 149, 163, 168, 177, 181, 183, 184, 243, 266
왕위에원王躍文 91
왕위엔지엔王愿堅 42
왕즈위엔王志遠 33
왕쩡치汪曾祺 69, 70, 124, 177, 249
왕커다王可達 97
왕퉁자오王通照 124
〈용수구龍鬚溝〉 46, 127
우루공吳如功 106
우보샤오吳伯簫 33
우쉬엔吳玄 102
우즈롱吳子龍 106
원우빈文武斌 60
원지에聞捷 23, 33, 61, 224
웨이와이魏巍 26
웨이웨이魏微 33, 102, 103, 271
웨이촨퉁魏傳統 23
웨이후이衛慧 271
위뤄진遇羅錦 175
위링于伶 46

찾아보기 291

위메이雨煤 59
위바이메이俞白眉 104
위샤오웨이于曉威 103
위에이에丘野 46
위에종丘重 51, 226
위지엔于堅 179, 261
위화余華 73, 75, 163, 168, 178, 179, 181, 185
  ~187, 253
이백원李伯元 91
이에미葉彌 103
이에신葉辛 59, 241
이에원푸葉文福 60
이에후이葉輝 261
이엔거링嚴歌苓 88
이엔리嚴力 226, 233
이췬依群 226
인광란殷光蘭 136
『인민일보』 59, 115, 134, 202, 203
인터넷문학 75, 104, 105, 275

자
자오난增南 233
자오수리趙樹理 31, 34, 118~120, 122~124,
  130, 136, 137, 177, 185, 197, 205, 206
자오쉰趙尋 46
자오이판趙一凡 226, 233
자오전카이趙振開 52, 144, 226
자오카이趙楷 64
자이용밍翟永明 261
자펑야오賈平凹 82, 93, 94, 97~99, 170, 181,
  182, 183, 250, 277, 278, 281, 285
장광니엔張光年 151, 152
장다오판張道藩 20, 21
장런張朝 154
장롱姜戎 274
장민張旻 258
장밍章明 234
장밍취엔張明주 33
장셔우치엔蔣守謙 154
장슈꽝張曙光 261
장스웨이姜世偉 51

장시엔량張賢亮 65, 174, 229
장신신張辛欣 62, 149, 248
장양張揚 52, 144
장완슈張萬舒 33
장용메이張永枚 33
장웨이張煒 92, 94, 278, 279
장위에란張悅然 104~106, 275
장원蔣韻 103
장제스 19, 35, 147
장즈롱蔣子龍 67, 138
장즈민張志民 23
장지에張潔 36, 68, 133, 134, 173, 231, 248,
  265
장지웅張枏 154
장짜오張棗 261
장청즈張承志 66, 245
장칭江青 49, 115, 143
장캉캉張抗抗 67, 232, 242, 265
장텐민張天民 24
장허江河 51, 233, 234, 237
『장허수이漳河水』 12
장허썬蔣和森 258
장헌수이張恨水 124
저우량스周良思 50
저우리뽀周立波 124, 207
저우메이잉周楣英 233
저우양周揚 22, 31, 45, 111, 116, 118, 119,
  123, 129, 143, 151, 152, 198
저우언라이周恩來 18, 52, 54, 114, 128, 198,
  213
저우얼푸周而復 217, 218
저우지에루周潔如 271
저우커친周克芹 92, 146
정민鄭敏 63
정샤오치옹鄭小瓊 108
정완룽鄭萬隆 77, 78, 177, 250
정이鄭義 51, 77, 146, 149, 174, 177
정즈鄭直 50
『종곡기種穀記』 29, 120
종밍鍾鳴 261
종징징鍾晶晶 103

종타오鍾濤 50
주거朱戈 106
주더朱德 18, 114, 198
주린竹林 59
주원朱文 258
주원잉朱文穎 271
주자이朱寨 154
쥔칭峻靑 42
즈샤知俠 33, 37, 135
지에민潔民 43, 154
진다청靳大成 154
진런슌金仁順 271
진샨金山 46
진용金庸 81, 179, 252
진판靳凡 52, 144, 146, 160, 232
진하이슈金海曙 261
징용밍荊永鳴 103
짱커지아臧克家 23, 124, 129, 222
쩡주어曾卓 63
쫑푸宗璞 22, 38, 40, 62, 139, 140, 146, 216, 231

차

차오원쉬엔曹文軒 280
차오위曹禺 11, 25, 46, 124, 126, 127, 161
차오정루曹徵路 107
차이즈헝蔡智恒 104
차이치쟈오蔡其矯 22
찬쉬에殘雪 149, 252, 265
〈찻집茶館〉 46, 47, 127
창야오昌耀 64
『창업사創業史』 29, 30, 33, 92, 120, 121, 187, 207
〈채문희蔡文姬〉 46, 125
천궈카이陳國凱 59
천둥둥陳東東 261
천란陳染 87, 88, 268
천밍위엔陳明遠 125
천바이천陳白塵 46
천보다陳伯達 213
천시워陳希我 103

천쓰허陳思和 171
천이陳毅 128, 129, 215
천이엔구陳燕谷 154
천잉쑹陳應松 101
천자샤오陳家校 103
천종스陳忠實 82, 84, 92, 181, 276, 277
천쥔타오陳駿濤 154
천춘陳村 163
천치샤陳企霞 22
천치통陳其通 46
천카이거陳凱歌 51
천커시웅陳可雄 59
천황메이陳荒煤 154
총션叢深 48
추이더즈崔德志 46
춘슈春樹 105
취보曲波 33, 37, 135
츠리池莉 78, 79, 180
츠즈지엔遲子建 103
치엔셔前涉 50
치엔종슈錢鍾書 124, 161
치우화둥邱華棟 258
치이엔밍齊燕銘 44
친무秦牧 33, 124
친자오양秦兆陽 22, 39

카

커란柯藍 33
커윈루柯云路 239
콩지에셩孔捷生 58, 67, 174, 241, 244

타

타오싱즈陶行知 114
탕단훙唐丹鴻 261
탕자싼샤오唐家三少 105
탕커신唐克新 116, 136
탕하오밍唐浩明 259
『태양은 쌍간허桑乾河에 비추고』 12, 29, 92, 195
텅샤오란騰肖瀾 103
「톈윈산전기天雲山傳奇」 228
톈지엔田間 23, 33

톈한田漢 46
티에닝鐵凝 96, 243, 265, 267, 281, 283

파

판샤오칭范小靑 99
팡즈方之 139, 146, 231
팡팡方方 78, 79, 103, 180
팡페이龐培 261
팡한方含 233
펑무馮牧 151
펑쉬에펑馮雪峰 142, 154, 160, 201
펑여우란馮友蘭 140
펑즈馮至 25, 33, 124, 135
펑지차이馮驥才 59, 248
페이밍廢名 124
『폭풍취우暴風驟雨』 12, 29, 92
푸치우傅仇 23, 33, 61
피즈차이痞子蔡 104
〈핍상양산逼上梁山〉 44

하

하오란浩然 50, 97, 116, 136~138, 185, 225
하이난海男 88
하이모海默 46
하이쯔海子 261, 262
한나 아렌트 200
한둥韓東 258, 261

한샤오공韓少功 77, 103, 149, 176, 177, 250, 279
한징팅韓靜霆 259
한한韓寒 104, 105, 106, 275
향토문학 28, 29, 275, 276, 279, 281
허뚠何頓 258
허스광何士光 71
허시라이何西來 154
허우진징侯金鏡 43
허징즈賀敬之 23, 33, 122, 123, 130, 141, 223
허치우何求 46
허치팡何其芳 25, 27, 122, 123, 154, 200, 203, 221, 223
「홍기보紅旗譜」 131, 132, 212
홍잉虹影 270
홍즈청洪子誠 213, 214, 219
황루이黃銳 233
황성샤오黃聲笑 116, 136
후단페이胡丹沸 46
후쉬에원胡學文 108
후스胡適 115, 157, 192, 202
후완춘胡萬春 116, 136
후정胡正 31
후차오무胡喬木 118
후커胡可 46
후평胡風 115, 116, 123, 124, 154, 157, 160, 192, 200~204, 221

지은이

멍판화 孟繁華

선양사범대학 초빙교수, 중국 런민대학 박사생 지도교수 중국문화와 문학연구소 소장.
중국 당대문학연구회 부회장
저작 : 『당대 중국의 문화충돌 문제』, 『문학혁명 종결 이후』

청광웨이 程光煒

중국 런민대학 교수. 박사생 지도교수.
중국 당대문학연구회 부회장.
저작 : 『당대문학의 역사화』, 『문학사의 흥기』

천샤오밍 陳曉明

베이징대학 교수, 중국문예이론학회 부회장
중국 당대문학 연구회 부회장
저작 : 『끝없는 도전 : 중국 선봉문학의 후현대성』, 『죽지 않는 순문학』, 『중국 당대문학 주조』

옮긴이

신진호 申振浩, Shin Jin Ho

연세대학교 중어중문학과 및 동 대학원 졸업(문학박사)
연세대학교 인문학연구원 전문연구원
명지대학교 방목기초교육대학 객원교수
역서 : 『마테오리치의 중국선교사』, 『곽말약의 역사인물 이야기』 등
저서 : 『중국현대문학사』, 『중국문학사의 이해』 등
논문 : 「21세기 중국의 문화대국 전략에 관한 고찰」, 「중국문화의 세계화 전략」 등

중국 당대문학 60년
(1949~2010)

초판1쇄 발행   2020년 6월 30일

지은이 멍판화·청광웨이·천샤오밍
옮긴이 신진호
펴낸이 오경희

편집·디자인   오경희·조정화·오성현·신나래
            박선주·이효진·최지혜
관리 박정대·임재필

펴낸곳 문예원
창업 홍종화
출판등록 제2007-000260호
주소 서울 마포구 토정로 25길 41(대흥동 337-25)
전화 02) 804-3320, 805-3320, 806-3320(代)
팩스 02) 802-3346
이메일 minsok1@chollian.net, minsokwon@naver.com
홈페이지 www.minsokwon.com

ISBN 979-11-90587-08-2   93820

ⓒ 신진호, 2020
ⓒ 문예원, 2020, Printed in Seoul, Korea

저작권법에 의해 한국 내에서 보호를 받는 저작물이므로 무단전재와 복제를 금합니다.
이 책 내용의 전부 또는 일부를 이용하려면 반드시 저작권자와 문예원의 서면동의를 받아야 합니다.
이 도서의 국립중앙도서관 출판예정도서목록(CIP)은 서지정보유통지원시스템 홈페이지(http://seoji.nl.go.kr)와
국가자료종합목록 구축시스템(http://kolis-net.nl.go.kr)에서 이용하실 수 있습니다. (CIP제어번호 : CIP2020024593)

※ 책 값은 뒤표지에 있습니다.
※ 잘못된 책은 바꾸어 드립니다.